MEDICINES

REMÈDES LITTÉRAIRES

www.editions-jclattes.fr

ELLA BERTHOUD | SUSAN ELDERKIN

REMÈDES LITTÉRAIRES

Se soigner par les livres

Traduit de l'anglais par Philippe Babo et Pascal Dupont

Avec la collaboration
d'Alexandre Fillon

JC Lattès

Titre de l'édition originale :

THE NOVEL CURE
An A-Z of Literary Remedies

Publié avec l'accord de Canongate Books Ltd,
14 High Street, Edinburgh EH1 1TE

Avec la très aimable collaboration
du réseau Page des libraires.

PAGE DES LIBRAIRES

Couverture et adaptation de la maquette anglaise : Bleu-T

ISBN : 978-2-7096-4863-9

Première édition octobre 2015.

À Carl et Ash.
Et en mémoire de Marguerite Berthoud et David Elderkin
qui nous ont appris à aimer les livres
– et à construire les étagères.

Introduction

Ceci est un manuel médical – à une différence près. Avant tout, il ne fait pas de distinction entre les peines affectives et les douleurs physiques ; vous pourrez trouver dans ces pages de quoi soigner un cœur brisé ou une jambe cassée. L'ouvrage traite également des situations courantes du quotidien, telles que déménager, chercher l'âme sœur, ou traverser une crise de la quarantaine. Les plus grandes épreuves de la vie, par exemple perdre un être aimé ou devenir un parent célibataire, y ont aussi leur place. Que vous ayez le hoquet ou la gueule de bois, peur de vous engager, ou bien un sens de l'humour défaillant, ces différentes pathologies méritent d'être soignées.

Mais un détail, tout de même. Nos médicaments ne sont pas disponibles en pharmacie. Non, vous les trouverez plutôt dans une librairie, dans une bibliothèque – ou vous les téléchargerez sur votre tablette électronique. Notre apothicairerie contient des baumes balzaciens et des garrots tolstoïens, les onguents de Saramago et les purges de Perec et de Proust. Pour la constituer, nous avons passé au peigne fin deux mille ans de littérature à la recherche des esprits les plus brillants et des lectures les plus roboratives, des *Métamorphoses* d'Apulée, auteur latin du IIe siècle de notre ère, aux fortifiants d'Ali Smith et Jonathan Franzen.

Depuis plusieurs décennies, la bibliothérapie connaît un grand succès sous la forme de livres pratiques de développement personnel. Mais les amoureux de la littérature utilisent les romans comme des onguents – consciemment ou inconsciemment – depuis des siècles. La prochaine fois que vous aurez besoin d'un remontant – ou d'assistance en cas de problèmes sentimentaux – prenez un roman. Notre foi en l'efficacité de la fiction – à nos yeux, la forme la meilleure et la plus pure de bibliothérapie – est fondée sur notre propre expérience avec des patients, et corroborée par toutes sortes de preuves empiriques. Parfois, c'est l'histoire qui charme ; parfois, c'est le rythme de la prose qui agit sur la psyché, qu'il calme ou stimule. Parfois, c'est une idée ou une attitude suggérée par un personnage dans le même embarras ou dans la même impasse que vous. Dans un cas comme dans l'autre, les romans ont le pouvoir de vous transporter dans une autre existence, et de vous faire voir le monde d'un point de vue différent. Quand vous êtes passionné par un roman, incapable de lâcher votre livre, vous voyez ce qu'un personnage voit, touchez ce qu'un personnage touche, apprenez ce qu'un personnage apprend. Vous *croyez* que vous êtes assis sur le canapé de votre salon, mais une part importante de vous-même – vos pensées, vos sens, votre esprit – est complètement ailleurs. « Lire un écrivain, c'est pour moi non seulement se faire une idée de ce qu'il dit, mais partir avec lui et voyager en sa compagnie » a écrit André Gide. Personne ne revient exactement le même d'un tel voyage.

Quelle que soit votre maladie, nos prescriptions sont simples : un roman (ou deux), à lire à intervalles réguliers. Certains traitements mèneront à une guérison complète. D'autres offriront simplement une consolation, en vous montrant que vous n'êtes pas seul. Tous vous soulageront au moins un temps de vos symptômes grâce à la capacité de la littérature à distraire et transporter. Parfois, le meilleur mode d'administration du remède se fera sous la forme d'un livre audio, ou lu à haute voix par un ami. Comme pour tout médicament, on n'obtient de bons résultats que si le traitement est suivi jusqu'au bout. En dehors des cures, nous donnons des conseils sur des questions particulières touchant à la lecture. Que faire, par exemple, quand on n'a pas le temps de lire, ou que lire quand on n'arrive pas à dormir ? Quels sont les dix meilleurs livres à lire au cours de chaque décennie de la vie, ou les meilleurs accompagnements littéraires des grands rites de passage, que l'on prenne une année sabbatique ou que l'on soit allongé sur son lit de mort[1].

Nous espérons que vous prendrez un grand plaisir à nos pansements et cataplasmes fictionnels. Votre santé n'en sera que meilleure, et vous en serez plus heureux et plus sage.

Pour l'édition française de ces *Remèdes littéraires*, il nous a paru important d'adjoindre aux conseils avisés de mesdames Berthoud et Elderkin quelques prescriptions de notre choix. En respectant bien entendu l'éclectisme réjouissant de nos amies anglaises et en allant puiser dans des ouvrages, classiques ou contemporains, du domaine français et francophone.

Bi-bli-o-thé-ra-pie
nom \
*bi-bli-jo-te-*RA*-pi*
Prescription
de fiction
pour les maladies
de la vie
(Berthoud
et Elderkin, 2013).

1. Comme le dit P. J. O'Rourke : « Lisez toujours quelque chose qui vous donnera une bonne tête si vous mourez en plein milieu du livre. »

Les maladies de A à Z

« On perd ses maladies dans les livres – on y reproduit et revit ses émotions, pour en être les maîtres. »

D. H. Lawrence (*Lettres de D. H. Lawrence*)

A

Le Chant des plaines, **Kent Haruf**

Abandon

S'ils sont subis tôt, les effets de l'abandon affectif ou physique – que vous ayez été livré à votre sort par des parents trop occupés pour vous élever, que l'on vous ait dit de garder vos larmes et vos crises de colère pour vous, ou qu'on se soit carrément débarrassé de vous en vous confiant à d'autres parents (**voir :** adoption) – peuvent être difficiles à ignorer. Si vous ne faites pas attention, vous pouvez passer le reste de votre vie à craindre d'être abandonné. Le premier pas vers la guérison consiste souvent à comprendre que ceux qui vous ont abandonné l'ont très certainement été eux-mêmes. Plutôt que d'espérer qu'ils vous remontent le moral et qu'ils vous accordent l'attention ou le soutien auxquels vous aspirez, employez votre énergie à trouver quelqu'un d'autre sur qui vous appuyer, et qui sera mieux armé pour cette tâche.

De l'abandon, il y en a à profusion dans *Le Chant des plaines* de Kent Haruf – une description de la vie dans la petite ville d'Holt, au beau milieu du Colorado. L'instituteur, Guthrie, a été abandonné par sa femme dépressive, Ella, qui fait semblant de dormir quand il tente de lui parler et regarde la porte « les yeux écarquillés » quand il s'en va. L'absence inexpliquée de leur mère laisse leurs deux jeunes fils, Ike et Bobby, désorientés. La vieille Mrs Stearns a été abandonnée par les membres de sa famille, qu'ils soient morts ou qu'ils ne se soient pas occupés d'elle. Quant à Victoria, âgée de dix-sept ans et enceinte de quatre mois, elle est d'abord abandonnée par son petit ami, puis par sa mère, qui, pour se venger sournoisement de l'homme qui les avait quittées plusieurs années auparavant, lui assène : « Tu t'es fourrée toi-même dans ce pétrin ; maintenant, tu n'as qu'à te débrouiller toute seule », et la met à la porte.

Petit à petit et, en apparence, spontanément – bien qu'en fait Maggie Jones, jeune femme douée pour la communication, ait en grande partie orchestré tout cela –, des gens lui viennent en aide, notamment, de façon assez étonnante, les frères McPheron, deux éleveurs célibataires « grincheux et un peu benêts » qui acceptent d'accueillir la jeune femme enceinte chez eux : « Ils la regardèrent, la dévisageant comme si elle pouvait être dangereuse. Puis ils fixèrent les paumes de leurs épaisses mains calleuses ouvertes devant eux sur la table de la cuisine, avant de regarder dehors en direction des ormes nus et taillés. » Nous les retrouvons ensuite courant les magasins à la recherche d'un berceau – et la bouffée d'amour que leur donne Victoria, et que reçoit aussi le lecteur, les transforme du jour au lendemain. En voyant tout ce petit monde se changer en un rien de temps en une famille élargie – la frêle Mrs Stearns apprend à Ike et Bobby à faire des cookies, les McPheron veillent sur Victoria avec la tendre et gauche ténacité qu'ils réservent en temps normal à leurs vaches –, nous découvrons à quel point un soutien peut venir de là où on ne l'attend pas.

Si vous avez été abandonné, n'ayez pas peur de vous adresser au cercle plus large de la communauté qui vous entoure – quand bien même vous ne connaîtriez que très peu ses membres individuellement (et si vous avez besoin d'aide pour transformer vos voisins en amis, **voir** notre traitement pour : voisins, avoir des). Ils vous en sauront gré un jour.

Abandonner

VOIR : **abandonner à la moitié, tendance à • espoir, perte d' • fumer, arrêter de**

PATHOLOGIE LITTÉRAIRE

Les maladies de la lecture

ABANDONNER À LA MOITIÉ, REFUS D'

ADOPTEZ LA RÈGLE DES 50 PAGES

Il y a des lecteurs qui ne supportent pas de lâcher un livre avant la fin. Ils l'ont labouré avec acharnement, sans vraiment de plaisir, jusqu'à parvenir péniblement à sa conclusion, soit pour pouvoir dire sans mentir qu'ils l'ont lu, soit pour ne pas rester avec le poids d'une histoire inachevée, même triste ou agaçante, s'agitant dans leur cerveau d'élève appliqué.

La vie est trop courte. Lisez les cinquante premières pages de chaque roman que vous démarrez, si possible en deux séances. Si, après cette lecture, le livre n'est pas parvenu à se loger dans votre plexus solaire, lâchez-le. Comme lecteur, vous avez besoin de faire confiance tant à votre jugement qu'à la connaissance que vous avez de vos goûts littéraires. Chaque livre aiguise et oriente votre chemin de lecteur à venir (**voir :** identité, incertain de vos lectures). Ne vous faites donc pas de mal en vous imposant des lectures qui ne soient ni enrichissantes ni réjouissantes. Offrez le livre que vous n'achèverez pas à un proche qui pourrait mieux l'apprécier. Ce qui est une marque de respect à la fois pour le livre et pour l'effort nécessaire à son écriture. Vous aurez aussi l'assurance de ne pas vivre dans une maison emplie de livres non lus qui vous jettent des regards noirs chaque fois que vous passez devant. ■

PATHOLOGIE LITTÉRAIRE

Les maladies de la lecture

ABANDONNER À LA MOITIÉ, TENDANCE À

PRENEZ LE TEMPS

Il se peut que le livre que vous lisez soit terriblement lent. Certains imposent un rythme depuis la première ligne, d'autres le gagnent progressivement et ne trouvent leur vitesse de croisière qu'à la moitié. D'autres encore, par défi, s'obstinent à rester lents tout du long. Si vous notez chez vous une tendance récurrente à vous lancer de manière enthousiaste dans la lecture, puis à ralentir et à traîner jusqu'à l'arrêt complet, ou si vos livres sont tous ornés du même marque-page à la moitié, il est probable que le problème ne vienne pas des livres, mais de vous.

Le diagnostic le plus évident est que vous ne donnez pas aux livres leur chance. Vous lisez par à-coups, entre cinq à dix minutes chaque fois, et de ce fait n'entrez jamais dedans. Ce n'est pas honnête vis-à-vis du livre ou de son auteur. Les bonnes histoires prennent du temps à raconter : les personnages, comme les maisons, doivent se construire sur des fondations solides, et nous avons besoin de faire attention à eux avant qu'ils nous émeuvent.

Ne tentez pas de commencer un nouveau livre si vous n'avez pas au moins quarante-cinq minutes à consacrer aux deux premières séances de lecture. Avec un peu de chance, le livre se sera alors enroulé autour de vos entrailles et saura vous faire revenir. Mais si vous êtes un « abandonneur » invétéré, essayez de ne pas lire pendant moins de quarante-cinq minutes chaque fois. Si ça ne marche pas non plus, vous n'avez d'autre option que de prendre une journée de congé, de vous attacher une jambe au pied de votre chaise et de ne pas la libérer avant d'être arrivé à la fin. ■

Adieu,
ma jolie,
Raymond Chandler

Abstinent, être

Se trouver à proximité de la citerne à eau est plutôt une bonne chose. La vie sans alcool offre une vision claire et purifiée, et la plupart des professionnels de santé, à l'exception des Français, recommandent l'abstinence. Mais être non-buveur dans un monde de buveurs peut se révéler terriblement insipide. Vous aurez le choix entre un nombre infini de cocktails sans alcool avant de succomber pour une Mort dans l'après-midi, à base d'absinthe et de champagne. Comment gérer ce moment délicat où votre futur beau-père vous propose une discussion d'homme à homme autour d'un whisky ? Pourrez-vous décliner l'invitation et toujours espérer la main de sa fille ? Et comment porter un toast à l'anniversaire des cent un ans de votre arrière-grand-mère ? Avec un timoré « Désolé, je marche au soda » ? (Précisons que si vous êtes un ancien alcoolique en voie de réhabilitation, le traitement que nous proposons ici n'est pas pour vous. Allez plutôt à : alcoolisme ou dîners en ville, peur des.)

Les gens qui s'abreuvent de livres sont en général plus drôles. Et de ce point de vue, personne n'égale le magnifique Philip Marlowe dans les romans policiers de Raymond Chandler. Notre favori est *Adieu, ma jolie*, même si dans chaque livre l'auteur rappelle le lien évident entre l'alcool et une décontraction facile et un peu louche, comme l'exprime de façon impressionnante Marlowe en disant qu'il a besoin de s'en jeter un, comme il dirait qu'il a besoin de prendre une assurance vie, des vacances ou une maison à la campagne. Alors que tout ce qu'il possède est un manteau, un chapeau et un pistolet. Les personnes qui sont traquées par Marlowe lui balancent des sourires qui se veulent à la fois intimes et froids, car ils sentent bien qu'il en tirera des preuves compromettantes quoi qu'il arrive. Mais il fait ça avec un tel panache que les mauvais garçons sont presque honorés d'avoir été démasqués. Vivant comme il le fait avec un sens de la justice qui lui est très personnel, ne désignant les coupables à la police que s'il les sait irrécupérables, il se transforme en force au service du bien, sans pour autant jouer les sainte-nitouche (**voir :** sainte-nitouche, être une). Et c'est dû pour une part à l'alcool.

Bien sûr, il ne faut pas en abuser, ou au risque de perdre son pouvoir d'attraction. Marlowe boit avec élégance et retenue. Le whisky sec est sa petite faiblesse. Il en use à l'occasion comme d'un somnifère. Et il use de tout ce qu'il a sous la main pour amener ses suspects à se mettre à table. Si vous êtes abstinent, suivez donc Marlowe le temps d'un roman ou deux. Vous allez sentir la sensibilité habile de ce détective tranquillement héroïque glisser dans vos veines comme un verre de pur malt. Buvez tout en lisant, et vos pensées vont devenir si brûlantes et malignes que vous allez bientôt vous voir rôdant dans votre quartier comme un chat, et sans même quitter votre fauteuil. Vous allez faire arrêter ces gangsters plus vite que vous ne croyez et les blondes vous feront des sourires qui s'attarderont sur votre poche arrière.

Prenez exemple sur Marlowe, sans pousser le traitement à l'extrême. Et si vous pensez que vous êtes sur la mauvaise voie, allez à : alcoolisme.

VOIR AUSSI : **rabat-joie, être un** • **sainte-nitouche, être une**

La Vie mode d'emploi, **Georges Perec**

Absurdité

On imagine ce que vous pensez : à quoi bon prescrire un traitement contre l'absurdité ? À cela on pourrait tout de suite répondre : à quoi bon prescrire quoi que ce soit pour quoi que ce soit ? Ça n'a pas de sens, c'est sans intérêt, n'est-ce pas ? Attendez seulement d'avoir lu *La Vie mode d'emploi* de Georges Perec[1].

1. En fait, il s'agit plus de plusieurs romans imbriqués, et même, vous l'aurez deviné, d'un mode d'emploi pour vivre. Perec

Le roman s'ouvre sur un immeuble parisien où le temps s'est arrêté à huit heures du soir le 23 juin 1975, quelques secondes après la mort d'un des habitants, Bartlebooth. Un autre résident, Serge Valène, s'est fixé la tâche de peindre l'immeuble entier en coupe verticale et sans la façade, ce qui permet de découvrir l'ensemble des habitants, leurs intérieurs et ce qu'ils possèdent.

Il apparaît assez vite que le fameux Bartlebooth décédé était un Anglais très riche qui avait échafaudé un plan plutôt absurde pour disposer de sa fortune immense et s'occuper jusqu'à la fin de ses jours. Le plan prévoyait que Serge Valène lui apprenne à peindre puis que lui, Bartlebooth, embarque avec son domestique Smautf, un autre résident de l'immeuble, dans un voyage de dix ans autour du monde pour peindre une marine toutes les deux semaines, ce qui au bout du compte ferait quelque cinq cents aquarelles.

Chaque peinture serait envoyée en France, collée sur un support et découpée en un même puzzle par un autre résident, Gaspard Winckler. À son retour, Bartlebooth remettrait lui-même en ordre les puzzles, recréant ainsi les scènes peintes. Chaque puzzle reconstitué serait à nouveau collé, puis détaché délicatement de son support pour conserver les scènes intactes. Précisément vingt ans après que chaque peinture eut été réalisée, elle serait réexpédiée à l'endroit même où elle avait été créée, dans un de ces cinq cents lieux autour du monde. Là, un assistant se chargerait de la plonger

---

aimait les jeux – les jeux mathématiques, les jeux en boucle, ou ceux qui restent sans réponse. Membres de l'Oulipo (OUvroir de LIttérature POtentielle), ses amis et lui s'imposaient délibérément des contraintes dans le jeu d'écriture, à l'instar des charges qu'il s'était lui-même imposées pour rédiger *La Vie mode d'emploi*. Voyez si vous pourriez vous-même vous y plier. Allez, on vous donne un petit indice : il y a 99 chapitres dans le livre, livre qui décrit un immeuble de 10 étages avec 10 studios ou appartements à chaque étage, et la structure narrative est dictée par un cavalier, qui régule le roman comme un jeu d'échecs.

dans une solution spéciale, qui en extrairait toutes les couleurs, puis la feuille serait renvoyée par la poste, à nouveau vierge, à Bartlebooth.

Comme tout cela semble vain, diront certains. Et pour que ça le soit plus encore, Bartlebooth devient aveugle au cours du processus, de sorte qu'il devient de plus en plus difficile pour lui d'achever les puzzles. À la fin, tandis qu'il est étendu mort au pied du 439e puzzle, qu'il reste encore une pièce en forme de W à trouver, et qu'il en tient lui-même une en forme de X serrée dans la main, on ne peut s'empêcher de demander : à quoi bon ?

Pourtant, le voyage jusqu'à ce moment du roman a été incroyablement riche. Perec nous a fourni une somme d'histoires, d'idées et d'occasions de rire prodigieuse, et c'est là l'intérêt de toute cette absurdité. L'absurde peut en soi être la source d'une vraie jubilation, si on cesse de se soucier qu'il est absurde, en se contentant du récit de la vie, de ses bizarreries, de ses détails merveilleux, pur prétexte à raconter des histoires, que cette absurdité même autorise. Tout est précisément là : le but de l'existence, malgré toute son absurdité, et malgré le fait que la dernière pièce du puzzle n'entre pas dans la case restante, est dans cette quête du bon trou, à la fois fascinante et délicieuse.

VOIR AUSSI : **bonheur, quête du** • **cynisme** • **désespoir** • **pessimisme**

PATHOLOGIE LITTÉRAIRE

Les maladies de la lecture

ACHETEUR DE LIVRES COMPULSIF, ÊTRE UN

INVESTISSEZ DANS UNE LISEUSE ET/OU RÉSERVEZ UNE ÉTAGÈRE POUR VOS LECTURES EN COURS

On connaît votre genre. Vous aimez tant l'aspect et la consistance des livres que vous voulez les posséder. Le simple fait de vous promener dans une librairie vous excite. Votre plus grand plaisir dans la vie est de rapporter chez vous de nouveaux livres et de les placer sur vos étagères immaculées. Vous reculez pour les admirer et vous vous interrogez sur l'effet que ça fera quand vous les aurez tous lus – puis vous vaquez à vos occupations.

Investissez dans une tablette de lecture. En réduisant un livre à ses mots – pas de couverture élégante, pas de nom d'auteur ésotérique ou à la mode pour épater les autres –, vous découvrirez vite si vous voulez vraiment lire ce livre, ou si vous voulez juste le posséder. S'il passe le test avec succès, attendez d'être vraiment prêt à le lire avant de cliquer sur « Télécharger » (inscrivez-le sur une liste en attendant). Si, et seulement si, vous l'aimez sur votre tablette, alors vous pourrez vous offrir un exemplaire avec une belle couverture cartonnée que vous garderez dans votre bibliothèque, pour le lire et le relire, pour l'admirer, le toucher, vous extasier en le feuilletant, le montrer à vos amis et, tout simplement, pour l'*avoir*.

Si les tablettes ne sont pas pour vous, choisissez une étagère de votre maison et faites-en l'« étagère des lectures en cours ». Elle devra être près de votre lit, ou de l'endroit où vous aimez le plus lire, n'importe lequel, et elle contiendra la demi-douzaine de livres venant ensuite sur votre « liste de lectures » à venir. Ne les y laissez pas moisir. Car la règle numéro un est que vous ne pouvez acheter un nouveau livre que lorsqu'un des livres présents sur votre « étagère des lectures en cours » a été lu ou remis à sa place dans votre bibliothèque. La règle numéro deux est que vous devez lire les livres de cette étagère dans l'ordre dans lequel ils y sont arrivés, ou à peu près. Et la règle numéro trois est que si vous « sautez » l'un de ces livres plus d'une fois, ou qu'il reste plus de quatre mois sur l'étagère, vous pouvez le donner à un ami ou à une association. Pas de triche ! Vous serez guéri de cette mauvaise habitude en moins d'un an. ■

Accoucher

VOIR : **enfant, naissance d'un**

Véritable histoire du gang Kelly, **Peter Carey**

Accusé, être

Si vous êtes accusé de quelque chose, et que vous vous savez coupable, acceptez votre châtiment de bonne grâce. Si vous êtes accusé et que ce n'est pas vous, battez-vous pour prouver votre innocence. Et si vous êtes accusé, que vous savez que c'est vous, mais que vous ne pensez pas que ce que vous avez fait est mal, *que faire* ?

Le Robin des Bois australien, Ned Kelly – tel qu'il est décrit par Peter Carey dans sa *Véritable histoire du gang Kelly* –, commet son premier crime à dix ans, quand il tue la génisse d'un voisin pour que sa famille puisse manger. On le retrouve ensuite (à l'initiative de sa mère) apprenti chez le hors-la-loi Harry Power. Quand Harry dévalise la diligence de Buckland, Ned est l'« anonyme » aperçu en train de bloquer la route avec un arbre et de tenir les chevaux pour que « Harry termine son boulot ». C'est ainsi que le sort de Ned est scellé : il devient à son tour un hors-la-loi pour le restant de sa vie. Mais il en fera quelque chose de magnifique.

En racontant son histoire – qu'il a consignée par écrit, avec ses propres mots, à l'intention de sa fille encore bébé, pour qu'elle puisse la lire un jour, sachant qu'il ne sera plus là pour la lui conter lui-même –, Ned nous séduit complètement avec sa prose rugueuse et dépourvue de ponctuation qui joue les montagnes russes sur la page. Mais ce qui nous fait vraiment aimer ce garçon, puis cet homme émule de Robin des Bois, c'est son sens aigu du bien et du mal – car Ned est à tout moment guidé par une loyauté farouche et un ensemble de principes, lesquels ne correspondent pas forcément à ceux de la justice. Quand sa maman a besoin d'or, il lui apporte de l'or ; quand sa maman et sa sœur sont abandonnées par leurs hommes infidèles, il « enfreindra le sixième commandement » pour elles. Et même si Harry et ses propres oncles le « maltraitent », il ne les trahit jamais. Comment ne pas aimer ce hors-la-loi meurtrier au grand cœur ? C'est le monde qui est corrompu, pas lui ; et c'est ainsi que nous applaudissons et crions de joie quand ça tire de tous les côtés et qu'il riposte avec son revolver. Et c'est ainsi que le roman fait des lecteurs eux-mêmes des hors-la-loi.

Ned Kelly est là pour nous rappeler que ce n'est pas parce qu'un homme a contrevenu aux lois de la société qu'il est nécessairement mauvais. Il revient à chacun de nous de décider pour nous-même de ce qui est bien ou mal dans la vie. Rédigez votre propre Constitution – puis conformez-vous-y. Si vous dépassez la ligne rouge, soyez le premier à vous réprimander. Puis reportez-vous à : culpabilité.

Freedom,
Jonathan Franzen

Acouphènes

Ceux qui souffrent d'acouphènes, ce sifflement permanent dans les oreilles, généralement incurable, parfois comparé au chant des cigales dans les nuits d'été, se voient souvent recommander de leur opposer un fond sonore antagonique. Le cerveau, en effet, trouve ce second mur du son plus supportable et instantanément reconnaissable comme bruit de fond, et relègue ainsi les deux ensemble à l'arrière-plan ou au statut de bruits parasites. Il demeure un problème. Les murs du son antagoniques, comme le doux ressac sur la grève, sont souvent plus exaspérants que les acouphènes eux-mêmes. Et donc, que faire ?

Notre recommandation : érigez-vous un mur du son intérieur avec la lecture de *Freedom*, de Jonathan Franzen. Voilà un roman qui a labouré la société américaine d'aujourd'hui pour en récolter toutes les préoccupations, tendances, obsessions et angoisses récurrentes, et les consigner dans un document, de ceux que l'on pourrait sceller dans une capsule avant de les envoyer aux Martiens dans l'espace.

Patty et Walter sont deux jeunes pionniers de Ramsay Hill, qui contribuent à sa boboïsation. Bien qu'on sente qu'il y a toujours eu quelque chose qui cloche avec eux, on ne sait d'abord pas quoi. Elle est élastique et porte une queue de cheval, lui va au bureau à vélo. C'est le couple modèle avec deux enfants, Joey et Jessica. Mais une telle perfection apparente ne va pas sans une petite stridence intérieure. C'est le calme avant l'explosion. Alors quand ça pète, toutes les tares sortent en même temps.

Voici un roman agité, rendu par la voix singulière de Franzen, un bredouillement ininterrompu, traversé d'argot, de marques et de références à de grands événements mondiaux, fait de soliloques intérieurs et brillant de métaphores souvent drôles et toujours justes. En tant que tel, c'est le mur du son parfait pour noyer le sifflement des acouphènes : pas une brique ne manque, pas une fissure dans le ciment. Que l'un des personnages, Richard, souffre d'acouphènes lui-même, conséquence, on l'imagine, des années de violents assauts sonores vécues au sein de son groupe punk *The Traumatics*, est davantage l'illustration du travail minutieux de labourage mené par Franzen qu'une vague indication d'un traitement possible. On est juste désolé pour Richard, qui ne pourra donc pas faire usage de celui-ci comme remède. Mais les acouphènes sont en vous. Même si vous trouvez un soulagement momentané, vous risquez malheureusement de ne pas trouver d'issue.

VOIR AUSSI : **bruit, trop de**

Addiction à l'alcool

VOIR : **alcoolisme**

Addiction au café

VOIR : **café, impossible de trouver une bonne tasse de**

Addiction à la drogue

VOIR : **drogue, consommer trop de**

Hors d'atteinte ?, **Emmanuel Carrère**

Addiction aux jeux

C'est devenu une habitude. Vous ne pouvez vous empêcher de remplir des grilles de Loto, de gratter tout ce qu'il y a à gratter chez le buraliste. Gagner, oui, vous avez envie de gagner. Chaque jeu-concours, vous répondez présent et envoyez votre bulletin. Ne parlons pas du poker. De votre envie de faire sauter la banque et de rafler la mise. Tout cela n'est pas sans danger, vous le savez bien au fond de vous. Regardez Frédérique, dans *Hors d'atteinte ?*. L'héroïne d'Emmanuel Carrère est une femme blonde et élancée, encore dans la trentaine, dont on nous indique qu'elle aime dormir. Elle est séparée du père de son fils, un chercheur au CNRS avec qui elle est restée en bon terme. Il leur arrive encore d'aller au cinéma et de dîner ensemble. Frédérique enseigne dans un collège. Voici quelqu'un qui « aspire à mieux, à plus, à beaucoup, sans trop savoir à quoi ». Un jour, elle se rend à Trouville. Après un repas aux *Vapeurs*, une visite au casino s'impose. L'occasion d'observer l'assemblée, les joueurs et les croupiers. Frédérique devient attentive à cet étrange ballet. Elle se dit qu'elle va jouer « en petite épargnante ». Elle n'est pas superstitieuse, n'a pas de chiffre ou de couleur fétiche. Opte pour le 36. Mise. Perd. S'obstine. Gagne. Le pli est pris, le ver est dans la pomme. Sa prochaine direction, sans en parler à quiconque autour d'elle, sera Forges-les-Eaux où se trouve un autre casino. Frédérique s'y attable afin de titiller la roulette. Elle retire de plus en plus d'argent liquide au distributeur. Surtout, elle ressent l'envie de se laisser conduire par le jeu. « Abandonner à la bille d'ivoire le soin de décider ce qu'on ferait, où on irait, si on serait riche ou pauvre et dans quel ordre, voilà ce qu'envisageait à présent Frédérique », écrit Emmanuel Carrère. Son penchant l'entraînera à Divonne, à Évian, à Monte-Carlo. À jouer avec le feu… La lecture d'*Hors d'atteinte ?* est fort utile. Carrère ne juge pas, il montre les effets d'une addiction. Ensuite, à vous de jouer. Ou pas !

VOIR AUSSI : **jouer**

Addiction à Internet

VOIR : **Internet, addiction à**

Addiction au sexe

VOIR : **sexe, trop de**

Addiction au shopping

VOIR : **fièvre acheteuse**

Addiction au tabac

VOIR : **fumer, arrêter de**

L'Attrape-cœurs,
J. D. Salinger

Que vont devenir les grenouilles ?,
Lorrie Moore

Soleils brillants de la jeunesse,
Denton Welch

Adolescence

Les hormones bouillonnent. Les poils surgissent là où la peau était auparavant lisse. Les pommes d'Adam enflent et les voix muent. L'acné bourgeonne. Les seins s'arrondissent. Et le cœur – et les reins – prennent feu à la moindre provocation.

D'abord, arrêtez de croire que vous êtes le seul à qui c'est arrivé. Quelle que soit l'épreuve que vous traversez, Holden Caulfield l'a connue avant vous. Si vous pensez que tout est « nul » ; si vous ne supportez pas qu'on vous demande d'en parler ; si vos parents risquent « l'attaque » en apprenant ce que vous faites en ce moment ; si vous avez été renvoyé un jour de votre école ; si vous pensez que tous les adultes sont des hypocrites ; si vous buvez/fumez/essayez de draguer des gens plus âgés que vous ; si vos soi-disant amis vous laissent toujours tomber ; si vos profs vous disent que vous vous laissez aller ; si vous vous protégez du monde en roulant des mécaniques, en disant des gros mots, en feignant de vous f... de votre avenir ; si la seule personne qui vous comprend est votre sœur de dix ans, Phoebe – si au moins une de ces choses s'applique à vous, *L'Attrape-cœurs* vous tirera d'affaire.

On ne peut guérir de l'adolescence, mais il existe des moyens d'en tirer le meilleur parti. *Que vont devenir les grenouilles ?*, de Lorrie Moore, est rempli des horreurs habituelles de cette période de la vie – la narratrice, Berie, est une ado au développement tardif qui dissimule son embarras en se moquant de ses « œufs sur le plat » et de ses « boîtes de conserve écrasées par une voiture » ; avec sa meilleure amie, Sils, elles sont prises de fou rire chaque fois qu'elles se rappellent comment cette dernière a essayé un jour d'arracher ses boutons avec un rasoir. En fait, rire est une chose qu'elles font très souvent ensemble – et elles le font « violemment, convulsivement », sans qu'aucun son ne sorte de leur bouche. Elles chantent aussi ensemble – à peu près n'importe quoi, des chants de Noël à Dionne Warwick en passant par des génériques d'émissions de télé. On ne peut que s'en réjouir. Car si vous ne chantez pas bruyamment (et, accessoirement, comme une casserole) quand vous avez quatorze ou quinze ans, en vous préparant grâce à la musique au « déluge qui inondera votre cœur », quand donc le ferez-vous ?

Un adolescent sans aucun ami, et qui vit cependant avec une intensité farouche, est Orvil Pym, dans *Soleils brillants de la jeunesse* de Denton Welch. Ce roman finement observé et publié en 1945 a pour toile de fond un hôtel de la campagne anglaise au cours d'un été languide où Orvil, plongé dans un état de confusion pubère, passe ses vacances avec son père et ses frères. Toujours à l'écart et sur la réserve, il n'en observe pas moins les failles de ceux qui l'entourent avec un regard impitoyable. Il explore la campagne, goûtant non sans culpabilité le vin de messe dans une église désertée, avant de tomber de sa bicyclette et de pleurer de désespoir pour « toutes les tortures et atrocités du monde ». Il emprunte une barque et descend une rivière, apercevant deux garçons dont les corps « brillent comme de la soie » dans la lumière du soir. De nouveaux mondes l'attirent, qu'il voit mais ne peut atteindre, alors qu'il se sent confusément au seuil d'une révélation – pendant un instant, il envisage de feindre la folie pour échapper aux horreurs qui l'attendent quand il retournera à l'école. Progressivement, il se rend compte qu'il ne peut pas sauter les dix années suivantes – qu'il doit juste survivre à cette phase déconcertante de la vie, se comporter de « manière ordinaire » en gardant le sourire et accepter que ses grands frères plus expérimentés passent en premier.

L'adolescence n'est pas nécessairement un enfer. Souvenez-vous que les autres ont eux aussi eu du mal à franchir l'abîme, et, si vous le pouvez, joignez vos forces face à l'adversité. Amis ou non, ne vous privez pas de faire les choses idiotes ou folles que seuls les adolescents accomplissent. Si vous n'en avez pas l'occasion pendant votre scolarité, prenez une année sabbatique avant vingt ans (en veillant alors à emporter les bons livres). Puis, quand vous serez plus âgé, vous pourrez au moins vous remémorer avec tendresse ces années grisantes, exaltantes, hormonales – et rire.

LES DIX MEILLEURS ROMANS À LIRE PENDANT UNE ANNÉE SABBATIQUE

Des livres cultes, des livres branchés, des livres qui changeront votre vie. Vous aurez toujours un sujet de conversation lors de vos soirées en ville avec l'un de ces ouvrages à portée de main. Ils donneront le *la* de vos futures relations – car nous ne parlons pas seulement à des livres.

Aurélien, Louis Aragon

Le Maître et Marguerite, Mikhaïl Boulgakov

Les Trois Mousquetaires, Alexandre Dumas

Cent ans de solitude, Gabriel García Márquez

Sur la route, Jack Kerouac

Des fleurs pour Algernon, Daniel Keyes

Moby Dick, Herman Melville

La Vie mode d'emploi, Georges Perec

Le Rouge et le Noir, Stendhal

Le Roi des aulnes, Michel Tournier

VOIR AUSSI : **années ado, être dans les • Internet, addiction à • irritabilité • lit, impossible de sortir du • risques, prendre trop de**

Adoption

Dans la course,
Ann Patchett

L'Étrange Vie de Nobody Owens,
Neil Gaiman

La littérature de jeunesse regorge d'enfants adoptés. Née aux Indes, Mary Lennox, dans *Le Jardin secret*, est une enfant adoptée, et gâtée, qui apprend à aimer sous de nouvelles latitudes plus froides[1] ; Mowgli, dans *Le Livre de la jungle*, est élevé par des loups ; Tarzan, dans les romans d'Edgar Rice Burroughs, est recueilli par des singes. Un attrait indéfinissable semble entourer ces enfants trouvés – et en effet, qui, dans son enfance, ne s'est pas disputé avec ses parents et n'a pas rêvé qu'il était lui aussi un enfant abandonné ? Les enfants adoptés se sont aussi frayé un chemin dans la littérature pour adultes, voyez Heathcliff dans *Les Hauts de Hurle-Vent*, qui bouleverse le délicat équilibre régnant dans sa famille adoptive ; « Wart », dans *La Quête du roi Arthur* de T. H. White[2], qui est l'une des rares histoires de cette liste à finir sur un succès – un enfant adopté qui deviendra Arthur, roi de Camelot.

Dans la réalité, l'adoption est moins romantique et peut être cruelle pour tous – pour les parents qui décident d'abandonner leur enfant ; pour l'enfant qui se retrouve dans une situation rien moins qu'idéale (**voir :** abandon) ; pour l'enfant qui reproche à ses parents adoptifs leur désarroi, et qui pourrait être tenté de rechercher ses parents naturels (en allant au-devant d'une déception quasi assurée) ; et pour les parents adoptifs qui doivent décider du moment où ils révéleront à leurs enfants qu'ils sont « différents » et n'ont pas de liens de sang avec eux. Les pièges ne manquent pas, mais l'amour est là. Une adoption peut guérir du chagrin de ne pas avoir d'enfants (**voir :** enfants, ne pas avoir d') – cependant, tous les protagonistes feraient bien d'étudier la complexité de la question en interrogeant ceux qui en ont fait l'expérience.

L'un des plus charmants romans contemporains

---

1. *The Secret Garden*, de l'écrivain britannique Frances Hodgson Burnett, publié en 1911. En France, le roman est paru en 1921 sous le titre *Le Jardin secret*. Ayant perdu ses parents aux Indes à la suite d'une épidémie de choléra, Mary Lennox, petite fille arrogante, est recueillie par un oncle au fin fond des landes anglaises.

2. *La Quête du roi Arthur*, de Terence Hanbury White (1906-1964), cycle de 5 romans.

ayant pour personnages des enfants adoptés est *Dans la course*, d'Ann Patchett. Doyle, l'ex-maire blanc de Boston, a trois fils, Sullivan, Teddy et Tip – le premier étant un Blanc aux cheveux roux, et les deux derniers des Noirs athlétiques et d'une taille démesurée. Sa femme à la crinière de feu, Bernadette, la mère de Sullivan, n'est plus de ce monde. La vraie mère de Teddy et Tip est « l'espion qui venait du froid » – elle a vu ses enfants grandir de loin, en se tenant au courant de leurs succès et de leurs échecs, de leurs amitiés et de leurs rivalités, et en veillant sur eux comme un ange gardien.

Quand Kenya (onze ans) – la coureuse à pied renvoyant au titre – vient inopinément vivre chez les Doyle, la dynamique complexe de la famille s'en trouve bouleversée. Teddy et Tip semblent réussir ce qu'ils entreprennent, l'un comme chercheur, l'autre comme séminariste, mais Doyle aurait préféré qu'ils suivent son exemple et fassent de la politique. Leur frère aîné Sullivan, quant à lui, a séjourné en Afrique pour participer à la lutte contre le sida, cherchant à fuir un terrible accident dont il a été victime dans le passé. Du fait des nouvelles questions soulevées par la présence de Kenya dans la maison, l'histoire des différentes origines de la fratrie revient progressivement à la surface – et c'est le simple, mais irrépressible besoin de courir de Kenya, dont Ann Patchett dresse un beau portrait (« c'était une force surhumaine qui échappait aux lois de la nature ; la gravité ne s'appliquait pas à elle »), qui les réunit tous ensemble. Le message global du roman est clair, et livré sans sentimentalisme : le sang compte, mais l'amour compte encore davantage.

La confirmation que même les parents les plus anticonformistes peuvent faire œuvre utile en adoptant une enfant affleure dans les pages de *L'Étrange Vie de Nobody Owens* de Neil Gaiman. Parti en exploration à la nuit tombée dans son quartier, un bambin évite la mort en échappant à l'agresseur qui a assassiné le reste de sa famille. Échouant dans un cimetière voisin, il est adopté par un couple de fantômes. N'ayant jamais eu d'enfants de leur vivant, les deux macchabées, Mr et Mrs Owens, sautent sur cette occasion inespérée de devenir parents. Ils l'appellent « Nobody » (« Personne »), ou « Bod ». Pendant son enfance excentrique, Bod acquiert des talents inhabituels tels que « devenir invisible, hanter les greniers, ou marcher en dormant » – talents qui se révéleront très utiles plus tard.

Les parents fantômes de Bod font du très bon boulot. « Tu es en vie, Bod. Cela signifie que tu as un potentiel infini. Tu peux faire n'importe quoi, fabriquer n'importe quoi, rêver n'importe quoi. Si tu es capable de changer le monde, le monde changera. » Leur sagesse sépulcrale (au sens propre du terme) donne à Bod l'impulsion qui lui permettra de vivre sa vie pleinement, malgré la tragédie de son enfance.

L'adoption n'est jamais chose simple. La franchise de tous les côtés est essentielle pour permettre aux uns et aux autres de se réconcilier avec ce qu'ils sont et de déterminer quelle relation ils doivent avoir avec qui. Quel que soit le rôle que vous jouez, ces romans vous montreront que vous n'êtes pas seul. Lisez-les et faites-les lire dans votre famille – quelle que soit la configuration de cette famille. Encouragez tout le monde à exprimer ses sentiments. (**Voir :** confrontation, peur de la ; émotions, incapacité à exprimer ses ; empathie, manque d', pour vous assurer que vous venez à la table de discussion avec un esprit ouvert et bienveillant.)

VOIR AUSSI : **abandon** • **outsider, être un**

Sauvage,
Nina Bouraoui

Adulte, passage à l'âge

Le monde de l'enfance et de l'adolescence est un drôle de cocon dont il est compliqué de s'extraire. Un jour, il faut bien être une grande personne. Un adulte. La situation a quelque chose de vertigineux. Pourquoi alors ne pas ouvrir *Sauvage*. Le roman de Nina Bouraoui nous ramène à l'époque où Sheila chante *Spacer* et 10 CC *I'm not in love*. Les années 1970 sont sur le point de laisser place aux années 1980, avec leur lot de changements. Alya habite à Alger. Dans un ensemble d'immeubles construit sur la colline. Du balcon, l'héroïne de Nina Bouraoui peut voir la mer au loin, les cargos qui quittent le port. Autour d'elle, l'atmosphère semble pourtant chargée. Il plane encore la possibilité d'un retour de la guerre. Une guerre qui cette fois pourrait être atomique, comme le disent certains qui envisagent même la fin du monde. La presque jeune fille dit mener une « vie particulière », une vie « dans les jardins et les forêts ». Elle croit en Dieu, prie longtemps, estime que « c'est important les mots, ça reste quand nos idées s'envolent déjà ». Les idées, elle sait qu'il faut s'en méfier, « les tenir en laisse et les classer dans son cerveau ». Alya a un père et une mère, une sœur qui rêve d'être danseuse de ballet ou chanteuse, deux grands-mères. L'une est française, expédie des cadeaux qui ne marchent souvent qu'à moitié, l'autre algérienne. Autour d'elle, il y a aussi Sami qui danse torse nu devant sa mère sur un morceau de Santana. Tout le monde pense qu'il pourrait être son frère. Ils ont d'ailleurs mélangé leur sang « pour ne pas s'oublier »... Nina Bouraoui réussit à plonger au plus profond d'une adolescente qui s'interroge sans cesse sur le bonheur, sur l'amour, sur sa place dans le monde. Cette Alya qui se sent différente, qui a peur de quelque chose qu'elle n'arrive pas à nommer. *Sauvage* est intense, tenu et lumineux à la fois. La romancière montre un adieu à l'enfance, un passage vers l'âge adulte. Son questionnement et ses réponses font comprendre combien ce moment de l'existence est complexe et capital à la fois.

Madame Bovary,
Gustave Flaubert

Anna Karénine,
Léon Tolstoï

Un été sans les hommes,
Siri Hustvedt

Adultère

La tentation d'avoir une aventure survient en général quand l'un des deux membres du couple se sent insatisfait de ce qu'il est – ou de ce qu'il pense être aux yeux des autres. Si seulement il pouvait être avec quelqu'un d'autre, pense-t-il, il présenterait une version plus pétillante, plus spirituelle, plus sexy de lui-même. Peut-être justifie-t-il sa trahison en se racontant qu'il s'est marié trop tôt, quand il n'était pas encore parfaitement mature ; et maintenant, son moi véritable réclame son heure de gloire. Et peut-être sera-t-il cette personne plus sexy, plus brillante – l'espace d'un instant. Mais les aventures qui brisent des relations de longue date suivent, en général, la même trajectoire, quand l'ancien moi et les vieilles habitudes reprennent le dessus, certes dans une dynamique légèrement différente. Souvent, les suspicions s'immiscent et font peu à peu leur chemin. Car si la relation a commencé dans la clandestinité pour au moins l'un d'entre vous, il est facile de devenir paranoïaque et de penser que l'infidélité frappera à nouveau.

Pour Emma Bovary, enlisée dans ses fantasmes adolescents du mariage idéal, la tentation de l'aventure naît presque immédiatement après ses épousailles avec Charles, officier de santé de son état. Elle découvre une existence bien calme, avec un mari qui l'adore, elle qui avait espéré que l'amour serait « un grand oiseau au plumage rose planant dans la splendeur des ciels poétiques ». Ces notions absurdes, nous sommes légèrement embarrassées de le reconnaître, proviennent de la littérature – sir Walter Scott étant notre principal suspect –, car à l'âge de quinze ans, Emma avait ingurgité un nombre important de romans d'amour, pleins de jeunes dames tourmentées « s'évanouissant dans des manoirs solitaires » et de gentlemen « pleurant comme des fontaines »[1]. Quand

1. Les romans, cependant, ne sont pas les seuls coupables : Emma connaît par cœur toutes les chansons d'amour « du siècle

elle rencontre le faux et concupiscent Rodolphe, lequel, pénétré du désir de lui conter fleurette, lui débite à longueur de temps des flatteries convenues, elle a tôt fait de succomber. Si vous vous soupçonnez de nourrir des idées tout aussi irréalistes sur l'amour et le mariage, il faut vous administrer d'urgence une bonne dose de romanciers contemporains réalistes : les œuvres de Jonathan Franzen et Zadie Smith seront un bon début.

Anna Karénine ne cherche pas activement un moyen de s'échapper de son mariage avec le très conformiste Karénine, mais elle trouve certainement la pleine expression de sa nature exubérante avec Vronski. Quand, après avoir rencontré le jeune officier pendant son séjour à Moscou, elle rentre à Saint-Pétersbourg, quelle n'est pas sa surprise de le voir sur le quai, qui l'attend ! Son trouble est immense. Et lorsqu'elle pose ensuite ses yeux sur son mari, elle ne peut supporter le sourire « ironique » habituel avec lequel il l'accueille (ni même, maintenant qu'elle y pense, ses oreilles « cartilagineuses »). Plus que jamais, elle a le sentiment qu'elle fait semblant, que l'émotion entre eux est fausse – du coup, c'est d'elle-même qu'elle se sent insatisfaite. Après s'être imaginée aux côtés de Vronski, comment peut-elle redevenir l'Anna qu'elle était avec le froid Karénine ?

Ce que l'héroïne découvre aussi, bien sûr, c'est le sentiment de culpabilité. En fait (et cette fois, nous prenons plaisir à le faire remarquer), c'est pendant qu'elle lit un roman sur un baron coupable qu'elle prend conscience pour la première fois que l'émotion a éclos à l'intérieur d'elle-même. La culpabilité et la haine de soi entraîneront la chute de l'héroïne dévastée : elle ne parviendra jamais à se défaire des principes et des valeurs qui l'ont façonnée, notamment dans l'amour qu'elle voue à son fils. Quels que soient le pour et le

---

dernier », tout à la gloire des rites et rituels enivrants de l'Église catholique ; et aime la campagne seulement quand il y est question de ruines – ce dont l'art du XVIIIe siècle porte très clairement la responsabilité.

contre de la situation, ayez conscience que la culpabilité est un fardeau. (**Voir :** culpabilité, comment survivre à une conscience brisée et réussir finalement à s'en sortir.)

Avoir une aventure ne détruit pas nécessairement une relation de longue date. Si vous êtes l'épouse éplorée qui soupçonne ou sait que son partenaire a une aventure, vous pourrez reprendre courage à la lecture d'*Un été sans les hommes* de Siri Hustvedt – un point de vue intéressant sur le cliché de l'homme d'âge mûr quittant la femme avec qui il est depuis trente ans pour trouver plus neuve chaussure à son pied. Quand son mari Boris lui annonce qu'il veut faire une « pause » dans leur relation, Mia éprouve tout ce à quoi on s'attend dans le livre, et que vous éprouveriez sûrement vous-même : elle se sent humiliée, trahie, folle de rage. Elle finit par un séjour dans un service psychiatrique (**voir :** colère). Mais ensuite, elle finit par se reprendre en mains et retourne dans le trou perdu du Minnesota où elle a grandi, et où sa mère vit encore dans un hospice. Là, entourée de plusieurs femmes se trouvant pour une raison ou une autre sans homme, elle voit guérir une part vitale d'elle-même. Parfois, une relation peut s'améliorer à la suite d'une « pause » de prime abord dramatique au cours de laquelle les griefs sont exprimés – de part et d'autre. Si vous ne voulez pas revivre avec un partenaire qui vous a abandonné(e), temporairement ou non, un été sans hommes (ou sans femmes) pourrait bien vous donner la force d'aller de l'avant (**voir :** divorce).

La perte de confiance cause de profondes blessures, et pour de nombreux couples un retour à la situation antérieure est au-dessus de leurs forces. Si votre partenaire a été infidèle, vous devez être franc l'un envers l'autre et décider ensemble si votre confiance peut être reconstruite (**voir :** confrontation, peur de la). Si vous êtes celui qui envisage d'avoir une aventure, essayez plutôt de donner libre cours à votre moi inexprimé à l'intérieur de votre couple (**voir :** s'encroûter). Vous épargnerez à tout le monde beaucoup de peine et d'ennuis si vous y parvenez, et votre partenaire pourrait profiter de l'occasion pour devenir lui aussi quelqu'un de plus aimable.

VOIR AUSSI : **colère • confiance, perte de • culpabilité • divorce • insatisfaction • quarantaine, crise de la • quitter le navire, envie de • regret**

Chez nous,
Marilynne Robinson

Agitation

Être dans l'agitation, c'est se trouver dans un état avancé et inquiétant de perturbation mentale. Comme de se trouver à un embranchement sur la route et ne pas savoir où aller. Dépassé et confus, il faut quand même garder la tête froide, et trouver le centre immobile dans l'œil du cyclone. Lucide, claire et tranquille, la prose de Marilynne Robinson représente ce centre.

Âgée de trente-huit ans, après une déception amoureuse, Gloria, Glory pour la famille, rejoint son père mourant, un prêtre presbytérien, pour s'occuper de lui. Une fois sur place, elle se dit que ce mode de vie lui convient car il lui offre une tranquillité plus que désirée. Mais c'est alors que réapparaît son frère Jack, après vingt ans d'absence.

Le retour de l'enfant prodigue remplit le père de joie. Jack est un grand gars costaud, silencieux, avec quelque chose d'apaisant. Son silence, cependant, est plus complexe qu'il y paraît : de sombres secrets s'y tapissent, des choses qui ne peuvent être dites devant un père légèrement dogmatique, et Glory est de plus en plus préoccupée par ce qui pourrait en sortir. Elle trouve pourtant, elle aussi, un réconfort dans sa présence. Et se rappelle comment, quand elle était petite, Jack lui avait appris à dire le joli mot « effluve » tout en soufflant sur une plume. Jack était entré dans la pièce, un courant d'air avait fait voler la plume de la main de Glory. Jack avait regardé la plume monter en cercles jusqu'au plafond, puis l'avait récupérée délicatement dans sa main avant de la rendre à sa sœur.

Tandis que vous laisserez la prose de ce roman agir sur votre cerveau énervé, notez comment l'agitation peut coexister avec la tranquillité dans le monde décrit par Robinson. *Chez nous* raconte cette pièce calme dans laquelle une simple plume peut flotter sans heurts, sur un petit courant d'air, avant d'atterrir dans votre main. Cette élégie à la force du pardon vous aidera à calmer votre agitation intérieure.

VOIR AUSSI : **angoisse existentielle • fourmis dans les jambes, avoir des • stress**

La Femme des sables, **Kôbô Abé**

Agoraphobie

Les agoraphobes se sentent très mal à l'aise quand ils débarquent dans des endroits nouveaux. Entourés par l'inconnu. La peur de perdre le contrôle d'eux-mêmes peut déclencher une crise de panique. C'est la raison pour laquelle ils préfèrent rester chez eux avec les conséquences que l'on sait : isolement, dépression et solitude. Le roman de Kôbô Abé est le parfait antidote.

Jumpei Niki, entomologiste amateur, part en voyage dans le désert côtier situé au bout d'une voie de chemin de fer, en quête de nouvelles espèces d'insectes. Alors qu'il recherche des invertébrés, il tombe par hasard sur un village caché parmi des dunes éternellement mouvantes. Il y trouve une communauté unique vivant dans des maisons nichées au fond de trous de quinze mètres de profondeur. Pour empêcher leurs maisons d'être ensevelies, les habitants doivent dégager chaque jour des tonnes de sable doré, qu'ils hissent au sommet des dunes au moyen de cordes et de seaux.

Leur travail a lieu à la lumière de la lune, le soleil faisant régner une chaleur insupportable dans leurs puits pendant la journée. Jumpei est attiré dans un des repaires pour la nuit, où il aide une jeune veuve dans le combat sans fin contre le sable fluide. Malheureusement pour lui, il découvre en se réveillant le lendemain matin que l'échelle qui lui aurait permis de sortir a été retirée. Ses tentatives de fuite sont alternativement héroïques, masochistes ou désespérées. Peu à peu, il accepte son sort, celui de quelqu'un qui doit travailler sans cesse et hisser des seaux de sable à l'aide de cordes en haut de la dune – le reste du temps, il mange, dort et fait l'amour avec la veuve. À la fin du roman, on a partagé l'humiliation de Jumpei – car les villageois jugent son changement de vie inopiné du plus grand comique – et son acceptation progressive de sa nouvelle existence si étrange. Mais il n'a pas entièrement perdu son temps, car il a bel et bien fait une découverte sous le sable.

La leçon à retenir de Jumpei est qu'il faut se soumettre à l'inattendu. Une fois que vous aurez connu l'expérience d'un confinement à l'intérieur de murs de sable imaginaires, vous serez peut-être heureux de faire quelques pas hésitants au-delà de vos propres murs, plus faciles à franchir.

VOIR AUSSI : **anxiété** • **solitude**

Le conseil du libraire

Coline Hugel
Librairie La Colline aux livres (Bergerac)

À la table de Yasmina, **Maruzza Loria et Serge Quadruppani**

Agueusie

Vous n'avez plus le goût de rien ? Vos papilles ne ressentent plus le sucré, l'amertume, le salé ? Tout vous semble terne et plat ? Votre moral en prend un coup ? Que vous soyez atteint d'agueusie, de dysgueusie ou d'une simple hypogueusie, ce qu'il vous faut pour vous retonifier le palais, c'est un traitement de choc ! Il vous faut des explosions gustatives, des pétillements sur le bout de la langue, des saveurs douces, folles, incroyables, subtiles ! Il vous faut apprivoiser à nouveau le beau vocabulaire de la cuisine, cet art magique et indispensable. Il vous faut donc impérativement accompagner le comte Roger jusqu'« à la table de Yasmina ». Assis à ses côtés, vous ne pourrez que réapprendre avec bonheur comment tous les sens se réveillent quand on se retrouve devant une belle assiette (ou plutôt une succession de belles assiettes !), surtout quand elle vous est servie par une dame divine de beauté et d'intelligence. Pendant sept nuits, vous rééduquerez votre palais en consommant (sans aucune modération) sorbet (charbât), panelle (beignet à la farine de pois chiches), cheveux d'anges au miel, crispelle de ricotta et d'anchois, caponata, langues de sardine, tarte aux figues et aux graines vertes de fenouil sauvage et autre cassata sicilienne...

Après un tel traitement, soyez certain que votre électrogustométrie montrera une spectaculaire amélioration ! Et si vous craignez une rechute, n'ayez crainte, toutes les recettes sont fournies, vous pourrez donc continuer votre médication...

1Q84,
Haruki Murakami

Aimer l'amour, cesser d'

L'Amour. Le clair de lune. Les roses. L'engagement absolu. Le Grand. Le Seul.

Soyons sérieux, vous entend-on souffler.

Certains d'entre vous sont au bout du chemin avec l'amour. Ils ont le sentiment que leur capacité à aimer ou à inspirer de l'amour est épuisée. Et que le temps des romances est fini.

Ne perdons pas notre temps avec des attitudes aussi négatives. Débranchez-vous du scepticisme et réveillez-vous avec la capacité infinie de l'amour de ressusciter encore et encore. Le roman qui vous y aidera est l'épopée de Murakami, *1Q84*. Dire que le livre est complexe est un euphémisme. En plus d'être remarquablement long, il se situe dans deux mondes différents. Mais il est aussi profondément romantique. Le cœur de l'histoire déroule le passé des deux principaux personnages. Un jour à l'école, alors qu'ils avaient tous deux onze ans, ils se sont tenu la main pendant un très long moment. Ce moment silencieux, chargé de sens et inattendu pour Tengo, planifié quoique inexplicable pour Aomamé, les a hantés depuis. Aomamé savait qu'elle devait partir et Tengo s'était toujours montré gentil avec elle : elle a donc imprimé son essence dans sa main à lui pour que son âme en soit marquée à jamais.

Plus de vingt ans après, nous retrouvons Tengo et Aomamé dans leurs vies distinctes et solitaires. Aucun des deux n'a développé de relations d'adultes. Tengo enseigne les maths dans une boîte à bac et il écrit un roman. Aomamé mène une vie très réglée et donne des cours d'autodéfense tout en travaillant au noir. Et tous deux se trouvent embringués dans une secte, Sagigake, qui les fait bientôt fuir chacun de son côté, mais chacun un peu plus conscient de l'importance prise par l'autre dans sa vie.

Un des thèmes récurrents du livre tient dans cette idée d'être irrémédiablement perdu, que ce soit sur un plan moral, ou entre deux mondes parallèles, ou simplement perdu pour l'amour. Tengo rend visite à son père mourant dans un foyer et lui lit l'histoire d'une ville où les gens peuvent se trouver hors d'atteinte des traits de l'amour, de façon irrémédiable. L'image de cette ville, lieu ultime d'où l'amour a fui, le hante. Puis les choses se mettent à bouger de façon très réaliste, avec une grossesse manifeste quoique assez inexplicable, les deux personnages se retrouvant contre toute attente, et l'amour s'insinuant à nouveau en eux alors qu'ils l'avaient abandonné il y a bien longtemps. Un amour qui finit donc par triompher de tout. Faites le voyage avec Tengo. Et retombez amoureux de l'amour.

VOIR AUSSI : **désenchantement** • **espoir, perte d'** • **homme ou la femme idéal(e), en finir avec l'**

Shining,
Stephen King

Sous le volcan,
Malcolm Lowry

Alcoolisme

Les alcooliques s'entrechoquent à l'intérieur des pages des romans comme des glaçons dans un verre de gin. Pourquoi ? Parce que l'alcool délie les langues. Et parce que ce sont toujours les vieux pochards qui nous prennent par la manche pour nous raconter une histoire. Quand ils sont sur la page, nous pouvons apprécier leurs divagations sans avoir à sentir leur haleine empestant la bière. Nous sommes d'ailleurs tous d'accord : il vaut mieux qu'ils y restent. Personne ne veut d'un vieux poivrot dans sa maison ; si vous avez des velléités d'en accueillir un, nous vous suggérons de vous faire frémir avec une ou deux descriptions explicites de la déliquescence provoquée par l'alcool. Notre remède doit être ingurgité en deux fois : deux cocktails capiteux vous donneront un aperçu de ce qui pourrait vous attendre et vous feront perdre le goût de l'alcool vite fait bien fait ; ils seront suivis d'un bon petit verre de vodka qui vous donnera aussitôt envie de mettre votre jogging et de bondir vers une nouvelle vie tout ce qu'il y a de plus *clean*.

Jack Torrance, l'écrivain du roman à vous glacer le sang *Shining*, de Stephen King, est au régime sec depuis plusieurs années. Bien que sa femme soit restée avec lui, il a perdu sa confiance quand il a cassé le bras de son fils Danny dans un accès de colère fortement arrosé. En travaillant tout au long de l'hiver comme gardien de l'Overlook Hotel, dans les Rocheuses du Colorado, il espère renouer avec sa femme et son fils qui a maintenant cinq ans, et remettre sa carrière sur les rails en écrivant une nouvelle pièce de théâtre.

Les deux grands obstacles au bonheur de Jack ont été une excessive dépendance à l'alcool et un tempérament explosif – pas forcément une bonne combinaison pour séjourner dans un hôtel vaste et effrayant coupé du monde extérieur pendant plusieurs semaines une fois la neige tombée. Jack commence à travailler avec la ferme conviction qu'il restera sobre. Mais l'une des particularités surnaturelles de l'Overlook – en dehors d'une architecture qui se recompose elle-même régulièrement – est une capacité à produire des cocktails à partir du néant.

Au début, ces cocktails sont simplement imaginaires, mais bientôt, Jack est confronté au véritable gin qui lui est servi par le barman (décédé) Lloyd (**voir :** hanté, se sentir). Plonger son regard dans le gin est « comme se noyer » pour Jack : le premier apéritif qu'il porte à ses lèvres depuis des années. En compagnie d'esprits de plus en plus malins, le spectre de l'alcoolisme tapi dans l'ombre de Jack est ravi de reprendre du service et de se déchaîner. Observer la désintégration de ce personnage vous collera la peur du démon de l'alcool à plus d'un titre. Et à tout jamais vous préférerez le jus d'orange à la gnôle.

Les ivrognes tendent à être soit captivants, soit exaspérants. *Sous le volcan* de Malcolm Lowry, qui se déroule le jour des Morts dans la ville mexicaine de Quauhnahuac, nous montre ces deux aspects de la psyché du héros alcoolique Geoffrey Firmin. Consul britannique de cette ville sise à l'ombre d'un volcan, il passe ses journées à jongler entre ses besoins d'alcool et la réapparition compliquée de la femme dont il est séparé, Yvonne. Ce devrait être le jour le plus important de sa vie, mais la seule chose qu'il puisse faire est boire, en se convainquant qu'il descend une bière « pour ses vitamines » (manger ne l'intéresse guère), et en attendant l'arrivée des invités qui, le craint-il, auront oublié d'apporter du ravitaillement en alcool.

Les événements se déroulent sur une seule journée, essentiellement dans la tête du consul, mais par son envergure, ce roman d'une puissance rare confine à l'épopée. Alors que les célébrations du jour des Morts vont crescendo dans une atmosphère enfiévrée, le consul s'abandonne tragiquement et irrémédiablement à sa propre autodestruction, ses pensées imbibées de whisky et de mescal. Ses rêvasseries sont parfois sinistrement drôles, et les références à Faust sont fréquentes ; Firmin se dirige joyeusement vers l'enfer, et ses derniers mots, « Christ, quelle façon minable de mourir ! » – prédits au début du livre par son ami cinéaste Laruelle –, rappellent de terrible manière quelle horrible route il a empruntée dans la vie en agissant de la sorte.

VOIR AUSSI : **gueule de bois** • **hoquets** • **libido, perte de** • **manque, être en** • **transpirer**

La Faim refoulée, **Deborah Hautzig**

Folle de moi, **Jenefer Shute**

Alimentation, trouble de l'

Les troubles alimentaires peuvent revêtir des formes diverses. L'anorexie (le refus de s'alimenter) et la boulimie (un besoin irrépressible de manger, puis de se faire vomir) sont les plus courants. Mais il en est de moins connus, mais non moins graves, telle l'*orthorexia nervosa* (le souci obsessionnel de n'ingérer que les aliments les plus purs) et le *pica* (trouble du comportement caractérisé par la mastication et l'ingestion de substances non nutritives). Les causes de ces comportements obsessionnels restent obscures. Certains malades ont peut-être souffert de maltraitance, de délaissement ou de traumatismes. Bien sûr, on peut aussi incriminer la culture médiatique donnant en exemple les mannequins maigres comme des brindilles qui arpentent les podiums. La peur de perdre le contrôle de soi est vraisemblablement une autre cause majeure. Quel que soit le facteur déclenchant, la littérature a de quoi consoler, réconforter et raisonner tant les victimes que celles ou ceux ayant la tâche aussi douloureuse qu'effrayante de veiller sur ceux qui souffrent, et de tenter de leur venir en aide.

Leslie, la talentueuse adolescente de quatorze ans du roman *La Faim refoulée*, de Deborah Hautzig, mène une vie de famille heureuse à New York avec une mère qui l'aime plus que tout au monde. Tout semble bien aller pour elle, mais elle décide d'entamer un régime car elle s'estime trop grosse – avant de devenir accro à la perte de poids. Nous la suivons tout au long de son adolescence, alors qu'elle est obsédée par le désir d'atteindre son objectif : ne plus peser que trente-cinq kilos. Son univers est celui, bien concret, d'une jeune fille de son âge : petits copains, fringues à la mode, adultes un peu largués... Heureusement, elle peut compter sur son meilleur ami Cavett, fidèle et compréhensif, qui la soutient inconditionnellement pendant toute la durée de sa maladie. Le titre original du livre (*Second Star to the Right*, « Deuxième étoile à droite ») est emprunté à Peter Pan, qui indique à Wendy le chemin vers Neverland par cette formule : « Deuxième à droite et tout droit jusqu'au matin. » Mais il résonne à un niveau plus complexe et troublant. Car il fait également allusion à la cousine de la mère de Leslie, Margolee, décédée alors qu'elle était adolescente à Auschwitz, en même temps que sa propre mère. Ayant le choix entre aller « à droite » et vivre, ou « à gauche » et mourir dans la chambre à gaz avec sa mère, elle décide d'aller « à gauche ». La tragédie de leur mort traverse en écho le roman et fournit à l'intrigue un arrière-plan profondément émouvant.

Malgré l'égoïsme apparent du soliloque de l'anorexique, la question du choix de Leslie – aller à droite ou à gauche ? – retient totalement notre sympathie. *La Faim refoulée* est un grand roman, explorant les dédales psychologiques de l'anorexie avec clarté et compassion, à lire par tous ceux ou celles souffrant d'un trouble alimentaire.

Notre second traitement, *Folle de moi*, qui emmène un personnage encore plus loin sur le chemin du mal que l'on s'inflige à soi-même, est destiné aux amis et aux soignants. Dans ce roman perturbant, une jeune femme appelée Josie – décrite comme un « organisme affamé » – ne fait rien d'autre que rester allongée sur le dos et occuper l'espace de sa chambre. Lors des phases finales de l'anorexie, elle extirpe du lit sa fine carcasse squelettique, quand personne ne la voit, et court sur place dans un effort frénétique pour brûler des calories. Elle a l'impression que son cerveau est désormais « plus près de la surface », et qu'elle est capable de voir les couleurs et de sentir les odeurs de façon plus vive que lorsque tout était enveloppé d'une « gangue épaisse de graisse » – comme si elle avait atteint « son moi dans sa forme minimale ». Quand elle peste contre les « despotes » de l'hôpital qui essaient de la faire manger, tient le compte du nombre de calories du moindre aliment qu'elle met dans sa bouche – d'un morceau de chewing-gum à une rondelle de concombre –, ou laisse transparaître sa fascination obsessionnelle pour la nourriture en imaginant sans cesse des recettes et des menus, nous prenons peu à la peu la mesure de la somme d'efforts colossale qu'elle doit déployer pour triompher de son appétit. Lorsqu'une nouvelle voie s'ouvre à Josie, un véritable espoir gagne l'esprit du lecteur. Avec cette lecture éprouvante, mais importante, vous aurez de nouveaux aperçus de la force des mécanismes psychologiques à l'œuvre dans les troubles alimentaires, et, une fois le livre refermé, serez rassuré sur un point : il y a de la lumière au bout du tunnel, même dans les cas les plus désespérés.

VOIR AUSSI : **appétit, perte de l' • estime de soi, mauvaise • faim**

Alopécie

VOIR : **calvitie • stress**

Les Grandes Espérances,
Charles Dickens

Ambition, trop d'

Certains d'entre nous en manquent, d'autres en ont trop. Selon le philosophe taoïste Lao-tseu, l'ambition – quand elle est parfaitement dosée – « a un talon cloué dans le puits », bien qu'elle « tende ses doigts pour toucher les cieux ». Quand aucun de nos deux talons n'est fermement « cloué » et que nous visons trop haut par rapport à nos talents innés et nos limitations sociales, nous risquons de perdre complètement pied.

C'est ce qui arrive à Pip dans *Les Grandes Espérances*. Pip l'orphelin vit avec sa sœur aînée, la rude et antipathique Mrs Joe, dont le visage semble avoir été « frotté avec une râpe à noix de muscade » et qui compte l'élever « à la force du poignet » (bien que sa rudesse soit tempérée par la douceur de son mari Joe, qui témoignera de l'affection à Pip tout au long de sa turbulente vie). Quand Pip rencontre Estella, la belle mais glaciale pupille de l'excentrique Miss Havisham, qui porte encore la robe de mariage avec laquelle elle a été plaquée à l'autel quarante ans plus tôt, Pip se sent encouragé à nourrir l'espoir que cette étrange vieille dame projette de le marier avec Estella. L'espoir se transforme en conviction, ce qui l'autorise à se comporter « comme un gentleman » – pas nécessairement du meilleur acabit – et à regarder de haut ses origines, ainsi que son ami Biddy, qui voit bien quel chemin emprunte Pip et le regrette.

Pip et sa sœur, en fait, se sont affreusement trompés. Bien que Pip reçoive inopinément un héritage (ce qui fait définitivement de lui un « gentleman », du moins en apparence), le succès dans le monde semble ne compter pour rien dans le succès en amour. Les fortunes peuvent être perdues aussi facilement qu'elles sont gagnées. Pip aurait économisé beaucoup de temps et de peines de cœur si on ne l'avait pas incité à gravir les échelons de la société. Que l'erreur de Pip serve d'avertissement. Assurément, regardez vers les cieux.

Mais gardez toujours un pied sur la terre ferme de vos origines.

VOIR AUSSI : **arriviste, être un** • **bourreau de travail** • **cupidité** • **vendre son âme**

La Rose pourpre et le Lys,
Michel Faber

Ambition, trop peu d'

Si vous regardez courir tout le monde, sauf vous, si vous êtes encore sur la ligne de départ quand les autres ont démarré au quart de tour, vous avez besoin d'un roman qui vous donnera la force de vous fixer une ligne d'arrivée, et de vous élancer vers elle. Le meilleur qui soit s'intitule *La Rose pourpre et le Lys*.

Notre jeune héroïne entame sa vie dans un lieu qui, *a priori*, ne lui aurait jamais permis de gravir les échelons de la société, au point qu'elle aurait aussi bien pu laisser tomber avant même d'avoir commencé. Sugar a été forcée de se prostituer par sa mère au tendre âge de treize ans. Elle grandit persuadée de ne pas avoir d'autre choix que de se soumettre aux gentlemen qui viennent dans son lit pour « lui tenir chaud ». Mais elle aspire à s'élever au-dessus de cette vile existence. Sa manière à elle de réaliser son but est de devenir la meilleure du bordel – et ensuite, la meilleure de toute l'Angleterre. Bientôt, elle a non seulement acquis un phénoménal savoir-faire dans la chambre à coucher, mais elle sait faire en sorte qu'un homme se sente éloquent, spirituel et plein de vitalité rien qu'à la manière de l'écouter et de flirter avec lui. Sous ces abords charmants, néanmoins, elle persiste à juger son métier grotesque et déverse son dégoût dans un roman qu'elle écrit en secret à son bureau.

Son heure arrive quand elle rencontre William Rackham, des parfumeries Rackham, qui la découvre à travers les pages d'une publication annuelle pour gentlemen, *More Sprees in London* (« Plus de folies à

Londres »). Rackham est si épris de Sugar qu'il parvient à la garder pour son usage exclusif. Finalement, elle lui devient indispensable, non seulement pour ses charmes et sa beauté, mais pour son intelligence, discernant et comprenant les besoins de ses clients mieux qu'ils ne le font eux-mêmes. Sugar a tôt fait de devenir la cheville ouvrière de ses campagnes publicitaires et de l'ensemble de sa stratégie commerciale.

Faber dresse avec minutie le tableau d'un monde victorien où règnent conventions rigides et inégalités sociales : « Faites attention où vous mettez les pieds. Gardez votre esprit pour vous. Vous en aurez besoin », exhorte-t-il au début du roman. Suivez l'exemple de Sugar (sauf dans la prostitution) et gravissez les marches avec prudence, en décidant de votre propre destin plutôt que de celui des autres. Comme l'a dit Oscar Wilde : « Notre ambition devrait être de régner sur nous-même – le véritable royaume pour chacun d'entre nous. »

VOIR AUSSI : **apathie** • **léthargie** • **lit, impossible de sortir du**

Le conseil du libraire

Âme sœur, rechercher l'

Jean-François Delapré
Librairie Saint-Christophe (Lesneven)

Saumon,
Ahn Do-hyun

Madame, ce qui vous arrive est commun à bon nombre de nous autres humains, et cette douce désespérance dans cette recherche de l'âme sœur peut être facilement vaincue. Chez votre libraire, vous irez quérir ce petit roman coréen qui s'appelle *Saumon*, oui, tout simplement *Saumon*. Il nous conte la remontée de la rivière de Vif-Argent et de Regard-Limpide. Comme vous le savez, afin de se reproduire, les saumons reviennent dans la rivière qui les a vus naître ; et ce n'est pas un, mais des milliers d'obstacles qu'ils vont devoir affronter. Comme vous qui vous lamentez, ils auront leur lot de désagréments, seront sur le point d'échouer, mais c'est en ne renonçant pas, en faisant front, en s'entraidant qu'ils parviendront jusqu'au gravier tapissant le fond de leur rivière natale. Là, Vif-Argent déposera sa semence sur les œufs de Regard-Limpide. L'hiver les couvrira de glace et les protégera des prédateurs. Un autre printemps viendra. Vous verrez, c'est ici que se niche l'espoir...

L'Ami de Vincent,
Jean-Marc Roberts

Ami, avoir un meilleur

Avoir un meilleur ami n'est pas donné à tout le monde. Pouvoir compter sur quelqu'un de confiance, quelqu'un avec qui partager joie, tristesse et secrets. Il arrive que cela soit pour la vie. Ou bien que l'on s'aperçoive en chemin que l'on a fait fausse route. Que l'on n'est plus sur la même longueur d'onde ou encore que l'ami(e) n'est au fond pas celui ou celle que l'on pensait. En cas de doute, nous conseillons de plonger dans la lecture de *L'Ami de Vincent*, de Jean-Marc Roberts. Albert Grange dirige l'orchestre de variétés d'un music-hall parisien de la rue Blanche. Ancien mannequin dans le prêt-à-porter, sa femme Dominique s'occupe de leurs deux enfants, nés à dix-huit mois d'intervalle. La grande affaire d'Albert, c'est son amitié avec Vincent Lamar, trompettiste solo. Lui aussi est marié, avec Nathalie, qui a travaillé dans un Prisunic du quartier République avant d'essayer de percer en tant que comédienne. Albert et Vincent se connaissent depuis leur première rencontre à Rome, quand ils avaient respectivement l'âge de quinze et dix-sept ans. Ah, ces étés en Italie, ces fêtes passées à danser et à essayer de draguer les filles. Adolescents, ils aimaient « tomber dans les mêmes bras, salir les mêmes chemises, attraper les mêmes maladies. Histoire de comparer l'effet produit, de nous assurer que nous réagissions au plaisir et à la douleur, au froid et au chaud, de la même manière », comme l'explique Albert.

S'il leur est arrivé de se perdre de vue, ils n'ont pas cessé « de vivre l'un près de l'autre, l'un avec l'autre, filant le même coton, plus ou moins doux, selon le hasard ». À l'occasion, ils ne détestaient pas non plus faire « des blagues d'un goût douteux pour prévenir le danger, nous préparer au pire », raconte encore Albert. Un jour, il lui faut commencer à explorer le passé amoureux de son meilleur ami. Enquêter sur les femmes qui ont croisé sa route. Où commence et où finit une amitié ? Peut-on rester à jamais l'ami d'un autre, quoi qu'il ait fait ? Le troublant roman de Jean-Marc Roberts propose ses réponses en évitant la sensiblerie. Sa lecture permet une saine remise en question.

Amis, avoir besoin d'

VOIR : **mis de côté, se sentir** • **outsider, être un** • **solitude**

Amitié brisée

VOIR : **meilleur ami, se fâcher avec son**

Les maladies de la lecture

AMNÉSIE ASSOCIÉE À LA LECTURE

PATHOLOGIE LITTÉRAIRE

TENEZ UN JOURNAL DE LECTURE

Les personnes souffrant d'amnésie associée à la lecture ont peu ou n'ont pas de souvenirs des romans qu'elles ont lus. Elles rentrent chez elles après quelques emplettes à la librairie, ravies de tenir dans leurs mains un roman tout neuf, pour éprouver cinq ou vingt pages plus loin un sentiment de déjà vu. Elles prennent part à une conversation sur un roman classique qu'elles pensent avoir lu, pour se voir poser une question à laquelle elles ne peuvent répondre – en général sur ce qui arrive à la fin.

Ce dont vous avez besoin, lecteur au cerveau en gelée, c'est d'un journal de lecture. Un petit carnet que vous transportez toujours avec vous – idéalement un carnet qui est beau et agréable au toucher. Consacrez une page à chaque livre que vous lisez, et le jour où vous tournez la dernière page, écrivez-y le titre du livre, le nom de l'auteur, la date du jour et l'endroit où vous l'avez lu. Vous voudrez peut-être résumer l'histoire en une ligne, en gros caractères, comme le titre de la une d'un journal : UN HOMME TUE UNE USURIÈRE, ET ÉPROUVE UN FORT SENTIMENT DE CULPABILITÉ PENDANT LES HUIT CENTS PAGES SUIVANTES. Ou vous pourriez être finalement d'accord avec les motivations d'un personnage que vous trouviez particulièrement intrigant. Vous pourriez aussi noter l'état dans lequel le livre vous a laissé une fois refermé – enthousiaste, ou déprimé ? Vous a-t-il donné l'envie d'une longue marche sur une lande balayée par le vent, ou d'émigrer en Nouvelle-Zélande ? Si les mots ne vous viennent pas facilement, utilisez des images pour résumer vos pensées, ou donnez au livre une note (sur dix), ou écrivez une liste de mots que vous avez trouvés dans le livre et aimés.

Ce journal sera une trace de votre voyage en lecture. Au fil des ans, vous pourrez y revenir à votre guise et vous souvenir des meilleurs moments – comme des moins bons. Et si un auteur ou un titre vous échappe au beau milieu d'une conversation, trouvez une excuse pour aller à la salle de bains et consultez-le. ■

Amour, chercher l'

VOIR : **bonheur, quête du** • **célibataire, être** • **homme ou la femme idéal(e), chercher l'**

Billie,
Anna Gavalda

Amour compliqué, vivre un

Si la vie était simple, on le saurait depuis longtemps. En matière d'amour, il arrive que la situation soit également compliquée. Que votre cœur vous porte vers un être qui, *a priori*, ne vous était pas forcément destiné. Pas de panique, cela peut déboucher sur quelque chose de fort. Regardez Franck et Billie. Les attachants héros du roman d'Anna Gavalda, on les découvre dans un trou de la Lozère. Lui semble en mauvais état après une chute. Elle regarde les étoiles et n'arrête pas de gamberger. Ces deux-là se connaissent depuis l'époque où ils usaient ensemble leurs fonds de culotte sur les bancs du collège Jacques-Prévert « d'une petite ville de même pas 3 000 habitants dans une région rurale comme ils disent ». Franck avait des cheveux en pétard et un visage de Petit Prince. Sa mère raffolait des ritournelles de Frank Alamo alors que celle de Billie était dingue des tubes de Michael Jackson. Adolescents, ils ont joué de concert dans une pièce d'Alfred de Musset au titre prophétique : *On ne badine pas avec l'amour*. La demoiselle a ensuite eu à cœur d'oublier son enfance, de tourner le dos au monde d'où elle vient. Au risque d'enchaîner les bêtises, de prendre des chemins impossibles. Même si elle le perdait de temps à autre de vue, Franck n'était jamais loin, lui envoyait des cartes postales chaque mercredi. Un soir, devant une calzone dans une pizzeria chinoise, elle lui a lancé que tout allait rouler pour eux, qu'ils allaient rester encordés. Même s'il avoue une préférence pour les garçons. Personne n'est parfait, comme dit la réplique d'un film mythique de Billy Wilder, alors pourquoi ne pas finir par se marier ? Comédie signée par une écrivaine qui a une manière inimitable de jouer avec les mots, *Billie* prouve qu'en amour il faut accepter de s'attendre à tout. La lecture d'Anna Gavalda permet de le vérifier pleinement.

Bel Canto, **Ann Patchett**

Les Souffrances du jeune Werther, **Goethe**

Loin de la foule déchaînée, **Thomas Hardy**

Premier amour, **Ivan Tourgueniev**

Amour non partagé

L'amour non partagé est une forme d'amour particulière qui ne peut aller que dans un seul sens. Pour preuve, la définition qu'en donne Ann Patchett dans son roman *Bel Canto* (qui vaut aussi pour soigner : chercher l'homme ou la femme idéal[e]). Coincé dans des sièges contigus pendant un vol de dix-huit heures, le jeune accompagnateur suédois de la célèbre soprano Roxane Cox lui confesse une adoration sans fin qui ne fait que tirer une grimace à la chanteuse. Sorti de nulle part, et sans l'appui préalable d'une amitié ou d'une attirance réciproque, l'aveu qui arrive trop fort et trop tôt respire la sottise. Ce genre d'amour qui s'offre si facilement, si bêtement, n'est généralement pas payé en retour, suggère Patchett. Comment l'objet de votre amour pourrait-il trouver à vous aimer si vous montrez que vous êtes prêt à vous jeter à ses pieds, aussi cru et saignant qu'un morceau de viande mal cuite ?

Il ne faudra guère attendre pour que le jeune accompagnateur se sacrifie, au sens propre : le pauvre sot se trouve pour de bon perdu dans la pathologie destructive et masochiste de sa passion impossible. Plus tard, quand les terroristes qui ont pris en otages la soprano et son public offrent de libérer ceux qui ont besoin d'une assistance médicale, l'amoureux reste muet, alors même qu'il est diabétique et doit recevoir des piqures d'insuline régulièrement pour rester en vie. Rester au côté de Roxane pour la protéger signe son arrêt de mort. Eh bien merci, accompagnateur suédois, de rejeter la faute de ta mort sur moi, serait en droit de remarquer Roxane. Et tu appelles cela de l'amour ?

La littérature est emplie de caractères comparables, tourmentés et stupides, prêts à mourir pour l'amour de quelqu'un qui n'a pour commencer rien demandé. Et ce n'est pas toujours joli à voir. Le pire dans la bande est le Werther de Goethe dans *Les Souffrances du jeune Werther*, âme sensible dont l'amour désespéré pour la jeune Charlotte, déjà prise et heureuse avec quelqu'un d'autre quand ils se rencontrent, l'amène à en finir avec la vie de désespoir. Il pousse même l'audace jusqu'à s'arranger pour que Lotte lui fournisse le pistolet qui sera l'instrument de sa mort. Quel cran ! À la suite de la publication du roman en 1774, des êtres au caractère artistique et sensible, d'Ostende à Naples, se mirent à se vêtir en jeune Werther. Certains se suicidèrent même d'un coup de pistolet dans une mise en scène copiée à l'identique sur le modèle. On parla alors d'un effet Werther. Goethe fut prompt à dénoncer les émotions excessives de ce mouvement romantique, appelé alors le *Sturm und Drang* (« tempête et passion »), que son roman avait pourtant inspiré. Nous dénonçons ces excès à notre tour. Si vous sentez que vous êtes du genre à vous complaire dans la tragédie d'un amour non partagé, nous vous conseillons de prendre vos distances avec *Les Souffrances*. Et tournez-vous plutôt vers *Loin de la foule déchaînée*.

Cette œuvre magistrale de Hardy, située dans le Wessex qu'il adorait, est le meilleur roman possible pour comprendre comment aimer et comment ne pas aimer. Au début, on s'y perd un peu. Gabriel Oak, pourtant adorable dès la première ligne avec son sourire rayonnant qui relie ses deux oreilles, est plutôt simplet dans sa manière de conter fleurette. Bathsheba, jolie, mariable et bientôt héritière, est, elle, aussi futile que suffisante. Elle aime taquiner, et même si ça marche avec Gabriel, car, comme on le sait, une belle affaire doit se mériter, la carte de Saint-Valentin qu'elle envoie dans un moment de fougue irréfléchie à son voisin William Boldwood est un geste de totale irresponsabilité qu'elle regrettera. Jusque-là indifférent à sa belle voisine, Boldwood a très envie, avec la carte, de tomber amoureux et plonge la tête la première dans une course werthérienne et un amour non partagé, se mutilant de façon inutile jusqu'au plus profond de lui-même.

Le troisième prétendant, le sergent Troy, est dans le fond un homme bon, quoique, comme Bathsheba, il se voie un peu mieux qu'il n'est en vrai, ce qui n'est pas un trait de caractère très séduisant (**voir :** vanité ; arrogance). Surtout, il a commis quelque chose de plus grave que Bathsheba : abandonner sa femme enceinte en toute conscience. Au fond, Gabriel Oak est le seul à prouver sa vraie valeur, en restant droit et fidèle à Bathsheba, en dépit des petites affaires pas propres qu'elle mène avec les deux autres, en attendant qu'elle se décide à l'aimer, et qu'elle devienne elle-même aimable.

Si vous persistez à vouloir prendre du plaisir dans l'agonie d'un amour non partagé, allez-y en vous inspirant de *Premier amour* de Tourgueniev. Dans ce court récit baigné de soleil, Vladimir, seize ans, s'entiche de Zinaïda, vingt et un ans. Elle dispose d'un large choix de prétendants et, en le traitant comme un confident, ne semble pas prendre ses avances très au sérieux. Elle s'amuse de tous ses amants fervents et celui qui est le véritable objet de son affection n'apparaîtra qu'à la toute fin. Cela se termine bien sûr en tragédie. Faites-vous une dernière petite fête avec ce Vladimir, puis reprenez toutes vos cartes. Là seulement vous serez capable de rafler la mise.

Si l'amour que vous exprimez est sans réponse, marquez une pause dans vos façons trop démonstratives, le temps de vous poser quelques questions. Dans votre désir fou, vous êtes-vous mis dans la posture de ne pas être aimé vous-même, en vous manquant de respect ? Si la réponse est oui, vous êtes incapable d'inspirer autre chose qu'un non coupable. Remuez-vous. Regardez-vous dans les yeux et pesez ce que vous êtes. Puis montrez ce que vous valez dans un comportement digne de la formidable personne que vous aimez.

VOIR AUSSI : **amour voué à l'échec** • **engouement** • **estime de soi, mauvaise** • **jalousie**

Nous autres, **Evgueni Zamiatine**

L'Amant de lady Chatterley, **D. H. Lawrence**

Amour voué à l'échec

Parfois, c'est évident pour tout le monde, sauf pour vous, que votre amour est foutu. Comblé dans votre petite bulle, vous ne pouvez rien voir au-delà des effets chatoyants qui vous enveloppent. L'amour né sous une mauvaise étoile, comme ceux de Tristan et Iseult, Cathy et Heathcliff, ou Tess et Angel Clare, est un spectacle difficile à supporter. Mais le couple maudit par l'astre n'a généralement aucune idée que sa bulle va bientôt éclater. Une fois la membrane fissurée, les amants eux-mêmes comprennent leur folie, et c'est dans ce moment où l'histoire amoureuse se meurt qu'il faut suivre méthodiquement le traitement que nous proposons.

Car si ratée qu'ait été votre romance, elle ne pourra jamais l'être aussi désespérément que celle des amants funestes d'Evgueni Zamiatine dans *Nous autres*. D-503 (le mâle) et I-330 (la femelle) ne peuvent se rencontrer qu'en secret puisqu'ils vivent dans l'État unique, entreprise dirigée par le Bienfaiteur, qui contrôle toute vie humaine. Chacun mène ses affaires derrière des murs vitrés, de manière à pouvoir être observé à tout instant. D-503 et I-330 ont leur premier rendez-vous dans l'angle mort d'un immeuble opaque.

Petit à petit, I-330 va révéler à D-503 qu'elle fait partie d'une organisation clandestine déterminée à casser le Mur Vert qui sépare leur civilisation du reste du monde. Au passage, on aperçoit des images de ces hommes libres, couverts de fourrure. Un plan de fuite, alimenté par l'intensité de leur passion, nous amène à rêver leur futur. Mais Zamiatine s'est inspiré de son expérience de la Russie au début du xxe siècle, où son livre a été interdit, et fait de l'État unique un lieu criblé d'espions. La lecture de *Nous autres* nous permet de nous sentir un peu moins mal quant à notre degré d'aveuglement.

L'amour entre lady Chatterley et le garde-chasse Mellors semble condamné lui aussi. Non seulement Connie est mariée – à l'impotent et impuissant sir Clifford, avec lequel elle entretient une relation intellectuelle mais non physique –, mais elle fait partie de l'aristocratie, alors que Mellors est un roturier. Pour rappeler à la belle Lady, mais plus probablement à nous lecteurs, qu'un gouffre immense les sépare, Mellors ne manque pas de revenir ici ou là à son épais patois du Derbyshire. À juste titre, Mellors paraît avoir peur de tout quand commence leur affaire passionnée et très sexuelle, anticipant toutes les « complications » possibles. En comparaison, la supplication que lui fait Connie pour qu'il ne l'abandonne pas semble bien naïve, et le lecteur ne peut s'empêcher de voir que leur relation, malgré sa profondeur, risque d'être balayée, comme son mariage à elle. L'attirance physique est là, mais ils n'ont rien à se dire.

Cependant, D. H. Lawrence s'amuse à brouiller nos attentes. Une fois qu'elle a été éveillée par Mellors, qui a su toucher la femme en elle, Connie comprend que sa relation à Clifford est limitée à de simples échanges verbaux. Il n'y a plus à hésiter. À la fin du roman, les deux sont dans l'attente, Mellors pour la résolution de son divorce, et Connie pour que sir Clifford lui rende sa liberté. Leur futur flotte devant eux, incertain. Mais Connie est enceinte de Mellors, et comme ils ont annoncé leur amour à tout le monde, ils ne reviendront pas en arrière.

S'il y a de l'espoir pour lady Chatterley et Mellors, peut-être ne devriez-vous pas vous faire tant de souci pour votre propre histoire d'amour. **Voir :** pessimisme, pour ceux qui abuseraient de ce traitement.

VOIR AUSSI : **amour non partagé • gâcher son temps dans une relation ratée**

Amoureux, tomber éperdument

VOIR : **appétit, perte d' • concentrer, incapacité à se • désir • engouement • insomnie • maladie d'amour • obsession • optimisme • romantique, être un incorrigible • vertige, avoir le**

Anal, fixation au stade

La Vie et les opinions de Tristram Shandy, **Laurence Sterne**

Si vous faites de la rétention anale, vous saurez tout de l'importance de l'ordre, de la logique et de la propreté. Vous tenez sans cesse des listes, et votre vie consiste à accomplir des tâches que vous cochez après vous en être débarrassé. Tout ce qui s'interpose entre vous et votre tâche – un appel téléphonique inattendu, un paysage baigné par le soleil vous invitant à la flânerie, un hôte indésirable débarquant chez vous pour le thé – est inopportun. Votre esprit monomaniaque est incapable de dévier de sa course. L'heure est cependant venue pour vous de troquer votre psychisme contre celui de Tristram Shandy. Après avoir vécu pendant quatre cent quatre-vingts pages à l'intérieur de la tête de cet aimable philosophe, et l'avoir accompagné dans ses divagations remarquablement prolixes, vous serez guéri de votre rétention anale à tout jamais.

Publié en plusieurs volumes entre 1760 et 1767, *Tristram Shandy* est peut-être le premier roman interactif, invitant le lecteur à saisir la main tendue par Sterne et à entrer dans son jeu. Comme celle d'Italo Calvino deux cents ans plus tard, la voix de l'auteur s'immisce, fréquemment et allègrement, dans votre vie, demandant au lecteur d'examiner de quelle manière il a progressé dans la compréhension d'un personnage.

La détermination de Shandy à écrire ses Mémoires est sans limites, mais ce n'est pas avant le volume III qu'il en vient à sa naissance. Car cette autobiographie et en fait sa vie consistent entièrement en digressions par rapport au sujet initial, et principal, du livre. Alors qu'il n'est encore qu'un homoncule à l'intérieur de l'utérus de sa mère, le cheminement vers son existence est perturbé, au moment même de sa procréation, par la question que pose sa mère à son père : a-t-il bien remonté la pendule ? Cette interruption de l'acte même de sa conception a eu selon lui pour conséquence d'incliner son moi prénatal aux « rêves et rêveries mélancoliques », avant même qu'il ait pleinement commencé à exister. Et quand son nom, que son père considérait de la plus haute importance pour son caractère et sa destinée, est malencontreusement écorché avant qu'il n'atteigne le curé, et qu'il est baptisé par mégarde Tristram – le nom, semble-t-il, le moins prometteur qui soit – plutôt que Trismégiste comme prévu, il pense être décidément poursuivi par le sort.

Tout cela explique peut-être pourquoi la prose de Sterne est si indisciplinée : une page laissée en blanc pour permettre au lecteur de faire à son idée le portrait de la veuve Wadman, la maîtresse d'Oncle Toby ; des astérisques, là où le lecteur est invité à imaginer ce qu'un personnage pense ; et une page entièrement noire censée « pleurer » le trépas de Parson Yorick. Il y a même des vaguelettes indiquant la forme des digressions narratives elles-mêmes.

On ne peut s'empêcher de tomber sous le charme d'un tel livre. « Les digressions, incontestablement, sont le soleil, la vie, l'âme, de la lecture ! » dit Tristram au début du roman. Et nous sommes pleinement d'accord. Interrompez la lecture du présent ouvrage en ouvrant *Tristram Shandy*. Commencez à lire, juste un chapitre. Au bout de quelques pages, ce sera peut-être pour vous l'heure d'une tasse de thé. Puis l'envie, qui sait, vous prendra d'une promenade impromptue. Vous oublierez peut-être que vous lisiez d'abord ce livre. (Ce n'est pas grave ; vous pourrez y revenir au milieu d'une autre occupation, un autre jour.) Une digression par jour / Le médecin éloignera toujours – et *Tristram Shandy* fera de même.

Siddharta,
Hermann Hesse

Angoisse existentielle

Quiconque s'est déjà tenu au sommet d'une falaise vous le dira : en même temps que la peur de tomber et de trouver la mort au pied de l'à-pic, on éprouve un sentiment tout aussi fort, et totalement contradictoire avec le premier, le besoin de sauter. Le fait de savoir que rien ne vous empêche de faire ce saut, ce saut dans la « possibilité » – la prise de conscience que vous avez l'absolue liberté de vouloir, un pouvoir infini de créer et de détruire –, vous remplit de terreur et d'effroi. C'est cette terreur, selon Søren Kierkegaard, qui est à l'origine de l'angoisse existentielle.

Si vous avez la malchance d'avoir été frappé par cette affection débilitante, vous éprouverez l'urgente nécessité de vous ressourcer spirituellement. Vous avez besoin de réduire à l'essentiel les possibilités, de renoncer au monde, et de vous joindre, au moins pour un temps, aux ascètes. Vous avez besoin de *Siddharta*.

Siddharta, jeune fils d'un brahmane imaginaire de l'Inde antique, apporte joie et félicité à tout le monde – sauf à lui-même. Menant une existence apparemment idyllique, entouré d'une famille qui l'aime, il semble destiné à de grandes choses. Mais malgré sa richesse matérielle et spirituelle, le jeune Siddharta sent que quelque chose lui manque.

Et c'est ainsi, comme les jeunes hommes de l'Inde antique avaient l'habitude de le faire, qu'il s'engage dans une quête spirituelle. D'abord, il se joint aux samanas, groupe d'ascètes pratiquant l'autoflagellation qui nient la chair et cherchent l'illumination par la renonciation. Dûment flagellé, mais toujours insatisfait, il rencontre Gotama le Bouddha, qui lui enseigne les huit voies menant à la fin de la souffrance. Ne se satisfaisant pas de ce seul enseignement, et voulant atteindre son but par sa propre compréhension, il rencontre au bord d'un fleuve Vasudeva, un passeur porteur d'une étonnante lumière intérieure, qui semble se satisfaire de sa vie simple. Mais cela ne parvient pas non plus à le contenter. Même après avoir vécu une vie sensuelle et heureuse pendant de nombreuses années avec la belle Kamala, quelque chose manque encore à Siddharta. Pendant un temps, il envisage de se jeter dans les eaux brunes. Mais il se souvient alors du passeur Vasudeva et de son bonheur fou, et comprend que le fleuve a quelque chose à lui enseigner.

Il y trouvera des révélations pour le restant de sa vie – notamment sur le vrai cycle de la vie et de la mort, et la conscience d'être un élément d'un tout intemporel. À partir de ce jour, il répandra autour de lui l'illumination, la connaissance de soi et l'éveil transcendant. Du monde entier, des gens en quête de sagesse et de paix viendront prendre conseil auprès de lui. Des gens comme vous.

VOIR AUSSI : **anxiété** • **désespoir** • **inutile, être rendu**

Années ado, être dans les

LES DIX MEILLEURS ROMANS POUR LES ADOS

Le Grand Meaulnes, Alain-Fournier

Le premier qui pleure a perdu, Sherman Alexie

Polichinelle, Pierric Bailly

La Blessure, la vraie, François Bégaudeau

Les Domaines hantés, Truman Capote

Qui es-tu Alaska ?, John Green
Corniche Kennedy, Maylis de Kerangal
Miss Charity, Marie-Aude Murail
Les Belles Années de Mademoiselle Brodie, Muriel Spark
L'Écume des jours, Boris Vian

VOIR AUSSI : **adolescence**

Anorexia nervosa

VOIR : **alimentation, trouble de l'**

Portrait de femme,
Henry James

Anxiété

Vivre dans l'anxiété, c'est vivre avec une sangsue qui vous pompe votre énergie, votre confiance en vous et votre détermination. Sentiment permanent de malaise et de peur – ce qui le distingue de l'impression de frustration qui caractérise le stress (**voir :** stress) –, l'anxiété est à la fois une réponse à des circonstances extérieures et une manière d'envisager la vie. Si l'on n'a pas de prise sur les circonstances extérieures, il n'en va pas de même pour notre réaction intérieure à celles-ci ; le rire ou une bonne bouffée d'oxygène (le premier menant à la seconde) soulagent en général notre système nerveux, au moins temporairement, et sont des invites à nous détendre. La cause de l'anxiété, cependant, déterminera si le rire ou la bonne respiration et la relaxation constituent le traitement approprié. Par bonheur, le nôtre mène aux trois.

Sur les quatorze causes d'anxiété que nous avons identifiées[1], la lecture du premier chapitre du *Portrait*

1. 1) Traumatismes, y compris viols et décès d'un être cher ; 2) Problèmes relationnels, dans sa vie privée ou au travail ; 3) Travail/École ; 4) Finances ; 5) Catastrophe naturelle ;

de femme d'Henry James pourrait bien en combattre efficacement dix. Commençant comme il le fait par une description de cette institution civilisée et sereine qu'est le thé de l'après-midi dans un jardin de la campagne anglaise – avec comme il se doit la lumière « veloutée » de fin d'après-midi, les ombres qui s'allongent à mesure que l'heure passe, les tasses de thé tenues « longtemps près du menton », les tapis, coussins et livres éparpillés sur la pelouse ombragée –, son invitation indirecte à lever le pied et à prendre vous-même une tasse (salutaire pour les causes 2, 3, 4, 7, 10, 11, 12 et certains éléments de 13) est soulignée par la prose lente et élégante de James, véritable baume pour l'anxiété suscitée par toutes les causes précitées, et efficace aussi pour entamer l'éradication complète de celle provoquée par la cause numéro 8.

Dire que la prose de James doit se savourer sur une certaine épaisseur, comme le beurre, ne signifie pas qu'elle est indigeste, mais plutôt onctueuse. Car les plaisirs simultanés de la prose et du thé de l'après-midi ne seraient pas complets sans les dialogues de James, marqués à la fois par la franchise et la finesse d'esprit (un bon remède pour les causes 1-4, et également excellent pour la cause 7). Car les badinages entre les trois hommes – le vieux banquier américain cloué sur une chaise, Mr Touchett, son « laid et chétif » mais charmant fils Ralph et le « remarquablement beau » lord Warburton avec son visage typiquement anglais – visent toujours à faire rire ou sourire, et les trois personnages n'ont pas peur de jouer les taquins (on notera l'allusion de lord Warburton à la richesse de Mr Touchett nette-

6) Manque d'oxygène à haute altitude ; 7) Prendre la vie trop au sérieux ; 8) Sensation diffuse que vous auriez dû lire plus de classiques ; 9) Ruminations négatives ; 10) Mauvaise santé/hypocondrie ; 11) Prendre trop de drogues ; 12) Être en retard/trop occupé ; 13) Mauvaise alimentation, excès de chaleur, inconfort ; 14) Peur d'être attaqué par un animal sauvage ou une personne.

ment contraire aux us anglais). Libéré des chaînes des convenances et de la forme qui bridaient les dialogues sur des pelouses similaires il y a plus de cent ans, c'est le genre de conversation qui vous mettra à votre aise (là encore, traite les causes 1-4 et 7, et améliore les causes 6, 9 et 10-12).

Une fois que le petit cercle est rejoint par la cousine américaine de Ralph, Isabel Archer, récemment « prise en charge » par Mrs Touchett, la conversation perd de son aisance, mais gagne en esprit – car Isabel, à ce stade de sa vie, affiche une légèreté, une audace et une confiance à la fois en elle-même et dans les autres qui ne peut manquer de déteindre sur le lecteur. Ceux qui souffrent d'anxiété pour les causes 1 et 2 jugeront sa présence dans l'histoire particulièrement curative.

En effet, nous recommandons ce roman à tous ceux qui souffrent d'anxiété, à l'exception des victimes des causes 5 et 14 (pour cette dernière, en particulier, aucun roman de quelque sorte que ce soit ne sera du moindre secours, à moins, peut-être, d'être utilisé comme une arme). Quant aux lecteurs souffrant d'anxiété pour les causes 1 et 2, ils doivent être avertis que la fin peut avoir sur eux un effet contre-productif et aggraver leurs symptômes. Auquel cas il leur faudra immédiatement revenir au début du livre et savourer une autre tasse de thé à cinq heures.

VOIR AUSSI : **angoisse existentielle** • **stress**

Apathie

Le facteur sonne toujours deux fois, **James M. Cain**

Bien qu'elle puisse se manifester sous la forme d'une certaine indolence physique – comme sa cousine aux membres lourds, la léthargie –, l'apathie est fondamentalement une affection mentale, caractérisée par une attitude d'indifférence par rapport aux conséquences d'une décision ou aux résultats d'une action – tant pour soi-même que pour le reste du monde. La meilleure manière de la traiter, cependant, consistera à s'attaquer d'abord à l'indolence physique, ce qui permettra ensuite de la distinguer de ses autres parentes proches, le pessimisme et l'angoisse existentielle, qui requièrent une restructuration de l'esprit. C'est que l'apathie est également caractérisée par la disparition des émotions positives. Pour les faire renaître, et resusciter le désir que les choses tournent bien, on doit remuer les sédiments accumulés au fond d'une âme trop sédentaire.

Ce n'est pas que tout finisse bien pour Frank Chambers, l'arnaqueur et professionnel de l'évasion itinérant du chef-d'œuvre de James M. Cain, *Le facteur sonne toujours deux fois*. En effet, si l'on devait adopter sa philosophie de la vie, on finirait (comme lui) avec notre tête mise à prix, et plusieurs femmes furibondes à nos trousses. Mais le roman est écrit avec une telle exubérance jubilatoire qu'il est impossible de le lire sans éprouver une certaine griserie physique. Au bout du compte, vous serez de nouveau d'aplomb, avec une envie de faire des bonds partout, et d'envoyer promener la prudence maintenant que vous êtes déterminé à agir sur votre destin. Vous fixerez à votre vie un nouveau cours, plus spontané et plus proactif – quoique plus imprudent.

Du moment où Frank Chambers tombe du camion chargé de foin, l'intrigue est en marche. En moins de trois pages, il roule l'honnête propriétaire de la Twin Oaks Tavern en le forçant à lui servir un monumental petit déjeuner (jus d'orange, corn flakes, œufs frits, bacon, tortilla à la viande, pancakes et café, si ça vous intéresse), puis à le recruter comme mécanicien ; *et* en posant son regard concupiscent – du genre, « on ne me refuse jamais rien » – sur Cora, la femme aussi boudeuse que sexy du tavernier. Une chose mène à une autre – puis à une autre – et Cain fait un splendide travail en allant aussi vite que Frank, rendant parfaitement son incapacité immorale à dire non en de brèves phrases incisives rehaussées d'argot. La combinaison de l'art du récit et du style vous touche comme un triple expresso, et en moins de cent dix pages ; voilà une affaire rondement menée. Dévorez-le en un après-midi, puis chargez votre apathie sur votre dos et bazardez-la dans la rue. Vous serez inspiré par l'intérêt que porte Frank à chaque nouvelle péripétie – même lorsque les choses ne se déroulent pas aussi bien qu'il le souhaiterait – et déterminé à ne pas gâcher, comme il le fait, les occasions quand elles se présentent.

VOIR AUSSI : **ambition, trop peu d' • léthargie • lit, impossible de sortir du • pessimisme**

Ragtime,
E. L. Doctorow

Appétit pour la vie, manque d'

Voilà une affection difficile à diagnostiquer. Souvent confondu avec l'ennui, qui est lui un manque d'imagination (**voir :** ennui) ou l'apathie, qui se manifeste par un ramollissement physique, même s'il peut aussi avoir une origine émotionnelle (**voir :** apathie), le manque d'appétit pour la vie peut apparaître, pour un œil novice, comme la simple expression d'une personnalité triste. Mais laissé sans traitement, il peut dévaster des vies entières, et pas seulement la vôtre. Vivre sans appétit, c'est vivre sans envie de connaître de nouvelles expériences, et passer à côté de l'épicé, du juteux et du tranchant qui rendent l'existence excitante. C'est vivre avec des sens comprimés, sinon étouffés, des passions à plat et une curiosité inexploitée. Cela concourt à déprimer à mort votre entourage, et nous avec. Faites-nous une faveur : lisez ce roman et remettez-vous sur marche.

Ragtime dépeint l'aube du XXe siècle en Amérique, une époque où le pays tout entier était sous l'emprise euphorique de l'agitation, l'innovation et du changement. De nouvelles voies ferrées traversaient le continent. Des Ford modèle T s'alignaient par milliers sur les chaînes de montage. Des immeubles de vingt-cinq étages propulsaient les Terriens dans le ciel tandis que les voyageurs les observaient depuis les avions. Téléphones et journaux étaient en effervescence à propos des nouveaux moyens de communication. Des fusées explosaient dans l'espace. Dans les maisons, de la poudre à renifler et d'autres substances synthétiques à s'injecter rendaient les gens apparemment hilares.

Au milieu de tout ça se trouve une famille aisée de New Rochelle, dans le nord de l'État de New York. Le fils, appelé gentiment Petit Garçon, regarde fixement une mouche bleue passant au travers de la moustiquaire, quand Harry Houdini, qui vient d'emboutir sa voiture à l'extérieur, est invité à prendre le thé. Juste après, Maman trouve un bébé noir dans le jardin et l'emmène à l'intérieur, rompant ainsi un puissant tabou culturel. Papa rentre d'une expédition dans l'Arctique pour s'apercevoir qu'elle a repris son magasin de feux d'artifice. Il se sent décalé par rapport à la vie domestique. Et c'est le début de la fin : la famille va voler en éclats.

En pointant son objectif en plans rapprochés très vivants puis en plans larges d'extérieur, et en organisant les rencontres entre personnages réels et de fiction aux points de croisement d'une toile d'araignée géante, E. L. Doctorow insuffle une énergie inouïe dans son roman et chez le lecteur. Pendant que des immigrés d'Italie et d'Europe de l'Est, comme Tateh et sa magnifique fille, se déversent dans les habitations sordides du Lower East Side, le financier J. P. Morgan fixe les nouvelles normes de la richesse et du pouvoir, et Houdini défie la mort en exploits de plus en plus affolants. Freud allonge l'Amérique sur le divan et l'oncle du Petit Garçon, connu comme le Petit Frère de Maman, traque la première déesse du pays, Evelyn Nesbit.

Tout en lisant, on notera comment Maman et Petit Garçon disent toujours oui à ce qui est nouveau. Et que Papa, à l'inverse, répète non, refusant d'accompagner les changements de l'époque. Comme pour Tateh, on laissera le tumulte et les culbutes des phrases éclatantes de Doctorow nous sortir de ce qui est trop coutumier ou en déclin. Montez dans le train d'une vie nouvelle. Écoutez la curiosité de Petit Garçon pour les nouvelles inventions. Appropriez-vous la joie de Grand-Père à l'arrivée du printemps, en faisant toutefois attention, si vous avez plus de soixante-dix ans, à ne pas chuter et vous casser le col du fémur, comme il le fait, en dansant la gigue. Soyez là où le changement va de soi, et sentez l'entrain vous envahir à nouveau.

VOIR AUSSI : **désenchantement**

Le Guépard,
Giuseppe Tomasi di Lampedusa

Appétit, perte d'

Perdre son appétit est une chose terrible. Car l'appétit pour la nourriture fait partie intégrante de l'appétit pour la vie. Résultant de divers types de maladies physiques et affectives (ces dernières incluant le fait d'être transi d'amour, la dépression, les peines de cœur, ou la perte d'un être cher), la perte totale d'appétit ne peut conduire que dans une direction. Pour le faire revenir, et se réconcilier avec la vie, aiguisez-le avec l'un des romans les plus sensuels de toute la littérature.

Le Guépard, Don Fabrizio Corbera, prince de Salina, a l'impression de mourir depuis des années. Mais même alors, dans son grand âge, il est l'appétit fait homme. Il a encore l'énergie, à soixante-treize ans, d'aller au bordel ; et il adore toujours voir son dessert préféré – une gelée au rhum en forme de forteresse avec bastions, remparts et autres fortifications au grand complet – trôner sur la table du dîner (elle est rapidement démolie sous les assauts de sa nombreuse et tout aussi voluptueuse famille). On trouvera dans ce livre toutes sortes de descriptions enchanteresses du désir : la chasse quotidienne du lièvre dans les « champs archaïques et aromatiques » ; et l'intense et irrésistible attirance que les jeunes Tancrède et Angelica éprouvent l'un pour l'autre quand ils se poursuivent mutuellement à travers le palais, découvrant chaque jour de nouvelles pièces dans lesquelles désirer et rêver, car « en ces temps, le désir était toujours présent, parce que toujours vaincu ».

On ne peut s'empêcher de se délecter de la façon dont le vieux patriarche goûte le monde sensuel. C'est un roman qui vous aidera à redécouvrir votre appétit : pour la nourriture, pour l'amour, pour la campagne, pour la Sicile, avec toute son histoire et sa beauté contagieuse ; pour un monde perdu – et injuste – d'avant la démocratie ; et, surtout, pour la vie elle-même.

Argent, dépenser trop d'

VOIR : **acheteur de livres compulsif, être un** • **déclaration d'impôts, peur de faire sa** • **fièvre acheteuse**

Argent, ne pas avoir d'

VOIR : **chômage** • **déclaration d'impôts, peur de faire sa** • **fauché, être**

Arriviste, être un

La Foire aux vanités, **William Thackeray**

Quand vous êtes invité à une fête, est-ce que vous commencez par vous enquérir de savoir qui d'autre y sera ? Jetez-vous les noms de vos connaissances célèbres plus souvent que vous ne jetez des épluchures à la poubelle ? Et considérez-vous le mariage comme une opportunité pour faire avancer votre carrière ? Si la réponse à l'une de ces questions est oui, alors vous allez vous reconnaître dans le personnage de Becky Sharp, tout juste sortie de l'académie pour jeunes filles de Mlle Pinkerton sur des talons hauts, et prête à en découdre. Elle saute d'abord sur le frère de sa meilleure amie Amelia, heureusement mis en garde. Mais sa proie suivante, Rawdon Crawley, le fils d'un baron, n'est pas aussi chanceuse. Il se retrouve alpagué et très vite marié (on n'est pas très ému pour lui, car il ne vaut guère mieux). De là, une ascension vertigineuse pour Becky. Elle pompe l'argent de la famille à la source, chez cette vieille fille de tante de Rawdon, réussit encore une belle affaire du côté du frère d'Amelia alors qu'il panique dans la perspective de l'entrée en guerre contre Napoléon, met au point sa fuite avec le mari d'Amelia, et gravit son chemin jusqu'aux plus hautes sphères à Paris et Londres, en faisant des cabrioles avec un marquis et un prince. Tout ça pour quoi ? Lisez et vous saurez. Mais on vous prévient : cela peut être très amusant de se trouver au sommet, mais l'espace y est réduit et les concurrents nombreux qui aimeraient vous éliminer. Si rehausser votre statut social est votre objectif, ce récit édifiant calmera vos ardeurs. Car si vous avez planté un peu trop de couteaux dans le dos pour grimper les échelons, qui sera là pour vous empêcher de tomber ?

VOIR AUSSI : **ambition, trop d'**

Arrogance

Orgueil et préjugés,
Jane Austen

Angel,
Elizabeth Taylor

Mildred Pierce,
James M. Cain

L'arrogance est l'un des plus grands crimes de la littérature. Un simple exemple nous l'enseigne : lorsque Mr Darcy snobe Elizabeth Bennet au bal des Bingley – refusant de danser avec elle, considérant sa beauté comme tout juste « acceptable » et se montrant en général déplaisant avec les habitants de Longbourn –, il est immédiatement catalogué par toute l'assemblée, Mrs Bennet y compris, comme étant « l'homme le plus présomptueux et désagréable du monde ». Et ce en dépit du fait qu'il soit beaucoup plus beau que l'aimable Mr Bingley, qu'il possède un grand domaine dans le Derbyshire, et qu'il soit de loin le parti le plus prisé dans un rayon de quarante kilomètres – ce qui, comme nous le savons, revêt la plus haute importance pour Mrs Bennet, qui a cinq filles à marier.

Heureusement, l'espiègle Elizabeth Bennet, l'héroïne d'*Orgueil et préjugés* de Jane Austen, sait comment le remettre à sa place. Elle utilise un mélange de taquineries (« Je suis parfaitement convaincue... que Mr Darcy n'a aucun défaut », compliment proféré droit dans les yeux) et de rejet brutal et outrancier (« Je ne vous connaissais pas depuis un mois, je sentais déjà que vous étiez le dernier homme au monde avec qui on réussirait jamais à me convaincre de me marier »), mélange qui non seulement corrige ses défauts, mais témoigne « de la vivacité de l'esprit [d'Elizabeth] » à un degré tel qu'il s'éprend à nouveau d'elle, et cette fois pour de bon. Si vous êtes affligé de ce genre d'arrogance, apprenez grâce à ce roman à détecter taquineries intelligentes et courageuse franchise – et faites leur bon accueil. À coup sûr vous serez transformé en un homme ou une femme parfait(e) par quelqu'un comme Elizabeth.

Parfois, cependant, l'arrogance est si profondément ancrée que rien ni personne ne peut l'éradiquer. L'héroïne éponyme d'*Angel*, d'Elizabeth Taylor – pas l'actrice d'Hollywood, mais l'auteure anglaise du milieu du XXe siècle –, a à peine quinze ans quand nous faisons sa connaissance, et dire qu'elle se croit sortie de la cuisse de Jupiter serait un euphémisme. Menteuse incorrigible, cette étrange enfant est vaniteuse, despotique et dénuée de tout sens de l'humour. Elle n'éprouve que mépris pour ses camarades de classe, n'est en rien émue lorsque l'une d'elles doit être hospitalisée pour une diphtérie et rêve d'un avenir dans lequel, parée d'émeraudes et d'une écharpe-fourrure de chinchilla, elle pourra faire de sa mère fourbue sa domestique et devenir écrivain. Il va sans dire que cette dernière est assez consternée par la fille qu'elle a élevée –, tout comme Mildred est horrifiée par sa tout aussi monstrueuse fille Veda, dans le roman *Mildred Pierce* de James M. Cain. Veda dilapide la fortune de sa famille pour maintenir son train de vie extravagant, et vole le nouveau compagnon de sa mère. Il n'est pas difficile de voir pourquoi Mildred tente de tuer le monstre qu'elle a créé.

De manière fascinante, la suffisance d'Angel la mène loin – jusqu'aux émeraudes en question, en fait. Veda, elle aussi, obtient exactement ce qu'elle veut. Aucune des deux ne découvre l'humilité. Le rejet – dans le cas d'Angel, par les éditeurs, puis la critique ; dans le cas de Veda, par sa propre mère – n'exerce d'effet modérateur ni sur l'une ni sur l'autre.

Ne soyez pas une Angel ou une Veda. Quand vous suscitez le rejet, demandez-vous ce que vous avez fait pour le mériter. Soyez plutôt un Darcy. Bien qu'initialement irrité et mortifié par le refus d'Elizabeth – et par ses accusations contre son caractère –, il sait distinguer le bien du mal, et est extrêmement sensible à l'opinion que porte sur lui une personne qu'il admire. Réjouissez-vous quand quelqu'un vous fait marcher – il y a de bonnes chances que vous y trouviez matière à vous améliorer.

VOIR AUSSI : **confiance en soi, excès de** • **vanité**

Attention, en quête d'

VOIR : **indigence**

Autosatisfait, être

VOIR : **arrogance**

A
76

Ladivine,
Marie NDiaye

Autre, devenir un

Être un autre, le temps d'un instant ou pour la vie, tout le monde y a un jour pensé. Parfois, une simple visite à votre coiffeur permet de calmer le jeu, comme l'achat d'un nouveau costume et d'une tenue que l'on n'osait jusque-là pas porter. La transformation, pourtant, n'est pas sans risque. On peut facilement se perdre en croyant se trouver. Plonger dans un abîme dont il est ensuite compliqué de s'extraire. Avant de se lancer, nous recommandons d'aller explorer les méandres de *Ladivine*, de Marie NDiaye.

On y découvre d'abord Malinka, jeune femme menue aux cheveux clairs, la silhouette fine et la démarche un peu précaire. Une fois par mois, le mardi, elle se rend à Bordeaux pour déjeuner avec sa mère, Ladivine Sylla, « servante » qui fait le ménage dans des bureaux et des appartements. Ce dont Malinka a honte. Elle n'a pas dit à sa génitrice qu'elle avait changé d'identité. Oubliée sa vie d'avant de fille « obscure et solitaire », oubliée la ville où elle a grandi en Île-de-France. Désormais, depuis son mariage avec Richard, l'employé d'une concession Alfa Romeo, elle s'appelle Clarisse Rivière. Détail important, Malinka a eu une fille, également prénommée Ladivine... Marie NDiaye joue avec le temps, les années. Elle montre une Clarisse qui s'enferme dans le silence. Et qui, une fois que son mari l'a quittée, rencontre un homme bizarre, Freddy, blessé par une enfance difficile et un séjour en prison. À Freddy, elle avoue se prénommer Malika et éprouve le besoin de lui présenter Ladivine Sylla... Le plus maîtrisé et le plus dérangeant des romans de Marie NDiaye est de ceux qui vous happent, vous retournent et vous secouent. Une fois sa lecture terminée, on réfléchira à deux fois avant de céder à la tentation de devenir un autre.

Vol de nuit,
Antoine de Saint-Exupéry

Avion, peur de l'

Notre ordonnance assez peu académique pour soigner cette affliction aussi moderne que débilitante est de glisser dans votre bagage en cabine le récit d'un pilote bataillant pour garder le contrôle d'un fragile biplace, porteur du courrier destiné à l'Europe et pris dans un cyclone entre la Patagonie et Buenos Aires. Il s'agit de *Vol de nuit,* roman à dresser les cheveux sur la tête, d'Antoine de Saint-Exupéry.

Fabien, le pilote de l'avion postal, n'est marié que depuis trois semaines. Sa femme s'est levée dans l'obscurité des premières heures du jour pour lui donner un baiser d'au revoir, tout en l'admirant dans son cuir de vol, un peu comme s'il détenait une part divine : n'est-il pas homme à faire la guerre aux éléments ? Avant que les services au sol repèrent la tempête qui vient de l'Atlantique, il est trop tard. Quelque part au-dessus des Andes, Fabien est cerné et ne peut faire demi-tour. Avec une visibilité réduite à néant, il n'a d'autre choix que de tenir bon dans son petit cockpit, l'avion roulant et tanguant dans cet océan tumultueux. Il doit mobiliser toute sa force pour garder le contrôle et empêcher que les câbles ne lâchent. Derrière lui, l'opérateur radio prend des décharges électriques dans les doigts dès qu'il tente d'envoyer un message. Personne ne peut les entendre. Personne ne peut les voir. Les pics andins se dressent comme des vagues géantes prêtes à les emporter dans la mort. Le moindre relâchement dans l'attention, le moindre affaiblissement dans la prise du manche et Fabien sait qu'ils sont perdus.

Et pendant ce temps-là, vous, oui vous, êtes en train de lire *Vol de nuit,* dans la cabine à air conditionné de votre Boeing 747 avec une petite couverture sur les genoux, un gin tonic gentiment posé sur la tablette en face de vous et une hôtesse souriante dévalant le couloir tandis que la voix veloutée du capitaine annonce posément que vous volez à dix mille mètres. Vous en profitez pour jeter un œil par le hublot et admirer le lever du soleil. Terrifié, c'est ce que vous avez dit ? Terrifié, vraiment ? Vous imaginez comment Fabien rirait de vos peurs ?

Et si votre cœur insiste pour battre à tout rompre, qu'il le fasse au moins pour Fabien et son opérateur radio, pour son épouse dévastée attendant un appel, pour le patron de Fabien, Rivière, veillant angoissé sur le tarmac. Ou, même, que votre cœur batte pour Saint-Exupéry lui-même, disparu en 1943 alors qu'il volait au-dessus de la Méditerranée. Jetez à nouveau un œil par le hublot. Vous avez aperçu quelqu'un qui voulait vous descendre ? Pas vraiment, hein ! Retournez donc à votre livre, jetez-vous une gorgée de gin tonic et enfilez ces douillettes chaussettes de vol.

LES DIX MEILLEURS ROMANS À LIRE SUR UN LONG-COURRIER

Je n'ai pas peur, Niccolò Ammaniti

L'Homme au désir d'amour lointain, François-Régis Bastide

Le Comte de Monte-Cristo, Alexandre Dumas

Le Mage, John Fowles

Dans la main du diable, Anne-Marie Garat

La fille qui rêvait d'un bidon d'essence et d'une allumette, Stieg Larsson

Labyrinthe, Kate Mosse

La Nostalgie de l'ange, Alice Sebold

Femmes, Philippe Sollers

L'Ombre du vent, Carlos Ruiz Zafón

VOIR AUSSI : **anxiété** • **claustrophobie**

Tess,
Thomas Hardy

Avouer, tentation de tout

Pour des raisons que la science médicale n'a jamais élucidées (bien que nous ayons, bien sûr, notre propre hypothèse – voir *infra*), il est physiquement inconfortable de garder un secret, et c'est un grand soulagement de le laisser s'échapper. Se confesser – ou « cracher le morceau » – suscite non seulement un immense soulagement, mais aussi parfois un plaisir sadique. Car l'expression du visage de ceux qui entendront la confession peut être à la fois distrayante et réjouissante. Mais ces émotions positives sont en général de courte durée, surtout si la confession a causé peines et angoisses chez le « cafteur », ou si le morceau à cracher n'était pas le sien. Avant, donc, de procéder à de tels aveux, le gain à court terme (pour vous) de vous « mettre à table » doit être mis en balance avec ses conséquences sur le long terme (pour vous, et les autres). Parce que le morceau, une fois craché, ne peut être ravalé, et il vaut peut-être mieux pour tout le monde que vous viviez avec l'inconfort de le garder par-devers vous.

Si Tess Durbeyfield avait gardé son secret pour elle – comme le lui avait conseillé sa mère –, son mariage aurait pu être sauvé et un *happy end* préservé. Pendant leur nuit de noces, Tess confesse à son époux Angel Clare son passé terni par la faute d'Alec d'Urberville, juste après qu'Angel lui-même lui eut avoué une liaison antérieure. De manière assez compréhensible, elle voit dans cet aveu le moment idéal pour que tous deux lavent simultanément leur conscience. Mais Angel, et c'est à son déshonneur, refuse de pardonner à Tess ce que Tess lui a pardonné. Il rejette sa Tess salie, et part bouder dans son coin au Brésil.

Tout se serait bien passé si Tess avait gardé son secret pour elle et attendu qu'Angel soit assez mature pour comprendre la situation – elle était la victime, et Alec l'agresseur. Si elle avait patienté jusque-là, elle se serait rendu compte avant toute chose (comme elle finit par le faire) qu'elle n'avait pas à se sentir coupable – la faute était celle d'Alec d'Urberville et aurait toujours dû le rester. Tess est une innocente victime de la société machiste du XIXe siècle, bien sûr, mais d'un point de vue strictement psychologique, elle aurait mieux fait de se taire.

Un mot d'avertissement, cependant. Si votre secret est un secret coupable de bout en bout, et qu'après avoir pesé le pour et le contre vous avez décidé de le garder pour vous, préparez-vous à ce que votre embarras empire avec le temps – que vos cachotteries vous accusent ou accusent quelqu'un d'autre. C'est une situation qu'il faut éviter à tout prix, car elle indique que votre secret est plus entaché de culpabilité que vous ne le pensiez de prime abord. Si vous craignez que votre « morceau » ne se gâte, confiez-le à une tierce personne qui pourra ensuite le cracher d'une manière plus réfléchie et appropriée – ou vous aider à le faire. (**Voir :** culpabilité, pour un exemple d'une tierce personne à l'œuvre dans un tel cas de figure.)

VOIR AUSSI : **culpabilité** • **regret** • **sainte-nitouche, être une**

B

Banalité, se sentir oppressé par la

Si le monde autour de vous paraît horriblement routinier et que le seul moment de magie dans votre vie consiste à lire les notices au dos d'un nouveau produit d'entretien, il est temps que vous découvriez enfin les capacités d'évasion offertes par la science-fiction et l'heroic fantasy. Et on ne pense pas seulement à Harry Potter, même si on l'adore, car il y a mieux dans le genre que Poudlard et le Quidditch. Ouvrez vos ailes pour découvrir la liste qui suit. Ces livres vous entraîneront dans le monde du miraculeux et du merveilleux.

LES DIX MEILLEURS ROMANS DE SCIENCE-FICTION ET D'HEROIC FANTASY

Autre-Monde, Maxime Chattam
Jonathan Strange & Mr Norrell, Susanna Clarke
La Horde du contrevent, Alain Damasio
Le Secret de Ji, Pierre Grimbert
Le Trône de fer, George R. R. Martin
Jeu de nains, Terry Pratchett
Malpertuis, Jean Ray
Chronique du tueur de roi, Patrick Rothfuss

Bilbo le hobbit, J. R. R. Tolkien
La Quête du roi Arthur, T. H. White

VOIR AUSSI : **ennui** • **désenchantement** • **insatisfaction** • **malaise du XXIe siècle**

Les maladies de la lecture

BATTAGE MÉDIATIQUE, ÊTRE REBUTÉ PAR LE

ARRACHEZ LE BANDEAU DU LIVRE

Il arrive qu'un livre crée tellement de bruit dans la presse à sa sortie – peut-être a-t-il décroché un prix important, ou bien l'auteur est-il aussi jeune que séduisant ? – que vous êtes lassé avant même de l'entamer. Ou bien vous êtes tombé sur tellement de critiques à son sujet que vous avez le sentiment de l'avoir déjà lu. Ou encore vous êtes à ce point consterné par les opinions des autres que vous perdez l'espoir de vous en former une à vous. La meilleure façon de lui donner quand même une chance est de le ranger dans la remise, la serre, le garage ou les petits coins du jardin. Au passage, vous pouvez aussi le couvrir de papier peint, d'emballage de cadeau de Noël, d'un sac en papier ordinaire ou de feuille d'argent. Et le jour où vous ferez une pause dans l'arrosage des tomates, attrapez le livre. De façon inattendue, sorti du brouhaha éditorial, il va retrouver toute sa simplicité. Vous le découvrirez alors dans un esprit ouvert et sans préjugés. ■

Les Femmes de ses fils,
Joanna Trollope

Belle-mère, avoir une

Mesdemoiselles, Messieurs, vous avez toute notre sympathie. Les belles-mères (BM) peuvent être de vieilles vaches lourdes, intrusives, envahissantes et maniaques, convaincues que personne mieux qu'elles ne pourra être à la hauteur de leur fils ou fille. Elles ne font aucune tentative pour masquer le peu de cas qu'elles font de vous, soulignant même que, si elles avaient été sollicitées, elles ne vous auraient jamais choisis, prenant toujours le parti de leur enfant, convaincue, par voie de conséquence, que vous avez toujours tort.

Cela ne veut pas dire que vous êtes tirés d'affaire. Les relations intergénérationnelles entre belles-mères et beaux-fils ou filles nécessitent des efforts des deux côtés. Pensez-y du point de vue de Rachel, une des BM du roman de Trollope. Son identité de femme est bousculée quand son troisième fils Luke se marie. D'un seul coup, plus personne ne veut qu'elle fasse les choses où elle excelle pourtant. Ayant perdu tout pouvoir, elle panique. Et quand elle panique, reconnaît-elle, elle se met à aboyer. Ce n'est pas pour dire qu'elle ne vous aime pas, mais elle n'aime seulement pas cette nouvelle personne que votre arrivée l'a forcée à devenir.

Les BM doivent être affrontées sans crainte. Oubliée la vieille dynamique familiale ! Une nouvelle prend sa place. Mais durant ce processus, devenez cette sorte de second enfant que votre BM chagrine adorerait avoir : aimante, aidante, généreuse, compréhensive, gentille et drôle. Et prenez le temps d'être intrusive.

VOIR AUSSI : **divorce** • **famille, faire avec sa** • **meurtrières, pensées** • **Noël**

Les Femmes de ses fils,
Joanna Trollope

Belle-mère, être une

Mesdames, prenez un moment pour méditer, s'il vous plaît. Si vous êtes une belle-mère, prenez-vous au moins la peine de contredire le cliché ? Aimez-vous et aidez-vous votre beau-fils ou votre belle-fille ? Les acceptez-vous gentiment tels qu'ils sont ? Vous efforcez-vous de voir les choses de leur point de vue, quitte à vous mettre de leur côté contre votre propre progéniture, sachant qu'à la fin cela ne pourra que renforcer leur union et, indirectement, aider votre enfant chéri ?

Des trois belles-mères (BM) présentées dans l'exploration rigoureuse de Joanna Trollope des relations intergénérationnelles entre belles-mères et beaux-enfants, c'est Rachel, la mère de trois garçons adultes et mariés, et BM de Sigrid, Petra et Charlotte, qui possède à son crédit la plus longue liste de comportements destructeurs. Mère-tigre énergique, efficace et protectrice quand ses fils grandissent, elle devient une vieille vache lourde, intrusive, envahissante et maniaque maintenant que ses fils mettent leur partenaire en avant. La mère de Charlotte, Marnie, apparaît d'abord bienveillante et généreuse avec son envie d'aider le couple financièrement. Celui-ci comprend rapidement que la frontière est fine entre soutien et étouffement.

Si vous avez élevé vos fils dans l'idée de ne jamais contrarier vos souhaits, si vous les appelez au téléphone régulièrement, si vous insistez pour que les réunions de famille se passent chez vous, et que, dans les rares exceptions où elles se passent ailleurs, vous apportiez la nourriture, si vous interrompez les conversations pour leur offrir du gâteau fait maison, si vous recherchez pour eux des occasions d'achat immobilier sans leur accord, si vous espérez que vos belles-filles ne restent avec vos garçons que par gratitude pour la façon dont vous les avez élevés et que vous les rejetez quand ce n'est pas le cas, si vous ne supportez pas qu'elles gardent leur baby blues pour elles-mêmes, alors même qu'elles, pas plus que vos fils, ne souhaitent vous en tenir au courant, si votre réaction à l'annonce de la grossesse de l'une d'elles est : « Mais vous n'êtes mariée que depuis dix minutes, vous n'auriez pas pu attendre un peu ? », si vous êtes consciente d'avoir commis un ou plus de ces péchés de BM, alors nous aimerions, s'il vous plaît, que vous lisiez ce roman.

Ensuite, redevenez une seconde mère pour vos nouveaux enfants. La mère de Sigrid est exemplaire dans ce rôle. Elle insiste calmement sur le fait qu'il faut laisser ses enfants adultes aller leur chemin, et se consacrer à une activité prenante pour soi, ou à un exutoire, ou à une relation revigorée avec son propre partenaire, si vous en avez un. Alors seulement vous n'aurez plus à mendier auprès de vos enfants du temps et de l'affection qu'ils doivent d'abord réserver à leur propre famille.

Soyez aimante, aidante, généreuse, compréhensive, gentille et drôle. Vous n'avez plus le temps d'être intrusive.

VOIR AUSSI : **régenter, vouloir tout**

Les Enfants de minuit, **Salman Rushdie**

Blues de l'anniversaire

Ainsi, vous allez bientôt avoir un an de plus, et vous n'aimez pas ça du tout. Vous pouvez craindre de devenir moche (**voir :** vanité ; calvitie). Vous pouvez craindre de perdre votre santé – et de perdre la boule (**voir :** sénile, devenir). Ma foi, vous n'êtes pas le seul (**voir :** vieillir, horreur de). En fait, à cet instant précis, un million sept cent soixante mille deux cent quatre-vingts autres personnes[1] sur cette planète sont également en train d'éprouver le blues de l'anniversaire. De même que Saleem Sinai, le héros des *Enfants de minuit*, qui

1. À peu de chose près.

partage son anniversaire (le 15 août 1947 à minuit) avec celui de la naissance d'une Inde nouvellement indépendante et de mille autres personnes, vous avez pris votre première inspiration le même jour de la même année qu'un bon paquet d'autres gens dans le reste du monde.

Vous n'avez pas besoin de croire à l'astrologie – ou au réalisme magique – pour comprendre qu'une relation spéciale vous lie à ces gens. Tout comme la vie de Saleem est étroitement liée à l'histoire de son pays et aux autres « enfants de minuit » avec lesquels il partage une étrange télépathie et un certain nombre de dons magiques. Voyez les choses de cette façon : c'est déjà une coïncidence inouïe d'être en vie sur cette planète avec tous ses autres habitants, si l'on considère que l'univers existe depuis si longtemps, et qu'il continuera probablement d'exister encore un bon bout de temps. Pensez qu'il y a d'autres gens qui sont nés le même jour, la même année que vous – eh bien, ils sont pratiquement vos frères et sœurs ! Cela ne vous donne pas envie de prendre le premier avion et d'aller leur souhaiter à tous un bon anniversaire ?!

La veille de votre « grand jour », plongez-vous dans *Les Enfants de minuit* en pensant à tous les autres garçons et filles de votre classe d'âge nés le même jour. Levez votre verre à votre famille élargie. Goûtez en même temps la flamboyance et la vivacité de ce roman délicieux, riez de son humour loufoque et de ce qu'il dit de la folie de la vie. Pendant que vous rirez, vous vous sentirez de nouveau jeune. Continuez à lire toute la nuit, comme vous aviez l'habitude de le faire autrefois. C'est un long roman. Du haut de ses pages, vous verrez ce blues rosir avec l'aube.

VOIR AUSSI : **vieillir, horreur de** • **insatisfaction**

Fahrenheit 451,
Ray Bradbury

Bonheur, quête du

Le bonheur : but ultime de la vie. Ou pas ?

Nous sommes beaucoup dans les pays occidentaux à passer notre vie dans cette quête d'un état second : en amour, au travail, en voyageant ou en décorant notre maison. Que celui-ci nous soit livré par la publicité et la télévision n'est qu'un dommage collatéral d'époque. Mais il est essentiel de se rappeler que les gens ne pensaient pas au bonheur comme un droit élémentaire avant l'avènement du XXe siècle – et dans beaucoup de sociétés orientales, ils ne le pensent toujours pas. Pour beaucoup, la vie est quelque chose que l'on doit endurer et qui sert à se construire, plutôt qu'une source de plaisirs inattendus. Avoir de quoi se nourrir, un toit au-dessus de la tête et la liberté de pratiquer sa religion, c'est déjà bien assez. Mais commencer à penser que l'on doit être heureux en plus, c'est le début de beaucoup de désillusions.

En cela, nous devrions nous rapprocher de l'Orient : la poursuite inlassable du bonheur est une tare, mais elle se traite. Ray Bradbury l'avait bien compris. Son visionnaire *Fahrenheit 451*, publié en 1953, s'attachait à nous montrer la vie telle que nous la connaissons maintenant. Dans sa dystopie futuriste, plus personne ne lit de livres. Au départ, c'est parce que les gens ne peuvent plus ingurgiter de fictions qu'en doses de plus en plus petites, n'ayant pas de périodes d'attention disponibles assez longues ou simplement de patience pour lire un livre dans sa totalité (ça vous rappelle quelque chose ? Reportez-vous à : abandonner à la moitié, tendance à). Puis, ils se mettent à penser que les livres sont l'ennemi, puisqu'ils présentent de manière irresponsable des visions et des pensées en opposition permanente. Sans doute seraient-ils plus heureux en habitant un *no man's land* vide d'émotions et de sentiments forts ?

Pour contrebalancer ce besoin de vide sensitif, démunis qu'ils sont de toute culture et pensée profonde, les gens se sont mis à vivre à toute allure, roulant dans la ville à des vitesses à se rompre le cou (dans le futur de Bradbury, les Coccinelles sont les super-bolides des autoroutes), écrabouillant tout ce qui entrave leur chemin. Ils ne voient presque jamais leurs enfants qui sont à l'école neuf jours sur dix. Avoir des enfants est d'ailleurs considéré comme une perte de temps ; les femmes préfèrent rester à la maison à regarder un feuilleton interactif interminable, *La Famille*, dont les histoires paraissent bien plus intéressantes que les leurs (si brillant qu'il ait été, Bradbury n'a pas réussi le saut jusqu'à ce temps où les femmes ont décidé qu'elles voulaient travailler, elles aussi). Dopées par cette saga télé, elles se couchent avec des écouteurs sur les oreilles qui leur transmettent tout au long de la nuit des news au rabais et encore plus de séries sans intérêt. Les somnifères sont avalés comme des bonbons. Le suicide est fréquent. On n'en parle même pas.

Montag est pompier, son travail consiste à brûler les livres interdits – et parfois leurs lecteurs avec. Un jour, il rencontre une adolescente qui prend le temps de regarder les étoiles, de respirer l'herbe fraîche et de lire l'amour dans les pissenlits. Il réalise qu'il n'est peut-être pas aussi heureux qu'il le pensait avec son état émotionnel neutralisé, commence à s'éveiller à un monde de beautés et de sensations, et se demande ce que racontent les livres qu'il brûle. Un soir, il lit *Dover Beach*, poème de Matthew Arnold, à sa femme et à des amies à elle, interrompant pour ce faire un épisode de *La Famille*, et le résultat est dévastateur : le groupe tombe en larmes et en spasmes. « La poésie et les pleurs, la poésie et le suicide et tous ces sentiments horribles, la poésie et la nausée… que de la bouillie ! » s'insurge une des femmes, désemparée. Montag est bientôt contraint de brûler ses propres livres – et sa maison aussi – mais il s'est attaché à l'idée qu'un futur sans la sagesse des livres serait insupportable. Désormais, il est convaincu qu'il préfère ressentir et souffrir que de vivre cette vie comateuse que la civilisation nouvelle considère comme la route vers le bonheur.

Fahrenheit 451 nous enseigne que la vie est faite d'une variété d'expériences. Vivez à fond, sans vous soucier de trouver le bonheur, mais en vous coltinant la connaissance, la littérature, la vérité et les sentiments en tous genres. Et dans l'hypothèse où la vision de Bradbury deviendrait réalité, pensez à apprendre un roman par cœur, comme le fait Montag. Vous ne savez pas à quel moment vous aurez à le transmettre au reste de l'humanité.

VOIR AUSSI : **homme ou la femme idéal(e), chercher l'** • **insatisfaction**

Le conseil du libraire

Marianne Kmiecik
Librairie
Les Lisières
(Roubaix)

Sukkwan Island,
David Vann

Bouffées de chaleur

Guérir les bouffées de chaleur grâce à un roman glaçant : *Sukkwan Island*, de David Vann. La sensation de chaleur monte du plus profond de votre corps, jusqu'à votre cou et votre visage, des rougeurs apparaissent, des gouttes de sueur perlent, puis glissent lentement le long de votre buste. Ne cherchez plus, vous souffrez de bouffées de chaleur ! Quelle qu'en soit la cause – ménopause, dérèglement hormonal, stress, etc. – ou la durée – de quelques minutes à une demi-heure –, on vous dit qu'aucun remède miracle n'existe, qu'il faut simplement les supporter, attendre patiemment que ça passe. Eh bien non ! N'acceptez pas la situation avec fatalité. Un remède existe bel et bien, un remède des plus radicaux : *Sukkwan Island*, de David Vann.

Suivez Jim et son fils adolescent sur cette petite île au sud de l'Alaska, complètement coupée du monde, aux côtés d'animaux sauvages peuplant les forêts et les montagnes. Jim a décidé de s'y installer pendant un an. Il prend un nouveau départ et espère ardemment renouer avec son fils de treize ans qu'il ne connaît pas vraiment. Les préparatifs ne manquent pas. Il faut construire une cabane, créer un garde-manger, s'armer contre les prédateurs et, surtout, se protéger du froid. Car l'hiver est rude sur Sukkwan Island : paysages enneigés, longues marches sur la glace pour trouver de quoi se nourrir, puis retrouver la chaleur d'une cabane en bois, dormir près du feu, veiller à ne pas le laisser s'éteindre... En vous plongeant dans ce roman, vous pouvez être certain que la sensation de froid apaisera toutes vos bouffées de chaleur en quelques secondes. Oubliée la transpiration, oubliées les rougeurs, pas la peine de vous éventer ou de mettre la tête dans le frigo, quelques minutes de lecture et le problème est réglé. Et s'il advient qu'une bouffée de chaleur soit particulièrement longue et résistante, soyez sûr que le drame final du roman, terrible et imprévisible, vous glacera le sang jusqu'à la fin de vos jours !

Le Quatuor d'Alexandrie, **Lawrence Durrell**

Bougeotte

Ainsi, vous voilà pris par l'envie d'aller faire un tour en Afrique. Admettons que vous vouliez vous rendre en Égypte, très précisément. Et en Égypte, la ville qui vous captive et vous appelle, c'est Alexandrie, la cité fondée par Alexandre le Grand (corrigez selon la destination).

Lecteur, évaluez d'abord la dépense. En premier lieu, il y a tout ce qu'il faut acheter avant : la valise, la caméra digitale, les pantalons safari, etc. Ça s'additionne très vite. Après quoi, vient le prix du billet d'avion – sans compter le coût environnemental. Et aux deux extrémités, il y aura, c'est selon, des trains, des taxis et des trams, ou des chameaux et des felouques (corrigez, selon la destination). Puis, il y a les notes d'hôtel, et comme tout le monde, vous aurez choisi la meilleure chambre, pour en profiter à fond, quitte à faire chauffer la carte de crédit. Vous n'êtes pas venu de si loin pour rien ! Et ne parlons même pas du coût de la nourriture, trois repas par jour dans les restaurants et cafés locaux, sans compter la bombe antimoustique et les médicaments. Ni le shopping. Vous allez évidemment avoir envie de rapporter un châle coûteux, un tapis ou une belle coupe en souvenir. Mais aussi de partir en excursion pour les Pyramides, les bords de la mer Rouge, le désert (corrigez, selon la destination). Encore une fois, tant qu'à avoir fait le voyage !

Maintenant, pensez un peu à l'inconfort. Alexandrie, au cœur de l'été, peut être d'une chaleur étouffante. Et les nuits d'un froid glacial. On ne vous parle même pas des vents.

Considérez enfin la pression endurée par vos compagnons de voyage. Ils ont chaud, sont fatigués, souffrent peut-être de problèmes digestifs. Vous serez vous-même irritable, pas moins qu'eux. Il n'y a que les naïfs pour croire qu'on rentre d'un tel voyage avec son mariage ou ses amitiés intact(e)s.

Mais une alternative s'offre à vous. Rester chez soi et lire les trois premiers tomes du *Quatuor d'Alexandrie : Justine, Balthazar* et *Mountolive* (on laisse de côté, pour le moment, le quatrième, qui se passe à Corfou). Avec Darley, le narrateur, vos guides en ville seront des natifs d'Alexandrie : Justine la futile, belle comme une déesse avec sa peau noire et ses robes blanches, représentative de la bonne société locale. Son mari le prince Nassim, sans beaucoup d'humour mais loyal. La fragile et chétive Melissa. Clea, l'artiste sereine et solitaire. Et Balthazar à la grosse voix croassante, aux yeux de chèvre jaune et aux mains monstrueuses. Darley, lui-même professeur d'école itinérant, est tombé amoureux de tous.

Ce sera bientôt à votre tour, alors que vous visiterez le moindre recoin de cette ville poussiéreuse en leur compagnie, vous baladant sans but d'un café aux plages de sable au couchant. La meilleure façon de connaître Alexandrie est de connaître ses habitants. Durrell est convaincu que l'on est façonné par le lieu d'où l'on vient. Et qu'on peut de ce fait informer par soi-même les étrangers de passage, comme Justine qui à l'évidence fait partie de ce microclimat urbain. Prélassez-vous dans les différentes strates que forment les personnages dans une ville sans laquelle ils n'existeraient pas. Quand vous émergerez de votre lecture, vous en saurez mille fois plus sur cette magnifique ville antique que si vous y aviez fait une excursion de deux semaines et dépensé tout votre argent dans de la camelote pour touristes, avant de rentrer cramé par le soleil, avec une maladie vénérienne en prime.

LES DIX MEILLEURS ROMANS POUR SOIGNER LA BOUGEOTTE

L'Atlantide, Pierre Benoit
L'Or, Blaise Cendrars
Le Palais des miroirs, Amitav Ghosh
Cercle, Yannick Haenel
Pour qui sonne le glas, Ernest Hemingway
Pays de neige, Yasunari Kawabata
Les Îles, Philippe Lançon
Le Chercheur d'or, J. M. G Le Clézio
Le Fil du rasoir, William Somerset Maugham
Bonjour minuit, Jean Rhys

Le Pingouin,
Andreï Kourkov

Bougon, être

Dans la vie, il y a plein de raisons de ne pas être content. Et si pour commencer vous n'êtes pas d'accord avec cette idée, c'est que vous en êtes un – un de ces individus ennuyeux qui bougonnent tout le temps ou râlent et se plaignent, mal qui se nourrit tout seul –, l'envie de voir le monde en noir et blanc étant le moyen le plus sûr de le laver de ses couleurs, mais aussi de ne pas voir ce que la vie offre de magnifique.

Viktor, le romancier en devenir du *Pingouin* d'Andreï Kurkov, livre écrit avec la concision sèche d'une notice nécrologique, a des motifs pour se plaindre. Sa petite amie l'a plaqué un an plus tôt, il est coincé dans une ornière entre le journalisme et de maigres travaux d'écriture, il s'est fait couper l'électricité et son seul ami dans la vie est son pingouin de compagnie Misha, qui est lui-même déprimé. Viktor ne se plaint pas vraiment. Il prend ce qui lui arrive avec une acceptation bornée qui rend très improbable que les choses puissent un jour s'arranger.

Mais elles s'arrangent. Le rédacteur en chef de *Capital News* lui offre 300 dollars par mois pour créer un index d'« obélisques » – ou de notices nécrologiques rédigées du vivant des personnes visées. La première réaction de Viktor est l'inquiétude, car cela ressemble enfin à un vrai métier. Mais une fois qu'il s'est lancé, il se rend compte qu'il y prend du plaisir. Bientôt, pourtant, il note un véritable inconvénient : après avoir rédigé une centaine d'obélisques, il n'a toujours pas eu le plaisir de lire son travail imprimé. De manière obstinée, les sujets de ses notices sont tous, et toujours, bien vivants. C'est alors qu'un ami du rédac chef, un homme qui porte le nom du pingouin de Viktor, Misha, et devient rapidement Misha-le-pas-pingouin, lui rend visite. Viktor en profite pour gémir. J'écris et j'écris, proteste-t-il à haute voix, mais personne ne voit ce que j'écris.

Son nouvel ami décide alors de mourir.

Cessez de râler auprès des autres. Vous pourriez ne pas recevoir le bon soutien, et, plus sûrement encore, les entraîner avec vous vers le bas. Mais aussi, cessez de râler en votre for intérieur. Une fois que les gens commencent à mourir autour de lui, la vie de Viktor s'arrange de diverses façons, mais l'habitude de prendre les choses telles qu'elles viennent a disparu, et il grommelle maintenant contre ce qui lui arrive de bien. Ceux qui, constamment agacés dans la vie, sont possédés par le travers de grogner peuvent, comme Viktor, passer à côté du bonheur, même quand il leur est offert sur un plateau.

VOIR AUSSI : **grognon, être** • **insatisfaction** • **irritabilité**

Boulimie

VOIR : **alimentation, trouble de l'**

Boulot, détester son

VOIR : **boulot, perdre son** • **encroûter, s'** • **fauché, être** • **lundi matin, peur du** • **métier, s'être trompé de**

Boulot, perdre son

Bartleby le scribe, **Herman Melville**

Lucky Jim, **Kingsley Amis**

Perdre son travail peut être une très mauvaise nouvelle, tant pour le porte-monnaie que pour l'ego. Le meilleur moyen d'y répondre est de transformer ça en occasion – la chance d'en finir avec le train-train quotidien, de réexaminer ses envies et peut-être de se projeter dans de nouveaux territoires. Plutôt que de penser que vous n'étiez pas fait pour le job, dites-vous que le job n'était pas fait pour vous (**voir :** métier, s'être trompé de). Et si vous n'en êtes pas convaincu, rappelez-vous toutes les fois où, au travail, vous ne vouliez pas faire ce qu'on vous demandait. Comme Bartleby.

Le Bartleby d'Herman Melville est scribe, copiste. Le jour où il prend son travail dans une étude d'avoués, vêtu d'une propreté fade et d'une respectabilité assez médiocre, son employeur est convaincu que sa nature calme aura une influence apaisante sur ses autres employés. Au début, Bartleby apparaît bien comme le salarié modèle, qui passe son temps à recopier de façon industrielle des lettres en quadruple exemplaire. Après quoi, il commence à se rebeller. Quand son employeur lui demande de vérifier l'orthographe d'un courrier, Bartleby lui répond : « Je préférerais ne pas. » Il devient vite très clair qu'il ne fera rien au-delà de la définition stricte de sa fonction. Si on lui en demande plus, il ressort sa réplique rigide : « Je préférerais ne pas. » Une affreuse impasse s'installe, l'employeur ne parvenant pas à se résoudre à licencier ce scribe apparemment si humble et qui ne semble pas avoir de vie au-delà de son bureau. À partir de là, Bartleby ne fait plus que ce que bon lui semble.

Inspirez-vous de la résistance de Bartleby. À quel point votre travail valait-il de faire des compromis sur ce que vous acceptiez de faire ? Dans sa rébellion, Bartleby va même jusqu'à refuser de quitter son bureau. Mais vous avez, vous, la chance de bouger et d'aller voir si l'herbe est plus verte ailleurs.

Vous allez peut-être même pouvoir fêter la mort de votre job. Dans cet autre roman qu'est *Lucky Jim*, Jim Dixon, devenu chargé de conférences en histoire médiévale anglaise dans une université moyenne des Midlands, n'a surtout pas envie de tout gâcher. Il accepte diligemment l'invitation de son boss Neddy Welch de participer à un week-end artistique à la campagne, comprenant bien qu'il lui faut se le garder au chaud. Mais une fois sur place, il ne peut s'empêcher de se mettre en défaut. Des scènes idiotes se succèdent : il met le feu à ses draps, chante des airs grivois sous l'emprise de l'alcool et se fourre dans divers embarras ou histoires salaces. Mais c'est quand il déclame son essai sur l'Angleterre heureuse qu'il achève de se discréditer de manière spectaculaire, accompagnant la lecture de ses dernières lignes de grognements sarcastiques.

Riez-en un bon coup, vous en avez besoin, et commencez à chercher un travail qui vous convienne mieux.

Il y a un dénouement inattendu à la disgrâce de Jim : voir quelqu'un saloper son travail à ce point et en sortir quand même par le haut remonte définitivement le moral.

VOIR AUSSI : **chômage • colère • fauché, être • raté, se sentir comme un**

Quatre saisons à Mellstock, **Thomas Hardy**

Moomin et les brigands, **Tove Jansson**

Bourreau de travail

Votre vie a rétréci à la mesure de votre table de travail, entre dates butoirs pour rendre les projets, listes de choses urgentes à faire (**voir :** organisé, être trop) et nécessité d'être en forme pour attaquer le lendemain. C'est le moment d'immerger votre cerveau desséché dans un ouvrage facile, champêtre et bref. Il s'agit du roman le plus aimable et innocent d'Hardy, *Quatre saisons à Mellstock*. Les membres de la chorale paroissiale de Mellstock forment une drôle de bande. Qu'il pleuve ou fasse beau, ils se rassemblent avec leurs instruments pour jouer et chanter, et pour le plaisir, pas pour l'argent. Ils ont bien enregistré ce qui est important dans la vie : faire un peu de musique, boire un coup et se mélanger entre jeunes et vieux.

La vie vaut bien sûr mieux que le travail. Il faut savoir sortir de son bureau et aller faire un tour. Une fois dehors, vous pourrez recevoir la leçon d'un personnage à l'opposé de tout ce qui paraît exténuant : Snufkin, super-héros de la saga des trolls Moomins, mystérieux promeneur, poète et musicien qui réapparaît chaque printemps dans la vallée des Moomins, avec son petit chapeau et son harmonica. Les trolls l'attendaient et savent alors que le printemps est là. Mais on ne peut pas trop compter sur lui. Il aime à répéter qu'il reviendra quand ça lui chante, et peut-être pas du tout s'il décide de prendre une autre direction. Fainéant exemplaire, Snufkin professe une philosophie imparable. Il voyage léger, avec une valise quasiment vide, s'intéresse aux choses, mais pas au point de devoir les trimballer avec lui, et ne plantera sa tente que s'il en a envie. Faites de même : promenez-vous nez au vent avec une petite plume plantée sur le chapeau. Vous vous souviendrez que le monde est un lieu splendide, bien plus intéressant qu'un espace de bureau.

VOIR AUSSI : **épuisement** • **hypertension** • **obsession** • **occupé, être trop** • **occupé pour lire, être trop** • **vendre son âme** • **stress**

Désolations,
David Vann

Bricolage

Vous êtes en équilibre instable sur un escabeau avec un tournevis entre les dents, une ampoule dans une main, une poignée de vis dépareillées dans l'autre, et un marteau sous le bras. Vous devez impérativement accrocher cette applique aujourd'hui, car vous avez invité le soir même des amis – et attendez cette soirée depuis longtemps. Mais quand vous touchez accidentellement deux fils électriques nus avec votre tournevis, vous êtes soudain projeté à l'autre bout de la pièce par une force irrésistible. Et non, pour une fois, ce n'est pas sous l'effet de la colère de votre conjoint.

En Angleterre, six cents personnes se blessent chaque jour à leur domicile. Invariablement, le bricolage est la cause de ce type d'accident. Des doigts sont coupés, des toits s'effondrent et des étagères se renversent sur les malheureux apprentis menuisiers. À cause de ces catastrophes domestiques, bon nombre de mariages fondent comme des plombs.

Si vous éprouvez un besoin irrésistible de construire un appentis, de personnaliser votre meuble IKEA ou de décaper au Kärcher votre terrasse, n'oubliez pas de glisser un exemplaire de *Désolations* dans votre boîte à outils. Une fois que vous l'aurez lu, la folie du bricolage vous apparaîtra comme une évidence. Non seulement nous vous aurons épargné des heures de souffrance, mais nous aurons sauvé votre couple, toutes vos autres relations affectives, voire, très vraisemblablement, la vie.

Dans ce roman magnifiquement sinistre, Irene voit son mari faire un dernier effort surhumain pour sauver (ou détruire) leur couple en construisant une cabane en rondins de l'autre côté du lac Skilak. Ils vivent déjà en pleine nature au fin fond de l'Alaska, mais Gary a toujours rêvé pour leur retraite d'un repaire encore plus reculé. Avant même qu'il ait commencé, on sent que le projet va très mal finir. « Ils devaient construire leur cabane en partant de zéro. Pas de fondations, pas de plans, pas d'autorisations, pas de conseils ; aucune expérience antérieure. » Gary veut affronter les éléments sans l'aide d'aucun ami, d'aucun manuel. (Si seulement il avait eu les *Remèdes littéraires* sous la main !)

Nous voyons Gary souffrir le martyre quand une averse torrentielle « lui lacère les globes oculaires comme une pluie d'épingles » et lorsqu'il monte la porte de la cabane à l'envers. Il oublie des outils indispensables chez lui, de l'autre côté du lac bientôt pris par les glaces. Irene tente sans conviction de l'aider, découvrant progressivement qu'elle n'a jamais eu vraiment sa place dans le rêve que nourrissait son mari de construire un jour une cabane en pleine nature. Tandis qu'il crie sa rage contre la pluie en vieil anglais – *« Bitre Beostcare, hu ic oft throwade ! »* (« Mon cœur est amer de souffrir si souvent ! ») –, se sentant abandonné de toute l'humanité, elle se réfugie sous une tente en n'ayant qu'une envie : fuir.

Puis, une part d'elle-même dont elle n'avait jamais soupçonné l'existence s'éveille : sa Diane chasseresse intérieure, qui ne veut plus vivre entre quatre murs. En connaissant cette révolution intérieure, cette femme de la ville qu'est Irene devient magnifique, irrésistible

– une force plus impressionnante que les éléments. La superbe conclusion de ce roman vous incitera à vous précipiter sur les Pages Jaunes pour y trouver un homme à tout faire.

VOIR AUSSI : **divorce • douleur, être dans la**

Bruit, trop de

Quand votre environnement est trop bruyant, avec la télé continuellement allumée, ou les voyageurs du train criant dans leurs portables, ou le gars sur le tapis roulant qui grogne derrière vous, enfermez-vous dans un monde bien à vous avec un livre audio et une paire de bons écouteurs. Vous trouverez votre régal dans cette lecture offerte par d'autres, une expérience inoubliable.

LES DIX MEILLEURS LIVRES AUDIO

Novecento : pianiste, Alessandro Baricco, lu par Jacques Gamblin

L'Étranger, Albert Camus, lu par Michael Lonsdale

Des éclairs, Jean Echenoz, lu par l'auteur

Un de Baumugnes, Jean Giono, lu par Jacques Bonnaffé

Au château d'Argol, Julien Gracq, lu par Bernard-Pierre Donnadieu

L'Herbe des nuits, Patrick Modiano, lu par Denis Podalydès

Suite française, Irène Némirovsky, lu par Dominique Reymond

Certaines n'avaient jamais vu la mer, Julie Otsuka, lu par Irène Jacob

Sodome et Gomorrhe, Marcel Proust, lu par Guillaume Gallienne

Alexis ou le Traité du vain combat, Marguerite Yourcenar, lu par Didier Sandre

Le Ventre de Paris,
Émile Zola

Brûler le repas

D'un point de vue domestique, il y a peu de choses plus catastrophiques que le fait de laisser cramer votre déjeuner. Que vous ayez préparé pendant des heures une daube de bœuf, ou concocté des crêpes Suzette, un magma âcre et calciné tout juste bon à jeter dehors pour qu'il soit mangé par les animaux faisant les poubelles ne vous laissera pas seulement sur votre faim, mais de très mauvaise humeur. En de telles occasions, plongez-vous dans *Le Ventre de Paris*, le troisième roman de la saga multigénérationnelle des Rougon-Macquart d'Émile Zola.

Il raconte l'histoire de Florent Quenu, qui retourne dans son Paris natal pour vivre avec sa famille dans un appartement en bordure du quartier des Halles récemment reconstruit. En vous promenant avec lui dans le grand marché couvert, vous découvrirez des montagnes de viandes, légumes, fruits et fromages, tous disposés sous vos yeux avec une volupté appétissante. Faites votre choix parmi les « langues de Strasbourg fourrées, rouges et vernies, saignantes à côté de la pâleur des saucisses », les pâtés, ragoûts, bocaux de sauces et de bouillons, et truffes en conserve, sans oublier les saumons, « d'argent guilloché, dont chaque écaille semble un coup de burin dans le poli du métal » et les pêches « de peau fine et claire comme des filles du Nord ». Vous serez bientôt incapable de résister, et vous vous précipiterez au marché le plus proche pour regarnir votre frigidaire.

Même si vous ne l'aviez pas laissé cramer, votre dîner n'aurait pas été aussi bon que les mets offerts à notre appétit par Zola. Dites-le à vos hôtes ; convainquez-les en leur lisant à haute voix des passages de ce roman. Et la prochaine fois que vous irez faire vos courses, faites des réserves de magnifiques fruits, poissons fumés et fromages – que vous pourrez servir sans même avoir besoin d'allumer le four.

C

Café, impossible de trouver une bonne tasse de

VOIR AUSSI : **concentrer, impossible de se • constipation • faire face, être incapable de • irritabilité • léthargie • manque, être en • migraine • thé, impossible de trouver une bonne tasse de**

Calvitie

Baton Rouge, **Patricia Cornwell**

Si vous avez le haut du crâne rose et brillant, sur lequel rien ne pousse – et que vous constatez son extension inexorable en vous regardant dans le reflet des fenêtres –, il est possible que vous éprouviez un certain désarroi. Vos cheveux disparaissent, et peut-être avec eux une part de votre virilité (**voir :** vieillir, horreur de). Vous enviez les épaisses crinières que vous voyez autour de vous et regrettez qu'on ne puisse pas transplanter les cheveux des autres quand ils en ont trop. Mais songez à l'évolution de l'homme, du singe à l'humain quasi dépourvu de poils. Vous êtes l'être supérieur, avec votre front bombé plus évolué. Ce sont les brutes à tignasse qui devraient se sentir honteuses en votre présence et qui raseraient sûrement tous leurs poils si elles avaient assez de cervelle pour y penser !

Si ces réflexions ne vous rassurent pas, le dix-septième roman de Patricia Cornwell, *Baton Rouge,* le fera à leur place. Jean-Baptiste Chandonne est né avec un fin duvet de cheveux noirs – pas seulement sur la tête, mais sur chaque centimètre de son corps. Quand il était enfant, il était traité comme une curiosité dérangeante, que ses parents embarrassés dissimulaient à leur voisinage. Devenu adulte, il est devenu un monstre, un « lycanthrope » repoussant – pas seulement à cause de son pelage, mais parce que cette affection va de pair avec un corps déformé et un visage effroyablement bestial.

Les cheveux abondent dans ce roman, bouchant les éviers, venant par poignées quand on tente de les arracher, et laissés de façon compromettante sur des cadavres. La médecine légale et ses microscopes s'intéresseront à ces cheveux quand l'experte médicale Kay Scarpetta – qui a déjà rencontré cette bête hirsute auparavant – sera chargée de l'affaire. Scarpetta et Chandonne se livrant alors à un duel sans merci, vous serez de plus en plus révulsé par tout ce qui se rapporte aux cheveux, et caresserez de votre main le haut de votre crâne tout lisse avec un ineffable soulagement.

VOIR AUSSI : **vieillir, horreur de**

Cancer, s'occuper d'une personne souffrant d'un

La Chambre d'amie, **Helen Garner**

La Maladie, **Alberto Barrera Tyszka**

Quand un de vos proches se voit diagnostiquer un cancer, et que vous vous retrouvez soudain dans le rôle de garde-malade, cela peut être un moment terriblement difficile. Non seulement vous aurez besoin de donner à l'être aimé tout votre soutien, pour soulager sa détresse tout en maîtrisant au mieux la vôtre, mais vous devrez peut-être aussi acquérir les savoir-faire d'une infirmière, ainsi que d'un cuisinier, d'un teinturier, d'un comptable et d'une assistante sociale – en fait, toutes les tâches domestiques et administratives auxquelles il ne pourra dès lors plus faire face. Vous serez amené à l'aider à prendre des décisions quant à son traitement, à discuter avec les médecins, et à jouer le rôle d'intermédiaire avec parents et amis. Vous aurez peut-être à décourager ou encourager les visites en fonction de l'état du malade. Et vous éprouverez parfois des difficultés à dire aux autres que vous avez besoin de faire une pause. Car qui va vous soutenir, pendant que vous accomplirez toutes ces tâches, dispenserez tous ces soins, et prendrez sur vous tous ces soucis ?

Lire le témoignage de ceux ayant affronté des épreuves similaires peut énormément aider en période de stress ; le fait de voir comment elles ont fait face ou n'y sont pas parvenues vous donnera le sentiment d'être moins seul(e) et vous redonnera des forces. À cette fin, voici deux excellents romans examinant l'impact du cancer sur la vie des proches du patient.

La Chambre d'amie d'Helen Garner traite de cette épreuve, mais en l'abordant parfois de façon humoristique (quoiqu'il s'agisse d'un humour très noir). Quand elle apprend que sa vieille amie Nicola vient à Melbourne suivre un traitement alternatif pour son cancer des os et du foie en phase terminale, la narratrice, Hel, prépare la chambre d'amis. Hel comprend très vite que Nicola est mourante – et dans un complet déni quant à son état. Elle est furieuse contre les charlatans de la clinique Theobold, qui prennent l'argent de Nicola si impunément et en lui donnant de faux espoirs. Elle croit de son devoir d'ouvrir les yeux de son amie sur ces pseudo-thérapeutes et leur pseudo-traitement à la vitamine C. À mesure que ses tâches de garde-malade, toujours plus nombreuses et lourdes, envahissent sa vie, sa rage ne fait que croître. Elle finit par se détester elle-même – au point de tenter désespérément de convaincre Nicola de partir, pour vivre les derniers jours de sa vie sous d'autres cieux. Helen Garner fait montre d'une immense compréhension et compassion pour ses personnages, mais c'est ce mélange d'humour amer avec l'horreur de la situation qui rend la lecture si captivante. C'est un roman pour ceux qui ont tendance à être trop durs avec eux-mêmes quand s'occuper de leur patient vingt-quatre heures sur vingt-quatre devient impossible. Ils ont beau vouloir l'aider de toutes leurs forces, ils doivent *eux aussi* tenir le coup. Cela vous rappellera du reste que, quelle que soit la gravité d'un sujet, il est toujours possible d'en rire.

Les corps ont peu de secrets de nos jours, et à la lumière de notre capacité sans cesse croissante à détecter une maladie et à en prédire le cours, la question de la franchise, et de la quantité d'informations qu'il faut livrer au patient, se pose plus que jamais. Le docteur Andrés, chirurgien dans le roman de l'écrivain vénézuélien Alberto Barrera Tyszka, *La Maladie*, se retrouve dans la position inhabituelle de devoir diagnostiquer le cancer de son propre père. Les rayons X montrent que, sans l'ombre d'un doute, son père Javier souffre d'un carcinome spinocellulaire stade IV et qu'il n'y a plus rien à faire. Lui qui a passé des années à informer ses patients qu'ils ont une maladie en phase terminale – en général assez brutalement, se rend-il compte maintenant –, il ne parvient tout simplement pas à trouver le bon moment pour l'annoncer à son père, et commence à remettre en question la notion même d'information. Ne vaudrait-il pas mieux, en fait, que le patient ne sache pas ? Ses relations avec son père bien-aimé ont toujours été très bonnes ; désormais, pour la première fois, elles deviennent tendues.

Il décide d'emmener son père une semaine en vacances sur l'île de Margarita, où ce dernier l'avait lui-même emmené à la mort de sa mère. Là, il lui apprendra calmement la nouvelle. Mais quand vient l'heure, l'émotion l'emporte. Javier est horrifié qu'Andrés lui ait caché sa maladie et soucieux du fardeau que celle-ci fera peser sur son entourage. Angoissé et bouleversé, le vieil homme verra sa santé décliner presque immédiatement et espérera en finir au plus vite. L'éclatement de la relation père-fils est un spectacle pénible, rappelant combien un diagnostic sévère peut soumettre un lien, même le plus aimant, à une forte pression. La leçon à retenir est peut-être de faire comme si « rien ne changeait » dans la routine de votre relation avec l'être cher – notamment si cette relation est bonne. Le cancer apporte lui-même assez de changements comme ça.

Veiller sur quelqu'un atteint d'un cancer est difficile, tant d'un point de vue matériel qu'affectif. Pour commencer, identifiez la principale émotion qui vous assaille (**voir :** empathie, manque d' ; anxiété ; tristesse ; stress). Puis attaquez-vous à ces romans, qui vous aideront à prendre du recul par rapport à votre propre vécu et à voir que d'autres que vous sont passés par les mêmes épreuves. Ils vous convieront à un voyage cathartique duquel vous reviendrez plus fort. Et vous aurez compris qu'agir avec douceur tant vis-à-vis de vous-même qu'avec l'être aimé est crucial pour le bien-être de tous.

VOIR AUSSI : **empathie, manque d' • faire face, être incapable de • fatigué et hypersensible, être • occupé, être trop • salle d'attente, être dans une**

Cancer, souffrir d'un

Quand vous suivez une chimio, quand vous vous sentez faible, quand votre cerveau refuse de fonctionner, quand vous n'avez pas la force de recevoir des visites..., ce dont vous avez besoin est un bref texte en prose parfaitement troussé.

LES DIX MEILLEURS ROMANS COURTS (OU LONGUES NOUVELLES)

Petit déjeuner chez Tiffany, Truman Capote
Point de lendemain, Vivant Denon
Le Fusil de chasse, Yasushi Inoué

Daisy Miller, Henry James
Fermina Márquez, Valery Larbaud
Lewis et Irène, Paul Morand
Bonjour tristesse, Françoise Sagan
Premier amour, Ivan Tourgueniev
Le Coup de grâce, Marguerite Yourcenar
Le Joueur d'échecs, Stefan Zweig

VOIR AUSSI : **douleur, être dans la • hôpital, être à l' • salle d'attente, être dans une**

Carnivores, pulsions

Sous la peau,
Michel Faber

Quand vous longez un champ au printemps, voyez-vous des agneaux gambadant dans l'herbe, ou bien des gigots dont vous vous régalerez le dimanche ? Quelle que soit votre consommation de protéines animales – quelles que soient vos positions religieuses, politiques, éthiques –, ce roman fera voler en éclats le vernis que vous aurez commodément glissé entre vous et la tranche de viande posée dans votre assiette.

Révéler la raison exacte pour laquelle le roman inclassable de Michel Faber peut vous faire passer à tout jamais l'envie de manger de la viande reviendrait à gâcher tout le plaisir que vous prendrez à sa dégustation. Mais voici quelques indices ! La beauté implacable des paysages écossais avec leurs « rideaux de pluie que l'on entraperçoit deux ou trois montagnes plus loin » sera le seul élément rassurant d'une série d'événements profondément perturbants. Isserley est une femme séduisante mais étrange qui passe ses journées à sillonner la campagne au volant de sa voiture. Son métier est mystérieux. Il semble la conduire à faire monter des auto-stoppeurs dans son véhicule, spécialement adapté pour ce qu'elle a à faire. De façon troublante, Isserley elle-même paraît mal à l'aise sur le siège de sa voiture.

Elle voyage avec le chauffage à fond. Et les personnes qui vivent avec elle semblent la craindre.

Voilà une lecture essentielle pour quiconque réfléchit à l'éthique de l'alimentation ; pour ceux qui envisagent d'emménager avec un ou une végétarien(ne) et souhaitent éviter un conflit culinaire ; pour ceux souffrant de spasmes de culpabilité chaque fois qu'ils mordent dans ce qui était naguère une créature duveteuse, adorable et innocente. *Sous la peau* vous poursuivra longtemps après que vous l'aurez refermé – et longtemps encore après votre découverte émerveillée du tofu.

Casse-pieds, être un

VOIR : **abstinent, être • adolescence • années ado, être dans les • cynisme • fille à papa, être une • grippe, avoir la * quand on est un homme • grognon • humour, absence d' • hypocondriaque, être • indigence • maladie d'amour • misanthropie • rabat-joie, être un • végétarisme**

Cauchemars

Si vous êtes sujet à des troubles dus à de mauvais rêves dans les premières heures de la nuit, un roman apaisant pourra vous aider à réinitialiser votre psyché. Gardez en cachette ces livres qui coulent comme une rivière et laissez-vous emporter par le courant jusqu'au sommeil.

LES DIX MEILLEURS ROMANS POUR SORTIR D'UN CAUCHEMAR

Armen, Jean-Pierre Abraham

La Vie selon Gus Orviston, David James Duncan

Trois hommes dans un bateau, Jerome K. Jerome

La Rivière du sixième jour, NORMAN MACLEAN
Les Moyens du bord, MICHEL MOHRT
Le Pays des eaux, GRAHAM SWIFT
Dans les forêts de Sibérie, SYLVAIN TESSON
Vendredi ou les Limbes du Pacifique, MICHEL TOURNIER
Les Aventures d'Huckleberry Finn, MARK TWAIN
Deux ans de vacances, JULES VERNE

Célibataire, être

Le Journal de Bridget Jones, **Helen Fielding**

Mercredi 2 janvier.

7 h 17. New Haven, à la maison. Debout avant le môme. Miracle. Restée allongée une demi-heure à côté du mari qui ronfle, en pensant : se lever avant le môme. Et je le fais. Traverse sa chambre sans le réveiller. Me demande quand j'ai commencé à le traiter comme s'il faisait partie d'une espèce envahissante et potentiellement dangereuse. Fais craquer l'escalier en descendant, et prépare du café.

7 h 29. Interrompue par un hurlement à glacer le sang. Remonte à toute allure pour découvrir l'enfant droit debout et entier, sans signe apparent de sang ni de vomi. L'enfant pointe mon côté du lit, vide. « Maman t'étais pas là ! » Pense à battre en retraite. Note que les paupières du mari sont toujours fermées. Présume qu'il est devenu sourd dans la nuit ou qu'il est mort dans son sommeil. L'enfant lui balance un livre à travers le visage. « Petit déj' ! Et barre-toi, Lapin ! Maintenant ! »

8 h 15. Savoure moment de paix en mangeant du porridge avec l'enfant. Note avec plaisir qu'il ne peut parler et manger en même temps. Pensée interrompue par l'alarme du réveil-matin couinant à plein volume suivie par un juron hurlé par le mari. Puis, silence. Conclus que je suis vivante et capable d'entendre.

8 h 35. Pensées interrompues par des tapotements répétés sur la tête pendant la lecture du *Lapin fugueur*.

Suggère à l'enfant qu'il passe à quelque chose de plus intéressant, comme faire un dessin.

8 h 36. Les yeux tombent sur un vieil exemplaire du *Journal de Bridget Jones*, qui cale un pied de table.

8 h 45-9 h 45. Passe une heure entière sous la table à relire *Le Journal de Bridget Jones* tandis que l'enfant m'utilise comme toile pour sa peinture abstraite. Glousse aux découvertes faites par Bridget au sujet de la vie amoureuse. Comment ne pas comprendre, demande-t-elle, qu'il est impoli de demander aux gens mariés s'ils ont toujours une vie sexuelle ? Ris si fort que me suis cogné la tête contre le dessous de la table ? Emplie soudain de nostalgie d'être une enfant unique et seule, sifflant des bouteilles de chardonnay dans l'urgence en débriefant de la situation avec meilleure amie et passant des week-ends entiers à me lisser les épaules au gant de crin dans l'attente d'un dîner aux bougies avec un homme qui a la tête ailleurs. Peux pas croire que j'ai passé tant de temps à attendre d'être une mariée heureuse pour finir mariée et pas heureuse. Réalise que la table est bancale et qu'il faut glisser une copie de *Comment être heureux et marié* sous un pied. Note pour moi-même : faudra lire celui-là aussi.

10 h. Ras-le-bol. Lis *Le Lapin fugueur* en boucle sous la table.

10 h 30. Enfant crie : « Maman, pourquoi t'as arrêté ? » « Arrêté quoi ? » Explique à l'enfant que j'étais en train d'imaginer de poignarder le Lapin fugueur avec un couteau, de mettre le feu à sa queue, puis de m'enfuir moi-même. « Pourquoi ? » demande l'enfant. « Parce que, je réponds, quand j'étais célibataire, j'aurais pu faire plein de choses et je n'ai rien fait. » « C'est quoi célibataire ? » demande l'enfant. « C'est ce que j'étais avant de rencontrer ton père et de t'avoir, toi. » « Mais qu'est-ce que t'as fait ? » demande-t-il alors. « J'ai fait ce que j'ai voulu, mais pas assez. » « Je pourrais être célibataire, moi aussi ? » demande l'enfant. « Non »,

dis-je. « Et pourquoi je ne pourrais pas être célibataire ? », gémit-il.

10 h 34. Excusez, mais je dois aller aux toilettes. Envoie un SMS à BF pour lui demander pourquoi diable on n'aimait pas être célibataires quand on avait vingt et trente ans. Regarde par la fenêtre en pensant à tout ce qu'on aurait pu faire plutôt que de fixer le téléphone en attendant qu'il sonne. Interrompue par un bip. « C'est parce qu'on attendait l'homme idéal », répond BF. « Parce qu'on avait peur de devenir vieilles filles. »

10 h 46. Interrompue par le mari qui entre dans la salle de bains sans frapper. Il dit : « C'est à toi, ces culottes ? » Puis : « T'as fait des œufs ? » Et encore : « C'est quoi qui sent le brûlé comme ça ? »

10 h 47. Dévale l'escalier en emportant les vieilles culottes grises, suivie de près par le mari pour trouver l'enfant sous la table qui dirige la flamme d'une allumette vers l'exemplaire du *Lapin fugueur* déjà transpercé avec un couteau. L'enfant dit : « Maman, je suis célibataire maintenant. »

10 h 49. Interrompue par le mari qui demande comment l'enfant a pu prendre une boîte d'allumettes. Puis, si c'est oui ou non pour les œufs. Et encore : « C'est quoi cette histoire de célibataire ? »

10 h 53. Le mari ouvre le buffet. Il dit : « Des œufs ! » Et sourit. Puis demande si j'ai abattu beaucoup de boulot ce matin. Puis : « On fait l'amour après ça ? » Puis dit encore qu'il a lu un article intéressant sur les systèmes électoraux dans les démocraties émergentes. Et : « Tu veux que je te raconte ? »

10 h 54. Je regarde mon mari. Et je pense : « Des œufs ? La démocratie ? *Faire l'amour* ? »

VOIR AUSSI : **bonheur, quête du • dîners en ville, peur des • homme ou la femme idéal(e), chercher l' • homme ou à la femme idéal(e), s'accrocher à l' • sexe, trop peu de • sexe, trop de • solitude**

Cent ans, avoir dans les

LES DIX MEILLEURS ROMANS QUAND ON A CENT ANS

Le Centenaire ou les Deux Béringheld, Honoré de Balzac

Jules Bouc, Daniel Boulanger

Solo, Rana Dasgupta

Les Confessions de Max Tivoli, Andrew Sean Greer

Lucy Marsden raconte tout, Allan Gurganus

Le Jeu des perles de verre, Hermann Hesse

L'Immortalité, Milan Kundera

Le Centenaire, René de Obaldia

Dracula, Bram Stoker

Les Voyages de Gulliver, Jonathan Swift

Chagrin

VOIR : **cœur brisé • mort d'un être cher • nostalgie • tristesse • veuf, être**

Chagrin d'amour

Comme au ciel, **Niall Williams**

Jane Eyre, **Charlotte Brontë**

Rares sont ceux qui traversent la vie le cœur intact. Une fois que la flèche a quitté l'arc de Cupidon et frappé sa cible en vibrant malicieusement, commence une réaction chimique qui embarque sa victime dans un voyage rempli de certains des plus sublimes plaisirs de l'existence, mais aussi de ses tourments les plus douloureux (**voir :** amour voué à l'échec ; amour non partagé ; maladie d'amour… et, honnêtement, la plupart des autres maladies évoquées dans ce livre). Neuf fois sur dix[1], les histoires d'amour se fracassent sur les rochers et tout se termine par des larmes.

Pourquoi être si cynique ? Parce que la littérature fait autant de cœurs brisés que les anévrismes de l'aorte. Vous trouverez difficilement un roman qui ne recèle pas le chagrin de quelque idylle malheureuse, ou la perte d'un être aimé par la mort, la trahison ou une catastrophe imprévue. Les peines de cœur n'affligent pas seulement ceux qui aspirent à former un couple ; elles peuvent aussi frapper ceux qui se croient « casés » (**voir aussi :** adultère ; divorce ; mort d'un être cher). Ceux qui sont affligés par ce mal n'ont d'autre choix, au moins initialement, que de s'asseoir avec une grande boîte de mouchoirs, une autre de chocolats et un roman qui ouvrira leurs conduits lacrymaux et leur permettra de pleurer toutes les larmes de leur corps. Une musique déchirante pourrait accompagner leur lecture ; certains estimeront que ce dernier point est crucial, surtout s'ils ont tendance à contrôler trop étroitement leurs émotions (**voir :** émotions, incapacité à exprimer ses).

Cela marche pour le père et le fils du roman lacrymal *Comme au ciel* de Niall Williams. Tous deux sont encore dévastés et sidérés par la mort dans un accident de voiture de l'épouse de Philip, Anne, et de leur fille de dix ans quelques années plus tôt. Faits de la même étoffe, le tailleur à la retraite Philip et son timide professeur d'histoire de fils Stephen se sont retirés dans leurs mondes solitaires respectifs, fermant leur cœur l'un à l'autre, et à qui que ce soit d'autre. Philip, en effet, ne peut guère penser à autre chose que de donner son argent aux pauvres et rejoindre le plus vite possible sa femme, avec l'aide du cancer qui lui a été diagnostiqué.

Mais une fois par mois, quand ils se retrouvent

1. Plusieurs études ont montré que les nombres exacts ne sont guère plus utiles que ceux qu'on invente.

pour jouer aux échecs, ils sont subjugués par la musique de Puccini. Quand nous rencontrons les autres habitants d'Ennis, la petite ville d'Irlande où ils vivent, Stephen se voit obligé d'aller à un concert, bien que sa voiture ait versé dans un fossé. Sa vie va basculer en un instant. Car au concert, il entend la violoniste italienne Gabriella Costoldi : à cause d'elle des « réservoirs » de « tristesse noire et limpide » se remplissent en lui et il peut enfin donner libre cours à son chagrin. Quand sa soif de musique devient un désir pour la musicienne elle-même, le père de Stephen, Philip, joue soudain un rôle capital – car l'amour romantique a été pour lui aussi la plus forte motivation de sa vie. Désormais, son plus grand désir est d'aider Stephen à trouver le bonheur avec Gabriella. Alors que le concerto monte en intensité jusqu'à son exaltante conclusion, nous voyons comment la guérison de Stephen apporte aussi la guérison à son père. Laissez-vous emporter. Comme le montre ce roman, le passage du temps – et de l'amour – aide bel et bien à guérir.

Les cœurs brisés peuvent être rachetés – et à ceux qui refusent de renoncer à leur amour perdu, nous prescrivons *Jane Eyre*. Quand la cérémonie du mariage de Jane et Mr Rochester est interrompue par l'annonce que le propriétaire de Thornfield Hall a déjà une épouse, Jane est trop choquée pour pleurer – « J'avais l'impression de m'être allongée dans le lit asséché d'un grand fleuve », dit-elle –, bien qu'un peu plus tard, la « masse sombre et puissante » d'un « torrent impétueux » la submerge. Aux trente-sixièmes dessous, elle pardonne à Mr Rochester en un instant quand il lui montre qu'il l'aime plus que jamais. Mais la meilleure part d'elle-même sait qu'elle n'a « aucun droit à être dans ses bras, où il n'y a pas de place pour elle », et bien qu'elle ait le cœur « déchiré », elle lui dit qu'elle doit partir. C'est alors au tour de Mr Rochester d'avoir le cœur brisé : « Jane !... Jane, voulez-vous dire que vous suivrez un chemin dans ce monde, et que vous me laisserez en prendre un autre ? » A-t-on jamais lu expression plus déchirante de la souffrance de la séparation[1] ?

Tout n'est pas perdu, cependant, dans la mesure où Jane récupère son ténébreux héros à la fin – mais à ses propres conditions et avec son amour-propre intact. Mr Rochester, il est vrai, est à ce stade une ruine calcinée de celui qu'il était autrefois, mais cela ne semble guère avoir d'importance. Jane possède une fortune en propre désormais, et peut rencontrer son prétendant sur un pied d'égalité. Elle ne se lasse jamais de lui faire la lecture à haute voix. Suivez l'exemple de Jane : ne tentez pour rien au monde de recoller votre cœur brisé en compromettant votre intégrité. Mieux vaut souffrir dans la dignité que de vous consoler dans la honte. Et, sait-on jamais, quelqu'un pourrait le remarquer et vous aimer en proportion de votre force de caractère et de votre capacité à endurer la souffrance.

Il est vital de faire son deuil quand l'amour est mort. Prenez du champ pendant quelque temps pour le faire. (**Voir :** pleurer un bon coup, besoin de, pour nos dix meilleurs romans à faire pleurer dans les chaumières.) Ne vous compromettez pas inconsidérément en tentant de vous sentir mieux à n'importe quel prix. Cupidon vous transpercera à nouveau de sa flèche, soit avec un nouvel amour, soit avec l'ancien dans de nouvelles circonstances. Et si vous décidez que vous êtes mieux tout(e) seul(e), il y a plein de plaisirs solitaires à goûter dans ce livre.

VOIR AUSSI : **appétit, perte d'** • **désespoir** • **divorce** • **espoir, perte d'** • **maladie d'amour** • **nostalgie** • **pleurer un bon coup, besoin de** • **tristesse**

---

1. Si vous en connaissez une, envoyez-la-nous sur une carte postale trempée de larmes.

Le conseil du libraire

Christophe Daniel
Librairie
La 25e heure
(Paris 15e)

Peter Ibbetson,
George du Maurier

Chagrin d'amour

L'opinion générale considère qu'il n'existe pas de remède miracle pour guérir du chagrin d'amour. L'action bénéfique du temps alliée à une saine hygiène de vie serait le traitement le plus efficace. À voir… Car c'est oublier la force de la littérature et le pouvoir de l'imagination contenus dans nombre d'œuvres de notre amoureuse humanité. Prenez l'histoire tragique de Peter Ibbetson. Pendant les vingt-cinq années qu'il passe en prison pour le meurtre de son oncle et les trois dernières années de sa vie dans un asile d'aliénés, il n'aura de cesse de continuer à vivre cette magnifique histoire d'amour avec la petite Mimsey, devenue duchesse de Towers. Comment ? Par une longue pratique du « rêver vrai », art qu'il a su porter à la perfection. Et quand le rêve, cet envers de la vie, devient la vraie réalité, nul obstacle ou prison, ni l'espace ni le temps ne peuvent empêcher les amants de s'aimer. Bien évidemment, pour entrer plus tôt dans l'amour rêvé et goûter les effets miraculeux décrits par George du Maurier, il convient, comme le recommande un grand médecin de l'âme, de longtemps aller se coucher de bonne heure.

Chef, jouer au petit

VOIR : **dictateur, être un • harceleur, être un • régenter, vouloir tout**

Lolita,
Vladimir Nabokov

Chercher ses mots

Si suite à un choc vous vous trouvez à court de mots, il suffit d'attendre que l'émotion passe et les mots reviendront. Et s'ils peinent toujours à couler facilement, cela peut être le fait d'un balbutiement ou d'un bégaiement (**voir :** élocution, défaut d'). Mais si votre difficulté à vous exprimer tient à votre manque d'éloquence, et que les mots appropriés vous échappent au moment où vous en avez besoin, prenez un nouvel ami pour vous aider, en l'occurrence Humbert Humbert, le narrateur de *Lolita*, un homme par ailleurs très étranger à cette affliction.

En droit, Humbert Humbert, dit HH, devrait être poussé par la honte à se taire. Il a en effet profité d'une nymphette pour la satisfaction égoïste de son plaisir interdit. Au lieu de quoi, tandis qu'il croupit en prison en attendant le procès qui décidera de son sort, il fait des mots ses meilleurs amis. L'envie de parler ne le quitte jamais. Depuis sa cellule, il n'a plus à cacher la personnalité abjecte qui est la sienne et qu'il a réprimée pendant de très longues années. Au moins, il peut se faire plaisir dans le récit des détails joyeux concernant les êtres qu'il a aimés, et comment il les a aimés.

Pour HH, les mots sont comme des jouets. Il affectionne sous-entendus et doubles sens, et trouve à en jouer une délivrance autant qu'un exutoire à son humour. Mais les mots sont aussi une arme de séduction, et cette fois, c'est le lecteur qu'il a entrepris de séduire. Depuis le tout premier paragraphe où il s'ingénie à démonter de manière sensuelle son prénom en trois syllabes dont il se délecte, Lo-Lee-Ta, on se trouve captivé par les descriptions qu'il fait de sa belle. On veut en savoir plus sur cette gamine agaçante, mais d'abord parce qu'on veut plus de ces mots qui la dépeignent. Et maintenant qu'on est pris au piège de cette rhapsodie, contaminé par cette double excitation, comment pourrait-on condamner HH sans nous condamner nous-même ? C'est là toute la fourberie de Nabokov. À la fin, on est fasciné par ses confessions de viol, de meurtre, de pédophilie et d'inceste, même si on y trouve attachés des morceaux de chair, du sang et des mouches vertes voletant autour.

Ce qui nous sépare, nous, les muets angoissés, de Humbert Humbert, ce littéraire érudit qui parle le français avec une recherche constante du mot juste, et qui met la même application à traquer les minettes, est que ce criminel volubile possède une conviction inébranlable dans son droit à la parole. Empruntez-lui ce droit, laissez-vous mariner dans ses rythmes élégants, sans aller jusqu'à plonger dans ses passages à l'acte prohibés. À votre tour, faites des mots, à défaut des nymphettes, vos jouets, des sources d'amusement intime ou partagé. Faites que le charme de HH, et pas celui destiné à abuser des jeunes filles, devienne votre charme et remette votre langue en mouvement et votre palais en boîte à rythmes – tchik-a-tchik –, que cette langue batte contre les dents – tchik-a-tchik –, qu'elle se sente toute licence pour parler, enfin.

Chômage

Chroniques de l'oiseau à ressort,
Haruki Murakami

Tous les chômeurs devraient se faire du bien en lisant ce livre-modèle de Murakami. Car l'écrivain japonais le plus traduit et le plus expérimental s'est fait une spécialité de dépeindre des personnages passifs, le plus souvent mâles, avec beaucoup de temps devant eux et une tendance à plonger dans des aventures qui peuvent aussi bien être des rêves, des hallucinations, qu'une intrigue futuriste et cyberpunk. *Chroniques de l'oiseau à ressort* démarre quand Toru Okada, qui vient de quitter son emploi sans raison apparente, se livre à toutes sortes d'activités que mène un chômeur dans la périphérie de Tokyo : se faire des spaghettis à dix heures du matin, écouter à la radio une retransmission de *La Pie voleuse* de Rossini et envoyer promener sa femme Kumiko, qui l'appelle pour lui signaler des offres d'emploi qui ne lui conviennent de toute façon pas. Il sort pour tenter de retrouver son chat perdu, nommé Noboru Wataya, comme son propre frère. Frère avec lequel il partage le même regard vide et que Toru déteste, convaincu qu'il est vendu au grand capital.

La quête du chat amène Toru à un puits asséché où se trouvent deux femmes étranges, puis dans les bras d'une troisième. Tout cela n'a aucun intérêt, en tout cas pour les besoins précis de ce remède contre le chômage. Ce qui importe c'est la réaction de Toru. Les événements, même bizarres et sans points communs, qui se présentent à lui, il les traverse sans surprise ni commentaire particulier, comme nous apprenons nous-mêmes à le faire, encouragés par la lecture du roman. Que la signification des choses lui échappe, comme à nous, n'a aucune importance. Peut-être feront-elles sens plus tard, du moins peut-on l'espérer ?

Ce remède spécifique divisera nos lecteurs en deux camps. Si vous vous identifiez à Toru, vous réjouissant de ce périple insolite et libérateur, alors vous êtes fait de la même pâte que le héros de Murakami : pointer au chômage vous va très bien. Profitez des spaghettis, de Rossini et du puits asséché. Et bonne chance pour retrouver votre chat ! Peut-être vivez-vous avec quelqu'un qui est aussi sans emploi et qui peut s'occuper de vous ? Si tel est le cas, assurez-vous de lui donner ce qu'il faut d'attention, de sorte qu'il (ou elle), comme Kumiko, ne s'enfuie pas tel le chat. En revanche, si l'inertie aveugle de Toru vous fait peur, ainsi que l'oiseau du titre, et que vous aimeriez bien savoir ce que vous faites à côté d'un puits et, de façon générale, comprendre ce que tout cela veut dire, alors dégourdissez-vous, dites au revoir à Murakami et à son univers, et retournez, empli de détermination, consulter les offres d'emploi. Comme Noboru Wataya, le frère, vous êtes fait pour le monde du travail. Prenez tout de même la mesure de ce qui lui arrive et ne nous vendez pas trop facilement (**voir :** vendre son âme).

VOIR AUSSI : **ambition, trop peu d'** • **boulot, perdre son** • **ennui** • **fauché, être** • **lit, incapacité à sortir du** • **procrastination** • **saisir sa chance, ne pas savoir**

Rien ne s'oppose à la nuit,
Delphine de Vigan

Cicatrices émotionnelles

De l'inconvénient d'être né, lançait ce finaud d'E. M. Cioran. Certains parents ont eu une enfance heureuse et transmettent ensuite ce précieux bonheur à leurs propres enfants. D'autres, en revanche, n'ont pas eu la vie simple. Ils ont bataillé, en gardent les séquelles. Ce que leur progéniture comprend peu à peu et face à quoi elle doit se construire. En pareil cas, nous recommandons la lecture de *Rien ne s'oppose à la nuit*, dont le titre vient d'une chanson superbe d'Alain Bashung.

Le roman de Delphine de Vigan est une plongée bouleversante, une saignée nécessaire afin de remonter à l'origine des choses. L'écrivaine a réussi à « écrire » sa mère. À dérouler son histoire, à comprendre sa souffrance et sa folie. On découvre ici le portrait noir et terrible de Lucile Poirier, troisième d'une famille de neuf enfants. Sa mère est débordée par le quotidien, son père trop autoritaire. La petite fille, elle, est timide, réservée et sauvage. Trop tôt confrontée à la mort aussi, quand, un été, à la veille de ses huit ans, l'un de ses frères tombe dans un puits et meurt d'hydrocution. Elle devient ensuite une jeune femme enceinte à dix-huit ans. Une mère bipolaire happée par une spirale morbide. Une mère âgée de soixante et un ans quand sa fille aînée l'a trouvée morte, un matin de janvier 2008, allongée sur son lit.

Delphine de Vigan mène l'enquête et montre les drames et les silences d'une famille confrontée au suicide, à l'inceste, à l'alcoolisme. Des êtres qui s'observent, se détestent. Sans oublier les moments de bonheur, les souvenirs lumineux. Pas de procès à charge sous sa plume, pas de jugement définitif. Le roman de Delphine de Vigan dit qu'il y a des dommages collatéraux. Que l'on est atteint par les blessures de ses parents, qu'on en paie parfois durement le prix. *Rien ne s'oppose à la nuit* prouve qu'il faut essayer de s'en sortir par ses propres moyens. En traçant sa route, jour après jour. Même si l'on garde, visibles ou non, des cicatrices émotionnelles.

VOIR AUSSI : **démons, affronter ses** • **hanté, se sentir**

Cousu main, **Carl Hiaasen**

Cicatrices physiques

Si vous avez le malheur de porter une vilaine cicatrice, type marque, balafre ou escarre, il est probable que, non content de vous faire de la bile, vous passiez beaucoup de temps à tenter de vous en débarrasser. Les crèmes à la vitamine E ou les fards, les tatouages temporaires ou permanents, et même la chirurgie esthétique sont bien sûr des options que vous avez considérées. Continuez à vous faire de la bile. En attendant, la position étudiée d'un roman, négligemment incliné sur ce défaut disgracieux qui ressort de votre peau, permettra soit de le cacher, soit d'en distraire l'attention, surtout si le titre est en soi suffisamment intriguant. Les observateurs seront bien plus intéressés de savoir ce que vous lisez plutôt que de découvrir l'imperfection qui se cache sous le livre[1].

Mais trêve de digressions. Notre traitement par les livres pour soigner une cicatrice est *Cousu main*, de Carl Hiaasen. Comme dans tous les autres romans de cet auteur, l'intrigue se passe en Floride au milieu des touristes et des bandits que l'on croise dans les Everglades. Chemo, le antihéros, a un visage en éruption parsemé d'horribles boursouflures comme des grains de Rice Krispies, conséquence d'une électrolyse qui a raté.

1. Les titres qui suivent peuvent se révéler particulièrement efficaces pour distraire vos interlocuteurs de vos cicatrices (malheureusement, cette stratégie ne peut pas fonctionner avec les e-books). *Pas raccord* (Stephen Chbosky) ; *John meurt à la fin* (David Wong) ; *Le vieux qui ne voulait pas fêter son anniversaire* (Jonas Jonasson) ; *Flingue sur fond musical* (Jonathan Lethem) ; *Bandini* (John Fante) ; *Les androïdes rêvent-ils de moutons électriques ?* (Philip K. Dick).

Chemo entre dans un marchandage avec un chirurgien spécialisé : son visage refait en échange de la mise à l'écart d'un témoin gênant dans la mort de deux malheureux patients du praticien.

Affichant près de deux mètres, Chemo n'est pas le plus discret des tueurs. Il n'est pas non plus doté d'une grande intelligence. Et, pour ne rien arranger, Rudy Graveline, le chirurgien esthétique peu orthodoxe, qui ne possède pas de licence à son nom, a accumulé un lot de patients qui n'ont pas été traités jusqu'au bout, qui sont morts ou vraiment pas contents. Il y a pourtant une femme, à l'anatomie de laquelle même le peu scrupuleux Graveline ne touchera pas, une comédienne nommée Heather Chappell, et dont le corps est une perfection. Elle en est tout sauf convaincue, au point de vouloir passer par une opération mammaire, un dégraissage abdominal et un implant sur le menton. Son exaspération à vouloir corriger des défauts qui n'existent pas devrait nous servir de rappel quand nous voyons chez nous ce que les autres ne voient pas.

En forme de comédie noire mettant en scène l'élimination invraisemblable et dégoûtante d'innocents et des malfrats paumés tentant d'attraper leur part du gâteau, ce roman vous mettra à coup sûr à l'abri du scalpel d'un chirurgien. Apprenez à aimer vos cicatrices et autres menues balafres. Elles font partie de votre histoire et de celle que raconte votre peau.

Cinquante ans, avoir dans les

LES DIX MEILLEURS ROMANS QUAND ON A CINQUANTE ANS

Disgrâce, J. M. Coetzee

Love song, Philippe Djian

Le Roman de l'été, Nicolas Fargues

Nagasaki, Éric Faye
Je m'attache très facilement, Hervé Le Tellier
Le Pont invisible, Julie Orringer
La Tendresse des loups, Stef Penney
Les Versets sataniques, Salman Rushdie
La Mémoire des pierres, Carol Shields
Le Déjeuner de la nostalgie, Anne Tyler

Claqué, être

VOIR : **bourreau de travail • enfants demandant trop d'attention • épuisement • fatigué et hypersensible, être • grossesse • maternité • occupé, être trop • occupé pour lire, être trop • paternité**

Claustrophobie

La Petite Maison dans la prairie, tome 2 : *Au bord du ruisseau*, **Laura Ingalls Wilder**

Si vous avez tendance à souffrir de claustrophobie, n'entrez jamais dans un espace clos sans le deuxième volume de *La Petite Maison dans la prairie*, la série de neuf romans tant aimée des lecteurs qu'a écrite Laura Ingalls Wilder sur la vie des pionniers dans l'Ouest américain – vie qu'elle a elle-même connue. En un instant, vous saisirez les rênes de l'attelage après avoir pris place sur le haut siège du chariot bâché et foncerez à travers les gigantesques prairies dégagées du Kansas, aux hautes herbes « balayées par des vagues de lumière et d'ombre », un immense ciel bleu au-dessus de la tête. Puis vous trouverez Pa en train ce couper des bûches à grands coups de hache, tandis que Ma est assise à l'ombre dans la cabane et coud un dessus de lit en patchwork, et que Laura et ses sœurs sont parties à la recherche de nids d'oiseaux, leurs capelines flottant dans le vent. Avant longtemps, vous serez si épuisé que vous aurez besoin d'un bon bain dans la bassine en fer blanc, avec de l'eau fraîche apportée du ruisseau. Puis, vous vous assoirez au grand air pour un dîner à base de bouillie de semoule de maïs et de jus de poule de la prairie. Au loin, les notes du violon de Pa s'envoleront dans l'immensité du ciel étoilé.

Alors, vous aurez oublié que vous êtes coincé dans un ascenseur avec quinze autres personnes, votre nez pressé contre l'aisselle du voisin, et sans panneau de sortie ni bouche d'aération en vue.

VOIR AUSSI : **anxiété**

N'importe où sauf ici, **Mona Simpson**

La Maison en papier, **Carlos Maria Dominguez**

Une maison pour monsieur Biswas, **V. S. Naipaul**

Clochardisation

Si vous êtes vagabond dans l'âme – ou dans la vraie vie –, vivre sans refuge peut avoir exercé un attrait sur vous très tôt. Sans être attaché à un lieu particulier, vous vous sentez libre d'aller là où vous pousse le vent. Et sans loyer ni factures à payer, vous pouvez goûter le temps sans travailler. Mais quelle qu'en soit la cause, le statut de sans-abri peut à la longue se révéler épuisant. Que vous soyez constamment sur la route, à camper dans un tipi de fortune exposé aux intempéries ou contraint de vous ajuster au mode de vie des gens qui vous hébergent, le besoin d'intimité, d'indépendance, mais aussi d'attache est au final impossible à ignorer.

Pour la petite Ann, douze ans, dans le livre inspiré de Mona Simpson, *N'importe où sauf ici*, vivre sans maison s'accompagne d'un état d'anxiété permanent. Après trois courtes années de mariage, sa mère Adèle décide que le moment est venu de bouger, et elle prend le volant depuis le Wisconsin jusqu'à la Californie, en vivant délibérément sur la carte de crédit de son ex-mari – de sorte qu'Ann « puisse être une enfant choyée tant qu'elle est encore une enfant ». Mais aller d'un endroit à l'autre est en réalité tout ce qu'Adèle sait faire. Alors qu'elles attendent que leur voiture soit réparée à Scottsdale, en Arizona, Adèle demande à un agent immobilier de leur faire visiter une maison – et, le temps d'un instant, Ann se plaît à croire que sa mère est sérieuse et que l'endroit est enfin ce qu'elle pourra enfin appeler son chez-moi. Elle commence à respirer doucement à nouveau. Mais une fois qu'elles se sont gavées dans un restaurant, l'agent immobilier reporte la discussion à plus tard. Et les voilà sur la route à nouveau.

Ann sait mieux que sa mère que pour grandir et se développer en adolescente comme une autre, elle a besoin de stabilité et de normalité. Quand toute son énergie passe à chercher un endroit où dormir le soir, comment peut-on penser à autre chose ?

La réponse peut être de construire sa propre maison. Si vous disposez d'une bonne collection de livres, vous pouvez voler une idée au roman de Carlos Maria Dominguez, *La Maison en papier*. Ce livre, délicieux entre tous, démarre par une scène d'accident : Bluma, l'amie du narrateur, est renversée dans la rue par une voiture alors qu'elle était plongée dans un volume de poèmes d'Emily Dickinson. Alors qu'on se dispute pour savoir si Bluma a été tuée par une voiture ou par un poème, le narrateur reçoit un petit colis destiné à celle-ci. À l'intérieur se trouve un livre plongé dans du ciment. Le livre se trouve être un roman de Conrad, qui conte l'histoire d'un bibliophile maniaque, Carlos Brauer, qui a perdu la tête dans les failles entre fiction et réalité (pour ne pas reproduire son état, lecteurs, allez à : lire plutôt que vivre, tendance à). Obsédé par l'idée de sauvegarder sa collection de vingt mille volumes, il a décidé de les encastrer dans du ciment en leur construisant une maison.

Si vous ne possédez pas suffisamment de livres pour exercer ce type de bricolage, saisissez-vous plutôt d'*Une maison pour monsieur Biswas*, de V. S. Naipaul. Dans le décor riche et métissé de l'île de Trinidad dans les années 1940, l'histoire suit le jeune Mohun Biswas entre le berceau et la tombe, tandis qu'il se cherche un coin pour vivre. Issu d'une famille de gens de rien, Biswas n'a pas de raison d'espérer mieux qu'une vie de petits boulots. Aussi inadapté qu'inefficace, il aimerait quand même bien que ça change. C'est alors que, plus par accident que par calcul, il se trouve marié au sein de la riche et brillante famille Hindi Tulsis, où il est désormais assuré de posséder un toit pour le reste de ses jours. Mais, en échange, il doit faire avec le système très strict mis en place par ses beaux-parents dans cette maison hindouiste traditionnelle. Trop sensible pour se créer un autre monde, il se retrouve à rêver de solitude.

À la fin, M. Biswas se trouve une maison à lui. Son voyage en dents de scie devrait vous donner du courage et la foi que vous pouvez vous aussi trouver un jour un toit à vous.

Cloque, être en

VOIR : **grossesse**

Coincé dans une relation

VOIR : **homme ou la femme pas idéal(e), finir avec l'**

Coincé, être

VOIR : **constipation** • **page blanche, angoisse de la**

Colère

Le Vieil Homme et la mer,
Ernest Hemingway

Parce que même après quatre-vingt-quatre jours consécutifs de mer dans son bateau sans prendre un seul poisson, le vieil homme reste joyeux et ne s'avoue pas vaincu. Les autres pêcheurs peuvent bien se moquer de lui, il ne se met pas en colère. Et même s'il doit désormais pêcher seul – car le jeune garçon qui l'a accompagné depuis l'âge de cinq ans, et qu'il aime, et qui l'aime, a été forcé par sa famille de tenter sa chance sur un autre bateau –, il ne garde aucune rancune dans son cœur. Et parce que le quatre-vingt-cinquième jour, il reprend la mer, plein d'espoir.

Et même si, lorsqu'il parvient finalement à prendre un gros poisson – le plus gros qu'il ait jamais pris – et qu'il tire sur sa ligne si violemment que la peau de sa main est lacérée, il le laisse encore le tirer vers le large. Et bien qu'il demande dans une prière à Dieu que le jeune garçon le rejoigne, il Lui est reconnaissant de voir des marsouins s'ébattre autour de son bateau. Et même si cela fait un jour et une nuit, et un autre jour, qu'il lutte sans discontinuer, qu'il n'y a que lui et le poisson, et personne pour l'aider, il garde la tête froide. Et même lorsqu'il se trouve poussé plus loin qu'il ne l'a jamais été dans sa vie sur la mer, et qu'il se sent au bord du désespoir, il se raisonne, parce qu'il doit penser à ce qu'il a, et non à ce qu'il n'a pas ; et à ce qu'il peut faire avec ce qui lui est donné. Et bien que sa main devienne si rigide qu'elle ne peut plus servir, et qu'il soit affamé, assoiffé, et aveuglé par le soleil, il repense aux lions qu'il a vus un jour sur une côte d'Afrique, dans une sorte de vision paradisiaque. Parce qu'il sait qu'il n'y a rien de plus grand, ni de plus beau, ni de plus noble que ce poisson qui continue à le traîner derrière lui. Et même lorsque l'animal meurt, et que les requins viennent le dévorer – d'abord un, puis une demi-douzaine – et que l'homme perd son harpon, puis son couteau, dans ses tentatives pour les repousser ; et même lorsqu'il a arraché la quille de son bateau pour en faire un gourdin ; et même s'il ne parvient pas à sauver la chair du poisson, et que l'épreuve le laisse si harassé et faible qu'il est lui-même presque perdu ; et même si, parvenant finalement à rallier la côte, il ne reste plus du poisson qu'un squelette, il accepte ce qui est arrivé. Il n'est ni brisé ni furieux, mais va se coucher, plutôt avec gratitude.

Parce qu'en vous immergeant dans la simple et apaisante prose de cette histoire, vous vous élèverez vous aussi au-dessus de vos émotions. Vous rejoindrez le vieil homme dans son bateau, serez les témoins privilégiés de son amour pour le jeune garçon, la mer, le poisson – et laisserez ce livre vous remplir de paix et d'une noble acceptation de ce qui est, ne laissant pas de place à ce qui fut, ou à ce que vous auriez voulu qu'il advînt. Nous pouvons tous aller trop loin (une fois), mais cela ne veut pas dire que nous ne pouvons pas revenir. Et de même que le vieil homme trouve le bonheur dans sa vision des lions sur le rivage, vous aussi pouvez avoir la vôtre – peut-être celle du vieil homme, et de la façon dont il se raisonne. Après l'avoir lu, vous poserez l'ouvrage bien en évidence dans votre bibliothèque. Chaque fois que vous vous sentirez en colère, vous le regarderez. Vous vous souviendrez du vieil homme, de la mer, du poisson, et vous serez calme.

Coming out

Les oranges ne sont pas les seuls fruits, **Jeanette Winterson**

Si vous êtes homo-, bi- ou transexuel(le), votre *coming out* – d'abord pour vous-même, puis pour les autres – peut prendre des années, et parfois une vie. En fait, il peut ne jamais se produire. Mais si difficile soit-il, il ne saurait l'être plus que celui de Jeanette, dans le roman largement autobiographique de Jeanette Winterson, *Les oranges ne sont pas les seuls fruits*. Adoptée expressément pour qu'elle devienne une « servante de Dieu » par sa fondamentaliste de mère, Jeanette est forcée de subir un exorcisme par la secte à laquelle sa mère et elle appartiennent quand on découvre sa préférence pour les filles.

Jeanette ne veut pas choquer sa mère, ni la faire fuir. Quand elle essaie de lui dire ce qu'elle éprouve pour Mélanie, sa difficulté à trouver les mots rappellera des souvenirs à de nombreux lecteurs – car sa mère, « très calme, hochant la tête de temps en temps », ne veut tout simplement rien savoir. Elle a érigé un mur impénétrable entre sa fille et elle ; Jeanette a à peine fini de parler, que sa mère lui dit : « Va au lit maintenant », et prend sa Bible – manifestation littérale de ce mur. D'une certaine manière, c'est de cela qu'il s'agit, car quand elle finit par chasser sa fille de la maison, la laissant sans toit, ni argent, ni amis (si cela vous dit quelque chose, **voir :** abandon), c'est la religion qu'elle invoque pour se justifier. La réponse de Mrs Winterson est si absurde et manque tellement d'empathie qu'elle vous confortera dans votre détermination à affirmer ce que vous êtes à la face du monde. Si ça les dérange, c'est leur problème, pas le vôtre.

VOIR AUSSI : **homophobie**

L'Été deux fois, **Christian Costa**

Commencer, avoir du mal à

Commencer, vous n'y arrivez jamais. Il faut dire qu'il y a toujours mieux à faire, quelque chose pour vous détourner de votre projet. Un joli rayon de soleil vous entraîne illico dans un parc ou un jardin. N'importe quelle balade plutôt qu'une assignation à votre table de travail ! Une invitation à déjeuner ou à dîner vous fait remettre à demain le pensum tant redouté. « Commencer, je préfère ne pas », expliquez-vous même parfois, en assumant plus ou moins votre côté Bartleby. Cet épineux problème, rassurez-vous, vous n'êtes pas le ou la seul(e) à le rencontrer. Afin de vous secouer et de vous surprendre, nous vous recommandons vivement la lecture d'un livre unique, *L'Été deux fois*. Le seul roman publié à ce jour par Christian Costa. Un volume culte qui a donné lieu à plusieurs expositions et à des pages d'éloges et de commentaires dans une jeune revue littéraire. Il est ici question d'un été, au mois d'août, dans une ville au bord de la mer. Le héros, Boz, a une femme, Madame, et une fille, Mademoiselle. Il doit se mettre à la tâche, n'y parvient pas. « S'il ne commence pas tout de suite (non), l'idée du commencement ne cesse pas de l'occuper », nous dit-on. Notre homme est un amateur de football, un lecteur des *Papiers collés* de Georges Perros, un fumeur de petits cigares. Il s'agit là d'un type qui, « de façon générale, répugne à choisir ». Qui est « pour la friche ou laisser-aller, c'est-à-dire pour se déterminer entre l'identique et le tout pareil ». Ce personnage fantasque hésite, il « est l'hésitation ». Et voudrait mettre sur le compte de son « assiduité balnéaire » le fait de sans cesse repousser l'échéance ! Apprendre à conduire, par exemple, ne serait pas une mauvaise idée, cela soulagerait Madame. À la place, Boz se souvient. D'un autre été et d'un autre mois d'août. De ses amis Llach, qui a songé à devenir torero, et Commons, drôle de pistolet qui a été hospitalisé... Pour commencer à commencer, commencez donc par lire Christian Costa, conseille-t-on. Par vous procurer un exemplaire de *L'Été deux fois*. Le roman passe pour être épuisé, mais on le trouve en fouillant bien sur Internet ou chez les bouquinistes. Allez, ouste, au travail !

Complexe de Napoléon

VOIR : **petit, être**

PATHOLOGIE LITTÉRAIRE

Les maladies de la lecture

COMMENCER, PEUR DE

PLONGEZ À L'AVEUGLE

Vous voilà avec un roman tout neuf dans les mains. Vous avez lu des critiques à son sujet, il vous a aussi été recommandé par des gens en qui vous avez confiance, vous êtes sûr que vous allez l'adorer. Vous avez attendu le moment juste, sachant que vous avez maintenant une longue plage horaire devant vous, peut-être dans le bain ou dans le train. Mais vous hésitez. Vous avez lu et aimé d'autres livres du même auteur dans le passé, cependant vous vous demandez ce qui se passerait si celui-ci n'était pas à la hauteur de ceux-là. Êtes-vous attiré au point de vouloir lui donner sa chance ? Et êtes-vous le lecteur dont ce livre a besoin ?

Ne faites pas votre timide. Ouvrez le livre au hasard et lisez la première phrase qui vous saute aux yeux. Intrigué ? Allez plus loin et lisez deux paragraphes d'affilée. Puis, fermez les yeux, faites de votre main un sabre de karaté puis lisez la page sur laquelle vous êtes tombé. Après, lancez le livre par terre – gentiment quand même, il s'agit d'une belle édition –, puis ramassez-le avec le pouce glissé à l'intérieur. Lisez cette fois la page touchée par le pouce, puis tournez et lisez la suivante. À ce stade, vous avez ouvert plusieurs fenêtres sur le livre. Vous avez jeté un œil à l'intérieur et connaissez déjà certains de ses secrets. Curieux d'en savoir plus ?... Au cas où vous ne vous en seriez pas rendu compte, vous avez déjà commencé. Maintenant, retournez en arrière et reprenez au début. ■

Les maladies de la lecture

CONCENTRER, INCAPACITÉ À SE

DÉBRANCHEZ

Alors qu'il existe tant de manières d'embrouiller notre cerveau, des stimuli visuels permanents d'Internet aux agressions auditives des iPod, en passant par les tentations tactiles des tablettes et l'addiction aux réseaux sociaux – tous offrant de savoureuses bouchées gobées tout rond plutôt que lentement dégustées –, il n'est pas dans l'air du temps de se concentrer sur un livre. Pis, nombre d'entre nous semblent avoir perdu la capacité de se concentrer sur une seule chose durant une longue période. Nous sommes tellement habitués à sauter d'une fleur aux couleurs éclatantes à une autre, à cliquer dès que l'ennui ou la fatigue pointe son nez, que s'asseoir avec un livre – qui met parfois un certain temps à dévoiler son précieux nectar – peut paraître ardu et rebutant.

Ne laissez pas votre cerveau se fragmenter. Débranchez ! Deux heures au minimum, pas de limite maximale. Éteignez vos téléphones et déconnectez-vous de toutes les sources possibles de distraction. Puis, isolez-vous quelque part avec un bon livre. Peu importe l'endroit (bien qu'un coin lecture soit recommandé – **voir :** tâches ménagères, être absorbé par les), l'important étant d'avoir devant soi une belle plage horaire de pensée, garantie sans interruption. Lentement, les différentes composantes de votre cerveau se remettront en place, et la tranquillité et le calme seront de retour. ■

À vif,
Susanna Moore

Confiance, perte de

Pour commencer, il faut savoir si la personne est digne de confiance, ou pas. On s'en fait généralement une idée après la première rencontre. Il faut se fier à cette première impression. Après ça, continuer à faire confiance quand la relation devient chaotique est un acte de pure générosité. Si vous avez des doutes, rappelez-vous ceci : le degré de votre confiance est égal au degré de confiance que les autres mettent en vous. Abandonnez quelqu'un trop facilement et les autres sauront que vous pouvez les laisser tomber de la même manière.

Être une fille célibataire à New York, même avec du talent et un goût pour le mot qui fait mouche, impose de savoir en permanence à qui faire confiance. Être par exemple audacieux sur les questions de sexe implique de faire les bons choix, ça peut même devenir une question de vie ou de mort. Frannie enseigne l'anglais dans un cours spécial de la ville pour des ados en difficulté scolaire mais doués d'une intelligence hors normes. Collectionneuse de mots, de l'anglais ordinaire à l'argot, elle se plaît à enseigner à ses élèves que « Nique ta Reum », par exemple, doit s'épeler proprement. Et de là, comme avec le jazz, ils pourront composer comme ils veulent et casser les règles. Elle aime aussi les échanges rapides et bourrés d'anecdotes avec l'inspecteur Malloy, qui fait appel à elle pour élucider le meurtre d'une jeune actrice résidant dans le quartier.

Son attirance pour Jimmy Malloy est instantanée, malgré l'eau de Cologne bon marché que porte celui-ci, sa montre en or piquée sur un cadavre et l'anneau sur son petit doigt affichant un petit cœur, une merde de péteux irlandais selon elle. Mais elle aime la manière dont il parle très ouvertement quand ils échangent dans un bar.

Frannie se lance donc dans une histoire avec Malloy. Elle rencontre ses collègues à la division criminelle, à commencer par son coéquipier, l'inspecteur Rodriguez, qui porte un pistolet à eau en plastique dans son étui à revolver. Le premier meurtre est bientôt suivi d'un second et la tension grimpe. Testez-vous avec ce roman : à qui feriez-vous confiance, et à partir de quand et pourquoi cesseriez-vous de le faire ? C'est bien de s'entraîner à ce jeu. Le destin de Frannie en apporte la preuve : un jour, votre vie pourrait en dépendre.

VOIR AUSSI : **mentir**

Mauvaise fille,
Justine Lévy

Confiance en soi, manque de

À moins d'être un vrai robot, un fonceur tout terrain qui s'interdit le refus d'obstacle, tout le monde s'est un jour ou l'autre retrouvé confronté au problème. Pour certains, c'est même une question qui se pose au quotidien. Prenez Louise, l'héroïne des romans attachants et justes de Justine Lévy. Dès l'entame de *Mauvaise fille*, cette dernière ne fait pas mystère de sa fragilité, de son manque d'assurance. Pour ne rien arranger, Louise s'avoue flemmarde, peureuse et pleureuse. Depuis son plus jeune âge, il faut le reconnaître, elle a eu à composer avec des parents pas comme les autres. Avec une mère, du genre bizarre, qui a brûlé sa vie et s'en est allée trop tôt, emportée par un cancer, en la laissant inconsolable avec un point de côté permanent. Et aussi avec un père, toujours à cent à l'heure ou en voyage au bout du monde, qui ferait tout pour elle et débarque dans la minute si elle l'appelle à l'aide. Quand Louise a eu des enfants avec un type qui lui plaît et qui n'est pas son genre, la situation s'est encore compliquée. Maman *« control freak »*, la jeune femme a tellement peu confiance en elle qu'elle préfère qu'il ne lui arrive rien. Pire encore, elle déteste les surprises, bonnes comme mauvaises.

Regardez Louise. Qui a trouvé un excellent remède au manque de confiance en soi : la gaieté. Cela ne coûte rien d'essayer et de suivre son exemple.

VOIR AUSSI : **confrontation, peur de la • estime de soi, mauvaise • harcelé, être • pessimisme • risques, ne pas prendre assez de • séduction, manquer de talents de**

Les Métamorphoses, **Apulée**

Confiance en soi, excès de

Alors comme ça vous pensez être quelqu'un d'important ? Quelqu'un qui fait bouger les choses, qui bouscule les habitudes et brise les tabous. Vous pouvez vous sortir de n'importe quelle situation. Vous savez vous débrouiller en toutes circonstances, vous n'avez besoin d'aucune aide – merci. Vous êtes le roi du karaoké, la reine de la comédie, et franchement vous bravez tous les dangers avec une incroyable assurance.

Nous vous félicitons. La confiance peut avoir un effet autoréalisateur et être contagieuse, après tout. Mais être trop sûr de soi peut facilement dégénérer en arrogance (**voir :** arrogance). Ce n'est pas tout à fait la même chose, cependant, car les présomptueux tendent à faire ce qu'ils font avec un large sourire plutôt qu'avec un sourire suffisant. Ils sont contents d'eux-mêmes, plus qu'ils ne se sentent supérieurs aux autres. Ce qui rend leur commerce beaucoup plus agréable. Mais, ô présomptueux, qu'est-ce que vos amis, à votre avis, disent de vous dans votre dos ? Ne vous trouvent-ils pas un peu prétentieux ? Si tel est le cas, réfrénez-vous avec l'aide des *Métamorphoses* d'Apulée (Lucius Apuleius), livre également connu sous le titre apocryphe *L'Âne d'or (Asinus aureus)*.

Écrite au IIe siècle de notre ère, cette adaptation d'une fable grecque est le seul roman latin à être parvenu jusqu'à nous dans son entièreté. Selon Pline le Jeune, historien et philosophe de cette période, les conteurs de rue commençaient toujours par haranguer les passants en leur demandant : « Donnez-moi un sesterce de laiton et je vous conterai une histoire en or. »

Il s'agit donc ici d'une histoire en or, faite pour captiver le lecteur, pleine de mots extravagants et comportant une morale en guise de conclusion.

Son héros, également nommé Lucius, est détourné de son chemin, alors qu'il se trouve en voyage d'affaires en Thessalie, par le désir de faire l'expérience de la magie, largement pratiquée dans cette région de la Grèce. Il a toujours été curieux des arts de la transformation personnelle, et quand il rencontre une séduisante esclave appelée Photis, il entame une relation sexuellement mouvementée avec elle, non seulement parce qu'elle lui plaît, mais parce qu'il a entendu dire qu'elle pourrait avoir accès aux onguents et philtres permettant de se transformer en hibou. Désirant ardemment tester sur lui-même l'art de la métamorphose, Lucius convainc Photis de lui procurer une petite quantité d'un puissant onguent détenu par sa maîtresse. Il s'en enduit la peau en prononçant les mots magiques – et quelques secondes plus tard, il ne peut plus communiquer sa fureur à l'encontre de Photis qu'en roulant des yeux – les deux yeux immenses et larmoyants d'un âne. Il apparaît en effet qu'elle s'est trompée d'onguent. Mais elle le rassure : qu'il trouve quelques roses à manger, et il retrouvera sa forme humaine.

Lucius passera tout de même douze mois dans la peau de l'âne, errant à la recherche de la fleur salvatrice, seule susceptible de lui faire recouvrer son état antérieur. Et bien qu'il soit ravi par la taille inhabituelle de son organe sexuel et par son extraordinaire pilosité (il avait commencé à devenir chauve étant homme[1]), toutes les occasions de s'amuser qui se présentent à lui sont contrariées. Maniant à merveille l'autodérision, sa voix intérieure est toujours drôle et ironique, tout en donnant une description saisissante de son étrange et pour le moins troublante situation. Conséquences de sa

1. Si cela touche une corde sensible chez vous, voyez notre traitement contre la calvitie.

trop grande témérité, ses aventures dans la peau d'un âne constamment menacé de mort par des bandits ou des maîtres cruels lui font progressivement découvrir la véritable humilité.

Heureusement, sa transformation ne sera pas éternelle. Pour symboliser son renoncement à ses chimères, il décide qu'il arborera désormais sa calvitie humaine avec fierté. À la fin de ce roman souvent hilarant et sans cesse distrayant, vous aurez l'impression d'avoir porté les oreilles d'un âne suffisamment longtemps pour atteindre l'humilité à laquelle Lucius est lui-même parvenu. La morale de cette histoire, pour les Romains comme pour vous, est la suivante : tôt ou tard, les présomptueux doivent rabattre leur caquet.

VOIR AUSSI : **arrogance** • **optimisme** • **risques, prendre trop de**

Je m'appelle Asher Lev, **Chaïm Potok**

Confrontation, peur de la

Nous qui craignons la confrontation sommes des conciliateurs nés – ou, pour dire les choses moins aimablement, des chiffes molles, toujours prêtes à dire à leur interlocuteur : « Oh, mais fais comme tu le sens. » Nous cédons au moindre signe de désaccord. Oui, nous l'avouons. Si c'est vous qui le dites, nous ne serons peut-être plus d'accord. Mais ce que nous craignons plus que tout, ce sont les disputes. Nous ravalerons nos paroles, sourirons malgré notre rage, bafouillerons en nous moquant de nous-même et laisserons le camp adverse prendre le dessus. Après cela, il ne nous reste plus qu'à bouillir intérieurement, le conflit non résolu pourrissant jusqu'à ce qu'il éclate plus violemment un autre jour (**voir :** colère), ou couve pendant plusieurs décennies, provoquant des souffrances impalpables, mais bien réelles.

Surmonter votre peur de la confrontation est essentiel si vous nourrissez le moindre espoir de résoudre les conflits quand ils surviennent, ce qui ne manquera pas d'arriver. Nous vous suggérons de suivre l'exemple du héros qui a donné son nom au roman de Chaïm Potok, *Je m'appelle Asher Lev*. Asher entre très tôt en conflit avec ses parents à cause de son prodigieux talent pour la peinture. Juifs hassidiques, ses parents ne pensent pas que l'art soit une chose décente. Mais Asher est incapable de réfréner son talent. Il dessine sans arrêt, parfois sans en avoir conscience. Un jour, à l'école, un visage apparaît, dessiné au stylo à plume, sur une page intérieure de sa Torah. Ses camarades de classe sont outragés par sa profanation du livre saint, et les parents de Lev se sentent personnellement attaqués. Mais l'habitude qu'a Asher de réprimer ses talents artistiques est déjà si ancrée en lui qu'il n'a aucun souvenir d'avoir dessiné ce portrait.

Les parents d'Asher ayant du mal à comprendre leur fils si compliqué, le conflit qui divise la famille est un spectacle pénible à contempler. La mère, Rivkeh, est accablée par la mort de son frère et terrifiée à l'idée qu'Asher puisse lui aussi disparaître ; et ce dernier n'arrange rien en restant tard au musée pour dessiner, sans lui dire où il se trouve. Elle est sans cesse déchirée entre son mari et son fils. Le père d'Asher, Aryeh, est en permanence déçu par les choix de son fils et leurs rapports sont souvent explosifs. Le chef de la communauté hassidique exerce une profonde influence sur toute la famille. Homme sage et d'une grande autorité, il sait capter l'écoute et l'attention d'Asher, rappelant calmement au jeune homme à qui il doit être fidèle. « On me dit que le monde entendra parler de toi un jour et que tu seras un grand artiste », lui dit-il. « Je prie le Maître de l'Univers que le monde entende aussi parler de toi comme Juif. Comprends-tu mes paroles ? » Le rabbin ne désapprouve pas les talents artistiques d'Asher, mais il souhaite que le jeune homme soit aussi impliqué dans sa religion que dans son art. Pour résoudre ces conflits opposant sa foi et sa passion, Asher fait comme s'ils n'existaient pas le plus longtemps possible – et du coup, ils lui empoisonnent la vie de nombreuses années.

Que le conflit auquel vous êtes confronté procède de croyances, d'ambitions, de conceptions de la vie contradictoires, ou tout simplement de problèmes domestiques, affrontez-le avant qu'il ne dégénère en séparation, ou pire.

VOIR AUSSI : **violence, peur de la**

Conjoint, détester son

VOIR : **adultère** • **bricolage** • **divorce** • **homme ou la femme idéal(e), finir avec l'** • **meurtrières, pensées** • **quarantaine, crise de la** • **ronfler**

Constipation

Shantaram, **Gregory David Roberts**

Certains romans vous donnent envie de tout retenir ; d'autres, de tout laisser sortir. Écrit par l'ex-cambrioleur de banques australien Gregory David Roberts, ce volumineux et prolixe roman se déroulant dans les bidonvilles de Bombay vous débloquera en un rien de temps. Lisez-le pour la bonhomie de son narrateur, son adhésion à tout ce qui est provocant et irrespectueux des lois. Lisez-le pour la facilité avec laquelle les mots dégringolent sur la page, tout à la gloire de cette ville de vingt millions d'habitants, avec sa chaleur étouffante, ses mirages de poussière et ses taudis à perte de vue, faits de matériaux de récupération, dans lesquels les gens parviennent tant bien que mal à vivre : manger, fumer, se quereller, copuler, marchander, chanter, se raser, accoucher, jouer, cuisiner et mourir, tout cela sous les regards de tous. Lisez-le pour sa liste appétissante de fruits charnus qui pourraient détendre votre intestin grêle, tel un laxatif lexical : asimine, papaye, fruit du cœur de bœuf, limonette, raisin, pastèque, banane, orange santra, mangue. Et, par-dessus tout, lisez-le pour la description que fait Prabaker, le guide et ami du narrateur, des « grosses commissions » matinales des habitants mâles des bidonvilles, effectuées en groupe sur le côté d'une jetée, jeunes hommes et jeunes garçons s'accroupissant, leur postérieur face à l'océan, dans une harmonie conviviale, ce qui lui permet de surveiller tout à loisir les progrès, ou l'absence de progrès, de ses voisins. « Oh oui ! » s'exclame Prabaker, qui supplie le narrateur de venir sur la jetée, où il est impatiemment attendu. « Tu les fascines. Tu es comme un héros de cinéma pour eux. Ils meurent d'envie de voir comment tu feras ta commission. »

Avec cette image de fesses nues faisant leur petite affaire gravée dans votre mémoire, vous serez à tout jamais reconnaissant envers votre cabinet de toilette, et impatient d'en faire un bon usage. Et si, quand vous vous y trouverez, la « commission » tant attendue continue à se faire désirer, ce pavé vous distraira merveilleusement le temps de votre attente.

VOIR AUSSI : **irritabilité**

Le conseil du libraire

Stéphanie Fontaine
Librairie Le Furet du Nord
(Lille)

Lire aux cabinets, **Henry Miller**

Constipation

Le fait que vous passiez régulièrement de très longues heures aux cabinets avec l'œuvre complète de Balzac, Zola et Cie semble indiquer que vous souffrez de constipation… La lecture de *La Recherche* en sa totalité (à l'endroit et à l'envers) ne vous a jamais aidé hélas à accomplir facilement cette simple « fonction vitale ». Pas de panique ! Laissez tomber ces lourds pavés, bien inutiles dans votre cas. J'ai le livre qu'il vous faut, quand bien même il ne fait qu'une trentaine de pages. Oh non, je vous en prie, ne froncez pas ainsi les sourcils, cela vous donne encore plus l'air constipé ! *Lire aux cabinets* d'Henry Miller reste l'ouvrage de référence pour soigner ce dérangement désagréable qui vous condamne à squatter le « petit endroit » pendant de longs moments, quitte à faire la sourde oreille aux demandes répétées de votre conjoint ou de vos enfants pour leur laisser la place ! Grâce aux conseils frappés au coin du bon sens de ce grand écrivain, vous pourrez enfin renouer facilement avec cette activité naturelle, et il faut bien le dire, très simple quand on y pense. Disons-le tout net, Miller réprouve ceux et celles qui ont pour habitude de « lire aux cabinets ». Pour lui cet exercice « d'évacuation » ne réclame qu'une forme de concentration profonde, un peu de méditation étant alors tout juste tolérée. Son conseil est très simple : « Occupez-vous des petites choses, les grandes se feront d'elles-mêmes » ! Point n'est besoin alors d'occuper son esprit avec des lectures le plus souvent futiles et non efficaces. N'oublions pas le but initial recherché (à savoir « évacuer » et non pas « remplir l'esprit à tout prix »). Vous verrez que grâce à sa verve vous reviendrez vite vers des habitudes plus hygiéniques et vous serez enfin entièrement absorbé par votre tâche. De plus, et cet aspect est loin d'être négligeable, comme Henry Miller ne manque pas d'humour, il faut vous attendre également à une bonne crise de rire, ce qui pourra certainement contribuer à provoquer des spasmes libérateurs ! Un petit livre très utile donc, et à lire partout en somme, sauf aux cabinets bien sûr ! (Mais pas trop loin quand même.)

Ritournelle de la faim, **J. M. G. Le Clézio**

Construire, se

On ne sait jamais ce que la vie vous réserve. Vous voilà sur terre. Avec des parents, un monde autour de vous. Se construire et devenir soi-même n'est ensuite pas une mince affaire. La route est souvent longue, sinueuse et pleine de cahots. Se prendre en main demande de la force. Prenez la pugnace héroïne de *Ritournelle de la faim*, le magnifique roman de J. M. G. Le Clézio. On n'oubliera pas Ethel Brun qui a une dizaine d'années quand on la découvre. Petite et blonde, elle est la fille de Justine et d'Alexandre Brun. Issue de la bourgeoisie réunionnaise, sa mère ne respire pas le bonheur, trouve que la vie est difficile comme « un sac très lourd ». Son père, lui, a les traits d'un volubile homme d'affaires né sur l'île Maurice dont il a gardé l'accent traînard quand il chante avec une belle voix de baryton. Pour Ethel, le personnage le plus important de ces années-là est un grand-oncle aux favoris gris qu'elle préfère appeler grand-père. Celui-ci emmène l'enfant visiter l'Exposition coloniale, lui fait goûter un doigt de rhum arrosé d'eau bouillante, de citron et de sucre, leur « petit secret ». Le Clézio se montre un peintre subtil dans sa manière d'explorer le territoire de la fin de l'enfance et du début de l'adolescence. Comment ne pas succomber à sa façon de peindre les contours d'une Ethel unique et trop sensible qui va devenir une jeune femme commençant à ressentir le vide, la douleur et les vertiges. Il y aura l'amitié avec Xenia Antonina Chavirov dont la mère lituanienne a fui la Russie après la révolution et dont le père est mort en prison. Les premiers émois sentimentaux en Bretagne, dans les bras de Laurent Feld. Un Anglais sérieux « sans rires et sans larmes ». Un garçon aux cheveux roux et bouclés, « joli comme une fille », d'abord croisé dans l'appartement de ses parents. Le prix Nobel de littérature remonte le cours du temps, suit le fil de l'Histoire et de ses ruptures. Ruinée à la suite des erreurs de son père, prise dans la tempête de la Seconde Guerre mondiale, Ethel bénéficiera d'un Ausweis et prendra le chemin de Nice. Cette « ville d'opérette », cette « ville indifférente et cruelle, surexposée au soleil et dans le vent aigre des vallées cimenteuses », qu'Ethel abandonnera pour regagner Paris. Le roman de Le Clézio donne à lire une étonnante histoire de colère et de faim.

Telle celle du *Boléro* de Maurice Ravel qui marqua tant Ethel lorsqu'elle l'entendit, à l'âge de huit ans... En cas de doute, nous conseillons de revenir vers *Ritournelle de la faim*. De suivre les pas et l'exemple d'Ethel qui fut malgré elle une remarquable héroïne à vingt ans.

Contrôle, hors de

VOIR : **adolescence** • **alcoolisme** • **drogue, consommer trop de** • **négligence** • **risques, prendre trop de**

Crime et châtiment, **Dostoïevski**

Culpabilité

Vous avez transgressé vos propres règles de conduite, violé un code éthique ? Ou bien votre sentiment de culpabilité vient-il de quelque chose que vous auriez dû faire et n'avez pas fait ?

Certaines personnes ont l'art de faire sortir la culpabilité et devraient être évitées, à commencer par les psychopathes et les bébés. Pour la majorité des autres, la culpabilité et sa petite sœur la honte (**voir :** honte) devraient être prises à bras le corps, les psychologues prétendant que ces sentiments sont indispensables à la moralité collective qui unit une société. Comme pour tout sentiment négatif, laisser pourrir le sentiment de culpabilité peut être dangereux autant pour soi que pour les autres ; il se transforme en agressivité passive – ou pas si passive, en volonté de tout maîtriser (**voir :** maniaque du contrôle, être un) – ou en une colère qui vous mangera de l'intérieur (**voir :** colère). Notre recommandation ? Prenez totalement conscience de votre culpabilité et lisez notre remède. Acceptée comme il le faut, celle-ci peut être déracinée, étudiée, puis, quand les excuses auront été présentées et les reproches levés, vous vous sentirez libre de repartir du bon pied.

Notre remède repose sur l'exploration la plus radicale et la plus profonde du sentiment de culpabilité en littérature. *Crime et châtiment* a été écrit par Dostoïevski quand il était dans la plus grande indigence, criblé de dettes. Beaucoup d'éléments autobiographiques s'y sont d'ailleurs glissés, et on imagine bien que l'auteur a dû ressentir une certaine compassion pour son héros. Rodion Romanovitch Raskolnikov, qui achève ses études et recherche un emploi, vit dans une mansarde minuscule au dernier étage d'un immeuble de Saint-Pétersbourg. Bilieux, vêtu de lambeaux et sans le sou, il a une tendance agaçante à se parler à lui-même. Mais il reste un beau jeune homme, fier et intelligent. On pourrait en déduire qu'il a des perspectives, mais ce qu'il envisage de faire est quelque chose de plutôt désespéré et effrayant : assassiner une vieille dame pour lui prendre son argent. Il s'est convaincu qu'étant prêteuse sur gages, elle est déjà morte moralement, et que la tuer est légitime. Par malchance, au moment du crime, il est surpris par la demi-sœur de la vieille dame et se trouve obligé de la tuer elle aussi.

Il vole la vieille et cache son butin sous un rocher. Mais presque instantanément, il est rattrapé par un affreux remords. Il déambule dans la ville, fiévreux et délirant. Entre-temps, un autre homme s'est autoaccusé des meurtres, et si ce n'était pas pour sa conscience, ou pour l'amitié de la sage Sonya qui sait que la vie pour lui ne se poursuivra pas sans confession, il est clair que Raskolnikov pourrait s'en tirer sans être inquiété.

La fascinante description par Dostoïevski des tourments de son jeune héros fait mal au cœur. C'est grâce à Sonya que Raskolnikov survit. Si nous n'avez pas une Sonya dans votre vie, empruntez celle de Raskolnikov. Confessez-vous, faites pénitence, videz votre conscience. Seulement alors pourrez-vous mériter les Sonya ou leurs équivalents à travers le monde.

VOIR AUSSI : **culpabilité, lecture associée à la • regret**

PATHOLOGIE LITTÉRAIRE

Les maladies de la lecture

CULPABILITÉ, LECTURE ASSOCIÉE À LA

PROGRAMMEZ VOS TEMPS DE LECTURE

Vous avez acheté le dernier roman dont on parle. Il vous fait des clins d'œil depuis l'étagère à côté de votre lit. Vous avez l'intention ferme de le lire. Tous vos amis sont en train de le lire. Mais, d'une certaine manière, vous avez du mal à vous y mettre. Parfois, c'est juste une question d'appétit mal maîtrisé. Vous décidez sur un coup de tête d'attaquer *Le Roi pâle,* chef-d'œuvre de David Foster Wallace. Ou d'avaler tous les lauréats du Booker Prize depuis sa création. Et pourtant vous ne vous y mettez pas.

La solution consiste à programmer des moments de lecture sur votre agenda. Sautez un déjeuner par semaine, une demi-heure que vous passerez dans un café à côté de votre bureau. Bloquez de même une soirée hebdomadaire pour lire et annoncez-le à la personne avec laquelle vous vivez. Barricadez-vous une partie du week-end, une heure pour commencer, puis deux quand vos muscles de lecteur seront entraînés. Doucement, vous allez développer une saine habitude à la lecture. Et bientôt, vous aurez troqué votre culpabilité de lecteur contre plein d'autres culpabilités : celle de ne pas faire le ménage, de ne pas promener le chien, de ne pas réparer ce qu'il faut... On pourrait en lister d'autres, mais, excusez, c'est notre tour d'aller lire ! ■

La Perle,
John Steinbeck

La Couleur des rêves,
Rose Tremain

Cupidité

Vouloir toujours plus que ce dont on a besoin, plus d'argent, plus de biens, plus de pouvoir, est un drôle de travers. Au nom de quoi voudrait-on acquérir, collectionner et amasser plus ? Et si vous n'en avez l'usage, comment allez-vous utiliser tout ça ? Un excès de possessions peut vous mettre dans la position de quelqu'un qui souffre d'un excès de poids. Et avoir de l'argent à la banque à n'en savoir que faire gâchera votre plaisir de travailler et d'épargner pour une retraite bien méritée. De plus, quelle est la limite, à partir de combien assez est assez ? La cupidité est sans fin. Insatiable, elle mène à l'accumulation compulsive, au vol et à la tromperie. On se noie dans sa quête insensée.

Steinbeck met en scène la capacité de la cupidité à détruire une famille ordinaire dans son conte allégorique *La Perle*. Kino et Juana ont ce qu'il décrit comme une vie parfaite : ils habitent une cabane en bord de mer, d'où Kino plonge pour aller chercher des perles, ce qui fait vivre la petite famille. Un jour, leur petit garçon Coyotito est mordu par un scorpion et tombe gravement malade. Incapable de payer les soins médicaux, Juana prie pour que Kino remonte une perle de valeur et que leur fils vive. Par miracle, Kino trouve la perle. Cela ne s'arrête pas là : en effet, ils doivent aussi assurer l'éducation de l'enfant. À peine Kino a-t-il mis la main sur la perle que leur petit monde commence à se décomposer. Des voisins ont entendu parler de cette perle rare et veulent se l'approprier. Kino fait tout pour défendre son bien. Voyant les ennuis poindre, Juana tente de le convaincre de la rejeter dans la mer. Mais il ne veut pas laisser passer son rêve de richesse. Assez vite, ils sont contraints de quitter leur village et vont perdre bien plus qu'ils ne l'imaginaient.

Ce n'est pas la quête de l'or qui amène Joseph Blackstone en Nouvelle-Zélande dans le roman de Rose Tremain, *La Couleur des rêves*. Son attrait pour les échelons supérieurs lui vient de ses origines modestes du Norfolk et acheter un terrain dans le Nouveau Monde pour y redémarrer sa vie est tout son rêve. Mais il suffit qu'il tombe sur des pépites d'or au fond d'un ruisseau pour que ce rêve se transforme en tout autre chose. Les revenus modestes de la ferme paraissent d'un seul coup bien insignifiants, comparés à la fortune que l'or pourrait lui apporter. En conséquence, il porte toute son attention sur « la couleur ».

Tremain s'attache à communiquer brillamment les rudes épreuves que les hommes sont capables de s'infliger pour combler leur goût de l'or, jusqu'au cou dans la boue, dormant dans des tentes infestées de rats, marchant des jours entiers sur des terrains escarpés pour trouver enfin un filon non prospecté. Quand Harriet, la femme de Joseph, débarque sur un lieu de fouille, celui-ci paraît horrifié : il a juste peur qu'elle lui vole ses piètres découvertes. Son avidité folle fait écho aux mauvaises actions qui l'ont poussé à fuir l'Angleterre. Mais la raison qui a poussé Harriet à le suivre n'a rien à voir avec la cupidité. Elle prospecte l'amour, elle.

Que Harriet et Juana soient vos conseillères, avec leur approche nuancée de ce qu'apporterait une fortune imprévue. Si vous laissez la cupidité prendre racine en vous, c'est la vie qu'elle vous prendra.

VOIR AUSSI : **égoïsme** • **gloutonnerie** • **vendre son âme**

Cynisme

5,90 € (99 francs), **Frédéric Beigbeder**

Si vous êtes un cynique dans l'esprit du XXIe siècle, votre attitude peut passer pour réaliste. Mais quand le cynisme tourne au rejet de la société et de toutes ses valeurs, nous ressentons le besoin d'administrer un sermon sévère sur la responsabilité sociale, suivi tout de même d'un bon remontant. Comme la lecture de *5,90 €*. Ainsi que s'intitule désormais le roman *99 francs* de Frédéric Beigbeder. La confession d'un enfant du millénaire. Octave, son héros, en a bien conscience. Tout est provisoire, tout s'achète. L'homme est « un produit comme les autres, avec une date limite de consommation ». Il faut dire qu'Octave est publicitaire. Enfin créatif. Un type grassement récompensé pour vous mentir, vous manipuler et vous « vendre de la merde ». Quelqu'un qui évolue dans un secteur professionnel où l'on pense que « les gens heureux ne consomment pas », que la souffrance dope le commerce. Lui même l'avoue, il est « une grosse crapule qui pourrit tout ce qu'il touche ». Octave a tenté de résister, pensé qu'il pourrait être le grain de sable dans l'engrenage. Avant de se mettre à écrire un roman dévoilant les arcanes de son milieu pour tenter de se faire virer et pouvoir prendre sa retraite à trente-trois ans. La leçon à retenir est que tout ça va mal se terminer. Le cynisme mène souvent dans le mur. Plus dure sera la chute.

VOIR AUSSI : **misanthropie** • **pessimisme** • **rabat-joie, être**

D

Décalage horaire

VOIR : **épuisement** • **insomnie** • **migraine** • **nausée** • **vertige, avoir le**

Christie Malry règle ses comptes, **B. S. Johnson**

Déclaration d'impôts, peur de faire sa

L'échéance approche. Une fois de plus, vous avez mis la déclaration de côté, attendant la dernière minute. Vous regardez le meuble qui contient vos dossiers financiers avec horreur et reculez comme s'il s'agissait d'un chien enragé.

La peur de remplir sa déclaration fiscale est un état affligeant qui affecte une personne sur cinq chez les autoentrepreneurs. Si vous ne le traitez pas, vous vous exposez à de lourdes amendes du centre des impôts, mais aussi au risque de devoir, pour payer, accepter un emploi à temps plein au milieu de plein d'autres employés. Songez-y : des bureaux sans fenêtre, des plafonniers pour tout éclairage et un boss qui vous interdit d'exprimer votre personnalité. Comme on le sait, cela conduit au désespoir (**voir :** espoir, perte d'), au manque d'entrain et, avant que vous ne vous en rendiez compte, au vieillissement anticipé.

Ceux qui souffrent de ce mal doivent fabriquer une

relation entièrement nouvelle avec leurs finances et, par extension, avec le meuble qui contient les dossiers. Une relation non pas de menace mais de confiance. On peut y arriver en lisant le rapport affreusement toxique fait par le jeune homme en colère dans *Christie Malry règle ses comptes*. Assailli par le sentiment que la vie est injuste, Christie Malry a la superbe idée de garder une trace de la manière dont les autres lui ont manqué de respect de façon répétée. Selon les règles comptables à double entrée, codifiées par le moine toscan Luca Pacioli au XVe siècle, et qui ont posé les bases du capitalisme moderne, chaque débit doit être équilibré par un crédit d'un montant équivalent. Et donc, Christie équilibre ses comptes en prenant sa revanche sur le monde, des actes d'abord modestes – faire une vilaine rayure en bas d'un immeuble de bureaux, par exemple –, mais qui rapidement vont gagner en intensité, jusqu'à devenir hors de contrôle.

Christie prend un malin plaisir à tenir ses comptes de façon ordonnée, et vous devriez extraire tout ce que vous pouvez de ce roman amer et court. Au moment où il commet son acte de vengeance le plus osé, vous comprendrez que la tenue de comptes émotionnels est la seule bête dangereuse du meuble à dossiers. Vos finances redeviennent alors ce qu'elles sont : des listes de chiffres totalement inoffensifs qui ne vous mordront pas. La tête au clair, armé d'une simple calculette, vos comptes se laisseront approcher sans danger.

VOIR AUSSI : **procrastination**

PATHOLOGIE LITTÉRAIRE

Les maladies de la lecture

DÉGARNIR, COMMENT VOTRE BIBLIOTHÈQUE PEUT SE * SI VOUS PRÊTEZ VOS LIVRES

DE LA NÉCESSITÉ D'UN EX-LIBRIS

Oui, vous voulez parler à tout le monde du livre que vous venez de lire, et vous voulez le faire lire par tous les gens que vous aimez. C'est comme cela – par le bouche à oreille – qu'on entend parler d'un bon roman, et nous sommes tous prêts à répandre la bonne nouvelle. Mais vous éprouvez juste une petite angoisse lancinante : parviendrez-vous à récupérer votre livre, une fois que vous l'aurez prêté ? Voir sa bibliothèque se dégarnir progressivement de ses livres – et en général, de ses meilleurs – est une chose fâcheuse. Pour protéger vos livres chéris, créez votre propre étiquette à la manière d'un ex-libris, que vous collerez à l'intérieur de chaque livre que vous prêterez – et qui comportera des instructions détaillées précisant comment rendre le livre une fois lu, avec un avertissement sur les conséquences d'un retard ou d'une perte. (Faites preuve d'imagination à ce propos. La menace d'une malédiction pourrait à notre avis être efficace.)

Pour des cas extrêmes – si vos livres ont tendance à disparaître de vos étagères plus vite que vous pouvez en acheter de neufs –, nous vous recommandons de créer un catalogue du type de ceux qu'on voit dans les bibliothèques. Contrôlez les prêts et les retours, et prévoyez une alerte sur votre calendrier numérique qui vous signalera les retards. **Voir aussi :** meilleur ami, se fâcher avec son ; régenter, vouloir tout. ■

Malavita,
Tonino Benacquista

Déménager

Regardez l'escargot. Sa maison se trouve sur son dos, il peut s'y replier quand il veut, et aussi longtemps qu'un étourdi ne l'écrase pas d'un pied indélicat, il a toujours sa maison à portée de main. Nous autres humains, sommes moins adaptables. Déménager nous demande de louer une camionnette ou les services d'un professionnel, de prévoir des cartons, de dresser des listes. Il s'agit souvent d'un moment difficile et pénible qui génère son lot de stress, avant et pendant la chose. Afin de trouver quelque réconfort, nous suggérons de se détendre en lisant *Malavita*, de Tonino Benacquista. L'histoire d'une famille apparemment comme les autres. Sauf que les Blake voyagent beaucoup à cause du métier de monsieur. Qu'ils emménagent à la cloche de bois et s'efforce de ne pas attirer l'attention. Il y a là Frederick, le père, qui prétend être écrivain ; Maggie, la mère ; Belle, la fille aînée ; Warren, son cadet de trois ans ; et Malavita, la chienne, bouvier australien gris cendre. Avant, ils habitaient une maison à Newark, New Jersey. Désormais, ils posent leurs valises dans un pavillon 1900, en brique et pierre normandes, à Cholong-sur-Avre, ancienne place forte médiévale de Normandie. Il convient de préciser que dans sa vie d'avant, Fred s'appelait Giovanni Manzoni et servait dans la mafia new-yorkaise en qualité d'assistant à un tueur à gages. Coincé par le FBI, contraint à témoigner dans un procès qui a fait tomber de gros caïds, il a profité d'un dispositif de protection des témoins qui l'a amené à déménager. L'humour et l'art des situations de Benacquista vont vous détendre au point de vous faire oublier qu'il faut sans tarder ouvrir les cartons et commencer à ranger !

Démence

VOIR : **folie**

Miniaturiste,
Jessie Burton

Démons, affronter ses

Affronter ses démons n'est pas une mince affaire. Se confronter à sa part d'ombre, à celles de ceux qui vous entourent demande de la force et du courage. S'il l'on se sent un peu perdu en pareil cas, ce qui est parfaitement compréhensible, pourquoi ne pas d'abord entreprendre un voyage vers le passé ? Nous conseillons d'acheter un billet pour Amsterdam. D'ouvrir *Miniaturiste*, le premier roman de la talentueuse Jessie Burton. L'Anglaise a situé le décor de son coup d'essai à l'automne 1686. Dans un pays puissant où le plaisir est mal vu. On y suivra trois mois pour les moins intenses de la vie de son héroïne. Nella Oortman, sa mère l'appelait Nella-dans-les-Nuages. La jeune femme a dix-huit ans, joue du luth, porte un parfum qui sent le lys. Elle vient de perdre un père qui n'a légué à sa famille qu'une pile de dettes. Un bon mariage a été la meilleure idée pour améliorer sa situation. Voilà donc Nella devenue l'épouse de Johannes Brandt. Un riche marchand de plus de vingt ans son aîné. Le seigneur Brandt travaille à la Bourse, aux docks, dans les bureaux de la VOC, la compagnie néerlandaise des Indes orientales. Il a la barbe argentée, des fines rides autour des yeux, la peau bronzée après de longues années passées en mer. Curieusement, monsieur n'est pas là pour accueillir Nella quand celle-ci débarque à son nouveau domicile flanquée du perroquet Peebo qui aime la lumière. En revanche, Nella fait vite connaissance avec Marin, sa belle-sœur au caractère affirmé, qui lui semble manifestement hostile. Il y a aussi là Cornelia et Otto, les serviteurs, qui se partagent la bonne tenue de la cuisine et du jardin. Johannes se fait mal voir de Nella quand il cherche à lui faire boire de la bière. Moins quand il lui offre un cabinet de curiosités. Une maison de poupées divisée en neuf sections, certaines tapissées de papier gaufré et doré, d'autres lambrisées. Afin de la meubler, Nella fait appel aux services d'un miniaturiste.

Et se rend Au Signe du Soleil, une échoppe qui n'ouvre curieusement pas sa porte… Des mystères, il y en a bien d'autres ici. Des démons aussi. Pourquoi donc le seigneur Brandt se montre-t-il si fuyant ? Qui est donc Jack Philips, ancien acteur beau et sauvage qui trouve que Nella couine comme une souris ? L'étonnant roman de Jessie Burton accompagne pas à pas la quête d'une héroïne qui va devoir ouvrir les yeux et grandir plus vite que prévu. *Miniaturiste* parle de ce que l'on doit cacher. Du rapport au secret. À ce que l'on ne peut vivre qu'à l'intérieur de soi. Et montre qu'affronter ses démons est parfois une chose positive. Aussi difficile et douloureux que cela puisse être.

Anna Karénine,
Léon Tolstoï

Dents, mal de

Souffrir d'un délicieux mal de dents, douleur d'autant plus insupportable qu'elle est logée dans la tête, rapproche inévitablement de Vronsky dans *Anna Karénine*. Ce dernier peut à peine parler tant le mal est lancinant dans ses molaires. Aussi reste-t-il silencieux autant qu'il le peut.

Ce qui le sauve, c'est le passage de la douleur physique à une souffrance intérieure très éprouvante, un souvenir qui plonge d'un seul coup tout son être dans l'angoisse et lui permet d'oublier complètement son mal de dents. Il est dans un train et se souvient d'elle, ou plutôt de ce qu'il en restait quand il l'a découverte vautrée dans l'armoire de la gare, au milieu d'étrangers, son corps ensanglanté et flasque, la tête tombant en arrière sous le poids des cheveux, les yeux grand ouverts et fixes, et la bouche tentant encore d'émettre la phrase qu'elle avait lancée quand ils avaient commencer à se disputer : « qu'il se repentirait ».

Si l'image de cette Anna cassée ne fait pas le boulot, pensez à une autre image choquante sortie de votre bibliothèque (nos favorites à nous sont listées dans les remèdes contre le hoquet). Et méditez dessus tout en prenant rendez-vous chez le dentiste.

VOIR AUSSI : **dents, rage de** • **douleur, être dans la**

Le Faiseur de pluie,
Saul Bellow

Dents, rage de

Si vous n'avez pas entendu parler sérieusement de cette indisposition, c'est que vous n'avez pas rencontré le héros de Saul Bellow, dans *Le Faiseur de pluie*. Et si vous en avez entendu parler, ou que vous en souffrez, c'est que vous connaissez Gene Henderson. Ce millionnaire de cinquante-cinq ans qui a des airs, des vociférations, un grand nez et tellement d'enfants qu'il ne peut se rappeler leurs prénoms, a souffert des dents toute sa vie. En fait, tous ses maux, physiques ou émotionnels (et il en a beaucoup), se concentrent dans ses dents. Quand il est en colère, ses gencives le font souffrir. Quand ses femmes, ses filles, ses enfants, sa ferme, ses animaux, ses habitudes, son argent, ses cours de violon, ses bitures, sa brutalité, ses hémorroïdes, ses évanouissements, son visage, son âme, et, oui, ses dents aussi, bref quand tout se met à l'agresser en même temps, il décide de débarquer en Afrique à l'occasion du voyage de noces de son ami Charlie. Il s'ensuivra une plongée dans le continent pour tenter de se retrouver.

Ça ne marche pas. Ce qu'il trouve, c'est le même millionnaire fulminant de cinquante-cinq ans qu'il croyait avoir oublié. Pour tout arranger, il casse le bridge qu'il portait dans un coin de sa bouche, détruisant ainsi un appareillage dentaire coûteux et se retrouvant à recracher des bouts de fausse molaire dans sa main.

Les maux de dents ne donnent pas lieu à des lamentations courantes, mais ils existent bel et bien, et pas seulement dans les romans de Bellow. Ceux qui en sont affligés traversent des tourments presque insupportables. La seule chose qui peut rendre fou, plus encore que les maux de dents, est le fait de ne pas être cru quand on raconte ses souffrances aux autres. Désormais, les victimes dentaires peuvent fournir aux sceptiques ce roman en forme de coup de massue et gagner enfin leur totale empathie.

VOIR AUSSI : **dents, mal de • douleur, être dans la**

Dépendance

VOIR : **alcoolisme • drogue, consommer trop de • fièvre acheteuse • fumer, arrêter de • Internet, addiction à • jeux, être accro aux • manque, être en**

Dépression économique

Les Aventures d'Augie March,
Saul Bellow

En ces temps d'austérité, quand les occasions de gagner de l'argent se font rares et qu'une certaine souplesse dans sa vie professionnelle est requise, quel meilleur compagnon peut-on imaginer qu'Augie March, un monsieur Tout-le-monde qui s'est mis en tête de réussir dans la vie, envers et contre tout, en pleine Grande Dépression ? Ayant grandi dans le rude *West Side* de Chicago, Augie est un homme qui a fait sienne l'expression « aide-toi, le ciel t'aidera » et mène sa barque à sa guise. N'ayant quasiment jamais fait d'études, Augie se cherche en allant de boulot en boulot – et de fille en fille.

La litanie des vies qu'il teste constitue une liste éclectique de métiers et, en tant que telle, une excellente ressource pour quiconque cherche une façon originale de gagner sa croûte. Pour votre gouverne, les voici : distributeur de prospectus dans un cinéma ; vendeur de journaux ; manutentionnaire à Woolworth's ; lutin de Noël ; préparateur de couronnes mortuaires pour un fleuriste ayant une clientèle de gangsters ; majordome, secrétaire, assistant, agent, compagnon, bras droit (avec le bras gauche et les jambes en prime) pour un magnat de l'immobilier cloué dans un fauteuil roulant ; assistant manager pour un boxeur poids lourd ; cambrioleur ; vendeur de chaussures, de matériel de chasse et de peinture ; passeur pour immigrants clandestins ; dresseur, toiletteur et manucure pour chiens de compagnie ; parieur ; maître d'hôtel ; syndicaliste ; fauconnier ; documentaliste pour un apprenti écrivain ; marin dans la marine marchande.

Si vous êtes au chômage et avez beaucoup de temps libre, lisez ce roman charmant et picaresque, et découvrez vous-même tous ces métiers. Vous verrez qu'une vie multipliant des rôles si différents – dont certains ne sont pas totalement honnêtes – devient au final une chose quelque peu informe, ce dont témoigne l'ample récit de Saul Bellow. Mais son opportunisme qui le fait toujours aller dans le sens du vent, son sens de l'humour, ses haussements d'épaules, ses fanfaronnades et sa désinvolture sont des atouts précieux en ces temps de compétition et d'austérité, et la trajectoire sinueuse d'Augie vous aidera à vous libérer le jour où vous tracerez votre propre chemin.

Dépression profonde

L'Insoutenable Légèreté de l'être, **Milan Kundera**

La Cloche de détresse, **Sylvia Plath**

Une humeur de chien, **Rebecca Hunt**

La dépression peut revêtir diverses formes, allant des plus bénignes aux plus graves. À l'échelon le plus bas, sur lequel la plupart d'entre nous posons le pied de temps en temps, se trouvent ces jours ou périodes où rien ne semble marcher droit, où l'on a l'impression de n'avoir aucun ami, où l'on voit tout en noir (**voir :** tristesse ; grognon, être). Dans ces moments, nous avons besoin d'un roman qui modifiera notre perception du monde, en nous rappelant que le soleil peut y briller, et qu'on peut aussi y rire (**voir** ci-dessous notre liste des dix meilleurs romans pour vous remonter le moral, pour une lecture reconstituante qui ouvrira votre fenêtre et laissera entrer une bouffée d'air frais).

Mais tout en haut de l'échelle, les patients se sentent enveloppés par un lourd nuage noir descendu sur eux sans crier gare, sans raison particulière, et duquel ils ne voient pas comment s'extraire. Il s'agit de la dépression « clinique », forme sévère de maladie mentale, difficile à traiter et souvent récurrente. Si vous avez la malchance d'être sujet à ce type de dépression, il est peu probable qu'une lecture légère et allègre modifie votre humeur et vous remonte le moral. Un tel roman pourrait bien aggraver votre situation – vous culpabiliserez de ne rien pouvoir prendre à la légère et serez irrité par tout ce qui vous paraîtra naïvement optimiste – et vous vous détesterez encore davantage. Cela paraîtra paradoxal de prime abord, mais en de tels moments un roman qui nomme les choses par leur nom – avec des personnages qui se sentent aussi déprimés que vous, ou qui portent sur le monde un regard d'un pessimisme absolu – a plus de chances de faire mouche, de vous encourager à être plus amène avec vous-même ; un roman qui peut vous accompagner dans votre sombre voyage au pays de la mélancolie, qui vous permettra de reconnaître et de comprendre le mal dont vous souffrez – et de prendre conscience que vous n'êtes pas, après tout, si différent des autres, ou si affreusement seul.

Les tourments mentaux et les cauchemars qui affligent Tereza dans *L'Insoutenable Légèreté de l'être* de Milan Kundera pourraient à cet égard vous être d'un certain secours. L'angoisse de Tereza est provoquée par l'infidélité invétérée de son amant, Tomas. Après l'échec de son mariage, et sa séparation d'avec son fils, Tomas a décidé de mener la vie d'un célibataire adepte de l'amour libre. Mais dès le départ, Tereza est décrite comme une femme plombée par la vie – par sa tristesse face à la légèreté de Tomas et de sa maîtresse Sabina. Car Kundera divise les gens en deux camps : ceux qui comprennent que la vie n'a pas de sens et de ce fait ne font qu'effleurer sa surface, vivant dans et pour l'instant présent ; et ceux qui ne peuvent supporter l'idée que l'existence soit dépourvue de signification et tiennent à accorder une importance à toute chose. Quand Tereza rencontre Tomas, elle sait qu'elle n'a d'autre choix que de l'aimer à tout jamais ; et quand elle réapparaît à Prague pour le revoir, avec sa valise, elle apporte aussi avec elle un exemplaire d'*Anna Karénine*, roman qui résume peut-être mieux que tout autre les souffrances qui se font jour quand plus rien n'a de sens. Malgré l'amour qu'il éprouve pour elle, Tomas sait qu'elle sera une présence encombrante dans sa vie. Quand elle est poussée au bord de la folie par le refus de Tomas de cesser de voir d'autres femmes, Tereza s'en veut d'être assez faible pour vouloir qu'il change. Quand elle est au plus bas, elle tente l'overdose. Chaque fois que vous atteindrez de telles profondeurs, que vous aurez l'impression que personne ne pourra vous tendre une main secourable, relisez ce roman et acceptez la compagnie de Tereza au « pays de la mélancolie ». Elle aussi veut vivre et surmonter sa tristesse, et elle trouve le moyen d'y parvenir à la fin.

Un nombre disproportionné d'écrivains souffrent de dépression. Certains estiment que les personnes créatives y sont plus vulnérables, d'autres qu'écrire sur sa propre maladie a un effet cathartique. Le romancier américain Richard Yates passait des heures à contempler un mur, le regard vide, dans un état de dépression catatonique. Ernest Hemingway connut lui aussi des épisodes dépressifs de plus en plus fréquents, et était un grand buveur (si c'est votre solution pour fuir votre dépression, **voir :** alcoolisme). Il perdit à la fin son combat contre la dépression, comme Virginia Woolf et Sylvia Plath, mais non sans avoir laissé derrière lui – tout comme elles – le cadeau inestimable de son expérience. Ces cadeaux – des romans sur ce qu'est la maladie psychique – sont là pour que nous en fassions usage, pour que nous trouvions un soulagement que ces écrivains n'ont pas su trouver.

Sylvia Plath souffrait d'un trouble bipolaire, et dans son magnifique roman autobiographique, *La Cloche de détresse*, elle décrit à travers sa jeune héroïne Esther Greenwood les invraisemblables variations de son humeur, qui la faisaient passer en un rien de temps d'un état de bonheur fulgurant (ses « poumons se dilataient » quand elle prenait conscience de sa joie d'être vivante) à un état de prostration qui la coupait de toute émotion – « muette et figée comme un bébé sans vie ». La voix d'Esther est d'un grand réconfort pour les dépressifs : ce qui rend ce roman si lisible est la légèreté de la prose de Sylvia Plath, et le fait que même dans les passages les plus bouleversants du livre l'humanité et l'enthousiasme juvénile d'Esther irradient. Souvenez-vous-en quand vous penserez que vous ne pourrez plus jamais redevenir « normal », sans même parler de connaître de nouveau le bonheur. Les autres savent discerner votre potentiel de légèreté, même – surtout – quand vous pensez en être incapable.

Apprendre à percevoir votre dépression comme quelque chose d'extérieur à vous – tel un gros chien noir malodorant – peut sembler bizarre, mais cela peut être aussi une façon utile de prendre du recul par rapport à votre maladie. Le premier et audacieux roman de Rebecca Hunt, *Une humeur de chien*, vous conduira à travers ce processus. Mr Chartwell est la manifestation du « chien noir » de Winston Churchill – la dépression qui a hanté l'auguste dirigeant politique pendant la plus grande partie de sa vie –, qui s'installe avec celle qui fut un temps sa secrétaire, Esther Hammerhans. Visible seulement de ses victimes, Black Pat (comme le chien est également nommé) arrive le jour du deuxième anniversaire du suicide du mari d'Esther, répondant soi-disant à son annonce dans laquelle elle déclarait chercher un locataire. Il prend bientôt ses aises dans la maison, rongeant des os devant la porte de sa chambre à coucher, quand il ne tente pas de la rejoindre dans son lit. Black Pat a peut-être des manières révoltantes, mais, comme seules les personnes souffrant de dépression le reconnaîtront, il a un charme particulier auquel il est difficile de résister. Esther, ainsi, l'accueille avec un mélange de désespoir et de fascination.

Elle n'est pas la première de ses victimes. Il a déjà rendu visite à Churchill et, surtout, Esther soupçonne qu'il a déjà vécu chez elle, sans qu'elle ait remarqué sa présence. Quand elle commence à mieux comprendre la maladie de son mari, sa relation avec le molosse va progressivement toucher son terme. Vous voulez savoir si elle parvient à vaincre sa dépression ? Lisez le roman ! Quand Esther et son vieux maître se rendent compte qu'ils peuvent voir tous les deux le chien, mais ont peur d'en parler – le tabou entourant cette maladie psychique étant si fort –, la délicatesse avec laquelle l'homme d'État circonvient peu à peu la présence malodorante du molosse noir et les encouragements passionnés qu'il prodigue à Esther, à qui il enjoint de « tenir bon », sont aussi touchants et rassurants pour la jeune femme que pour le lecteur.

Dans des cas de dépression grave, il est très peu probable que la bibliothérapie suffise. Mais nous incitons vivement nos patients à faire usage, de façon complète et imaginative, de la fiction comme complément d'un traitement médical. Que vous ayez besoin d'un roman pour vous sortir de votre déprime, ou d'un livre qui vous accompagnera dans ses méandres, les œuvres littéraires pourront vous toucher comme peu de traitements sont capables de le faire. Tenez bon avec Churchill, les deux Esther et Tereza. Et si vous ne vous reconnaissez pas dans ce que ces personnages disent de ce mal, ce sera peut-être le cas avec l'un des autres titres de notre liste des dix meilleurs romans en cas de profonde déprime (**voir** ci-dessous). Vous ne verrez peut-être pas tout de suite l'éclaircie, mais savoir que vous n'êtes pas le premier qu'accablent les nuages vous aidera à aller de l'avant – en attendant qu'ils se dissipent.

LES DIX MEILLEURS ROMANS POUR VOUS REMONTER LE MORAL

Les Braban, Patrick Besson
Vieux garçon, Bernard Chapuis
Autour du monde avec Tante Mame, Patrick Dennis
Beignets de tomates vertes, Fannie Flagg
Les Vieilles, Pascale Gautier
Haute fidélité, Nick Hornby
La Fée carabine, Daniel Pennac
Le Retour de l'auteur, Vincent Ravalec
La Dernière Conquête du major Pettigrew, Helen Simonson
Le Château de Cassandra, Dodie Smith

LES DIX MEILLEURS ROMANS EN CAS DE PROFONDE DÉPRIME

Herzog, Saul Bellow
D'autres vies que la mienne, Emmanuel Carrère
Le Petit Chose, Alphonse Daudet
37°2 le matin, Philippe Djian
L'Œil le plus bleu, Toni Morrison
Un peu d'espoir, Edward St Aubyn
Last Exit to Brooklyn, Hubert Selby Jr
Voyage au phare, Virginia Woolf
La Fenêtre panoramique, Richard Yates
L'Assommoir, Émile Zola

VOIR AUSSI : **anxiété** • **appétit, perte de l'** • **cauchemars** • **désespoir** • **épuisement** • **espoir, perte de l'** • **estime de soi, mauvaise** • **fatigué et hypersensible,**

être • insomnie • irritabilité • léthargie • libido, perte de • paranoïa • pessimisme • tristesse

Le Grand Meaulnes,
Alain-Fournier

Désenchantement

La maladie du désenchantement se déclare à l'âge adulte. Cela n'a rien de surprenant. Nous passons notre enfance à rêver de folles aventures, notre adolescence à les transformer en d'intenses rêveries romantiques et la décennie suivante (dans le meilleur des cas) à tenter hardiment de les concrétiser. Puis les responsabilités nous tombent dessus : le travail, les prêts immobiliers, les tâches quotidiennes. Nous découvrons soudain que le monde, qui était auparavant un royaume enchanté où tout pouvait arriver, est devenu un lieu trivial et monotone où seules des choses prévisibles surviennent. Une question nous taraude : où nos rêves sont-ils passés ?

Pour y répondre, réappropriez-vous le personnage dans lequel le romantisme et les espoirs de l'adolescence ont trouvé leur plus intense expression : le Grand Meaulnes. Ce mystérieux jeune homme de dix-sept ans arrive un dimanche de novembre chez le narrateur, François, qui habite dans l'école d'un petit village, Sainte-Agathe. François a entendu ses pas depuis le grenier : une démarche « très sûre d'elle-même ». Un instant plus tard, Meaulnes impressionne François en allumant un feu d'artifice devant sa porte. Deux « grands bouquets » d'étoiles rouges et blanches éclatent dans le ciel dans un sifflement, et, pendant un merveilleux moment, la mère de François ouvre la porte – pour voir son fils et le grand étranger main dans la main, surpris dans la lumière de ce fantastique embrasement.

Pour François et d'autres écoliers de Sainte-Agathe, Meaulnes représente tout ce qui les fascine : sans peur, faisant d'impossibles rêves, il leur apparaît comme un aventurier ayant toujours le regard posé sur un horizon lointain. Il est audacieux de la manière dont seuls les jeunes sont audacieux, avant que le doute, le cynisme et la peur de l'échec ne s'insinuent dans leur esprit (si vous vous retrouvez, **voir :** cynisme ; et raté, se sentir comme un). Ils le surnomment, avec un étonnant à-propos, le Grand Meaulnes. Les traducteurs du monde entier se sont efforcés de rendre justice à ce mot apparemment simple, « grand », qui, au-delà de son sens littéral, physique (de grande taille, voire magnifique), revêt à mesure que progresse le récit une signification plus noble et plus fabuleuse.

Le Grand Meaulnes vous ramènera dans le monde des sens exacerbés, dans lequel tout est plus énigmatique, plus beau et plus enivrant. Où l'on peut entendre indistinctement des notes de musique dans le lointain ; où des enfants, livrés à eux-mêmes, se transforment en se costumant ; et où un moment de paix et de sérénité éphémère augure d'un bonheur futur. La tragédie de Meaulnes est que lorsqu'il trouve le bonheur, il ne peut le saisir. Il vit trop dans le désir, dans la nostalgie perpétuelle d'un ailleurs, et il a besoin que le rêve reste un rêve. Mais nous pouvons vivre différemment. Que Meaulnes vous rappelle comment vivre une vie d'enchantement – puis intégrez cet enchantement dans votre vie de tous les jours.

VOIR AUSSI : • **cynisme** • **innocence, perte de l'**

Seul dans Berlin,
Hans Fallada

Désespoir

On ne choisit jamais de vivre sans espoir (**voir :** espoir, perte de l'). Mais parfois, on n'a pas le choix. Ceux qui se trouvent sous la sinistre emprise du désespoir ont besoin d'un traitement qui reconnaît ce qu'est la vie pour qui en souffre. L'auteur de *Seul dans Berlin* ne le sait que trop bien, tout comme les autres personnages qui peuplent ce roman instructif sur la triste réalité de la vie sous le Troisième Reich. Qu'ils soient vos compagnons quand vous ferez connaissance avec le désespoir. Observez-les et apprenez d'eux. Comme vous le verrez, on peut trouver des pinceaux de lumière même dans les lieux les plus sombres.

Au début du roman, Berlin est sous le joug d'Hitler et de ses hommes de main. Les opposants au régime – parmi lesquels figurent tous ceux qui omettent de dénoncer quiconque osant critiquer le Führer – risquent d'être persécutés et arrêtés, puis sommairement exécutés ou internés dans un camp de concentration. Quand leur unique fils est tué sur le front, l'ouvrier Otto Quangel (qui n'a pas fait d'études) et sa femme Anna entrent en résistance à leur manière, unique : en laissant dans les rues de Berlin des cartes postales incitant leurs concitoyens à se dresser contre les nazis.

Malheureusement, les cartes postales n'ont pas l'effet escompté. Loin d'encourager les sentiments antinazis, elles ne font qu'engendrer plus de peur et de paranoïa parmi les habitants déjà terrorisés. Cette prise de conscience, quand elle se produit, menace de les plonger dans un désespoir encore plus profond. Mais leur acte de résistance les a malgré tout sauvés. Il leur a donné une victoire morale, et quand ils affrontent leurs persécuteurs, ce sont les Quangel qui accèdent à l'espoir, à la lumière, voire à la joie. Ce qui n'est pas donné à leurs persécuteurs.

Les Quangel ne sont pas les seuls à se sauver eux-mêmes du désespoir de cette manière. Le Dr Reichardt, compagnon de cellule d'Otto, le fait en continuant à vivre comme il a toujours vécu : en marchant chaque jour (en faisant les cent pas dans sa cellule) et en manifestant gentillesse et amour à tous ceux qu'il croise, qu'ils soient bons ou mauvais. Eva Kluge, l'ex-postière, le fait en quittant le parti nazi quand elle découvre que son fils adoré Karlemann a été photographié en train d'attraper un enfant de trois ans par la jambe et de lui fracasser la tête contre une voiture. Le Dr Reichardt et Eva Kluge mettent leur vie en danger par ces actions, mais gardent intacte leur estime d'eux-mêmes. Comme le dit Eva, cela aura été « son accomplissement dans la vie, conserver son estime d'elle-même ».

Cela semble peu de chose, mais ça ne l'est pas. Nos vies ne sont rien sans cela. Avec l'estime de soi, nos existences deviennent remarquables, riches et pleines de sens. Le désespoir ne peut coexister avec cette prise de conscience ; il ne fait aucun doute qu'elle enraye la descente aux enfers de la dépression. Il n'y a peut-être pas d'espoir, mais *Seul dans Berlin* nous enseigne que s'en tenir avec ténacité, fierté, défi à ce qui à nos yeux est juste et vrai suffit – et constitue le seul traitement sûr contre le désespoir.

VOIR AUSSI : **dépression profonde** • **espoir, perte de l'**

Désir sexuel, perte du

VOIR : **libido, perte de**

Dessus, reprendre le

Adam Haberberg, **Yasmina Reza**

Il arrive qu'on glisse, qu'on s'enlise ou qu'on se perde. Que s'est-il passé au juste, dur à dire. Mais le résultat est bien là. Reprendre le dessus n'est jamais une chose facile. Regardez Adam Haberberg, le héros accablé du roman éponyme. Monsieur est un écrivain de quarante-sept ans bien dégarni. Pas un écrivain en course pour le prix Goncourt, non, plutôt du genre à produire « de la littérature de kiosque », des séries populaires. Au Jardin des Plantes, un jour de pluie, il est assis sur un banc devant les autruches et se dit qu'il a trouvé « la position de l'hospice ». En temps normal, le personnage mis en scène par Yasmina Reza reprend le dessus. Mais là, ce n'est pas vraiment le cas. Il faut dire que son ophtalmo ne s'est pas montré rassurant et a envisagé qu'il perde l'usage de son œil gauche. Pour ne rien arranger, Adam Haberberg n'aime plus son livre et l'a même en horreur. Et on ne parle pas de ses rapports avec sa femme Irène qui se dégradent dangereusement. C'est à ce moment de son existence, au cours d'une journée « vouée à la pétrification et aux pensées moroses », que ressurgit Marie-Thérèse Lyoc. Il y a trente ans, elle était du genre insignifiante. Aujourd'hui, ce n'est guère mieux. La dame vend des produits dérivés, on vous passe les détails. Si Adam est libre, elle l'invite chez elle. À Viry-Châtillon, après Orly, en allant vers le sud. Alors pourquoi ne pas accepter l'invitation, au point où il en est... L'humour mordant de Yasmina Reza est un pur régal. Avec elle, on rit et on pleure. Adam Haberberg n'est pas encore au bout de ses peines. Reprendre le dessus, il n'y est pas arrivé, loin de là ! Le lecteur, lui, se dit qu'au fond, il n'est peut-être pas si mal loti. Et qu'en se délectant des déboires de ce héros, il a déjà fait un pas en avant.

Diarrhée

Ne perdez pas une minute, même quand vous êtes tranquillement chez vous. Choisissez un roman dans notre liste ci-dessous, qui ne comprend que des ouvrages constitués de fragments, vignettes ou très courts chapitres, et qui ne souffriront pas d'être lus par petits bouts. Installez spécialement pour eux une étagère dans la plus petite pièce de la maison.

LES DIX MEILLEURS ROMANS À LIRE SUR LE TRÔNE

Compagnie, Samuel Beckett

Sa femme, Emmanuèle Bernheim

Les Villes invisibles, Italo Calvino
Le Grand Sommeil, Raymond Chandler
Journal d'une année noire, J. M. Coetzee
La Place, Annie Ernaux
L'Homme-sœur, Patrick Lapeyre
Monsieur Songe, Robert Pinget
La Salle de bain, Jean-Philippe Toussaint
Le Berceau du chat, Kurt Vonnegut

Le Successeur, **Ismail Kadaré**

Les Cent Derniers Jours, **Patrick McGuinness**

Dictateur, être un

Un dictateur lambda passe vraisemblablement plus souvent ses soirées à consulter un manuel expliquant comment diriger le monde et éviter de se faire renverser qu'à lire un bon roman. Ce qui est une honte, car étant donné la justesse des prescriptions de la fiction, il ou elle améliorerait considérablement ses états de service en matière de droits de l'homme. En fait, nous voulons parler de la maladie dont souffrent les mini-tyrans qui micro-gèrent leur entreprise et leur foyer de façon despotique. Ces dictateurs au petit pied passent leur temps à amasser des fortunes plutôt que des armes et ont tendance à virer plutôt que supprimer ceux qui ne trouvent plus grâce à leurs yeux. Mais leur méthode de domination fondée sur la peur et la coercition est exactement la même et peut causer toutes sortes de tourments dans le petit empire sur lequel ils règnent. Regardez-vous dans un miroir. Si vous voyez un de ces petits tyrans dans la glace, faites de ces romans vos livres de chevet et envisagez sérieusement de réformer votre royaume.

Le Successeur, roman de l'écrivain albanais Ismail Kadaré – qui a lui-même vécu sous un régime répressif –, vous montrera pourquoi vous n'avez pas d'amis intimes. L'histoire commence par la mort soudaine du successeur désigné d'un dictateur de type communiste au Pays des Aigles (l'Albanie). Le décès n'a rien de surprenant étant donné le nombre inquiétant de « suicides » survenus dans l'entourage du dictateur. En général, les gens qui s'approchent un peu trop près de lui ne vivent pas très longtemps. Dans un récit à faire froid dans le dos, Kadaré décrit la paranoïa qui saisit en permanence les amis et la famille du dictateur, tout en nous laissant entrevoir les pensées des personnages les plus exposés. La peur, la paranoïa et l'impression qu'ils ont, comme dans un rêve, de courir à leur perte sont omniprésentes, allant jusqu'à contaminer, il va sans dire, le dictateur lui-même. Ceux d'entre vous qui ont tendance à agir en dictateurs dans la sphère domestique, faites bien attention : personne n'a envie de vivre dans une maison où le maître des lieux se comporte en tyran orgueilleux. Que cela soit sous l'effet de la colère ou de la jalousie, il y a de bonnes chances qu'un soulèvement précipite *in fine* votre chute.

Et quand elle surviendra, aspirants dictateurs, vous ne pourrez échapper à l'issue fatale : une mort horrible vous attend. Nulle part cette inéluctabilité n'est plus évidente que dans le roman de Patrick McGuinness, *Les Cent Derniers Jours*. À la fois jubilatoire et déprimant, ce dernier raconte le renversement d'un tyran véritable, Nicolae Ceauşescu, en Roumanie. Tandis qu'un jeune Anglais anonyme observe les événements menant à l'exécution des Ceauşescu, son ami Leo tient de façon obsessionnelle le compte des disparitions nocturnes survenant dans les rues et les bâtiments de Bucarest. Le livre de Leo, *La Ville des marches perdues*, devait initialement être un guide de la ville, mais il est vite devenu un livre pour ceux qui veulent savoir où se trouvent les lieux encore aux mains de la police d'État, et où il est déconseillé de s'aventurer. Le terrible dénouement est brillamment et puissamment amené.

Despotes petits et grands, lisez ce livre et maudissez le jour où vous avez décidé de frapper de terreur les cœurs de ceux qui vous entourent, de détruire vos relations avec vos proches et d'instiller la paranoïa et la méfiance dans leur esprit. Que vous régniez sur un État ravagé par la guerre[1], une holding internationale, ou un pavillon de banlieue habité par une famille de cinq personnes, vous reviendrez sûrement à la raison, abdiquerez illico presto et instaurerez la démocratie en votre domaine.

VOIR AUSSI : **harceleur, être un • régenter, vouloir tout**

Une brève histoire du tracteur en Ukraine, **Marina Lewycka**

Différence d'âge dans un couple

Les relations amoureuses marquées par une grande différence d'âge tendent à inquiéter davantage ceux qui les observent que ceux qui les vivent. Mais la désapprobation et la suspicion des autres peuvent être déstabilisantes, et si vous êtes sur le point de tomber dans les bras de quelqu'un sensiblement plus âgé ou plus jeune que vous, il n'est pas inutile de vous demander si votre relation sera assez solide pour surmonter le préjugé culturel tenace qui persiste en Occident sur le sujet.

La première chose à déterminer est la place de chacun dans la relation – et s'assurer qu'aucun des deux ne soit dans une sorte de déni quant à ses motivations ou celles de son partenaire. Quand le père de Nadia, âgé de quatre-vingt-six ans, lui annonce qu'il va convoler avec Valentina, une femme divorcée ukrainienne de trente-six ans avec « une poitrine à tomber » – et l'ambition d'échapper à sa vie de misère en Europe de l'Est –, elle lui pose d'entrée de jeu la question : « Je comprends pourquoi tu veux l'épouser, mais est-ce que tu t'es demandé pourquoi elle voulait t'épouser, *toi* ? » Papa sait bien sûr que c'est un visa et une belle bagnole pour amener à l'école son fils de quatorze ans qui l'intéressent, mais il ne voit pas de mal à lui venir

1. Oui, nous ne perdons pas l'espoir de prendre quelques vrais dictateurs dans nos filets.

en aide à elle, ainsi qu'à son Stanislas, en échange d'un peu d'affection juvénile. Elle cuisinera pour lui et fera ses lessives, et s'occupera de lui dans son grand âge. Le fait qu'elle « lessivera » aussi ses maigres économies et qu'elle les mettra tous à genoux en leur donnant à manger, en fait de cuisine, des sachets lyophilisés est une chose, cependant, qu'il refuse de reconnaître. Nadia et sa « grande sœur » Vera doivent longuement le travailler au corps avant de le convaincre d'ouvrir ses yeux chassieux sur les dégâts que cette « bombe à retardement rose et moelleuse » inflige à leur famille.

Il faudrait avoir l'esprit légèrement mesquin pour être jaloux du vieux spécialiste en tracteurs et du nouveau souffle que Valentina, malgré tous ses défauts, lui donne ; tant que les deux parties comprennent et acceptent les motivations de l'une et de l'autre, une relation entre des gens situés aux deux extrémités du spectre innocence/expérience peut être une chose magnifiquement symbiotique. Toutefois, l'ouverture d'esprit doit se manifester des deux côtés, sans arrière-pensées. Si tout cela est au rendez-vous, alors vous avez notre bénédiction. Laissez-vous tomber dans ces bras. Quel que soit leur âge.

Jonathan Livingston le goéland, **Richard Bach**

Différent, être

D'une manière générale, les êtres humains peuvent être divisés en deux catégories. Il y a ceux qui se coulent dans le moule et ceux qui s'y refusent. Comme chacun sait, la vie est infiniment plus facile pour les premiers. Si vous ne vous coulez pas dans le moule, au mieux vous serez incompris et aurez l'impression d'être exclu. Au pire, vous serez un véritable paria (**voir :** harcelé, être). Mais si vous vous êtes toujours senti différent, considérez votre différence comme un plus, et votre vie sera beaucoup plus belle.

Jonathan Livingston le goéland est une brève œuvre

de fiction considérée par certains[1] comme une histoire exemplaire sur les avantages et inconvénients d'être différent, et rejetée par d'autres[2] comme un opuscule de propagande religieuse déguisée, et indigne des amateurs de vraie littérature. Où que vous vous situiez entre ces deux positions tranchées, *JLLG* constitue encore un traitement rapide et efficace pour quiconque souffre de ce sentiment[3].

Jonathan Livingston est différent des autres goélands de son groupe. Alors qu'ils passent leurs journées à piailler et à se disputer pour attraper des anchois, la recherche de nourriture étant leur seul but dans la vie, JLLG se concentre sur des choses plus élevées, comme apprendre à voler. Pas seulement à planer banalement dans les airs, mais à faire des piqués et des figures acrobatiques qui sont en général le propre des oiseaux de proie. Prenant de plus en plus de risques, il accomplit des exploits qu'aucun goéland n'a jamais réalisés auparavant : des plongeons à la verticale depuis mille cinq cents mètres d'altitude, une pointe de vitesse à trois cent cinquante kilomètres à l'heure, des boucles, des tonneaux et des vrilles. Il vole même dans l'obscurité. Quand, quelque peu hors de contrôle, mais grisé au-delà de toute mesure, il traverse tel un boulet de canon, à deux cent cinquante kilomètres à l'heure, le vol de ses camarades goélands, il s'attend naïvement à être loué pour sa différence. En fait, il est couvert de honte et rejeté : un goéland qui est différent ne peut faire partie du vol. JLLG tente de se fondre dans la masse, mais comment peut-il désormais battre des

1. En général, des gens qui se coulent dans le moule.

2. En général, des gens qui pensent qu'ils sont différents.

3. En recommandant *JLLG* aux amateurs de grande littérature, nous avons conscience de prendre des risques et d'être différentes de ceux ou celles qui se considèrent aussi comme différents. Mais ayant relu récemment *JLLG* et nous étant souvenues de son efficacité comme remède pour soigner ceux qui souffrent d'être différents, nous n'en avons... cure.

ailes maladroitement à trente mètres d'altitude alors qu'il sait foncer au ras des vagues ou tutoyer le soleil ?

Pour tous ceux qui sont différents, le message de *Jonathan Livingston le goéland* est clair. Ne vous excusez pas pour vos différences. Ne tentez pas de les cacher. Et ne songez *jamais* à les gommer. Si vous savez que vous êtes différent, vous vous rendrez un très mauvais service en n'essayant pas de comprendre pleinement ce qui vous rend différent. Si cela signifie, comme pour JLLG, que vous serez ostracisé du groupe, eh bien tant pis. Au moins vous aurez plus de temps pour pratiquer et perfectionner tout ce que vous savez faire et que les autres ne savent pas.

VOIR AUSSI : **étranger, être** • **mis de côté, sentiment d'être** • **outsider, être un**

Le fait est,
Ali Smith

Dîners en ville, peur des

Vous êtes pris de tics et de sueurs froides. D'étranges rougeurs apparaissent sur votre peau. Vous souffrez d'une maladie subite. Vous êtes incapable de trouver quelque chose de propre à vous mettre sur le dos. Vous vous découvrez un travail à rendre impérativement avant le lendemain matin. Vous éprouvez un besoin pressant de parler avec la *baby-sitter* pendant une heure. Tels sont les symptômes qui affligent ceux qui fuient les soirées. Leur partenaire, en attendant, serre les dents et tente de les faire revenir à la raison. Il est sur le point d'y parvenir quand, sur le pas de la porte, le conjoint farouche signale un besoin urgent d'aller au petit coin et s'enferme dans la salle de bains. C'est alors que le conjoint exaspéré glisse *Le fait est* sous la porte...

Vous avez une peur chronique des dîners en ville ? Notre traitement devrait vous aider. Le roman raconte l'histoire de Miles, qui fuit une soirée (après avoir dérobé une salière) et s'enferme dans une chambre d'amis à l'étage.

Il y reste plusieurs semaines. La nouvelle de sa réclusion volontaire se répand, et alors que le monde l'observe et que des gens viennent camper sous sa fenêtre pour soutenir sa « protestation », il devient une minicélébrité.

Au début, les hôtes atterrés essaient de faire comme si de rien n'était. Puis ils glissent à contrecœur sous la porte de Miles des tranches de jambon sous plastique. Âgée de neuf ans, Brooke, la fille précoce des voisins et l'observatrice du quartier à l'œil le plus aiguisé, est cependant la seule à dire ce que Miles aurait dû faire lorsqu'il s'est trouvé confronté à la soirée mondaine qui a tout déclenché : apprendre à être curieux, et poser aux autres hôtes des questions sur eux-mêmes. Et si rien d'autre n'avait marché, piquer un roupillon dans son assiette.

Suivez les conseils de Brooke. Vous vous ennuierez beaucoup moins dans vos soirées, et vous rentrerez plus tôt à la maison.

VOIR AUSSI : **misanthropie**

Pension alimentaire, **Éric Neuhoff**

Intimité, **Hanif Kureishi**

Un week-end dans le Michigan, **Richard Ford**

Divorce

Le divorce est peut-être devenu chose courante ces temps-ci, mais cela reste l'une des expériences les plus traumatisantes qu'une personne ait à affronter – surtout si des enfants sont en jeu. S'il existe encore une chance de l'éviter, nous vous invitons vivement à la saisir. Tous les couples passent par des hauts et des bas et même si le vôtre bat de l'aile depuis plusieurs années, vos problèmes pourraient être plus facilement surmontables que vous ne l'imaginez (**voir :** marié, être). Si votre couple tangue parce que soit vous, soit votre conjoint souffrez de l'une des situations décrites dans ce livre – telles qu'être sans emploi (**voir :** chômage ; boulot, perdre son) ou avoir des soucis financiers (**voir :** fauché, être) –, nous ne pouvons que vous inciter vivement à traiter le problème à la racine, plutôt que de faire capoter votre mariage prématurément. La vie après la séparation sera peut-être moins conflictuelle, mais elle sera plus difficile à d'autres égards (**voir :** solitude ; et, si vous avez des enfants, parent célibataire, être un). Si une autre personne est impliquée, **voir :** adultère. Peut-être y a-t-il un manque de tendresse et de compréhension entre vous (**voir :** empathie, manque d' ; juge, s'ériger en), à moins que l'un d'entre vous soit désorienté par un changement, ou affronte ses démons (**voir :** démons, affronter ses). Peut-être les exigences des enfants ont-elles perturbé votre vie sexuelle (**voir :** orgasmes, pas assez d' ; sexe, trop peu de), ou avez-vous découvert que vous désirez passer votre temps libre de façon différente (**voir :** partenaire qui ne lit pas, avoir un) ? À moins que la tentative de votre conjoint pour réparer avec les moyens du bord le lave-vaisselle ait mis votre cuisine sens dessus dessous (**voir :** bricolage) ?

Quelle qu'en soit la cause, les conflits ou le malheur à la maison vous rendront inéluctablement vulnérable à toute une série d'autres affections, et c'est la raison pour laquelle nous vous incitons vivement à ne pas rester trop longtemps dans une situation de chaos ou d'angoisse. Notre traitement commence par un roman où le divorce est réellement prononcé. Mais il aborde aussi deux livres destinés à ceux qui sont à deux doigts de se séparer : lisez-les bien avant que les dernières attaches ne soient rompues.

Le divorce accompli, la situation n'est pas forcément rose. Voyez le narrateur de *Pension alimentaire* d'Éric Neuhoff. Avec Camille, c'est fini après quinze ans de mariage. Il y a eu le tribunal, le divorce. Camille a fait des histoires, « changé d'avis, freiné des quatre fers, voulu corriger le projet de convention, refusé de serrer la main de l'avocat ». Monsieur est parti les mains vides, avec une valise, quelques Pléiades et des CD de Frank Sinatra. « Le divorce engendre de nouvelles planètes parfaitement étrangères », lance-t-il. Un jour, dans un café, voilà que Camille lui annonce qu'elle est avec quelqu'un.

Un ami à lui. Pas n'importe lequel. Pierre Maurin, l'ancien voisin du dessus avec qui il a tant fait la bringue. Un type avec une Jaguar vert pâle, des rouflaquettes, des costumes à fines rayures. Un publicitaire franc-buveur qui ne pratique pas la langue de bois et qui en connaît un rayon en matière de divorce. La pilule est dure à avaler. Le héros d'Éric Neuhoff boit trop, pense à ses deux fils, les emmène en Bretagne, en Irlande, à New York. Il faut remonter la pente, avancer dans la bonne direction. Heureusement, la vie vous fait parfois des cadeaux. Comme ces retrouvailles inattendues avec Victoire. Une belle blonde qui roule en scooter, envoie des SMS en espagnol et laisse présager d'un avenir plus radieux...

Si vous êtes sur le point de divorcer, lisez *Intimité*, le récit à la première personne – brut de décoffrage, d'une franchise parfois dérangeante – de Jay, un homme qui a décidé de quitter sa partenaire depuis six ans, Susan, le lendemain matin. Alors qu'il couche ses deux petits garçons et s'assoit à table pour un dîner en tête à tête, il a conscience qu'il s'agit de la dernière soirée qu'ils passent ensemble en formant une « famille innocente, complète, idéale ». Inévitablement, toutes sortes d'émotions contradictoires se bousculent dans sa tête – qui seront horriblement familières à tous ceux qui se sont trouvés sur le point de faire leurs valises. Jay éprouve culpabilité, confusion et terreur pour le mal qu'il s'apprête à faire à ses enfants ; et aussi un besoin désespéré de « vivre » de nouveau, de fermer la porte au malheur et d'aller de l'avant. Quand Susan, éditrice qui a réussi, rentre du travail, nous avons un aperçu de ce qui a mal tourné. Quand elle lui jette un regard furieux, il sent son corps « rétrécir et se contracter ». À l'évidence, une panne de communication s'est produite – car la colère et la souffrance qui existent entre eux en cet instant restent inavouées. Dans le monologue qui suit, nous n'avons jamais l'impression que leurs problèmes aient été vraiment exprimés et partagés, ou que Jay ait tenté de déterminer ce qui n'allait pas aux yeux de Susan. Si, comme Jay, vous n'avez pas entièrement révélé à votre partenaire vos sentiments négatifs sur votre couple, peut-être jetez-vous l'éponge un peu trop facilement. Assumez une part de responsabilité dans cet échec. Prenez l'initiative d'une discussion. N'abandonnez pas tant que vous n'avez pas compris tous les deux comment les choses ont mal tourné (et que vous n'êtes pas tombés d'accord sur le sujet), et que vous n'avez pas au moins tenté de rattraper les choses. Il n'est pas impossible que le retour à une communication franche et sincère vous rapproche de nouveau (**voir :** confrontation, peur de la, pour vous aider à atteindre ce stade).

Il est certain qu'une acceptation mutuelle de ce qui s'est produit facilitera la vie d'un couple divorcé - et si vous avez des enfants, vous aurez besoin de maintenir une relation de parents pendant de nombreuses années. Deux ans après son divorce, Frank Bascombe - le journaliste sportif du roman de Richard Ford, *Un week-end dans le Michigan* - prend conscience du fait que s'il devait revivre sa vie, il ne déciderait peut-être pas de divorcer. Lui et X, comme il appelle son ex, habitent encore à proximité l'un de l'autre dans la banlieue de Haddam, dans le New Jersey, afin que leurs enfants Paul et Clarissa puissent aller et venir facilement entre les deux domiciles. Ils se parlent au moins deux fois par semaine au téléphone et se croisent souvent dans la rue. C'est X qui a demandé le divorce, mais Frank l'a désormais accepté - vivre seul l'a aidé à mieux se connaître - et cela semble être aussi le cas de X, car cela lui a permis de reprendre la prometteuse carrière de golfeuse qu'elle avait abandonnée à son mariage. De son côté, Frank finira peut-être ce roman inachevé qu'il avait rangé dans un tiroir quand il était devenu journaliste sportif, faute de mieux. Comme il l'a découvert en en faisant lui-même l'expérience - et en fréquentant les autres hommes du club des hommes divorcés d'Haddam - la vie de divorcé ne se résume pas à ces deux mots : « sexe et libération ».

Ce qui en fait met Frank et X à part en tant que couple divorcé est qu'ils sont liés ensemble non seulement par Paul et Clarissa, mais aussi par un troisième enfant décédé. Frank nie que la mort du garçon ait été la cause de la séparation, mais il n'en reste pas moins que la lassitude, le manque de conviction dans la voix et son regard sur le monde semblent étroitement associés à son chagrin. Et bien que le chagrin commun de Frank et X les rende plus proches qu'ils ne l'auraient été autrement, un sentiment d'épuisement et d'échec plane lourdement sur le roman. Pour des gens comme Frank qui, avant tout, manquent de foi dans la vie (si c'est votre cas, **voir :** confiance, perte de ; désenchantement ; insatisfaction), le démantèlement du cadre du mariage, avec sa solidité et le soutien qu'il peut apporter, risque de les enfoncer encore davantage. Souvenez-vous de cette réaliste et fort peu romantique vision de la vie qui en dit long sur la face cachée du divorce et de ses péripéties.

Mais, quelles que soient la tournure des événements et la cause de la séparation, restez ouvert et accueillant. Donnez à votre couple toutes ses chances. Par contre, s'il est bel et bien mort, soyez tendre et généreux à l'égard de votre ex. Puis, allez de l'avant d'un pas plus léger. Un monde neuf naît chaque jour. Quelque chose ou quelqu'un d'étonnant pourrait bien croiser votre chemin.

VOIR AUSSI : **célibataire, être • colère • cœur brisé • meurtrières, pensées • parent célibataire, être un • rupture • tristesse**

Dormir, ne pas assez

VOIR : **bourreau de travail • cauchemars • dépression profonde • épuisement • fatigué et hypersensible, être • grossesse • insomnie • occupé, être trop • ronfler • sexe, trop de • stress**

Dormir, trop

VOIR : **adolescence • ambition, trop peu d' • apathie • chômage • dépression profonde • léthargie • lit, incapacité à sortir du • saisir sa chance, ne pas savoir**

Le Masseur mystique,
V. S. Naipaul

Dos, mal de

Y a pas pire douleur. On pourrait tout aussi bien aller chercher une machette et se couper en deux, ou se la planter en plein dans le cœur, ce serait pareil. Ça donne envie de se coucher et de mourir comme un porc. On va voir le masseur mystique, Ganesh Pundit il s'appelle. Il habite en haut de Fuente Grove, il soigne un garçon du gros Nuage Noir qu'était sûr de crever avant que Ganesh tue le Nuage. Il a des pouvoirs, mais les gens l'appellent l'homme d'affaires de Dieu, parce qu'il a un taxi et une boutique près de son temple hindou superbeau. Il sait faire avec les mots, ça c'est sûr, il a écrit ce bouquin, *Cent une questions et réponses sur la religion hindoue*, que Bissoon nous a vendu, un superlivre qu'il faut lire avant de plus savoir en quoi on croit. Comme Ramlogan quand il s'est si fâché qu'il est devenu le petit oiseau qu'a raconté à tout Trinidad que Ganesh il est pas un mystique, que c'est un imposteur. Mais Ganesh, il a soigné la Femme-qui-pouvait-pas-manger parce que sa nourriture se transformait en aiguilles dans sa bouche, et il a soigné le *loverboy* qui faisait l'amour avec sa bicyclette. Il peut tout soigner, il peut soigner l'esprit, pas juste le corps. Quand on a le Mauvais Dos, faut se lever de son lit et marcher, et Ganesh Pundit, le masseur mystique, c'est votre homme pour ça.

VOIR AUSSI : **douleur, être dans la**

La Mort d'un apiculteur,
Lars Gustafsson

Douleur, être dans la

La vie sans douleur n'existe pas. Et même si la médecine moderne offre quantité de moyens pour l'atténuer et que la littérature propose quelques échappées (voir notre liste des dix meilleurs romans pour y échapper), il est plus difficile de trouver des suggestions romanesques pour la supporter et vivre avec.

C'est pourtant ce qu'offre *La Mort d'un apiculteur*. À travers l'expérience de Lars Westin, un ancien instituteur divorcé qui vit avec son chien et ses abeilles sur la péninsule belle et retirée du Västmanland, en Suède, nous découvrons un monde de souffrance physique, avec ses pointes diverses, ses rythmes, son volume sonore et ce qu'il en coûte de l'endurer sans prendre de médicaments. La douleur que subit Lars est due au cancer. Au début du dégel hivernal, il comprend qu'il ne verra probablement pas venir l'automne prochain. Mais il choisit de ne pas se rendre à l'hôpital, en ville, pour qu'on lui ôte sa douleur. Il reste là où il est : c'est sa vie et il veut la vivre tant qu'il le peut encore. Il emmène son chien pour de longues promenades dans les paysages gris de février, au milieu des arbres nus et des maisons de vacances barricadées. Il apprend à vivre avec le mal.

Au début, la douleur se manifeste surtout la nuit, elle entre dans ses songes avant de le réveiller, et tout en dormant, il réalise qu'il tente dans sa tête, littéralement, de la tenir à distance. La douleur lui fait prendre conscience de son corps. Plus, qu'il est un corps. Mais il la repousse à l'extérieur. Dans ses balades, le paysage prend parfois ses peines en charge, c'est un arbre qui devient son dos douloureux ou bien une barrière qu'il tape de la main en passant pour y laisser un bout de son mal avant de poursuivre son chemin.

À mesure que la douleur s'aggrave, faisant apparaître des souvenirs de sa vie de couple et de son enfance, il entre dans une étape où celle-ci est à ce point étrangère, brûlante et surpuissante qu'il n'a d'autre choix que de se battre pour faire avec. Il comprend alors que l'art de supporter la douleur n'est jamais que ça : un art, comme la musique, la poésie, l'érotisme et l'architecture, sinon que son niveau de complexité est tel que peu de gens parviennent à le pratiquer. Lui y parvient quand même, comme d'autres, chaque jour.

Si vous avez le malheur de vivre la souffrance à ce niveau, voyez-vous comme un artiste pris par quelque chose de si exigeant et difficile qu'il en devient un maître du seul fait de son endurance. Et demandez à l'apiculteur de vous accompagner jusque-là. Car, il l'a découvert par lui-même, en vouloir aux autres pour sa souffrance ou même s'en plaindre en leur présence ne sert à rien. Grâce à l'apiculteur, vous découvrirez une vérité aussi terrible que merveilleuse : que la douleur rend plus vivant.

LES DIX MEILLEURS ROMANS POUR S'ÉVADER

La Mandoline du capitaine Corelli, Louis de Bernières
Les Détectives sauvages, Roberto Bolaño
Rhum, Blaise Cendrars
Papillon, Henri Charrière
Le Comte de Monte-Christo, Alexandre Dumas
Route des Indes, E. M Forster
Le Trou, José Giovanni
Fortune carrée, Joseph Kessel
Accouplement, Norman Rush
L'Histoire d'Edgar Sawtelle, David Wroblewski

Albertine disparue,
Marcel Proust

Douleur, pouvoir de la

C'est comme une petite bête qui vous grignote les entrailles. Une boule coincée dans votre ventre et qui cogne. Vous avez mal. Votre corps pourtant n'est pas malade, ni fièvre ni migraine. Cette douleur-là, c'est autre chose, une souffrance nouvelle qui change votre regard sur le monde et creuse en vous lentement son tunnel. Peut-être avez-vous connu un choc, une rupture amoureuse, la perte d'un être cher... Depuis, votre moi part en miettes. Il est plus que temps pour vous de plonger dans *La Recherche* du docteur Proust, et particulièrement dans son livre posthume, avant-dernière pierre de la « cathédrale » : *Albertine disparue*.

Le roman s'ouvre sur une séparation. « Mademoiselle Albertine est partie ! », annonce Françoise, la cuisinière, au narrateur, qui découvre alors combien ses sentiments pour la jeune femme « tour à tour pluvieuse et rapide, provocante et diaphane, immobile et souriante » étaient plus profonds qu'il ne le pensait : « Ainsi ce que j'avais cru n'être rien pour moi, c'était tout simplement toute ma vie. Comme on s'ignore ! » Blessé, vexé, indécis, Marcel erre dans cet espace vide d'amour. Très vite néanmoins, et par orgueil, il envisage de combler l'absence de l'une par la présence d'une autre, Andrée, amie très intime d'Albertine. Mais lorsque un télégramme vient lui annoncer la mort de son « oiseau merveilleux », à la suite d'une malheureuse chute de cheval, tout s'effondre et « une souffrance inconnue » le submerge. Mille et une Albertine lui reviennent alors en tête, celle des jours de pluie, celle du printemps chargé de cerises, celle de Balbec, celle de Combray... Toutes mortes – mais en lui si vivantes ! La douleur contamine tout : les lumières, les paysages et jusqu'à Venise, éclatante autrefois, désormais sépulcrale. Sous l'effet de la souffrance, le narrateur traverse ses souvenirs et son quotidien en promeneur égaré. Puis, doucement, vient l'oubli, calme et puissant comme la marée, l'oubli qui guérit de tout. La vie reprend, plus aiguisée, plus urgente. Proust, à travers son personnage, nous donne la clé : « On ne guérit d'une souffrance qu'à condition de l'éprouver pleinement. » Ami lecteur, nous ne saurions trop te recommander de suivre ce conseil.

La douleur est atroce, mais elle a un pouvoir : elle transforme la fadeur des jours en destin, que l'on soit écrivain ou pas.

Moins que zéro,
Bret Easton Ellis

Le Meilleur des mondes,
Aldous Huxley

Trainspotting,
Irvine Welsh

Drogue, consommer trop de

Pour Sherlock Holmes, la consommation de cocaïne trois fois par jour dans une solution à sept pour cent était « transcendentalement stimulante et éclairante pour l'esprit ». Mais Watson était atterré par les habitudes d'Holmes, observant avec consternation son avant-bras criblé de piqûres d'aiguille. Sir Arthur Conan Doyle était en avance sur son temps en constatant que la consommation de laudanum[1], d'héroïne[2] et de cocaïne[3] pouvait être dangereuse et mener à la toxicomanie. À n'importe quelle époque, des substances aux propriétés addictives (Prozac, caféine, nicotine, barbituriques et morphine de nos jours), dont les effets négatifs n'ont pas été tout de suite compris, nous ont tenus sous leur emprise. Et puis il y a les drogues que l'on pourrait considérer comme « récréatives », mais qui sont devenues, pour certaines, plus qu'un simple passe-temps occasionnel. À quoi reconnaît-on qu'une habitude ponctuelle ou une soif d'expérimentation prend un tour sinistre et dangereux ? Quand le désir de faire de nouvelles expériences se transforme en dépendance ? Lisez ce qui suit pour vous aider à identifier vos symptômes et mettre fin à votre consommation avant qu'il ne soit trop tard.

Loin de Baker Street, où les seringues étaient apportées dans une mallette en cuir et où le cocaïnomane se shootait dans un fauteuil tapissé de velours, vivent, ou plutôt survivent, les consommateurs et toxicomanes de *Trainspotting*, le voyage de l'auteur écossais Irvine Welsh dans l'enfer de l'héroïne d'aujourd'hui. Les

1. Utilisé comme baume calmant pour les bébés.
2. Largement utilisé contre la toux.
3. Connue pour ses bienfaits en matière de chirurgie dentaire.

défonces et les horreurs de l'addiction à l'héroïne y sont clairement décrites, dans leurs moindres détails, du décès du bébé, Dawn, qui meurt asphyxié pendant que ses parents sont complètement inconscients, à l'amputation d'une jambe infectée par une aiguille, et à la désintégration des amitiés, des liens familiaux et, visiblement, de l'ensemble du quartier sordide d'Édimbourg servant de cadre au roman. « Tout est ok, tout est beau ; mais j'crains que cette mer intérieure va bientôt s'retirer, laissant cette merde de poison s'échouer et se déposer dans mon corps », raconte Sick Boy, prévoyant l'horreur qu'il devra endurer une fois revenu sur terre. Parce que même pendant qu'il se shoote, il sait que la « mer » sera de courte durée, alors que le « poison » est là pour longtemps. Le roman de Welsh est une lecture éprouvante, qui vous incitera à arrêter net la drogue – ou, pour commencer, à ne jamais y toucher.

Le niveau d'alerte passe vraiment au rouge quand nous devenons tellement accros que nous n'éprouvons même plus le besoin d'appeler à l'aide. Dans le roman dystopique *Le Meilleur des mondes*, la structure entière de la société repose sur Soma, drogue décrite comme « ressemblant au christianisme, sans les larmes », par les « surveillants scientifiques » qui édictent les lois dans ce monde où les bébés sont fabriqués dans des couveuses et élevés dans des usines. La prise de Soma – hallucinogène léger aux effets euphorisants – est effectivement obligatoire : deux grammes les jours de semaine, six le samedi. Quand Lenina et Bernard, deux produits de cette société, rencontrent John, le « sauvage » qui vit dans une réserve où Soma est inconnu, leur dépendance à la drogue l'effare littéralement. Il les incite vivement à se débarrasser de leur « poison » et à se libérer. Mais ils sont déjà allés trop loin pour l'entendre. Que cet exemple de point de non-retour vous fasse froid dans le dos.

Pour beaucoup d'entre nous, la drogue revêt – ou a revêtu dans notre jeunesse – un sens plus récréatif, mais il est facile de s'y habituer. Le roman d'Easton Ellis, *Moins que zéro*, révèle le rôle crucial de la drogue sur une génération ayant baigné dans une culture populaire généralement nihiliste. Clay est l'observateur dépassionné et pince-sans-rire de ses camarades de classe qui, tous, alors qu'ils vont sur leurs vingt ans, se sont tournés vers l'hédonisme, la drogue et les rencontres sexuelles dénuées de sens pour épicer leur vie. Négligés par leurs parents, abandonnant leurs études, ils manquent de direction et de foi en l'avenir. « Tu as tout », dit Clay à un ami fonçant droit vers l'autodestruction. « Non, je n'ai pas tout », réplique l'ami. « Je n'ai même rien à perdre », et sur ce il retourne à la distraction immédiate du sexe avec une jeune fille de onze ans à peine consciente de ce qu'elle fait. Puisse une scène comme celle-ci empêcher les amateurs d'excès de sombrer définitivement au fond du gouffre.

VOIR AUSSI : **cauchemars** • **concentrer, incapacité à se** • **insomnie** • **irritabilité** • **manque, être en** • **paranoïa** • **rêves brisés**

E

Paméla
ou la Vertu
récompensée,
Samuel Richardson

Éjaculation précoce

Cher Lecteur,

Nos cœurs saignent devant votre détresse. C'est la plus terrible des Maladies. Car si vous avez honte d'éjaculer sans cérémonie quand vous avez un contact avec votre chère et estimée Épouse (car, bien sûr, vous ne vous permettriez pas de tirer avantage d'une fille aussi effrontée que Paméla, cette servante méprisable et vile malgré sa beauté incontestable), nous vous offrons ci-après votre Remède. Vous devez lire sans délai ce volume capital, *Paméla*, écrit par le très admirable Samuel Richardson, à l'intrigue si frappante. En effet, il a été porté à notre attention que, dans un village, ce tome a été lu à voix haute par le Forgeron lors de réunions hebdomadaires près du puits, et telle a été la jubilation de l'auditoire face à l'heureuse conclusion de l'histoire que les cloches de l'église furent sonnées pour que tous puissent les entendre !

Lecteur, faites en sorte que votre femme couche avec vous, et si l'urgence de céder à la violence de votre passion est impossible à contenir, vous devez méditer sur les vicissitudes de Mr B., qui éprouvait une telle attirance pour son impudente servante qu'il tenta d'abuser d'elle dans sa résidence d'été plus d'une fois. Sachant à quel point il pouvait être polisson, l'espiègle créature lui résista pendant quatre cents pages – durant lesquelles vous, Lecteur, serez sur les charbons ardents du désir, attendant désespérément la culmination du roman. Cette récompense est si longue à venir que vous entraînerez votre Volonté, ainsi que votre Organe, à résister à la tentation de parvenir à un trop prompt dénouement.

Écrit sous la forme d'une correspondance entre cette fille coquette et ses parents, ce récit nous conte les douloureuses épreuves auxquelles Paméla est soumise par Mr B., qui l'enferme et tente de la violer à plusieurs reprises. Cependant, grâce à sa piété qui n'a d'égale que son intelligence, elle finit par le circonvenir et, ô Lecteur, elle l'épouse !

Nous regrettons d'avoir, par la présente notice, révélé l'heureux aboutissement du roman. Mais en vérité, cher Lecteur, nous n'excellons guère à celer ce qui nous excite nous-mêmes. Et puisqu'il s'agit d'une longue et croustillante lecture, valant la peine d'être entreprise, votre Vertu, si vous poussez jusqu'à la fin, sera récompensée. Vous ne vous en porterez que mieux. Et lorsque vous parviendrez au terme du livre, vous vous pâmerez de joie quand sonnera l'heure de Venir au moment approprié.

Vos fidèles bibliothérapeutes,
Ella et Susan

VOIR AUSSI : **insatisfaction**

Vol au-dessus d'un nid de coucou,
Ken Kesey

Égoïsme

Être égoïste a été réévalué comme un trait de caractère positif. Les guides en développement personnel nous exhortent à nous occuper en priorité de nos propres envies. Assurez-vous donc de vous placer au-dessus du lot. Vous mettre dans cette posture pourrait bien vous apporter beaucoup d'argent et vous asseoir dans un confortable fauteuil de P-DG. Mais ça ne vous donnera jamais des amis ou, en tout cas, pas le genre d'amis que vous souhaitez. À moins qu'observer les gens autour de vous peinant à s'en sortir vous amuse, être égoïste ne vous rendra jamais heureux.

Le moment est venu de trouver son inspiration chez l'un de nos personnages littéraires préférés, Randle P. McMurphy, l'Irlandais effronté de *Vol au-dessus d'un nid de coucou*, dans lequel Ken Kesey présente en 1962 les institutions psychiatriques, les nouvelles thérapies et autres lobotomies. Avec son grand rire gras et son refus de se laisser intimider, McMurphy entre en tempêtant dans la vie des Graves et des Chroniques de la tribu des maboules, des hommes abîmés, lâchés par la société qui les a créés, et tente de les reformater pour le meilleur.

McMurphy n'est pas le plus désintéressé sur ce long chemin pavé de saints et de martyrs. Comme le médecin des admissions l'a noté dans son dossier, il a certainement feint la psychose pour ne pas avoir à faire de travaux forcés à la ferme où il était d'abord prisonnier. Pour commencer, McMurphy est là pour s'amuser. Et tandis qu'il fait le tour de la grande salle à l'hôpital, se présentant à chacun et désireux de serrer les mains des Chaises roulantes, des Marcheurs et des Légumes, il apparaît clairement qu'il est en train d'imposer sa domination au groupe. Sa bonne humeur contagieuse finit par avoir de l'effet sur les patients. Ainsi, c'est la première fois que Chef Bromden, un Indien apparemment sourd et muet et l'un des plus anciens pensionnaires, rit depuis des lustres. McMurphy sait que dans cette institution où règnent l'intimidation et la peur, et que domine Ratched, la tyrannique infirmière en chef, aucun des malades ne va jamais s'améliorer. Mais comme il le dit : c'est quand on cesse de rire qu'on perd pied.

Subtilement, et pour une part dans une semiconscience, McMurphy commence à reconstruire ses camarades internés, distribuant les clins d'œil et les blagues dans les réunions de groupe, pour arracher un maigre sourire à ce Grave qui vivait dans la peur de le faire depuis l'âge de douze ans, convaincre le médecin de les laisser jouer au basket-ball dans les couloirs, et entendre cette colossale montagne de Chef Bromden expliquer pourquoi il se sent si petit. Quand il emmène un jour une douzaine de malades pour une sorte de pêche en haute mer, en compagnie de deux prostituées, il les remercie en fait de leur courage et leur explique que la bravade ne peut pas faire de mal, même si elle est simulée. S'ensuit un jour glorieux et déchirant, où le rire regonfle les hommes tout en leur rappelant comment ils pourraient être différents.

McMurphy n'avait pas à embarquer les malades sur le bateau. Il n'avait pas à partager sa bonne humeur ni à proposer Candy, une des prostituées, au groupe. Et il n'avait certainement pas non plus à retarder sa fuite pour que ce jeune bègue de Billy Bibbit puisse passer sa première nuit avec une femme. Alors il devra payer le prix.

Et c'est bien le problème avec l'altruisme. Ça ne vous raconte pas, vous, mais ça dit ceux qui vous entourent. Et pourquoi voulez-vous qu'on se souvienne de vous, pour avoir amené un peu de joie et de rire dans la vie des autres, ou parce que tout a été si formidable dans la vôtre ? Oubliez d'être numéro un. À partir de maintenant, pensez d'abord aux nombreux numéros deux, puis remontez vers le haut !

VOIR AUSSI : **empathie, manque d'** • **mauvaises manières**

Égotisme

VOIR : **arrogance** • **confiance en soi, excès de** • **dictateur, être un** • **égoïsme** • **misanthropie** • **vanité**

Le Fond des forêts,
David Mitchell

Élocution, défaut d'

L'exploration la plus pertinente des tentatives et des épreuves suscitées par un défaut d'élocution est due au personnage de Jason Taylor, bègue de treize ans, dans *Le Fond des forêts*, de David Mitchell. Jason pense beaucoup et avec intelligence à son bégaiement, qui l'a frappé quand il avait huit ans, à peu près au moment où le mariage de ses parents a commencé à battre de l'aile. Jason a remarqué par exemple que le Pendu, comme il désigne son bégaiement, aime particulièrement détourner les mots commençant par un N (plus tard, ce seront les mots en S, la plus grande section du dictionnaire). Le meilleur moyen de se montrer plus rusé que lui est de scanner la phrase entière dans sa tête avant de la dire, afin de l'arranger avec des mots sur lesquels on ne bute pas. Et, de fait, les bègues ne peuvent jamais l'emporter dans une dispute en balançant une repartie rapide ou une vanne maligne, parce que même lorsqu'on bégaie, f-f-f-faut a-a-a-aller v-v-v-vite, et c-c-c-c'est déjà p-p-p-plié, spèce de ptit b-b-b-bègue !

La tension monte à la maison, le bégaiement s'accentue et les brimades redoutées s'enchaînent à l'école (**voir :** harcelé, être). Ça commence doucement pour monter crescendo. On a mal pour Jason, tandis qu'il se cramponne à sa fierté bégayante. C'est alors que quelque chose de magique va se passer : Jason découvre la poésie. Avec l'aide de Mme de Roo, son orthophoniste, et d'une drôle de célébrité locale, Mme Crommelynck, qui s'assure de son abonnement au journal paroissial, il démarre une nouvelle relation avec les mots, apprend à les aimer et à les travailler pour sortir sa vérité. Le récit de Jason s'emplit de lyrisme, grâce bien sûr à l'habileté de Mitchell, et il entame sa métamorphose : lui qui enviait ceux qui peuvent dire ce qu'ils veulent à la vitesse de leur pensée, devient quelqu'un pour qui les mots sont, enfin, des outils merveilleux.

Le traitement de Jason ne sera peut-être pas efficace

pour vous, les difficultés d'élocution étant très diverses. Mais l'observer quand il parvient à imposer un silence médusé à sa classe en donnant des reparties cinglantes au rythme d'un métronome vous réjouira le cœur. Si vous aussi avez parfois la langue qui fourche, vous retiendrez deux choses au moins de ce livre : comme Jason, vous aurez développé une plus grande maturité à vous être battu contre ce handicap ; et comme lui, maltraité ici, vous saurez cueillir des fleurs là-bas.

VOIR AUSSI : **différent, être** • **estime de soi, mauvaise**

Embarras

VOIR : **honte associée à la lecture** • **idiot, se sentir comme un** • **tache sur sa cravate, avoir une**

Émotions, incapacité à exprimer ses

Chocolat amer, **Laura Esquivel**

Tandis que j'agonise, **William Faulkner**

Ceux qui ont des difficultés à exprimer leurs émotions – ou qui partagent leur vie avec quelqu'un pour qui c'est le cas – devraient garder à l'esprit que 1) une incapacité à exprimer ses émotions ne veut pas dire nécessairement que les émotions sont absentes, et 2) qu'il existe des formes d'expression alternatives n'impliquant ni mots ni gestes qui peuvent être utilisées à la place.

Dans le roman à succès de Laura Esquivel *Chocolat amer*, Tita se voit proscrire d'épouser son amour de jeunesse, Pedro, parce que la tradition l'oblige, en tant que fille cadette, à rester célibataire, son devoir étant de s'occuper de sa mère tyrannique. C'est ainsi que Tita épanche l'amour qui lui est interdit d'éprouver pour Pedro dans les somptueux plats qu'elle prépare. Dans le gâteau du mariage de Pedro – car Pedro épouse la sœur de Tita, Rosaura, pour rester près d'elle –, elle incorpore à l'aide d'un fouet son amertume et sa souffrance. Dans le glaçage de la meringue se fond son désir. Bien dans la manière du réalisme magique latino-américain, les invités digèrent leurs émotions en même temps que le gâteau de mariage, avant d'être submergés par le chagrin qu'ils éprouvent en pensant aux amours perdues de leur jeunesse. La caille à la sauce aux pétales de rose de Tita, gorgée de la passion sensuelle qu'elle ressent pour Pedro, communique une excitation sexuelle si frénétique à sa sœur vierge Gertrudis que celle-ci se met à courir nue dans les rues – avant d'être enlevée comme il se doit sur le dos d'un cheval par un soldat rebelle tout aussi ardent. Si vous aussi avez des difficultés à dire « Je t'aime », oubliez les mots et essayez les mets. Quant à vous, partenaires à qui il n'est pas donné d'entendre ces paroles, guettez les sentiments qui seront exprimés d'autres manières.

Vous aurez peut-être à guetter longtemps. Sur les cinq frères et sœurs Bundren assistant à la mort de leur mère Addie, dans le roman de William Faulkner *Tandis que j'agonise*, Darl est celui qui s'exprime le mieux, Jewel est le plus démonstratif, et Cash – bien qu'il soit l'aîné – est celui qui a le plus de mal à exprimer l'amour qu'il voue à sa mère. Il le fait en lui fabriquant un cercueil, juste sous sa fenêtre. Son frère Jewel le voit scier méticuleusement les planches au cours de ces « longues journées tristes et torrides ».

Et le cercueil est effectivement très beau. Cash lui donne la forme d'une vieille pendule d'autrefois, « aussi lisse qu'un tambour et aussi soignée qu'une boîte à couture, chacune de ses jointures et fissures étant parfaitement rabotée et polie », afin qu'on puisse y allonger la défunte sans faire d'accroc à sa robe. Le jeune homme canalise tout son chagrin et son désir de plaire dans la fabrication de ce cercueil, et sa difficulté à s'exprimer est profondément touchante. Acceptez votre incapacité – ou celle de l'être aimé – à exprimer les émotions de façon conventionnelle. Employez – ou autorisez – un répertoire plus large.

Johnny s'en va-t-en guerre, **Dalton Trumbo**

Empathie, manque d'

La première chose dont il se rend compte est qu'il est sourd. Pas juste un peu sourd. Pas à moitié sourd. Mais complètement sourd. Il ne peut même pas entendre les battements de son propre cœur.

Puis il se rend compte que son bras gauche manque. Il croit sentir la paume de sa main, mais elle est beaucoup plus haut que d'habitude, à l'emplacement de son épaule. On lui a coupé le bras gauche. Puis il se rend compte que ce n'est pas seulement son bras gauche qui manque. Son bras droit aussi. On lui a coupé les deux bras.

Et ce n'est que le début. L'horreur qui s'empare de Joe Bonham quand il se réveille, à demi-conscient, dans un hôpital inconnu d'une ville inconnue, se situe au-delà de tout ce qu'Edgar Allan Poe lui-même aurait pu imaginer. Car Joe Bonham est un gars ordinaire de Shale City, dans le Colorado, embringué dans la Première Guerre mondiale, une guerre qui n'était pas la sienne et dont il n'a jamais vraiment compris les raisons.

Johnny s'en va-t-en guerre est le roman antimilitariste et le brûlot pacifiste par excellence, une histoire mettant en scène la souffrance dans ce qu'elle a de plus atroce. Prenez le cœur le moins empathique que vous connaissiez, un cœur qui a passé sa vie dans un congélateur. Puis donnez-lui à lire ce roman, ce roman douloureusement beau et dévastateur, et regardez ce cœur faire ses premiers pas vers la compassion.

VOIR AUSSI : **égoïsme** • **émotions, incapacité à exprimer ses**

Les Tours de Trébizonde, **Rose Macaulay**

Encroûter, s'

Si vous êtes tombé dans une ornière, tout ce dont vous avez besoin pour vous en sortir est une tante aristocrate et excentrique, propriétaire d'un chameau. C'est le cas de Laurie, la narratrice des *Tours de Trébizonde*. C'est avec un « Prends mon chameau, ma chère » que démarre ce roman insolite et à mourir de rire, admonestation à s'extraire des difficultés pour commencer à se comporter de façon extravagante, audacieuse et joyeuse. Que la tante de Laurie vous insuffle l'envie de vivre votre vie comme un(e) vrai(e) excentrique. Vous ne vous trouverez plus jamais trop près d'une ornière.

Là où d'autres pourraient perdre patience et vaciller, Tante Dot se montre infailliblement entreprenante. Ainsi, quand Laurie, la narratrice trentenaire, accepte l'invitation de Tante Dot à parcourir la Turquie dans le but d'y créer une mission anglicane et de libérer les femmes levantines de leurs vies d'asservies, on sait déjà qu'elle est partie pour bien s'amuser. Pour les accompagner, il y a le père Hugh Chantry-Pigg, prêtre septuagénaire aux idées arrêtées, qui voyage avec un autel portatif grâce auquel il peut improviser des messes, et le chameau, un Dhalur arabe blanc à une bosse. Avec cette tendance à jeter des regards par en dessous et à mâchouiller d'un seul côté de la mâchoire inférieure propre aux camélidés, le chameau les mettra tous dans l'embarras, mais les en tirera aussi avec éclat (**voir :** pétrin, être dans le).

Le père Hugh et Tante Dot disparaissent de concert en Russie, léguant le chameau à Laurie. C'est alors que le roman passe d'un journal de bord à moitié farce à un soliloque de la quête de soi. Parce que Laurie, fille plutôt secrète, a eu une histoire avec un homme marié, elle n'ose espérer pleinement revivre sa foi anglicane. Elle s'en ouvre à nous et, avec le chameau pour catalyseur, commence à virer bizarre comme sa tante, s'adonne à la pêche à la mouche à la première occasion et achète un singe auquel elle apprend à jouer aux échecs.

La fin du roman est déchirante et grave, nous sortant de son début bruyant et idiot. Trouvez-y le courage de vous détacher de vous-même et de laisser votre personnalité jaillir dans une gloire totale et chimérique. Peut-être vous êtes-vous laissé encroûter parce que vous viviez dans l'ombre de quelqu'un, ou dans l'ombre de la personne que vous pensiez devoir être. Entendez l'invitation de Dot à prendre le chameau. Grimpez sur son dos. Qu'il vous emmène là où vous n'êtes jamais allé, et vous permette de faire des choses que vous ne vous êtes jamais autorisées avant.

VOIR AUSSI : **métier, s'être trompé de** • **pétrin, être dans le**

L'Inattendue,
Karine Reysset

Enfant, naissance d'un

Si vous faite face à la grande inconnue qu'est la naissance d'un premier enfant, vous êtes probablement désireux de vous préparer mentalement et devez être dans l'urgence de prendre conseil auprès de n'importe qui pouvant ressembler à une mère. Pour comprendre ce que cela implique, ce que l'on ressent et pour obtenir des conseils sur la manière de s'en sortir avec un minimum de peine et un maximum de joie. Mais quiconque a déjà donné naissance sait qu'il est presque impossible de partager une expérience par définition unique. Pour une approche moins didactique que le dernier manuel sur la grossesse, les femmes sur le point d'accoucher sont encouragées à se tourner vers la fiction pour comprendre de quoi il retourne. Qui plus est, c'est un moment idéal pour se reposer sur un canapé avec un bon roman. *L'inattendue*, de Karine Reysset, est un journal de l'attente. Le carnet de bord d'une grossesse. Une manière originale d'évoquer les changements de la tête et du corps. « Je ne suis pas là pour rigoler. Je dois des comptes », dit la narratrice. Une jeune femme qui n'a pas encore trente ans et se décrit comme « lunatique, frivole, versatile ». Il ne lui faut pas se voiler la face mais se tenir prête à affronter ses démons, ses peurs. Oublier un instant qu'elle a eu un petit frère emporté par la mort subite du nourrisson. À l'enfant à venir, déjà là en creux, elle parle. En ne sachant d'abord pas s'il sera un garçon ou une fille. Résultat des courses, c'est une fille. Elle s'appellera Juliette. Le prénom à la fois léger et grave de celle qui finira par être enfin posée sur son ventre. Donner naissance est une chose physique, compliquée, joyeuse et unique. *L'Inattendue* aide à s'y préparer grâce à la justesse de son questionnement.

Enfants, avoir des

VOIR : **belle-mère, être une • bruit, trop de • enfant, naissance d'un • enfants, piégé par les • enfants requérant votre attention, trop d' • faire face, incapacité à • fauché, être • maternité • occupé, être trop • occupé pour lire, être trop • parent célibataire, être un • paternité**

Enfants, ne pas avoir d'

Le Pays des eaux,
Graham Swift

Elle,
H. Rider Haggard

Méditer sur les avantages de ne pas avoir d'enfants est facile pour ceux qui ne sont pas déjà encombrés d'une progéniture. Du temps infini pour lire des romans. Des grasses matinées les dimanches matin. Pas de pâte à modeler ou de banane écrasée dans vos cheveux. Le simple luxe de pouvoir avoir une pensée suivie, sans même parler du privilège de prendre un bain.

Cependant, quand on a cet espace en creux dans sa vie, le luxe de faire ce qu'on veut de son temps peut ne pas avoir le même attrait. Et pour ceux qui auraient aimé avoir des enfants mais qui, pour des raisons matérielles ou médicales, ne peuvent en avoir, l'absence d'un enfant peut causer des sentiments aigus de manque et de chagrin. C'est certainement le cas de Mary, l'épouse du professeur d'histoire Tom Crick dans le magistral *Pays des eaux* de Graham Swift, dont l'avortement bâclé par une sorcière connue pour pratiquer ce genre d'opérations, alors qu'elle avait à peine seize ans, l'avait rendue infertile. Pendant des années, le couple a semblé se faire à l'idée qu'il n'aurait jamais d'enfants, mais à l'âge de cinquante-trois ans, Mary surprend tout le monde quand elle enlève un bébé laissé dans son landau à l'entrée d'un supermarché.

Le roman fantasque de Swift ondoie telle une anguille à travers plusieurs générations de Crick et d'Atkinson dans les Fens marécageux de l'est de l'Angleterre, offrant un magnifique exemple de personnages façonnés par le paysage dont ils sont issus, au point que leurs destinées semblent écrites dans sa boue. Parce que c'est un lieu d'une horizontalité « intégrale et monotone » où, comme les rivières chargées de limon, les esprits sont si « englués » dans l'apathie, « bien qu'ils en recrachent des quantités », que la mélancolie et ses corollaires – suicide, alcoolisme, folie, violence – sont inévitables. Comme le demande Tom Crick à ses élèves la veille de sa mise à la retraite à la suite de l'arrestation honteuse de sa femme : « Comment peut-on avoir, dans un pays aussi plat, le ressort pour éprouver des sentiments élevés ? »

Bien sûr, on ne peut pas changer le passé. Mais on peut changer la vision qu'on a du présent et du futur. Le message de ce roman est que, à la différence de Mary, nous pouvons choisir de renoncer à l'image que nous nous faisions de nos vies. Si les choses n'ont pas tourné comme vous l'auriez souhaité, gardez-vous de ruminer vos rêves déçus comme le fait Mary. C'est la meilleure façon de perdre la raison. Recommencez à zéro. Soyez quelqu'un d'autre.

Pour vous y aider, nous vous offrons une approche enthousiasmante de l'absence de progéniture avec le roman d'H. Rider Haggard, *Elle*, fantastique histoire d'une reine blanche régnant au XIXe siècle sur un royaume perdu dans une contrée inexplorée d'Afrique. « Elle », ou Ayesha pour ses amis, utilise ses années sans enfants pour devenir une déesse parmi les hommes. Non seulement elle restera toujours jeune et belle, mais elle vivra deux mille ans. Avec autant de temps à consacrer à sa destinée, elle devient, certes, un peu mégalomane. Surnommée Elle-qui-doit-être-obéie, Ayesha tire le plus grand profit de sa soif de connaissance, et finalement tient les énigmes de l'Univers au bout de ses doigts.

Elle et son volume compagnon *Ayesha : le retour d'Elle* sont des aventures magnifiques et des lectures palpitantes, qui seront d'autant plus appréciées qu'elles ne seront pas constamment interrompues par votre potentielle marmaille. Que ces romans spirituels vous montrent comment profiter pleinement de votre vie sans enfants et utiliser votre temps et votre énergie à vous réaliser dans d'autres domaines – en devenant plus sage, en réussissant dans la vie matérielle et en restant éternellement désirable, pour commencer. Qu'ajouterez-vous d'autre à la liste ?

VOIR AUSSI : **dépression profonde • enfants, sous pression pour avoir des • nid vide, syndrome du • paternité, fuir la**

Enfants, piégé par les

Tableaux d'une exposition, **Patrick Gale**

Quand les enfants saccagent la maison et qu'on est tenu de trouver refuge dans le placard sous l'escalier, on est bien content de tomber sur *Tableaux d'une exposition* de Patrick Gale qui nous raconte l'histoire de Rachel, mère bipolaire. Sa façon d'être mère est sans équivalent. Elle passe des mois enfermée dans son studio à peindre, tout en oubliant plus ou moins ses enfants, puis, à certaines occasions, comme les anniversaires, elle les rejoint corps et âme, les faisant quitter l'école pour passer une journée entière à faire tout ce qu'ils veulent. Rachel est plus inspirée sur le plan artistique quand elle n'est pas sous médicament, et elle adore tomber enceinte pour cette seule raison : arrêter son traitement. Ainsi, grâce à ses enfants présents et à venir, elle ne cesse de se diriger vers les plus grands sommets.

Évidemment, ce n'est pas aussi simple que ça. Car après les sommets, se cachent les descentes, et leurs conséquences sur les enfants. Mais on trouvera quand même ici un encouragement à vivre plus intensément avec nos chers petits que nous le faisons, à leur faire plaisir et à en profiter des journées entières.

VOIR AUSSI : **claustrophobie** • **identité, crise d'** • **maternité** • **parent célibataire, être un** • **paternité** • **quitter le navire, envie de**

Les maladies de la lecture

ENFANTS REQUÉRANT VOTRE ATTENTION

PATHOLOGIE LITTÉRAIRE

FIXER UNE HEURE POUR LA LECTURE

Si vous êtes comme la vieille dame qui vivait dans une chaussure, avec toute une marmaille à vos pieds exigeant qu'on l'aime, qu'on la nourrisse et qu'on prenne soin d'elle, la seule solution est celle pratiquée par les victoriens : réserver une heure de calme après le déjeuner pendant laquelle chacun lira un livre. Si les mômes sont trop jeunes pour lire seuls, installez-les confortablement et faites-leur écouter un livre audio. Pendant l'heure de lecture (ou d'écoute), personne n'est autorisé à faire du bruit, hormis glousser ou sangloter en réaction à ce qui aura été lu (ou entendu). Une fois l'heure finie, les enfants peuvent réclamer encore votre attention – et vous pouvez prendre plaisir à discuter entre vous de ce que vous avez lu (ou entendu). Il se peut que vous soyez surpris par le plaisir qu'ils auront pris à l'exercice. Si l'attention de vos enfants se relâche avant la fin de l'heure, essayez de lire à voix haute ensemble. Partager un livre que vous aimez avec vos enfants, surtout si vous le faites autour d'un feu, est probablement la façon de passer un moment de tranquillité ensemble la plus idyllique que nous connaissions. ■

Il faut qu'on parle de Kevin, **Lionel Shriver**

Enfants, sous pression pour avoir des

Si vous en avez assez de vous justifier de ne pas avoir d'enfants ; si vous êtes heureux dans votre vie telle qu'elle est et ne voulez pas la gâcher ; si vous pensez que le monde est déjà assez peuplé ; si vous savez que vous feriez un mauvais parent ; si vous préférez passer des nuits complètes et éviter que votre canapé beige soit plein de traces de doigts, alors la prochaine fois que quelqu'un vous demandera quand de petites têtes blondes trottineront dans votre maison, envoyez-lui ce roman pour Noël. Il ne vous reposera plus jamais la question.

VOIR AUSSI : **enfants, ne pas avoir d'** • **trente ans, avoir dans les**

Enfermé dehors, être

Pour tuer le temps en attendant le serrurier, vous aurez besoin d'un superbe roman policier ou d'espionnage. Gardez-en une pile dans la cabane du jardin (où vous devriez aussi conserver une clé de secours). Vous y trouverez peut-être quelques idées de cambriole pour rentrer chez vous.

LES DIX MEILLEURS ROMANS À LIRE QUAND ON EST ENFERMÉ DEHORS

Sur la terre comme au ciel, René Belleto
Huit millions de façons de mourir, Lawrence Block
La Forme de l'eau, Andrea Camilleri
La Dame en blanc, William Wilkie Collins
Le Système Boone, Percy Kemp

L'Aiguille creuse, Maurice Leblanc
Un pur espion, John Le Carré
Le Petit Bleu de la côte Ouest, Jean-Patrick Manchette
Lord Peter et l'inconnu, Dorothy L. Sayers
Nous cheminons entourés de fantômes aux fronts troués, Jean-François Vilar

Ève de ses décombres, **Ananda Devi**

Enfermé en soi, être

Si jamais vous vous sentez enfermé, prisonnier de vos démons, nous vous conseillons d'ouvrir *Ève de ses décombres*, d'Ananda Devi. Il faut oser le voyage jusqu'à l'île Maurice. Jusqu'à Port Louis. Pas vraiment un décor de carte postale ou de dépliant pour agence touristique que celui du quartier de Troumaron. Une « sorte d'entonnoir ». Un marécage au pied de la montagne avec des immeubles qui penchent déjà, des gravats. L'usine locale a fermé. Les parents ont renoncé, baissé les bras. Il y a là des garçons et des filles qui se débrouillent comme ils peuvent. Parmi eux, on distingue d'abord Ève. Une maigrichonne de dix-sept ans pour qui marcher est difficile. Elle parle de tous les faux départs et de toutes les arrivées manquées, dit qu'elle a sa solitude pour armure. Mademoiselle affronte ses récifs, n'a peur de personne. Sadig, que tout le monde appelle Sad, affirme que ladite Ève est sa raison. Il se présente comme un réfugié de naissance, ne cache pas qu'il aime les mots, que Rimbaud l'a ébloui. Futé, il a vite compris en lisant qu'il existe un ailleurs. À Ève, il dédie toutes les phrases dont il noircit ses murs, ses « soleils amers ». N'oublions pas également de présenter Clélio. Un garçon en guerre qui se bat contre tout et contre personne, qui ne peut s'extraire de sa rage. « Sale besogneux » autoproclamé, il a déjà tâté de la prison. Lucide, le voici qui lance : « Nous ne pouvons pas partir. Nous ne pouvons nous échapper qu'en volant. Nous ne pouvons nous libérer que par la mort… » Les personnages d'Ananda Devi luttent au quotidien, cherchent à pousser les murs. Ils se construisent une identité par défaut, « celle des non-appartenants ». Revigorante, la lecture d'*Ève de ses décombres* peut servir de dégrippant. Et ouvrir une fenêtre sur plus mal loti que vous.

L'Aveuglement,
José Saramago

Engager, peur de s'

Quand vous commencez une phrase de l'écrivain portugais José Saramago, vous vous engagez à la suivre partout où elle ira, dans la mesure où cet ingénieux auteur ne suit pas les règles traditionnelles de la grammaire, mais utilise les virgules d'une manière inattendue, manière qui fera que le grammairien sommeillant en vous hésitera entre rester bouche bée et empoigner son crayon rouge ; vous venez de lire une proposition, ça c'est sûr, et en voilà une autre qui commence, mais ne devrait-il pas y avoir une séparation nette entre les deux, ou au moins un point-virgule, et le grammairien qui s'ignore et que vous êtes a raison, mais Saramago a lui aussi raison, il sait exactement ce qu'il fait, et à la fin des deux premiers paragraphes, il vous aura irrémédiablement pris au piège de ces phrases qui coulent de l'une à l'autre avec la même violence irrésistible que celle de la silencieuse et terrifiante épidémie de cécité donnant au roman son titre, et dont personne ne peut expliquer la cause.

Parce que dans une cité sans nom à un moment non spécifié de l'histoire, les habitants commencent à devenir aveugles, assez soudainement, l'un après l'autre. Et à mesure que le récit va d'un personnage sans nom au suivant, de la jeune prostituée aux lunettes de soleil au voleur de voitures en passant par l'ophtalmologiste et sa femme, nous nous soumettons à l'accumulation surréelle et impérieuse des phrases, et toute résistance que nous aurions pu initialement vouloir opposer au style non conventionnel de Saramago est vite oubliée.

Parce que les gratifications de l'engagement – qu'il se manifeste par rapport à une phrase, un roman, une relation, ou simplement tout ce à quoi vous attribuez de la valeur et décidez de croire – sont considérables, comme l'intrigue de *L'Aveuglement* le démontre. Car dans l'asile pour fous où les aveugles sont placés en quarantaine afin d'enrayer l'épidémie, et où des gardes armés se tiennent aux portes, prêts à tirer sur quiconque essaierait de s'échapper, les conditions de vie deviennent vite sordides et soumises à la loi du plus fort, les internés se disputant entre eux les rations de nourriture limitées. Au milieu de tout cela, l'épouse de l'ophtalmologiste veille sur son mari, tendrement, patiemment, fidèlement. Saisie par une intuition formidable, qui tranche sur toute cette horreur, la femme, dont la vue est mystérieusement intacte, réussit à s'introduire avec son époux dans l'asile en prétendant être elle-même aveugle. Elle l'aide à se laver. Quand il a besoin de se déplacer, elle le guide. Ayant compris que s'ils découvraient la supercherie, ses oppresseurs pourraient l'utiliser à leurs propres fins, elle prend soin de continuer à agir comme si elle était aveugle – pas seulement pour se protéger elle-même, mais aussi afin de pouvoir continuer à veiller sur son mari.

Les actes invisibles de l'épouse sont les actes d'une femme pour qui la fidélité, l'amour et l'engagement sont au premier plan, et ne sauraient être remis en question. À compter du moment où son mari est frappé de cécité, l'héroïne combat évidemment pour lui, puis très vite pour les autres personnes vivant dans la même salle qu'eux. Ayant été les premiers à devenir aveugles, les membres de ce groupe, qui comprend un ophtalmologiste et une prostituée, sont liés par des liens quasi familiaux, maintenus et renforcés par des témoignages d'affection et de soutien, qui offrent humour et espoir au milieu de l'enfer. Une chose est sûre : s'ils survivent, ce sera grâce à leur engagement les uns envers les autres. Cet engagement qui leur permet de conserver leur humanité, quand tous ceux qui les entourent perdent la leur.

Que vous vous engagiez dans un roman, une relation, un travail ou l'adoption d'un chien, faites de Saramago et de l'épouse du médecin vos maîtres. Quand vous commencerez la première phrase du roman, engagez-vous à lire toutes les autres. Puis, après avoir refermé le livre, plongez-vous dans l'œuvre tout entière de Saramago (ce ne sera pas difficile : une fois captivé par *L'Aveuglement*, vous voudrez lire tout le reste). Et après avoir lu Saramago, quand l'ancien « engagementophobe » que vous étiez sera devenu désireux – non, impatient – de sauter des deux pieds dans la vie comme dans la littérature, quand bien même le style d'écriture vous désarçonne, quand bien même les idées de l'auteur sont difficiles à avaler, quand bien même le défi vous paraît difficile à relever, nous vous offrirons le test ultime : Proust. Il n'y a pas meilleure préparation.

VOIR AUSSI : **abandonner à la moitié, tendance à**

Les Enfants terribles,
Jean Cocteau

Engouement

Rien de plus grisant, de plus doux et de plus toxique que de tomber dans les affres d'une passion. Quel que soit l'objet de votre amour, se perdre dans la contemplation d'un être est le moyen le plus plaisant, captivant et délirant pour perdre des pans entiers de votre vie. Mais pour tous les plaisirs qu'offre cet état, il y a aussi un prix à payer. L'objet aimé peut ne pas ressentir le même sentiment. Or, par nature, l'engouement ignore les questions pratiques. C'est un amour irraisonné et extravagant, qui se nourrit de lui-même plus que de l'affection de l'être aimé (**voir :** amour non partagé). Et même s'il n'est pas aussi dangereux qu'une obsession, il peut en constituer l'annonce, transformant celui qui en est victime en quelqu'un d'incapable de mesurer sa propre folie ou les défaillances de l'être aimé.

L'énigmatique petit roman de Cocteau est un modèle d'intoxication. Il illustre à la perfection ce labyrinthe amoureux déconcertant, où un frère et une sœur marquent des points en transférant leur affection l'un pour l'autre sur d'autres jeunes hommes et femmes, avant de revenir à leur histoire. Paul et Élisabeth s'occupent de leur mère dans un appartement parisien composé d'une seule grande pièce, comme la scène d'un théâtre. Assez vite, ils se retrouvent seuls dans cet espace, abandonnés à leurs fantasmes et à leurs troubles, à grandir comme des fleurs cultivées en serre. À l'école, Paul a un coup de cœur pour Dargelos, un beau garçon qui lui a jeté une boule de neige avec une pierre cachée à l'intérieur. Cela a pour effet d'envoyer Paul au lit plusieurs semaines d'affilée, où, comme un handicapé goûtant les joies de la maladie, il apprend à aimer sa sœur un peu trop fort. Alors qu'il est toujours convalescent, il rencontre Agathe (qui ressemble d'assez près à Dargelos) et transfère sur elle son affection. Entre-temps, Paul et Élisabeth ont mis au point le Jeu, une méthode pour approfondir leur relation en se blessant réciproquement au cours de joutes verbales. Comme leur affection mutuelle devient plus intense, ils se coupent du monde dans une existence artificielle où tout ce qui compte est le Jeu.

Tout cela ne peut que finir mal, car c'est tout à la fois trop lourd, trop intense et déviant. Assez vite on entendra le fracas du verre brisé. Si vous êtes pris dans les affres d'une passion de cette intensité, substituez l'objet de votre fascination en passant de la vie au livre. Cocteau était connu dans les cercles artistiques de son temps (qui incluaient Picasso, Modigliani, Proust et Gide) comme ce « prince frivole » qui suscitait souvent lui-même des amours impossibles. Sa prose sensuelle et son imagination capricieuse font de son œuvre un régal. *Les Enfants terribles* ont été écrits pendant une de ses cures d'abstinence de l'opium – et le manque, le besoin de drogue ressort dans l'intensité de chaque phrase. Le monde doit son enchantement à des créatures étranges et à leurs fantaisies, se plaît-il à songer. Des esprits comme des chardons, tragiques, déchirants dans leur évanescence, qui foncent tête baissée jusqu'à leur perdition.

Ne vous laissez pas conduire au naufrage à cause d'un désir capricieux. Le plaisir que vous trouverez dans les hauteurs esthétiques durera votre vie durant. Au contraire d'une passion mortelle.

VOIR AUSSI : **désir** • **maladie d'amour** • **obsession**

Room,
Emma Donoghue

Ennui

Maman et moi on vit dans la Chambre. Il y a une seule fenêtre, on l'appelle Lumière du ciel. On doit se mettre debout sur la Table pour voir à travers elle, et alors on voit le ciel. Il y a aussi le Lit, le Placard, l'Étagère, la Télé, la Porte et le Séchoir. Mam était toute triste avant que j'arrive dans son ventre. Aujourd'hui je suis Mr Cinq parce que c'est mon anniversaire. Mon cadeau d'anniversaire est un dessin fait avec un crayon. C'est un dessin de moi les yeux fermés. On l'a accroché avec des punaises dans le Placard pour qu'Old Nick ne puisse pas le voir. Parfois il vient dans la Chambre. Après, l'air est différent.

Avant que j'arrive, Maman laissait la Télé allumée toute la journée et elle s'était transformée en zombie parce que la Télé ça pourrit le cerveau. Maintenant, quand on a fini de regarder *Dora l'exploratrice*, on l'éteint pour laisser les cellules du cerveau se reconstituer. On a des milliers de choses à faire chaque matin dans la Chambre, comme du Trampoline sur le Lit, et Pigeon Vole, et puis l'Orchestre, où on court autour de la Table et on voit quel bruit on peut faire en tapant sur tous les objets dans la pièce. Aujourd'hui on a découpé une bande en carton dans le paquet de céréales aussi grande que le pied de Maman. Puis on l'a utilisée pour mesurer la Chambre. Parfois on se met debout sur la Table et on pousse des cris, et je joue aux cymbales avec deux couvercles de casserole. Après je joue au Téléphone avec des rouleaux de papier toilette. Parfois Maman elle dit qu'elle veut cogner quelque chose, mais elle le fait pas parce qu'elle veut rien casser. Mais après elle dit : « J'aimerais vraiment casser quelque chose. J'aimerais tout casser. » J'aime pas quand elle est comme ça. C'est comme si elle était allumée et moi éteinte. Mais c'est pire.

Aujourd'hui, on fait un gâteau avec trois œufs. Nous gardons les coquilles des œufs sous le Lit pour faire d'autres choses. Pendant que le gâteau est dans le four brûlant on s'assied devant et on inspire l'air qui sent bon. Maman dit que les gens de l'Extérieur s'ennuient, qu'ils devraient venir et habiter ici dans la Chambre. Ils seraient surpris de toutes les choses qu'il y a à faire.

VOIR AUSSI : **apathie** • **insatisfaction** • **léthargie** • **stagnation mentale**

Ennuyeux, être

VOIR : **anal, fixation au stade** • **humour, absence d'** • **organisé, être trop** • **risques, prendre trop de**

Envie

VOIR : **jalousie**

Épuisement

Zorba le Grec,
Nikos Kazantzákis

L'épuisement peut être une sensation fantastique, s'il a été provoqué par un exercice physique intense – traverser un lac à la nage, escalader une montagne, galoper à cheval sur une plage. Mais quand il est le résultat d'un travail ingrat, par exemple celui consistant à rester debout dix heures durant à plumer des poulets ou creuser un fossé sous la pluie, il y a peu de plaisir à éprouver pour compenser la souffrance. L'épuisement mental est parfois encore plus exténuant, car il peut être cause de stress (**voir :** stress) ou altérer le fonctionnement du cerveau (**voir :** mémoire, perte de). Et l'épuisement par manque de sommeil est une sensation particulièrement pénible, à laquelle on ne peut remédier que par une bonne nuit de huit heures non-stop. À dire vrai, le sommeil est un excellent traitement pour tout ; mais si vous êtes épuisé et voulez trouver malgré cela un moyen de rester éveillé, lisez ce qui suit.

Allez à la rencontre de Zorba, un homme aux yeux brillants et perçants, au visage buriné, qui a vécu de nombreuses vies et a un don pour s'exprimer à travers la danse. Zorba utilise celle-ci pour raconter des histoires, dire qui il est, expliquer le monde, et retrouver son énergie quand elle faiblit. Notre narrateur est un jeune intellectuel grec, passionné par le bouddhisme et les livres. Mais quand il fait la connaissance de Zorba, avec son appétit de vivre irrépressible, il comprend qu'il a en face de lui un homme porteur d'un secret spirituel. Quand le vagabond au pied léger accepte sa proposition de devenir le contremaître de la mine de lignite qu'il a récemment acquise en Crète, il est aux anges, et les deux hommes prennent l'habitude de boire du vin – et de se lancer dans de longues discussions philosophiques, souvent au son du *santouri* de Zorba – jusqu'à une heure avancée de la nuit. Pendant ces longues soirées, Zorba se plaint souvent de ne pouvoir exprimer les casse-tête philosophiques de son ami par la danse, car s'il y parvenait, leurs conversations pourraient aller encore plus loin.

Et un jour, Zorba apprend vraiment à son ami à danser – impétueusement, avec bravade, jusqu'à l'extase. Bientôt, ils racontent tous les deux des histoires avec leurs corps défiant la gravité. Zorba, nous nous en rendons vite compte, est un homme d'une grande sagesse, comprenant tout naturellement, et pouvant atteindre des hauteurs spirituelles « d'un seul bond », là où d'autres mettraient plusieurs années. Ce que nous aimons le plus dans ce parangon d'énergie est sa capacité apparemment illimitée à se jeter lui-même sans réserve dans le projet suivant, ignorant la fatigue (alors qu'au bord de l'inanition, il mériterait largement de dormir pendant une semaine) et revenant à la vie en dansant.

Devenez vous-même un élève de Zorba. Quand l'épuisement vous guette, ne fléchissez pas. Tenez bon, jouez de la musique et trouvez une danse à l'intérieur de vous-même. Et pourquoi ne diriez-vous pas, avec Zorba, dans les années à venir : « J'ai accompli des tonnes et des tonnes de choses dans ma vie, mais je n'en ai pas fait encore assez. Des hommes comme moi devraient vivre pendant mille ans ! » ?

VOIR AUSSI : **fatigué et hypersensible, être • libido, perte de • lit, incapacité à sortir du • occupé, être trop • occupé à lire, être trop**

Tout est illuminé, **Jonathan Safran Foer**

Étranger, être

On vous surnomme l'étranger et vous n'aimez pas trop cette appellation. Ça vous attriste qu'on puisse penser que vous n'avez rien dans le citron simplement parce que vous venez d'une autre partie du monde. Décidez d'en faire un jeu, comme Alex, le narrateur très incompétent de *Tout est illuminé*. Maintenant, même si vous n'êtes pas un cador et qu'assez peu de filles ont envie de vous croquer, vous pouvez l'imiter. Au moins les gens vous aimeront-ils un peu. Alex a juré à son père, le propriétaire de Excursions Héritage, qu'il parle anglais couramment, et le voilà propulsé guide et traducteur du héros du livre, qui, bizarrement, porte le nom de l'auteur, Jonathan Safran Foer. On suit Alex, qui verse des larmes pour son grand-père, un ancien fermier devenu neuneu, et un chien également dérangé nommé Sammy Davis Junior, Junior pour les intimes, dans une course en quête d'un petit village juif d'Ukraine nommé Trachimbrod. Il a pour espoir de retrouver cette femme qui a sauvé le grand-père des mains des nazis. L'histoire de Trachimbrod, racontée par Jonathan dans des chapitres interminables, est pour le moins farfelue. Mais c'est l'élocution loufoque et mémorable d'Alex, constamment branchée sur les synonymes plutôt que sur le dictionnaire alphabétique, qui nous captive. Si vous craignez d'être vous aussi étranger dans un futur proche, nous vous suggérons d'aller claquer un peu de vos réserves dans un dictionnaire des synonymes, ou l'équivalent – un livre de cuisine ou un guide de mécanique automobile par exemple, dans cette langue que vous dites posséder et ne comprenez guère. De la sorte, vous vous éblouirez vous-même et vous rendrez autant charmant qu'impossible aux yeux des autres.

Des souris et des hommes,
John Steinbeck

Espoir, perte d'

Il ne faut jamais sous-estimer l'importance de l'espoir. Vivre sans, c'est comme vivre sans aucun soutien ni confort (**voir :** désespoir). On peut s'arranger de tout, l'emprisonnement, une maladie grave, l'exil forcé, si on garde l'espoir qu'un jour on en sera libéré et qu'on pourra rentrer chez soi.

Si vous n'y croyez pas, c'est clairement que vous n'avez jamais lu *Des souris et des hommes*. George et Lennie sont travailleurs agricoles itinérants. Ils arrivent dans un nouveau ranch, se font un peu de blé, puis vont en ville pour tout claquer. Sans famille ni maison, sans aucune perspective dans la vie, ils se voient eux-mêmes comme « les gars les plus seuls au monde ».

Sinon qu'ils sont différents – George passe son temps à consoler le grand Lennie, qui est aussi lent que simplet, et à lui dire qu'il doit garder son esprit enfantin. Car, par-dessus tout, George doit veiller sur Lennie, et Lennie, qui aime s'occuper des petits animaux et n'est pas conscient de sa force, crée du grabuge où qu'ils aillent. Un jour, George et Lennie décrochent le gros lot : assez d'argent pour s'acheter une petite maison avec quelques champs, y élever une vache et des poulets et « vivre sur le gras de la terre ». Quand il tombe des cordes, ils restent autour du feu à écouter la pluie sur le toit. Et ils s'occupent des lapins, que Lennie s'est procuré pour les câliner.

Mais lorsque George manifeste qu'il ne croit plus à l'avenir, tout devient plat et triste – car c'est leur rêve partagé qui leur a permis de continuer. Nous avons tous un Lennie en nous qui a besoin qu'on lui parle de lapins de temps à autre. Et on peut tous se mettre dans la peau de George et parler de lapins à quelqu'un pour lui remonter le moral.

VOIR AUSSI : **désespoir** • **rêves brisés**

Kes, **Barry Hines**

Rebecca, **Daphné Du Maurier**

Nœuds et dénouement, **Annie Proulx**

Estime de soi, mauvaise

Il n'est pas surprenant que Quoyle, le héros de *Nœuds et dénouement*, se tienne en piètre estime. Il a passé son enfance avec un père qui le traitait de raté, son grand frère chéri le battait, il est gros, affiche un menton aussi énorme qu'effrayant, sa femme ne le supporte pas et couche à droite, à gauche, il est sous-payé par ses employeurs, ses parents attrapent un cancer et se suicident, sa femme décide de le quitter, emmenant leurs deux filles (qui s'appellent Bunny et Sunshine, ce qui n'aide pas), il se fait virer de son boulot, et sa femme meurt dans un accident de voiture. Et attendez ! – jusque-là, ça ne va pas si mal. En tout cas, vous voyez l'idée. Dès les premiers chapitres, on a beau chercher des raisons pour qu'il se sente bien dans sa peau (car tout cela se passe au début, on n'a rien dévoilé), on n'en trouve franchement aucune.

Et donc, débordant de chagrin et d'amour contrarié, Quoyle décide de suivre le conseil de sa tante et de démarrer une nouvelle vie dans les environs assez peu prometteurs de Terre-Neuve, où son père est né. Ce qu'il fait en s'installant avec une remorque, la tante et ses deux filles qu'il a réquisitionnées, toutes deux délinquantes. Ceux qui n'ont que peu d'amour-propre devraient lire ce roman, pas seulement comme un traitement littéraire curatif en soi, mais comme un vrai guide pratique. Suivez ce que fait Quoyle, pas à pas. Si vous ne disposez pas du bon passeport ou des prérequis nécessaires pour vous installer à Terre-Neuve, vous pouvez opter pour n'importe quel autre lieu aussi inhospitalier et inaccessible, tel que l'Islande, les Nouvelles-Hébrides ou le Nord sibérien. Après avoir souscrit une généreuse assurance vie, arrangez-vous pour que ce partenaire qui vous a tellement tourmenté meure dans un accident de voiture. Et...

On plaisante, bien sûr. Mais nous vous invitons à aller vivre ne serait-ce qu'un moment dans la région d'origine de votre famille, quelle que soit la détestation que vous lui portiez. Quand vous y serez, remontez la trace de vos ancêtres. Vous pourriez alors, comme Quoyle, découvrir des faits pas jolis jolis sur vos pourris d'aïeux, des crimes et des blessures qui, transmis d'une génération à l'autre, ont contribué à l'élaboration de votre amour-propre. Avec un peu de chance, vous pourrez, comme le fait Quoyle, briser le cercle héréditaire et prendre un nouveau chemin.

Bien sûr, ce n'est pas toujours la faute des anciens de la famille. Ça peut aussi être celle de parents qui sont hélas toujours vivants. Dans ce qui demeure comme une des critiques sociales les plus ravageuses de sa génération (1968), *Kes*, de Barry Hines, éclaire sans concession la manière dont une communauté peut démoraliser et freiner l'essor d'un jeune esprit en lui ôtant tout amour, sa confiance, la stabilité, le moindre encouragement ou de simples félicitations. Sans même parler du petit déjeuner.

Grandissant dans une ville minière lugubre et déprimée du Yorkshire, Billy doit se battre contre son frère aîné Jud pout tout, depuis sa place dans le lit jusqu'à la maigre affection de sa mère. Personne ne mise sur lui, à l'exception de M. Farthing, à l'école, qui l'entend parler de Kes, le petit faucon qu'il garde dans la remise du jardin. Grâce à Kes, Billy découvre une qualité dont personne ne lui a jamais fait part, la fierté du beau petit oiseau sauvage d'être ce qu'il est. Kes est tout pour Billy, quand il le prend pour l'emmener voler, utilisant un appât pour diriger ses envols et ses boucles, l'observant manger un moineau, et recevant tout son poids quand il se pose sur son gantelet. Lui qui n'avait pour avenir que de descendre dans le puits de la mine comme son frère se transforme alors en jeune homme bavard et confiant, plein de passion et de possibilités.

Mais la promesse ne tient qu'à la présence du faucon. La leçon pour tous ceux qui veulent dépasser les restrictions imposées par leurs parents et les pauvres espoirs rabâchés par les autres est de trouver l'équivalent d'un faucon et de devenir un maître. Peu importe en quoi. Il suffit de savoir que personne autour de vous ne se chargera de regonfler votre estime, et qu'il vaut mieux attendre l'attention d'étrangers, comme M. Farthing, qui se chargeront de vous indiquer le chemin d'une vie meilleure.

Bien sûr, il n'y a parfois personne à blâmer hormis vous-même. Si vous vous exposez à la critique en permanence, minant le peu de confiance que vous avez en vous et dans vos idées, vous vous trouverez un air de famille avec la narratrice de *Rebecca*, de Daphné Du Maurier, qui demeure sans nom, poussant ainsi son absence de certitude jusqu'à son droit d'exister. À l'instant où elle assume son rôle de seconde Mme de Winter, propriétaire de Manderley, le magnifique domaine à la campagne de Maxime, son mari plus âgé et plus sophistiqué, elle devient gauche à l'extrême, faisant constamment tomber ses gants, renversant les verres et marchant sur la queue des chiens, rougissant, s'excusant et se rongeant les ongles tout en avançant sur la pointe des pieds. Elle se sait mal habillée et coiffée, elle ignore comment faire tourner une grande maison avec des domestiques et ne fait rien pour apprendre, s'en remettant naïvement à l'autorité de Mme Danvers, la gouvernante, figure de méchante femme qui adorait la première Mme de Winter et n'est que trop contente de pousser la jeune femme à s'autodétruire. Deuxième choix, dingo ou pas à la hauteur : elle ne lésine pas sur les qualificatifs négatifs pour parler d'elle. Et sans surprise, quand Mrs Danvers lui suggère un jour de se jeter par la fenêtre de sa chambre, elle est prête à le faire.

L'héroïne de *Rebecca* est une orpheline. Une fois de plus, nous pourrions tenir ses parents disparus pour responsables de sa mauvaise estime de soi. Mais la voir se mettre elle-même plus bas que terre et se comparer de manière négative à la si élégante, intelligente et belle Rebecca, première femme de son mari, finit par être pénible. Pourquoi s'ingénier à faire empirer les choses pires pour elle-même ? Quiconque est tenté de s'invalider dans l'autocritique se reconnaîtra avec une honte coupable dans la lecture de ce roman. Et jurera de mettre un terme une fois pour toutes à ce comportement suicidaire.

VOIR AUSSI : **indigence** • **raté, se sentir comme un**

Existentielle, angoisse

VOIR : **angoisse existentielle**

F

Faible

VOIR : **égoïsme** • **lâche, être un**

La Faim,
Knut Hamsun

Faim

Vous déambulez la faim au ventre dans une ville curieuse que vous ne pouvez quitter tant elle a posé son empreinte sur vous. Et vous prenez conscience, par la force de l'habitude, que vous n'avez pas grand-chose à faire de la journée, et que, de surcroît, vous n'avez pas un sou vaillant en poche. C'est le moment de replonger dans Knut Hamsun. Vous serez alors tellement requinqué par son roman que vous verrez chaque chose avec une acuité sans pareille et ne prêterez plus attention à l'appétit de votre corps, tant la noblesse de votre esprit vous paraîtra plus importante. Si seulement vous pouviez vous asseoir pour rédiger un essai de philosophie, sous la forme d'un article en trois parties à vendre à un journal pour quelques sous. Oui, si seulement vous pouviez vous asseoir là, maintenant, sur un banc du parc pour écrire, alors vous auriez ce qu'il faut d'argent pour vous offrir un repas décent. Ou, solution alternative, mettez votre veste ou votre blouson chez le prêteur sur gages pour quelques pièces encore. Assurez-vous seulement de ne pas oublier votre stylo dans une poche, comme le fait le héros anonyme d'Hamsun, car vous ne pourriez du coup écrire cet article qui, non content de vous donner un peu d'argent, éclairerait la jeunesse de cette ville sur la façon de vivre mieux. Vous déposez votre veste en gage, qui est devenue trop étroite de toute façon, et vous la récupérerez quelques jours plus tard, à la publication de l'article. Alors, vous pourrez laisser un peu de monnaie à cet homme qui trimballe son sac dans la rue, qui n'a pas mangé depuis plusieurs jours et que vous avez déjà croisé sans pouvoir rien lui donner. D'accord, vous n'avez pas mangé vous-même depuis un moment et votre estomac, après avoir été vide trop longtemps, peine à retenir la nourriture. Et puis, vous n'oublierez bien sûr pas que vous aviez donné un petit billet, avec le sentiment qu'il ne vous appartenait pas, à la vendeuse de gâteaux, vous le lui aviez fourré dans la main sans qu'elle comprenne bien pourquoi, et maintenant vous pouvez vous rendre à son stand et lui demander ces gâteaux qui avaient été payés d'avance en quelque sorte. La police vous embarque puisque vous êtes dans la rue aux premières heures du jour et apparemment sans endroit pour dormir – mais n'est-ce pas tout ce dont vous rêviez, atterrir dans une belle cellule propre et sans humidité ? Mais les policiers trouvent bien sûr que vous êtes un homme de bonne composition, avec des principes, qui a seulement oublié ses clés et son argent chez lui. De cette nouvelle expérience, vous pouvez tirer un autre article et le proposer pour un peu plus cher. Évidemment, cela devient le jeu auquel s'accrocher, une illusion insaisissable dans laquelle vous plongez pour vous persuader que, s'il est publié, vous n'aurez plus jamais de soucis d'argent. Et avant ça, vous atteindrez l'état de folie douce que provoque la faim, vous vous sentirez vidé et libéré de toute douleur.

Le Chagrin,
Lionel Duroy

Faire face, incapable de

Il y a des degrés d'intensité dans l'incapacité de chacun à faire face. À l'un des bouts du spectre, il y a l'incapacité d'affronter l'embarras provoqué par un événement particulier : faire la lessive, changer la litière du chat ou la couche d'un bébé. Et à l'autre bout, notre mécanisme de survie – peut-être mis à mal un peu plus par les hormones, l'épuisement, l'insomnie ou quelque autre maladie – est si comprimé par le volume de demandes qu'il se bloque complètement.

William, dans le magnifique roman de Lionel Duroy, *Le Chagrin*, a bien du mal avec une famille aussi hors norme que nombreuse. Avec la folie de sa mère, les tours de passe-passe de son père pour gagner de quoi nourrir et loger les siens, la passivité de ses frères et sœurs et peut-être plus encore avec ses propres émotions. Quand il rencontre Agnès, il pense pouvoir souffler, devenir enfin un homme. Elle lui donne des enfants, l'accompagne. Jusqu'à ce que leurs routes se séparent. Qu'ils se retrouvent « comme deux coureurs lancés en sens inverses et qui essaieraient de se dire un truc essentiel durant les deux ou trois secondes où ils se croisent ». Plus terrible encore est le moment où Agnès mène ouvertement une liaison avec l'architecte Roberto. Il faudra l'arrivée dans sa vie d'une autre femme, Blandine, pour l'aider à reprendre pied. Pour faire face, on a parfois besoin d'être aidé, ne l'oubliez pas.

VOIR AUSSI : **épuisement** • **maternité** • **Noël** • **occupé, être trop** • **parent célibataire, être un** • **paternité** • **pleurer un bon coup, besoin de** • **stress**

Un garçon convenable,
Vikram Seth

Famille, faire avec sa

En famille, on vit le meilleur et le pire, pourrait-on dire en citant Dickens. C'est certainement dans la cellule familiale que l'on connaît les plus gros conflits, qu'ils éclatent au grand jour ou qu'on les glisse sous le tapis. Quels que soient ceux ou celles qui vous prennent à la gorge, gamin tyrannique, frères et sœurs querelleurs, parents pesants, beaux-frères ou belles-sœurs pleins de reproches, ados délinquants, chat mal luné ou n'importe quel membre du clan qui évite systématiquement la corvée de vaisselle, nous vous offrons un gros volume qui vous permettra de comprendre les jeux de pouvoir dans la famille : *Un garçon convenable*, de Vikram Seth.

Histoire connue : Mrs Rupa Mehra veut choisir l'homme que sa fille cadette Lata épousera, mais Lata a d'autres idées. La mère prétend qu'elle sait ce qu'il y a de mieux pour sa fille et qu'elle a toujours agi pour son bien. On n'a pas besoin d'être d'origine indienne pour trouver dans ces arguments un air de déjà vu. Durant près de mille cinq cents pages, Lata rebondit entre Haresh, le garçon bien comme il faut que lui a choisi sa mère, aussi solide que des bottines à semelle renforcée, Kabir, le comédien amateur dont elle tombe amoureuse, et Amit, le gentil poète dilettante, favori de ses sœurs.

Lata est entourée de gens qui cherchent à l'influencer. Mais quelle vie devrait-elle mener ? Elle sait qu'à la fin, elle devra faire son choix toute seule, non pour marquer sa capacité de résistance ou emporter les approbations, mais pour exprimer sa liberté. Et la longueur du roman témoigne de la difficulté de la tâche.

Le choix de Lata montre que tout en nous bagarrant contre nos familles pour gagner la liberté d'être nous-mêmes, nous en faisons partie, immergés que nous sommes dans la même culture, avec ses traditions et valeurs. Nous pouvons toujours leur tourner le dos, mais ce sont elles qui ont fait ce que nous sommes. Bagarrez-vous avec votre famille. Mais sachez qu'à la fin, c'est contre vous-même que vous vous battez.

VOIR AUSSI : **belle-mère, avoir une** • **fraternelles, rivalités** • **Noël** • **parents vieillissants**

Je suis une légende, **Richard Matheson**

Famille, faire sans

Loin de vos proches, physiquement ou sur le plan émotionnel, vous êtes partagé par des sentiments contradictoires. D'un côté, soulagé et libéré. De l'autre, isolé et dépourvu. Que vous ayez choisi cet éloignement ou qu'il vous ait été imposé, gardez ce roman dans votre sac à dos pour vous rappelez que vous pouvez comptez sur vous-même. À condition de ne pas être le dernier homme sur terre.

Le livre de Matheson, inspiré des histoires de vampires, débute sur une scène inoubliable. Robert Neville est assis dans sa maison barricadée, à siffler de la bière en écoutant une symphonie appelée *L'Année de la peste* sur son tourne-disque. En partie pour ne pas entendre les appels inquiétants qui lui sont adressés du dehors.

On comprend assez vite que ses femme et fille ont toutes deux basculé du côté des vampires. Neville ne sort que dans la journée et tente gravement de tuer ses prédateurs quand ils sont endormis dans leur coma diurne. Le livre n'est pas tant le récit d'un carnage, car on voit assez peu de vampires tués atrocement des mains de Neville, que celui de sa solitude et de ses efforts pour comprendre le nouvel ordre du monde et se trouver un allié. Sa tentative sincère pour devenir l'ami d'un chien qui ne semble pas atteint par la pandémie est un des passages les plus sensibles du roman. Ce type, plutôt aimable, pour qui aller planter des pieux dans le cœur des vampires est devenu une routine, va lui-même se métamorphoser en créature d'horreur sans que le lecteur s'en aperçoive.

La résilience de Neville est impressionnante. Demeurer vivant dans un monde infesté de vampires consiste à s'assurer que le générateur est en marche et à ramasser des conserves dans des supermarchés fantomatiques. Gardant la forme en écoutant du Schoenberg et tentant de trouver un antidote au virus qui tente de l'attraper, il fait au mieux pour vivre dans l'instant et s'accroche aux quelques lueurs d'espoir pour rêver d'un futur meilleur.

Vous vous sentez triste et abandonné loin de votre famille ; ce livre vous apportera une consolation. Au moins, vous ne serez pas obligé de tuer des vampires au quotidien, ni de déposer des gousses d'ail ou des miroirs autour de votre maison pour les tenir à distance. En fait, cette histoire vous accrochera tellement que vous en oublierez votre isolement, ou, en tout cas, qu'il ne vous paraîtra plus si atroce. Et si vous vous trouvez *trop* à l'aise loin des vôtres, la fin du livre vous permettra de rééquilibrer les choses.

VOIR AUSSI : **nid vide, syndrome du • solitude**

Au plaisir de Dieu,
Jean d'Ormesson

Famille nombreuse, avoir une

Vous êtes enfant unique. Pour certains, cela a été un poids, un fardeau. Beaucoup de journées d'ennui, à rêvasser ou à lire, à attendre que votre vraie vie commence enfin. Pour d'autres, cela a été un formidable espace de liberté, la conscience d'une chance unique et l'occasion de déplier vos ailes, d'avancer à grands pas dans l'existence. Quoi qu'il en soit, les grandes familles vous fascinent et gardent toujours pour vous un parfum de mystère avec leurs arbres généalogiques interminables. Il n'est alors meilleur remède à prescrire que la lecture réjouissante d'*Au plaisir de Dieu*, de Jean d'Ormesson. Question grande famille, vous allez être servi. Dirigez-vous donc sans plus tarder vers Plessis-lez-Vaudreuil. Vers un château où l'on naît de père en fils et où l'on revient mourir à travers les siècles et les générations. Le château en question impressionne le visiteur avec ses tours, son immense cour intérieure, ses escaliers en spirale, ses fossés pleins d'eau. Ici, on séjourne l'automne et l'hiver à la saison des chasses, Paris étant réservé à celle des courses et des raouts. Ici, on s'emploie à mener une vie solide et légère, en ayant foi en des valeurs millénaires et dans l'honneur du nom.

Plus que dans une famille, *Au plaisir de Dieu* fait plonger dans une lignée, dans une dynastie. Avec une branche anglaise, une branche italienne, une branche allemande. Attention à ne pas rompre le fil, à ne pas déchoir, à tenir sa place. Tant qu'il en est encore temps ! Emporté par le souffle de l'académicien entré il y a peu, de son vivant, dans la fameuse « Pléiade » sur papier bible, le lecteur visite émerveillé un curieux musée dont il inspecte le moindre recoin. L'occasion, une fois le roman refermé, de se dire qu'il n'est au fond pas si mal loti.

Le Club des tricoteuses du vendredi soir, **Kate Jacobs**

Fatigué et hypersensible, être

Quand vous vous sentez épuisé et à bout, il vous faut un conte rassurant, chaleureux et bien mené, l'équivalent d'un châle afghan fait main. *Le Club des tricoteuses du vendredi soir* est pour vous.

Georgia est la propriétaire de la boutique de tricot Walker & Fille, dans le bas de la ville à Manhattan. Mère célibataire de la belle et charmeuse Dakota, tout juste en train d'ouvrir ses ailes d'adolescente, Georgia a été lâchée par le charismatique et imprévisible James quand elle est tombée enceinte. Lorsque celui-ci refait apparition dans sa vie, jurant qu'il veut effacer toutes ces années perdues, elle ne se montre pas particulièrement excitée. Ce qui compte pour elle, c'est de maintenir son affaire à niveau et de faire que son groupe de copines du vendredi soit bien traité et nourri, avec l'aide de Dakota et ses merveilleux biscuits ou muffins.

Rassemblées dans la boutique de Georgia le vendredi soir, il y a Darwin, la documentaliste compulsive des mouvements féministes, Anita, une veuve de soixante-dix ans engagée dans une histoire d'amour tardive, Petra, une étudiante en droit devenue créatrice de sacs à main, et un riche mélange de quelques autres. Dans ce petit monde confortable se promène James, son ex, un architecte dont la famille est défiante à l'égard de

Georgia, issue d'un milieu plus simple. Afin de le fuir, Georgia et Dakota s'envolent pour l'Écosse brumeuse, où Georgia va présenter sa fille à sa grand-mère, façon d'évaluer la profondeur des liens familiaux.

Les métaphores suggérées par ce conte peuvent paraître évidentes, mais vous vous y trouverez comme au milieu de chaudes et douces pelotes de laine. Les sages conseils de l'affectueuse grand-mère vous mettront sur le chemin du rétablissement. Comme le suggère Jacobs, il faut attraper la bobine avec les doigts et puis la tordre. Puis faire de même avec la vie.

VOIR AUSSI : **pleurer un bon coup, besoin de**

Gatsby le Magnifique, **Francis Scott Fitzgerald**

Money, Money, **Martin Amis**

Fauché, être

Alors comme ça vous êtes raide. C'est la moitié du problème. Peut-être n'avez-vous plus de travail (**voir :** chômage ; dépression profonde), ou peut-être dépensez-vous plus que ce que vous gagnez ? Dans un cas comme dans l'autre, vous êtes convaincu que si seulement vous aviez un peu plus d'argent à la banque, tous vos problèmes seraient résolus. C'est l'autre moitié du problème. Nous traiterons d'abord de celle-ci.

James Gatz – alias Jay Gatsby – avait la même idée stupide : à savoir que l'argent lui apporterait ce à quoi il aspirait le plus, en l'occurrence Daisy Buchanan. Par des moyens peu avouables, il avait amassé une belle fortune, acheté la maison la plus tape-à-l'œil de West Egg, puis dilapidé ses millions dans des fêtes d'une prodigieuse extravagance dans l'espoir que la jolie Daisy revienne dans ses bras, comme un papillon attiré – ensorcelé – par une flamme.

Gatsby est l'un des plus grands rêveurs de la littérature (d'où le qualificatif de « Magnifique »), et sa passion et son désir pour Daisy sont aussi beaux à contempler que la petite lumière verte qui scintille au bout du débarcadère de la jeune femme. Il reste que le fait d'avoir plus d'argent qu'il n'en faut pour satisfaire les besoins essentiels de la vie (nourriture, vêtements, logement, et bien sûr, livres) cause plus de problèmes qu'il n'en résout. Non seulement sa fortune ne parvient pas à apporter à Gatsby un bonheur durable avec Daisy, mais son accumulation le pousse à renoncer et à porter atteinte à son véritable moi. Que croit-il faire quand il appelle tout le monde « vieille branche » avec un accent *British* contrefait, quand il possède plus de chemises qu'il ne peut raisonnablement en porter, et quand il donne des soirées qui l'ennuient ? Et à quelle réaction s'attendait-il de la part de Daisy quand elle découvre comment il a gagné son argent ? Quand la flamme s'éteint et qu'il n'a plus qu'à disparaître, Gatsby n'a personne d'autre à blâmer que lui-même.

Pour qui est fauché, notre traitement doit être administré en trois phases. D'abord, lisez *Money, Money*, de Martin Amis, pour vous rappeler de quelle horrible manière l'argent peut salir et corrompre. Revenez ensuite à *Gatsby le Magnifique* et faites ce que James Gatz aurait dû faire : habitez et acceptez votre moi désargenté, puis trouvez quelqu'un qui vous aimera pour ce que vous êtes. Ensuite, cessez de gaspiller votre argent en billets de loterie, réduisez votre train de vie et apprenez à gérer un budget. Si votre travail ne vous apporte toujours pas assez d'argent pour vos besoins essentiels, prenez-en un autre. S'il le fait, arrêtez de vous plaindre et commencez enfin à vivre heureux pour de bon dans la limite de vos modestes moyens.

VOIR AUSSI : **déclaration d'impôts, peur de faire sa**

Fausse couche

Le temps n'est rien, **Audrey Niffenegger**

Faire une fausse couche est un moment affligeant, sanglant et solitaire. En de rares cas, ce peut être une délivrance, mais le plus souvent l'événement s'accompagne d'un désespoir résigné. Et même si on vous dit que le fœtus n'était pas viable, que trente pour cent des grossesses se terminent ainsi, et que c'est la manière dont la nature fait sa sélection, vos hormones crieront de rage et vos entrailles de douleur. Et pendant que vous vous remettrez (au lit, on l'espère), lisez donc *Le temps n'est rien*.

Clare a aimé le même homme toute sa vie. Elle l'a connu quand elle n'avait que six ans, il en avait trente-cinq. Henry n'est pas un pédophile mais un voyageur du temps, il sait que dans leur futur à tous deux, ils seront mariés.

Leur histoire d'amour hantée et inhabituelle est aussi pénible que merveilleuse à suivre. Clare a décidé d'attendre Henry, repoussant méthodiquement les autres prétendants. Mais son manque absolu de contrôle sur son idylle est angoissant. Henry ne peut prévoir quand il voyagera dans le temps, parfois il abandonne Clare pendant plusieurs mois, voire plusieurs années, alors même qu'ils ont le sentiment d'avoir fait un mariage heureux. Et c'est sans doute la raison qui fait qu'elle devient une artiste, s'accoutumant à la solitude en la canalisant dans son cœur.

Le vrai problème survient quand ils décident d'avoir un bébé. Clare fait cinq fausses couches avant qu'ils ne se mettent en tête que les fœtus ont sans doute hérité du gène du voyage dans le temps et que, pour cette raison, ils quittent l'utérus de façon prématurée. Chaque fois que cela arrive, ils baignent dans des draps pleins de sang, avec, parfois, un monstre minuscule dans la main de Clare, et l'espoir et le désespoir mêlés au fond de chacun. Clare persévère pourtant dans son désir d'enfant, et, pour finir, on verra qu'ils trouvent ensemble le moyen de contourner cette situation impossible. Entre-temps, elle a souffert comme personne de chaque perte. Être témoin de sa peine a un effet hautement cathartique. Si vous êtes déterminée, vous aussi, continuez à essayer. Et puisse ce roman qui embrasse la vie vous consoler et vous inspirer.

VOIR AUSSI : **douleur, être dans la • enfants, ne pas avoir d' • nostalgie • pleurer un bon coup, besoin de • raté, se sentir comme un • tristesse**

La Femme de Gilles, **Madeleine Bourdouxhe**

Femme au foyer, être une

Est-ce que vous rangez les produits nettoyants sur les étagères par ordre alphabétique ? Vous préparez-vous pour le retour du soir de votre mari, vêtue dans des atours séduisants ? Possédez-vous des cuillères en argent qui brillent juste pour les pamplemousses ? En apparence, vous êtes la femme et mère parfaite – heureuse de rester à la maison pour vous occuper de votre époux et des enfants. Mais, au fond de vous, tout ne va pas si bien. Vous vous rendez peut-être compte que vous devez vous administrer un petit verre de vodka avant d'aller chercher les enfants à l'école l'après-midi. Et que vous êtes un peu maniaque quand il s'agit de retaper les petits coussins. En ce cas, vous souffrez, au sens clinique, d'être une femme au foyer et vous avez besoin d'un de nos remèdes miracles pour vous arracher de l'évier de la cuisine. Mesdames, penchez-vous un instant sur le cas d'Élisa, l'héroïne de *La Femme de Gilles*. Ce bijou des lettres belges date de 1937 et n'a pas pris une ride, vous saisissant par toute son émotion et sa pudeur. Femme du Nord à l'air étrange d'Espagnole, Élisa a eu des jumelles avec son mari, Gilles. Un ouvrier qui trime dans une usine dont les fours ne sont jamais éteints. Élisa trime elle aussi. Le matin, elle prépare café et tartines pour son homme. Après son départ, elle frotte le dessus du fourneau, récure le carrelage de la cuisine. Le soir, elle guette avec impatience son retour. Entre-temps, elle a fourbi toute la journée, préparé une soupe épaisse pour le dîner. Elle n'est plus « qu'un corps sans force, anéanti de douceur, fondu de langueur », elle n'est plus « qu'attente ». On l'a compris, Élisa est aux petits soins pour Gilles. Elle ferait tout pour lui, ne pense qu'à son plaisir. La voilà pourtant qui se retrouve confrontée à la plus grande douleur de sa vie quand elle réalise qu'il en désire une autre. Et pas n'importe laquelle qui plus est…

Voilà qui devrait agir sur vous comme une mise en garde autant que comme un guide. Si vous pensez que vous passez trop de temps en compagnie de vos soucis, rappelez-vous que notre histoire appartient aux décennies passées et qu'être asservie dans sa propre maison n'est plus un sort inévitable pour les femmes. Vous pouvez être très heureuse en entretenant le feu dans la cheminée, mais c'est aussi bon parfois de sortir et de partir à la rencontre des autres, de décrocher un job ou d'aller voir le monde. Et si vous voulez briser les chaînes domestiques mais trouvez que votre mari est un peu trop complice de ce changement, mettez notre roman dans un four surchauffé et servez-le-lui à l'heure du thé dans une petite assiette.

VOIR AUSSI : **ennui** • **insatisfaction** • **léthargie** • **solitude** • **tâches ménagères, être absorbé par les**

Tendre est la nuit, **Francis Scott Fitzgerald**

American Psycho, **Bret Easton Ellis**

Fièvre acheteuse

La fièvre moderne qui consiste à dépenser, dépenser et dépenser encore a vu plus d'un acheteur excité sombrer littéralement, la carte de crédit coincée entre les dents. Soit on finit endetté (**voir :** fauché, être), soit on est comme le hamster qui accumule et accumule encore afin de ne pas être en manque (**voir :** bourreau de travail). En tête de nos dilapidateurs favoris on trouvera cette belle abîmée de Nicole, dans *Tendre est la nuit,* de F. Scott Fitzgerald, dont la capacité à dépenser sans compter – ni se sentir coupable – ne peut que susciter l'admiration. Et alors qu'on reconnaîtra volontiers que le simple fait d'acheter peut avoir un effet euphorisant, il est aussi facile de voir que si les femmes telles que Nicole, les *« it girls »* de l'époque, n'avaient pas été aussi dépendantes de leur look et de leurs vêtements pour donner à voir ce qu'elles valaient, elles n'auraient sans doute pas dépensé si imprudemment (**voir :** estime de soi, mauvaise).

La profusion de marques de mode éclaboussant les pages *d'American Psycho*, incursion avant-gardiste et bouleversante de Bret Easton Ellis dans la tête d'un tueur de masse psychopathe, se présente comme une alerte prémonitoire envoyée à un monde qui a perdu ses valeurs. Et si vous avez le courage de lire ce livre (car, disons-le, il faut être courageux pour le lire), vous serez dégoûté à vie des produits de la mode.

Patrick Bateman est un maniaque de l'étiquette. Il lui faut en permanence être manucuré, coiffé, hâlé, remusclé dans un club de gym et, surtout, porter les bons vêtements. Idéalement, un costume en laine et soie de Ermenegildo Zegna, avec des manchettes de chez Behar, une cravate en soie Ralph Lauren, des chaussures en cuir façon golf signées Fratelli Rossetti et des lunettes à monture d'écaille de chez Oliver People, bien sûr. On ne doit dîner et n'être vu dînant que dans les endroits chauds (Dorsia, Barcadia, Orso) et la différence entre la réussite et l'échec dans la vie se mesure à l'influence que l'on a pour décrocher une table bien placée dans le resto.

S'insinue doucement l'idée que Pat Bateman ne ment pas quand il grommelle en présence d'Evelyn, sa petite amie, que, loin d'être « le gars d'à côté », comme elle aime bien l'appeler, il est plutôt, d'après ses propres mots, un « putain de psychopathe diabolique ». Et quand on commence à s'en rendre compte pour de bon, à travers une série de crimes haineux perpétrés au hasard, de scènes de mutilation et de torture (une fois encore, on vous aura prévenu : ces scènes sont toutes horribles et vous hanteront longtemps), on comprend aussi que ce n'est qu'une extension glaçante de la façade méprisante, dominante et inhumaine décrite plus tôt. À un moment, Bateman dresse une liste de choses qu'il veut acheter, à commencer par des cadeaux de Noël pour ses collègues de Wall Street. Si vous êtes un peu comme nous, vous ne serez plus jamais capable de regarder une carafe à vin en argent plaqué, ou quoi que ce soit d'autre tiré de la liste de ce psychopathe, sans ressentir un profond malaise.

Ne vous vexez pas. On n'est pas en train de dire que vous êtes un psychopathe vous aussi. Mais attention à vos manies dépensières. Ne vous fixez pas sur les marques vedettes qui vous font perdre de vue ce qui importe vraiment. Et prenez garde à cet homme qui porte un attaché-case Tumi de chez D.F. Sanders, cet homme aux ongles bien faits qui refuse de manger des aubergines car elles ne semblent pas avoir été cuites comme il faut... oui, lui ! Mais après tout, à quoi bon insister davantage puisque, de toute façon, vos chaussettes trahissent une faute de goût inacceptable.

VOIR AUSSI : **acheteur de livres compulsif, être un • cupidité • déclaration d'impôts, peur de faire sa • fauché, être**

Fille à papa, être une

Emma,
Jane Austen

Être une fille à papa n'a jamais rendu service à personne. C'est bien d'être la petite chérie adorée qui ne fait jamais rien de travers. Mais quand vous grandissez et que vous constatez que le reste du monde ne trouve pas vos manies aussi adorables que papa, ça risque d'être un choc. Votre nouveau petit ami découvrira avec déplaisir qu'il n'atteindra jamais la première place dans votre cœur. Sans doute cela n'a-t-il pas d'importance, puisque de toute façon il ne fera pas long feu. Personne n'est assez bien pour une fille à papa, et papa fera en sorte de le faire savoir.

Âgée de vingt et un ans, Emma, l'héroïne qui donne son nom au roman de Jane Austen – satire du mariage au XIXe siècle –, est la fille à papa par excellence. Aux yeux de son père anxieux, malingre et stupide – dont les principales obsessions dans la vie sont de se protéger des courants d'air et de convaincre ses amis de manger des œufs durs, car c'est nourrissant –, la belle et intelligente Emma est un modèle de bonté qui ne doit pas subir la moindre contrariété. Le fait que son triangle parental soit complété par une mère absente (car décédée) et que sa gouvernante lui soit excessivement dévouée n'est pas pour corriger la vision déformée qu'Emma a d'elle-même.

Et c'est ainsi que son malheureux et désespéré géniteur envoie Emma dans le monde à l'âge de vingt et un ans – avec une très haute opinion d'elle-même et un égocentrisme qui ne peut que lui attirer des ennuis. Quand elle rivalise en amour avec la tout aussi brillante (quoique moins fortunée) Jane Fairfax, et fait remarquer à Miss Bates, la tante de Jane, que sa nièce est une vraie commère, non seulement Emma est méchante, mais elle enfreint les règles non écrites de la bienséance à l'égard de ses inférieurs dans la société. Pendant un temps, elle risque de perdre le respect de chacun dans son entourage – une calamité pour quiconque se trouve dans sa position. Et nous blâmons son vieil idiot de papa. Car qui est le mieux placé pour corriger les fautes d'un enfant qu'un parent l'aimant inconditionnellement ? Imaginez ce qu'une Emma plus droite et plus forte serait devenue si elle avait été gentiment remise à sa place au fil des années.

Gardez en mémoire la morale de cette histoire. Les papas : ne traitez pas vos filles de cette manière. Et les filles : méfiez-vous des papas poules comme Mr Woodhouse. Si le vôtre lui ressemble, la meilleure solution pour vous est d'arrêter de jouer et de lui montrer quelle mauvaise fille vous pouvez être.

PATHOLOGIE LITTÉRAIRE

Les maladies de la lecture

FINIR, PEUR DE

LISEZ TOUT CE QUI ENTOURE LE LIVRE

Vous avez été ravi par sa lecture, avez fait des personnages vos amis, l'avez englouti, avez rêvé à son propos, il vous a manqué, vous a fait pleurer, vous lui avez fait l'amour, l'avez jeté à travers la pièce, êtes devenu absent au reste du monde parce que tout se concentrait sur lui. Et maintenant, vous voilà sur le point de le finir. On est tous passé par là : c'est un moment de douleur horrible.

Mais ne désespérez pas : vous n'êtes pas obligé d'oublier le monde porté par le livre. Dès que vous l'aurez achevé, lisez ce qu'on a écrit dessus, les résumés, critiques, blogs, tout ce que vous pourrez trouver. Parlez à d'autres personnes qui l'ont aussi lu. Regardez le film qui en a été tiré. Lisez le livre dans une autre langue, ou dans une autre traduction. Et, pour finir, relisez-le. Les meilleurs livres, signés de grands auteurs, peuvent être relus plusieurs fois au cours d'une vie, et ils donnent plus encore chaque fois. De sorte que vous ne finirez jamais le livre. Vous allez incarner le livre. Il deviendra une part de vous-même. Vous n'en voyez pas le bout. En réalité, vous ne faites que commencer. ■

La Conjuration des imbéciles, **John Kennedy Toole**

Flatulences

Puisque vous souffrez d'une accumulation de gaz, ce qui provoque rots ou pets à répétition, et – mon Dieu ! – parfois les deux, vous n'éprouverez que solidarité pour ce trentenaire surdiplômé et très glandeur d'Ignatius J. Reilly. Le héros du livre posthume de John Kennedy Toole, *La Conjuration des imbéciles*, est pris par des problèmes gastro-intestinaux tels qu'il gonfle dans des proportions gargantuesques et doit s'allonger sur le dos dans l'espoir de se libérer de son composé azoté de goudron et des poches de vents qui déchirent son estomac en furieux pets gazeux. Quand sa mère, avec laquelle il vit (et qui, incidemment, souffre aussi de ballonnements), se plaint de l'odeur ignoble qui a envahi sa chambre, Ignatius prétend qu'il trouve cette odeur particulièrement réconfortante. Schiller, argue-t-il, avait besoin du parfum de pommes pourrissant sous son bureau pour pouvoir écrire, et il a lui aussi ses propres besoins.

Selon lui, les vents ont plusieurs causes : la façon dingue de conduire de sa mère, l'absence de vraies sciences géométrique et théologique dans le monde contemporain, et la réflexion, depuis le lit, sur les événements malheureux qui se sont succédé depuis la Réforme. Sans surprise, sa mère, excédée par sa fainéantise, l'implore sans arrêt d'aller se trouver un boulot. Pour sa petite amie, Myrna Minkoff, une nana grande gueule du Bronx qu'il a connue au collège, le problème tient en effet dans le fait de rester allongé dans sa chambre et de se considérer comme un raté (**voir :** léthargie ; lit, impossible de sortir du ; raté, se sentir comme un). Les tuyaux se bouchent, lui explique-t-elle, parce qu'ils pensent appartenir à un organisme mort. Et elle lui intime l'ordre d'ouvrir son cœur, pour que les tuyaux se remettent à fonctionner.

Impossible, à moins d'être Ignatius, d'ignorer le rôle du régime alimentaire dans la production de gaz. Ignatius a un faible pour une boisson pétillante appelée Dr Nut et pour les hot dogs. Il a travaillé un moment dans un kiosque à hot dogs, où il en mangeait plus qu'il n'en vendait. À un autre moment du livre, il dit émettre les pets d'une douzaine de brownies.

Nous suggérons aux compagnons d'infortune d'Ignatius de l'accompagner, mais seulement durant la lecture du roman. Après ça, ils devraient éviter tous les produits traités ou gras, se lever de leur lit et aller chercher un job décent – si possible, pas dans la vente de hot dogs.

VOIR AUSSI : **accusé, être** • **rougir**

Flotter, impression de

En ville,
Christian Oster

La vie a parfois tendance à vous échapper, un peu ou beaucoup. Comme du mercure, elle vous file entre les doigts et ne se laisse pas attraper. Rien à faire, vous avez sans cesse l'impression que le monde s'agite autour de vous sans que vous puissiez y participer avec la vigueur qui convient. Vous êtes pourtant parfaitement normal. Avec une famille, un travail, des amis. Vous prenez le métro, vous conduisez une voiture. Vous partez en vacances, vous faites vos courses au supermarché. Jean, le héros d'*En ville*, de Christian Oster, est comme vous, ou presque. Voici un roman dont la lecture vous fera le plus grand bien. On y fait connaissance avec un homme de cinquante-neuf ans un peu flou. Monsieur habite un rez-de-chaussée sombre dont il souhaite s'en aller. Il croit beaucoup « à la distraction, à la lecture, au cinéma ». Professionnellement, ce n'est pas si mal. Jean a des responsabilités dans une maison d'édition où il publie des textes de vulgarisation scientifique. « J'avais plusieurs vies derrière moi qui s'étaient défaites. Je n'avais gardé aucun lien avec elles et mes meilleurs amis étaient morts ou partis », dit-il. Heureusement qu'il lui reste quelques camarades. Il les voit peu, mais a l'habitude de partir l'été avec eux, à Malte ou en Corse. La prochaine destination pourrait être Hydra. N'oublions pas de préciser que les relations sentimentales de Jean sont du genre complexe. Qu'il fréquente une Agnès Demantelbeau qui vient régulièrement dormir dans son lit et aussi une collègue blonde et insaisissable, Roberta Giraud, avec laquelle les choses sont plus nettes, quoique. Grâce à Jean, personnage qui sent qu'il ne maîtrise que rarement la situation, vous n'êtes plus seul. Mais l'avez-vous jamais vraiment été ?

Foi, perdre la

Partie de pêche au Yémen, **Paul Torday**

L'Exorciste, **William Peter Blatty**

La lettre qui allait changer le destin d'Harold Fry arriva le mardi, **Rachel Joyce**

Pour beaucoup de gens, avoir la foi signifie croire en Dieu. Pour d'autres, cela veut dire que la vie a un sens (**voir :** absurdité). Pour d'autres encore, qu'il y a un peu de bonté dans le monde. Quoi qu'elle signifie pour vous, la perdre est comparable à une lumière qui s'éteint au cœur de la vie. Dans ces moments-là, nous avons besoin de romans qui nous rappellent les grands principes auxquels se tenir pour continuer d'avancer dans la joie et la confiance. Notre prescription couvre trois approches distinctes de la foi. Choisissez celle qui vous convient le mieux.

Si pour vous la foi représente le triomphe de l'intuition personnelle sur la science, *Partie de pêche au Yémen* sera votre bible. Fred Jones, fonctionnaire du Centre national pour l'excellence pêchière, reçoit un ordre de mission pour introduire le saumon, et la pêche qui va avec, au Yémen. Mais l'expert qui se respecte et qu'il croit être répond non. C'est inepte et risible, pense-t-il, de tenter de braver les lois de la nature pour satisfaire au caprice d'un cheikh qui a trop d'argent et pas un gramme d'éducation. Jusqu'au moment où il rencontre Cheikh Muhammad et découvre la puissance de sa détermination. Car le cheikh est un visionnaire et le Dr Jones comprend qu'il n'est pas tant motivé par la pêche à la mouche que par la foi. Ce roman qui réchauffe le cœur vous le confirmera : oui, la foi peut déplacer les montagnes.

Mais si c'est votre croyance en Dieu qui a été ébranlée, testez *L'Exorciste*. Il vous enverra une décharge si puissante dans la moelle épinière que vous serez peut-être amené à réviser votre position. Dans ce roman qui donne des frissons, peut-être le plus terrifiant que nous connaissions, une mère prend peu à peu conscience que sa fille, Regan, est possédée. En désespoir de cause, elle appelle le père Karras. Celui-ci est au même moment en train de remettre en question sa croyance en Dieu, mais l'horreur infernale et presque palpable qu'il entrevoit chez Regan lui apporte la preuve de l'existence du diable. Il se met sans tarder à croire à nouveau dans le Bien et le Mal. Cette histoire pourrait avoir le même effet sur vous.

Enfin, si vous avez perdu le sens profond des choses, et peu importe ici que vous soyez quelqu'un de bon ou de mauvais, nous avons un traitement très aimable. Harold Fry est un retraité désespéré et grisonnant, qui échange à peine quelques propos convenus avec sa femme et a perdu tout contact avec son fils adulte. Il reçoit un jour une lettre de sa vieille copine Queenie l'informant qu'elle se meurt du cancer. En réponse, il lui écrit aussitôt une carte postale et sort pour la poster. En chemin, l'échange inattendu avec une jeune pompiste dans une station-service l'obsède au point qu'il passe devant la boîte aux lettres sans s'arrêter et poursuit son chemin jusqu'au bout, de Devon à Berwick-upon-Tweed, là où vit Queenie. Tout en marchant, Harold se convainc que son action la maintiendra en vie.

Cette certitude lui est confirmée à plusieurs reprises durant son excursion. Mais il fait plutôt confiance à la providence, n'achetant que ce dont il a strictement besoin, dormant à l'air libre plutôt que chez les gens, et se transformant doucement mais sûrement en un pèlerin d'un autre temps. Pour finir, la presse entend parler de lui et disserte sur cet étonnant voyageur que tout le monde veut bientôt approcher et toucher. Car la propagation de la foi, semble-t-il, est contagieuse. Sa femme Maureen elle-même retombe amoureuse de lui, de là où elle est. Quant à Queenie... Bon, lisez et vous verrez !

Dans les moments sombres, quand vous perdez la foi dans la vie, en Dieu, en l'amour, en autrui ou en vous-même, l'un ou l'autre de ces romans saura vous ramener à quelques vérités fondamentales. Car la fille de la station-service avait raison : « Si on a la foi, on peut faire ce qu'on veut. »

VOIR AUSSI : **espoir, perte d'** • **absurdité**

Faire surface,
Margaret Atwood

Le Confort de la folie,
Paul Sayer

Les Consolateurs,
Muriel Spark

Folie

La littérature adore les détraqués, depuis la femme démente de Rochester dans *Jane Eyre* qui court à quatre pattes en grognant comme un animal sauvage, à la créature angoissante qui hante William Wilkie Collins dans *La Dame en blanc*. Mais alors que ces deux forcenées sont inoffensives, de nombreuses évocations de l'aliénation mentale peuvent se révéler préjudiciables pour le lecteur qui sent qu'il est en train de perdre les pédales. Si c'est votre cas, évitez le *Faire surface* de Margaret Atwood, qui raconte la plongée progressive dans la psychose de sa narratrice anonyme. Avec son amant Joe et un couple d'amis, elle voyage vers le nord du Québec et une petite île perdue dans l'espoir de savoir ce qu'il est advenu de son père, porté disparu. Peut-être est-ce à cause de ce chagrin rentré, ou du vide émotionnel qui s'est installé entre elle et Joe, ou peut-être encore de cette chose horrible qu'elle voit au fond de la mer. Toujours est-il que son récit de plus en plus haché et bourré de fautes réussit formidablement à dépeindre son état instable, au risque d'ajouter encore quelques lésions dans votre propre tête si elle a déjà commencé à prendre le large. Malgré son titre, vous ne trouverez pas beaucoup de réconfort dans les pages du *Confort de la folie*, le livre très primé de Paul Sayer. Le roman raconte l'histoire d'un garçon traumatisé par les abus dont il a été victime qui prend une décision mûrement réfléchie à la mort de son père : ne plus jamais quitter le lit qu'il partageait avec celui-ci. Alors qu'il devient homme, mais sans jamais quitter ce lit, il tient un monologue intérieur hypnotique et déchirant, mais aussi dangereusement séduisant. (**Voir :** dépression profonde ; lit, impossible de sortir du, pour les troubles liés qui nécessiteraient un traitement différent.)

Le meilleur roman pour ceux qui souhaiteraient éviter l'asile d'aliénés reste encore *Les Consolateurs*, de Muriel Spark. La quasi-totalité des personnages du roman sont dingues, en ce sens qu'ils continuent à fonctionner en société avec pas mal de grâce, mais toujours dans l'excès. Au point que vous pourriez vous sentir chez vous dans ce livre, et assez normal en comparaison.

Caroline Rose loue un appartement à Kensington. Elle porte les questions de l'époque au sujet du féminisme et de l'esthétique (si vous êtes vous aussi atteint d'un de ces maux liés à la modernité, voyez : malaise du XXIe siècle) quand elle prend d'un seul coup conscience de la frappe des touches de la machine à écrire. Le tap-tap-tap s'accompagne de la narration sans âme de ses pensées et de ses actes, comme si un chœur antique reprenait le drame plutôt banal de sa vie, dans la coulisse, tandis que quelqu'un d'autre qu'elle le consignait par écrit. Au début, le Dactylo Fantôme, comme elle l'appelle, livre un récit à la troisième personne de ses journées. Mais bientôt, il se met à prédire son futur. Et Caroline essaie de le contourner, de sorte que le fantôme lui annonce qu'elle ratera tout ce jour-là et qu'elle devra se rendre dans le Sussex en voiture plutôt qu'en train. Elle fait une tentative désespérée pour prendre le train malgré tout. De manière idiote, elle ne parvient jamais à se montrer plus maligne que lui.

Si le type de folie de Caroline ne recoupe pas la

vôtre, vous vous identifierez peut-être plus directement avec la grand-mère trafiquante de diamants, le baron congolais belge, le converti catholique fanatisé ou, bien sûr, le Dactylo Fantôme lui-même. Tous ces personnages sont aussi délicieux et timbrés les uns que les autres. « Nous sommes tous un peu fous », confirme Caroline au baron. « C'est ce qui nous rend si aimables », lui répond celui-ci. Avec son humour plaisant et original, ce roman nous confirme qu'il n'y a rien de mal ou d'inquiétant à être à côté de ses pompes – cela arrive aux meilleurs d'entre nous. Laissez les cinglés sérieux de la littérature à vos amis et à vos proches, et restez-en à la minorité déviante.

VOIR AUSSI : **agitation** • **paranoïa**

L'Odyssée,
Homère

Fourmis dans les jambes, avoir des

Avoir constamment besoin de bouger est autant une qualité qu'un défaut. Nous pouvons y gagner en connaissance de nous-même et en maturité, mais nous risquons aussi de polluer notre fragile environnement (**voir :** bougeotte) et de devenir une pierre qui n'amasse plus mousse. Et d'abord, comment faire sa vie en différents endroits ? On doit se fixer en un lieu pour trouver ses racines (**voir :** engager, peur de s'), y développer des relations et éclore. En conséquence, pour soigner et calmer ceux qui n'arrêtent pas de bouger, nous recommandons un chapitre de *L'Odyssée*, chaque matin, après la douche et avant le petit déjeuner. Cela accélérera votre circulation tout en apaisant votre envie d'aller voir ailleurs.

Ulysse lui-même a, de façon permanente, des fourmis dans les jambes. Roi d'Ithaque, il a quitté son île, dix ans avant que ne démarre l'histoire, pour participer à la guerre de Troie. Le voilà prêt à retrouver sa femme Pénélope dans son petit et vénérable royaume. Mais cela lui prendra à nouveau une décennie avant qu'il sente la terre d'Ithaque sous ses sandales fatiguées. Franchement, les dieux ne sont pas les seuls responsables de son périple sinueux. Il y est pour beaucoup.

Sans grande surprise, il est fait prisonnier pendant plusieurs années par Calypso, la nymphe des mers. Après quoi, le Cyclope Polyphème l'enfermera dans une grotte, avec ses hommes et un troupeau de moutons, avant qu'Ulysse le malin n'aveugle son geôlier. Mais il est aussi en permanence à la merci de Poséidon, qui envoie des orages les projetant, lui et son équipage, sur l'île de Circé, où ils se retrouvent changés en pourceaux. Ulysse a commis l'erreur de crier son nom à Polyphème, ce qui déclenche une fois de plus les foudres du dieu des mers. S'il s'était tu, il aurait évité à sa femme et à son peuple, mais aussi à lui-même, tant d'années de tourmente.

Après vingt ans de pérégrinations, Ulysse rentre chez lui, juste à temps pour sauver sa femme d'un second mariage forcé. Ne faites pas la même erreur en abandonnant votre femme à son sort. Au moment où vous achèverez cet antique roman, nomade par ses aventures mais introspectif par nature, vous aurez réalisé par procuration votre lot de voyages pour le reste de vos jours. Il ne vous restera plus qu'à vivre votre vie là où vous êtes.

VOIR AUSSI : **bonheur, quête du** • **bougeotte** • **quitter le navire, envie de**

Fraternelle, rivalité

Caïn,
José Saramago

Le Moulin sur la Floss,
George Eliot

Les Quatre Filles du docteur March,
Louisa May Alcott

La littérature a des haut-le-cœur avec les querelles fraternelles. Il y a les petits qui adorent les grands sans que la réciproque soit vraie, ceux qui font la compétition à celui qui attirera l'attention des parents, ceux qui maltraitent, ceux qui trahissent, ceux qui aiment trop, et ceux qui s'énervent entre eux juste parce qu'ils sont frères et sœurs.

Un peu de compétition dans une fratrie est évidemment normale, mais prenez garde à Caïn, qui a poussé la rivalité un peu loin. On connaît surtout ce récit de fratricide grâce à la Bible, mais le roman *Caïn* de José Saramago en offre une vue plus large. Au début, les frères sont comme deux meilleurs amis, mais quand ils deviennent l'un et l'autre adultes et fermiers, la compétition atteint des sommets dangereux. Un jour, ils font leurs offrandes à Dieu. Abel offre de la chair de mouton, Caïn quelques légumes. Le Seigneur n'apprécie pas trop les légumes et le laisse entendre. Caïn nourrit une telle envie d'en découdre après ce succès d'Abel qu'il prend une mandibule sur un âne et l'utilise pour tuer son frère dans une grotte. Il ressent immédiatement un terrible remords et blâme Dieu de ne pas être intervenu. Entre nous, il n'a pas tout à fait tort. Durant tout le reste du roman, Caïn cherche à se venger de Dieu en s'immisçant dans les plans du Tout-Puissant, contestant les histoires de l'Ancien Testament, de Sodome et Gomorrhe jusqu'au Déluge. Le résultat est délicieusement distrayant.

Dans le roman de Saramago, Dieu est un parent plus qu'humain : contradictoire, peu fiable et injuste. Les enfants de parents tout aussi peu doués doivent entreprendre quelque chose d'audacieux : s'élever au-dessus des mauvais exemples qu'ils ont reçus pour apprendre à s'aimer, quel que soit leur statut affectif. À la fin, la faute revient à Caïn. Ne tombez pas dans le même piège en reprochant à vos frères et sœurs des erreurs qui sont en fait celles de vos géniteurs.

M. Tulliver, dans *Le Moulin sur la Floss*, essaie, lui, de donner le bon exemple : il dit à sa sœur, Mme Moss, qu'elle n'a pas à lui rendre l'argent qu'il lui a prêté, dans l'espoir que Tom, son propre fils, en tiendra compte un jour et fera preuve d'une gentillesse comparable à l'égard de sa sœur Maggie. Mais le refus de Tom de pardonner à Maggie, qui a laissé mourir ses lapins en oubliant de les nourrir, fait surgir une blessure plus douloureuse. Voilà un grand frère, baignant dans l'adoration que lui voue sa sœurette, et qui continue de lui refuser la simple reconnaissance qu'elle attend ardemment, la laissant à jamais en suspens. Qui oserait souffler à quelqu'un dans la position de Maggie de cesser d'aimer son grand frère si passionnément ? On pourrait tout au moins lui suggérer de cacher son affection un peu plus. Si seulement Maggie avait manifesté pour elle-même une autre ambition que celle de s'occuper des affaires de Tom, elle aurait pu changer la donne et gagner son admiration en retour.

Frères et sœurs en littérature s'entendent sans aucun doute bien mieux quand ils sont unis dans un combat contre quelque chose ou quelqu'un – quand ce n'est pas un parent qu'ils combattent, c'est la pauvreté ou les brutes.

Mais que se passe-t-il quand ce n'est pas l'adversité ou des parents enquiquineurs qui les rassemblent, ou, pire, quand ils n'ont rien à voir entre eux ? La seule option est alors d'apprendre à s'aimer quand on est adulte. Observez les relations entre Meg, Jo, Beth et Amy dans *Les Quatre Filles du docteur March*, de Louisa May Alcott. Si des enfants ont des raisons de se demander comment ils ont pu se trouver si différents les uns des autres à partir d'un même gène (ou du même stylo), ce sont bien les sœurs March : Meg la responsable, Jo le garçon manqué, Beth la cul-bénit et Amy la gâtée ne pouvaient pas être plus dissemblables. Mais au lieu de se mépriser du fait de ces différences, les sœurs March, dont l'une a frôlé la mort, reconnaissent et apprécient les qualités de chacune. Cette complicité (à condition de supporter tous ces trucs de filles un peu vieux jeu qui contribuent aussi au charme de l'histoire) fait la force du livre.

On est frères et sœurs pour la vie. Traitez les vôtres au mieux, même si cela suppose de faire front avec eux contre vos parents ou de claquer la porte de la maison familiale. Dites adieu à la dynamique que vous formiez avec eux étant enfants, et écrivez une nouvelle page de votre relation, adulte, avec ces grandes personnes qui, Dieu merci !, sont si différentes de vous.

VOIR AUSSI : **famille, faire avec la** • **irritabilité** • **jalousie** • **Noël**

Mickey le Rouge, **Tom Robbins**

L'Asile, **Patrick McGrath**

Fumer, arrêter de

Fumer par les temps qui courent n'est plus vraiment un choix. Affranchie désormais de la moindre lueur de glamour, on sait que la cigarette est mauvaise à tous points de vue. Ce n'est pas pour autant qu'il est facile d'arrêter. Mais un bon roman peut être aussi efficace qu'un patch transdermique pour faire diversion. Ne tentez donc pas de jeter les clopes sans l'assistance d'un des deux romans suivants. Le premier vous autorisera à savourer les à-côtés de la fumée, mais sans inhaler. Le second, en vous mettant une droite sèche dans le plexus, vous enlèvera pour toujours l'envie de détruire vos poumons.

Glisser *Mickey le Rouge* dans sa poche peut donner l'illusion qu'il s'agit d'un paquet de Camel tant les deux formats, cigarettes et livre de poche, se ressemblent. L'explication donnée par l'éditeur à ce détournement de marque éhonté est que l'héroïne, la rousse princesse Leigh-Cheri, passe son temps à méditer devant ces mêmes pyramides et palmiers emblématiques, tandis que son copain hors-la-loi Bernard Mickey le Pivert à Crête Rouge Wrangle croupit en prison, avec pour seule compagnie un paquet de cigarettes, comme elle. Elle ressent comme une connexion psychique, facilitée par le partage de leur marque favorite, et choisit de ne pas ouvrir de paquet, de peur de mettre fin à ce monde de rêve. Une belle réalité dépend d'une vision interne qui reste pure, songe-t-elle. Ce qui ne l'empêche pas de voyager à dos de chameau avec des marchands, des bédouins et des cheikhs qu'elle rencontre dans le désert, et bien au-delà de l'image du paquet. Au travers de ses méditations, le lecteur apprend des choses captivantes à propos des pyramides, des roux et des raisons d'être de la lune, ainsi que de l'absolue nécessité de s'interroger sur la sagesse intérieure des objets inanimés.

Vers la fin, Leigh-Cheri et Mickey le Pivert à Crête Rouge Wrangle se trouvent enfermés dans une pyramide véritable et nouvellement construite, convaincus qu'ils y sont emmurés vivants pour toujours, avec rien d'autre à grignoter qu'un gâteau de mariage arrosé de champagne. Ils usent quand même de l'expertise de Mickey dans les explosifs pour s'en sortir et partageront une hallucination dans laquelle ils tombent – encore ! – dans un paquet de Camel. Tout cela est tellement plus drôle que de fumer une cigarette que vous serez content de constater que la bosse dans votre poche arrière est le fait du roman, et non plus d'un paquet de Camel.

L'Asile est un roman qui vous coupera le souffle, comprimera vos poumons et vous serrera la gorge dans un moment d'horreur incomparable. Si vous n'avez pas encore réussi à quitter votre mauvaise habitude, ce livre vous pressera de le faire. L'action tourne autour de Stella Raphael, dont le mari est expert médico-légal dans un hôpital psychiatrique. On est en 1959 et l'asile est situé dans l'enceinte d'une prison victorienne de haute sécurité. Se sentant esseulée et légèrement déprimée, Stella se lance dans une histoire désespérée avec Edgar Stark, l'un des patients de l'hôpital, charmant, intelligent et cultivé, mais connu aussi pour avoir eu quelques épisodes de poussées violentes. Stella refuse de voir le sadisme caché de son amant.

De retour à Londres, Edgar trouve un studio où il peut travailler passionnément sur sa magnifique collection de bustes d'argile. Un sentiment de danger s'installe, tandis que son comportement paraît de plus en plus incohérent. Mais Stella est entraînée toujours plus profondément dans son monde obscur. Pour supporter, elle fume presque constamment, ponctuant ses journées de longues et profondes aspirations sur ses cigarettes.

Arrive un moment dans le livre où Stella est au plus bas. Un jour, alors que son fils Charlie évoque sa participation à une sortie avec le collège, quelque chose d'épouvantable va se passer… Stella aurait pu intervenir, mais au moment crucial elle a regardé ailleurs, reportant son attention sur sa cigarette. D'une main, elle agrippe son épaule tandis que son bras se lève de façon raide vers sa bouche. Elle tourne la tête sur le côté et amène une fois de plus la cigarette à ses lèvres pour inhaler, chaque mouvement bien détaché, distinct et contrôlé.

Après le récit de ce moment d'effroi, vous écraserez votre dernière cigarette résolument sur le sol.

VOIR AUSSI : **anxiété** • **faim** • **irritabilité**

LES DIX MEILLEURS ROMANS POUR ARRÊTER DE FUMER (OU PAS)

Le Chien des Baskerville, Arthur Conan Doyle
Hôtel de Lausanne, Thierry Dancourt
L'Amant, Marguerite Duras
La Cigarette et le Néant, Horace Engdahl
Opération tonnerre, Ian Fleming
Tabac, Dan Franck
La Ruche, Arthur Loustalot
L'Asile, Patrick McGrath
Mickey le Rouge, Tom Robbins
La Conscience de Zeno, Italo Svevo

G

Le Passage de Vénus, **Shirley Hazzard**

Gâcher son temps dans une relation ratée

Il est toujours pénible de voir une personne qu'on aime bien se jeter dans une relation avec quelqu'un qui n'en vaut pas la peine. On a mal pour elle, car tomber amoureux de quelqu'un qui ne le mérite pas amène à souffrir un jour. On lui souhaite de retrouver la raison et de passer son chemin. Pour des raisons qui restent obscures, on peut toutefois être enclin à commettre les mêmes erreurs. D'une certaine manière, on ressent de la peine, mais on préfère l'ignorer. Et alors qu'on aurait donné des conseils aux autres, on ne se protège pas soi-même.

Nous demandons aux victimes de cette situation désastreuse, et vous saurez tout de suite si vous êtes concerné ou pas, de tomber sans concession amoureux de Caroline Bell, une beauté grave aux cheveux de jais, et de l'observer dans ses étreintes avec ce Paul Ivory vraiment pas à la hauteur. Caro, comme on la surnomme, est l'une des deux sœurs orphelines australiennes qui ont émigré à Londres en 1950 pour démarrer de nouvelles vies, Grace dans un mariage bourgeois avec deux enfants, et Caro dans un emploi de fonctionnaire et une totale indépendance. Caro est adulée de manière dévote et désespérée par Ted Tice, universitaire issu du monde ouvrier qui a un goût immodéré pour les pulls rayés (**voir :** mauvais goût). Elle succombe cependant au grand et gracieux Paul, issu pour sa part de la haute bourgeoisie. Elle préfère cet auteur dramatique élégant, supposément promis à de belles choses, ses manières décontractées et sa confiance dans sa forme et ses apparences, à son rival rouquin.

Quand ils se rencontrent, Paul est fiancé et il épouse bientôt Tertia, héritière d'un château. Mais il est attiré par Caro et ses sombres éclats. Leur attirance mutuelle les dépasse. On sait bien depuis le départ qu'il n'est pas à la hauteur. Il est aveuglé par son succès, sa superficialité est mise en évidence par son mariage avec cette Tertia au regard vide, et Caro sait, autant que lui, que leur histoire d'amour est biaisée. Un homme bien ferait tout pour qu'elle aille vivre sa vie, lui expliquerait que leur relation ne peut mener à rien (**voir :** adultère), mais Caro ne peut résister à l'attirance viscérale du studio en ville de Paul.

Nous vivons alors à travers l'héroïne l'angoisse atroce face à ces années foutues, décrite par la prose poignante de Shirley Hazzard, dense jusqu'à l'ellipse et dont la lecture requiert toute l'attention. Vous serez contraint de vous soumettre et d'apprendre de ce professeur à l'autorité incontestable. Écrivain magistral, qui dissèque les émotions avec une précision chirurgicale, Hazzard est capable de vous élever à de nouveaux niveaux d'intelligence émotionnelle. En refermant ce *Passage de Vénus,* vous serez plus subtil que lorsque vous y êtes entré. Et Paul, lui, aura étendu sa capacité à ressentir grâce à la profondeur et à l'intensité de Caro.

Adieu à l'aveuglement ! Avec vos nouvelles exigences en matière d'honnêteté, votre nouvelle gamme d'émotions, vous verrez votre relation ratée telle qu'elle est. Ayez mal pour Caro durant la lecture, et pour vous-même à l'instant où vous aurez tourné la dernière page. Faites le compte des dégâts et partez en courant avant qu'il ne soit trop tard.

VOIR AUSSI : **amour voué à l'échec • homme ou la femme idéal(e), finir avec l' • homme ou la femme idéal(e), s'accrocher à l'**

Gaz, trop de

VOIR : **flatulences**

Génie, être un

VOIR : **intelligent, être particulièrement**

Le Prix du plaisir,
John Lanchester

Gloutonnerie

Le mot gloutonnerie vient du latin *gluttire* qui veut dire engloutir ou avaler. Traduit en langue moderne, il désigne une trop grande inclination pour la consommation de nourriture, d'alcool ou d'autres produits, jusqu'à la folie – et au risque de gâcher. En d'autres mots, être glouton, c'est être un porc insatiable. Si vous souffrez de gloutonnerie, faites-vous plaisir avec ce roman juteux avant de passer à table. Et si c'est un proche qui est visé, posez le livre sur son assiette et attendez avant de servir le dîner.

Notre traitement sur mesure sera servi en trois temps successifs.

Pour les entrées, un livre impossible à avaler trop rapidement et qui va retarder le passage à table, peut-être à jamais. Tarquin, le narrateur, exprime ses pensées avec une telle précision et une telle délectation pour les mots que vous allez avoir envie de relire chaque paragraphe avant de le recopier dans votre journal et de le mâcher à nouveau comme on le fait d'un petit morceau de foie de veau. Il faut lire le livre juste avant de manger, mais aussi entre les plats afin de ralentir le repas. Vous pourrez même vous lever de table et vous lancer dans une des recettes qu'il présente (blinis, omelette ou mouton des marais grillé, par exemple). Le livre n'est qu'une digression permanente, qui se sert des recettes comme autant d'excuses pour se souvenir, philosopher et dire un peu où nous allons à travers ce récit de vagabondage.

Le plat principal, maintenant. Le profond plaisir que prend Tarquin à décrire chaque ingrédient vous apprendra à savourer plutôt qu'à engloutir. Tout produit comestible possède sa petite histoire. Les pêches, par exemple, rappellent à Tarquin son frère Bartholomew, pas seulement parce qu'ils ont passé un été ensemble à s'en gaver avec une joie enfantine, mais parce qu'à l'âge de six ans notre maître culinaire n'a pu résister à la tentation de se lancer dans la fabrication de confitures, expérience au cours de laquelle les noyaux de pêche libérèrent du cyanure qui faillit provoquer un empoisonnement presque mortel.

En dessert, il n'y a rien. Désolé ! Mais désormais vous avez acquis cette certitude qu'il faut éviter les mauvaises choses et surveiller votre tour de hanche (**voir :** obésité).

Ce roman vous enseignera à goûter mieux et manger moins, tout en apprenant à connaître l'origine exacte de chaque ingrédient avant qu'il atterrisse dans votre estomac.

VOIR AUSSI : **dents, mal de • flatulences • obésité**

Goût, mauvais

VOIR : **mauvais goût**

Grand âge, horreur du

Le Maître des apparences, **Jane Gardam**

Les Habits neufs de Margaret, **Alice Thomas Ellis**

Le grand âge a ses plaisirs qui, quoique différents, ne sont pas moins appréciables que ceux des jeunes années, suggérait ce vieux sage de Somerset Maugham qui a profité de ses derniers jours au point de s'accrocher à la vie jusqu'à quatre-vingt-dix ans. La plupart d'entre nous n'en voient simplement pas l'intérêt, quelques-uns défendent même l'idée d'une sortie à la James Dean et, après avoir vécu dans la vitesse, de quitter la scène quand on est capable de laisser derrière soi un cadavre qui en jette encore, comme le fait le personnage de Nick Romano dans le roman de Willard Motley, *Les Ruelles du malheur* (Humphrey Bogart jouait dans l'adaptation cinématographique). Mais la grande majorité d'entre nous laissera la vieillesse s'approcher tranquillement, convaincue qu'être vivant, même affaibli, flétri et grincheux, est préférable au fait de ne plus être vivant du tout. Afin de vous aider à traverser joyeusement ces futures années de chant du cygne, nous vous prescrivons deux romans qui vous démontreront qu'on peut être un sexagénaire et toujours dans le vent.

Le juge Feathers dans *Le Maître des apparences* de Jane Gardam est un homme qui affiche une grande dignité, une beauté toujours frappante et une présence impressionnante. Et même s'il porte le surnom de « vieux dégueulasse », il est très propre sur lui, de façon ostensible. Ses chaussures brillent comme des marrons et ses costumes ont une élégance très années 1920, le tout accompagné d'une pochette de soie et de chaussettes jaunes de chez Harrods. Sa maison ne sent pas le vieux. Fortuné, il est habitué à avoir des gens à son service, un usage pris quand il était en Orient. Ce n'est donc pas par manque de personnel ou d'hygiène domestique qu'il est connu depuis tant d'années comme le « vieux dégueulasse ». Mais parce que, ainsi qu'il le dit en se moquant de lui-même, ayant raté Londres, il a dû « faire Hong Kong ».

Sa femme Betty et lui ont « fait Hong Kong » avec une réussite spectaculaire. Tout le monde pensait qu'ils y resteraient. Mais les hypothèses imaginées à propos du « vieux dégueulasse » étaient loin du compte. C'est un homme aux secrets bien cachés, chargé de blessures du passé, un homme complètement différent des apparences. Sous la surface éclate un diaporama composé de voyages rêvés, d'une foule de gens qu'il aurait eu envie de rencontrer et d'espoirs de rendez-vous rédempteurs. Il aurait été capable de faire exister tout ça.

Résumons : en vieillissant, vous n'avez plus besoin de vous encombrer de la façade professionnelle de vos belles années passées. Faites sortir votre juge Feathers intime – mais oubliez si possible ses talents d'automobiliste.

La vieille Mme Monro dans *Les Habits neufs de Margaret* projette elle aussi le grand âge dans une lumière rafraîchissante. Cette narratrice tranchante et spirituelle est sans pitié pour ses proches et les êtres chers. Tout ce qu'elle veut, c'est que son fils Syl se pose et se marie avant qu'elle meure. Heureusement, la cérémonie du mariage approche. Ses réflexions sur son fils aimant mais radin, sur son époux décédé et incroyant, et sur sa future belle-fille, bien trop jeune, donnent la chair d'un drame froid. De plus, cette méchante petite dame attend la mort avec une impatience fébrile et connaît une explosion de joie inimaginable quand elle croit apercevoir le point où le temporel rejoint l'éternel, où les aigles pourraient se battre avec les anges et où une lumière aussi claire que de la glace, scintillante de pierres précieuses, se dissipe pour disparaître. Comme vision de l'après-vie, ce n'est certainement pas la moins intéressante.

Ce roman est le premier volet de *La Trilogie du jardin d'hiver* d'Alice Thomas Ellis, dans laquelle chaque ouvrage raconte la même histoire d'un point de vue différent et apporte les réponses aux questions soulevées dans le précédent. Mais ce roman a aussi sa vie propre et offre un beau témoignage sur la capacité des personnes âgées à participer aux activités quand ils le décident, à s'en retirer avec un air bienveillant quand ils ne veulent pas en être, et à fournir un commentaire mordant depuis le banc de touche le reste du temps.

Ne soyez pas horrifiés par le grand âge. Il offre juste un point de vue différent sur la même histoire.

VOIR AUSSI : **amnésie liée à la lecture • vieillir, peur de • calvitie • mémoire, perte de • sénile, devenir**

Le Meurtre de Roger Ackroyd,
Agatha Christie

Grippe

Aucun médecin ni chercheur n'a jamais relevé ni cherché à comprendre cette drôle de coïncidence : le moment même où un malade de la grippe se met à lire un roman d'Agatha Christie (notre favori est *Le Meurtre de Roger Ackroyd*, une des énigmes résolues par Hercule Poirot, qui confirme le génie de Christie) marque le début de sa guérison.

Si cette corrélation est plus qu'une simple coïncidence, il faut se demander ce qui, sur un plan médical, est en train de se passer. Peut-être que, comme le poisson qui ne peut refuser l'appât, notre curiosité naturelle – qui donc est le coupable ? – est plus forte que notre envie de nous complaire dans notre malheur grippal. Les douleurs, les frissons, la fièvre, la gorge irritée, le nez qui coule, tout cela n'est rien comparé à la détermination de trouver le criminel avant Poirot – au passage, on vous le dit, oubliez cette idée, vous n'y arriverez jamais ! Peut-être que le niveau de concentration requis pour suivre et tenter de résoudre une enquête d'Agatha Christie est juste ce qu'il faut pour rassembler vos cellules grises affaiblies sans les mettre non plus trop à l'épreuve, un peu comme si vous leur aviez donné un massage léger plutôt que de les envoyer courir un cinq mille mètres.

Quelles que soient les raisons de son bienfait, nous maintenons notre prescription. Appuyez-vous sur vos oreillers. Le travail magistral de Poirot, « petit fayot prétentieux, détestable, énervant et égocentrique », selon les termes de Christie, a commencé. Un dernier mot quand même : si cette prescription fonctionne, cela veut peut-être dire que vous n'aviez pas la grippe, mais un bon gros rhume.

VOIR AUSSI : **appétit, perte d' • douleur, être dans la • épuisement • grippe, avoir la * quand on est un homme • migraine • nausée • rhume • transpirer**

Le conseil du libraire

Grippe

Jérôme Dejean
Librairie Sauramps
(Montpellier)

Le Système D,
Nathan Larson

Ce n'est plus un antidote, mais une véritable ordonnance non signée.
Le Système D est à consommer sans modération et garantie sans somnolence ou effets indésirables notables.
Dans un New York ravagé par des attaques terroristes et presque entièrement déserté après une pandémie de grippe qui ferait passer « l'espagnole » de 1918 pour un simple rhume, Dewey Decimal, un ancien soldat, est l'exécuteur des basses œuvres du procureur de la ville. À eux deux ils tentent de maintenir un semblant d'ordre au milieu du chaos. Quitte à prendre certaines libertés avec la loi.
Amnésique, hypocondriaque, paranoïaque, affligé de troubles obsessionnels compulsifs, notre détective privé squatte la grande bibliothèque municipale sur la Cinquième Avenue, d'où son surnom, afin d'en préserver le contenu des pillards et des incultes.
Croisement improbable entre *Un privé à Babylone* de Richard Brautigan, le Philip Marlowe de Raymond Chandler et les enquêtes de *Cercueil et Fossoyeur* de Chester Himes, cette odyssée moderne et légèrement barrée voit notre homme « à tout faire péter » arpenter les artères malades d'une ville et d'un système en perdition. Tel un globule blanc vengeur, Dewey Decimal se lance sur la trace d'un tueur en plein Manhattan. Mais très vite

le chasseur se retrouve lui-même la cible de plusieurs organisations criminelles et semble-t-il de la municipalité elle-même. Qui manipule qui ? Dewey ne doit sa survie qu'à un système élaboré et incompréhensible, sauf de lui-même, et à sa propension à se frotter consciencieusement les mains de Purell® plus d'une centaine de fois par jour. C'est violent, ça palpite, c'est drôle et halluciné par moments, comme une bonne poussée de fièvre à plus de quarante degrés. Passé à tabac, flingué, trahi, blessé, notre détective s'en sortira-t-il ? Une certitude, vos tourments psychologiques ou vos petits bobos physiques vont vous sembler bien dérisoires...

Les Misérables,
Victor Hugo

Grippe, avoir la * quand on est un homme

Bien plus grave que la grippe ordinaire, et à ne pas confondre non plus avec le rhume, ce qui n'est pas simple puisque les symptômes sont proches, la grippe masculine est une maladie détestable, et pas seulement pour ceux qui en souffrent. Les spécialistes ne savent pas expliquer pourquoi cette affection touche les hommes en priorité, mais c'est un fait. En tout cas, le repos forcé est indispensable, et le malade – en réalité, parler de victime serait plus juste – aura besoin de beaucoup d'attentions. La victime, donc, devrait être bien calée sur des oreillers doux, avec du thé, une bouillotte, des repas servis sur un plateau, une télé avec télécommande, et d'abondants messages d'apitoiement des proches et des amis délivrés en temps réel. Dans leur conversation, les visiteurs doivent prendre grand soin de ne pas s'écarter du sujet principal : la victime et sa souffrance. Il faut éviter avant tout d'aborder des sujets qui viennent du monde extérieur ou concernent la sphère domestique (les tâches ménagères et autres responsabilités), car cela pourrait agiter la victime, l'empêcher de se concentrer sur sa seule souffrance et d'entamer son long voyage vers la rémission totale.

Notre traitement – et c'est une des rares occasions dans ce livre où nous usons du terme avec le plus de souplesse – est l'édition en deux volumes des *Misérables*, le classique de Victor Hugo consacré aux tourments et aux souffrances de l'homme. Votre malade pourrait considérer qu'il est trop atteint pour qu'un roman puisse le soigner. Dans nos *Remèdes littéraires*, il vous pressera d'aller à l'entrée consacrée à la mort. En tout cas, il faudra administrer ce traitement d'une main ferme, malgré sa résistance. Nous pouvons vous assurer, à vous comme à lui, qu'après quelques pages seulement il sera complètement absorbé par les malheurs de Jean Valjean et Fantine, Cosette et M. Marius, Éponine ou l'inspecteur Javert, reconnaissant ses propres souffrances dans les leurs, et y trouvant une vraie consolation.

Du fait de leur très grande longueur (dans notre édition, le premier volume fait 713 pages, le second 524, et c'est imprimé en petits caractères), *Les Misérables* peuvent apparaître d'abord comme une punition. En fait, la victime y puisera la patience et le stoïcisme nécessaires pour supporter son inactivité forcée, car la grippe masculine a pour effet pernicieux d'immobiliser ses victimes jusqu'à une semaine. Ceux qui ont la responsabilité d'assister la victime, autant dire un job à temps plein, trouveront qu'elle est nettement moins bavarde pendant la prise du médicament, donnant ainsi à chacun la chance de se remettre et d'aller puiser au fond de soi des réserves inépuisables d'amour et d'empathie. Dans quelques cas remarquables, le traitement permettra même au malade d'oublier ses symptômes, et de retrouver humour, vitalité et plaisir de vivre, jusqu'à l'échange avec les autres, ce qui semblera tout à fait miraculeux. Car *Les Misérables* sont aussi accrocheurs que le meilleur des feuilletons télé et aussi nourrissants qu'un cassoulet (de fait, il est arrivé, paraît-il, que le soignant vole le roman pour lui-même, laissant le malade désarmé, sans rien d'autre qu'une télé).

Si le patient ne va pas au bout du traitement avant de guérir, ne vous affolez pas. Les mâles sujets à la grippe peuvent connaître des rechutes à intervalles réguliers, et il est bon de garder une dose de la médication à portée de main. Le malade connaissant déjà le traitement, il l'acceptera plus facilement à l'instant même de la réapparition des symptômes – un état de fait bénéfique pour tout le monde.

VOIR AUSSI : **hypocondriaque, être** • **mourir** • **rhume**

L'Île du docteur Moreau,
H. G. Wells

Grognon, être

Si vous êtes aussi grincheux que le docteur Moreau dans le récit polémique écrit par H. G. Wells contre la vivisection et publié en 1896, prenez quand même garde à l'effet que vous provoquez chez vos amis, collègues ou colocataires. Les expressions d'irritabilité sont contagieuses, au point que vous allez bientôt vous trouver entourés d'êtres agressifs et ronchons, alors qu'ils étaient initialement solaires et légers.

Moreau, dans l'intimité de son île du Pacifique, a pour rôle de transformer des quadrupèdes divers, cochons, hyènes, chiens ou léopards, en humains, en mélangeant la chirurgie au conditionnement comportemental. Témoin de ces expériences, Edward Prendick, un Anglais sauvé d'un naufrage par Moreau, qui se trouve être aujourd'hui son prisonnier. Au début, Prendick comprend tout de travers, il croit que l'intention de Moreau est de transformer les hommes en bêtes, et il craint pour sa vie. Puis, il comprend que c'est tout le contraire. D'ailleurs, la réussite de Moreau est incomplète, ce qui le met en rogne : ses créatures à moitié humaines ont tendance à retourner à leur nature animale, en marchant à quatre pattes et en courant après les lapins. Mais, à la fin, Prendick n'a plus à craindre le peuple des bêtes. Après tant de mois passés sur l'île, exposé aux grognes de Moreau, il est devenu aussi râleur que lui.

Évitez d'entraîner les autres dans votre sillage. Et voyez nos traitements pour l'irritabilité et la misanthropie. Enfin, pensez à changer de travail.

VOIR AUSSI : **insatisfaction** • **querelleur, être**

LES DIX MEILLEURS GROS VOLUMES

La Semaine sainte, Louis Aragon
Belle du seigneur, Albert Cohen
Le Vicomte de Bragelonne, Alexandre Dumas
Lanark, Alasdair Gray
Les Bienveillantes, Jonathan Littell
Les Thibault, Roger Martin du Gard
La Mer de la fertilité, Yukio Mishima
À la recherche du temps perdu, Marcel Proust
Un garçon convenable, Vikram Seth
Kristin Lavransdatter, Sigrid Undset

Les maladies de la lecture

GROS VOLUME, ÊTRE REBUTÉ PAR UN

DÉCOUPEZ-LE EN TRANCHES

Si vous êtes intimidé par les livres en forme de pavé, vous risquez de passer à côté d'expériences de lecture formidables (voir ci-contre : les dix meilleurs gros volumes). Pour surmonter votre blocage, divisez le livre en morceaux plus accessibles. Si c'est un livre relié, tenez-le à l'envers et observez que les pages sont reliées en plusieurs cahiers agrafés ensemble. À vous de les séparer. Pour ce qui est des livres de poche, les pages sont collées contre la tranche et peuvent être attaqués facilement, mais vous aurez besoin de pinces à linge pour retenir les pages détachées. D'un seul coup, le gros pavé s'est métamorphosé en une douzaine de minces volumes, chacun de la taille d'une nouvelle, plus intimidants du tout. Ne vous montrez pas trop soigneux avec les pages détachées. Une fois lues, jetez-les. Nous aimons bien cette idée de laisser ces pages voler joyeusement l'une après l'autre par la fenêtre d'un train lancé à pleine vitesse, même si jeter des papiers n'est en soi pas très recommandable. Quoi qu'il en soit, rétrécissez le livre au fur et à mesure de votre lecture et prenez l'avantage. Mieux vaut une copie du *Garçon convenable* de Vikram Seth en version informe mais intégré dans votre cerveau, que le volume intact transformé en cale pour la porte d'entrée. ■

La Ronde de la musique du temps, **Anthony Powell**

Grossesse

Les filles, nous y voilà, à ce voyage en maternité. La minute d'avant, vous êtes une solo joueuse et je-m'en-foutiste, se préoccupant de choses aussi essentielles que la prochaine nuance de vos cheveux, la destination de votre prochain voyage – Milan, la Mongolie ? –, ou encore les meilleures méthodes d'épilation – rasoir, cire ? –, et d'un coup d'un seul, votre ventre ballonne sur votre jean serré, vous devez dormir avec un oreiller entre les genoux et lire des livres qui vous suggèrent de glisser des feuilles de chou dans votre soutien-gorge.

Tandis que les ligaments ramollissent et se détendent, et que votre sang est réorienté vers les tâches diverses et complexes de la procréation, nous vous suggérons de profiter pleinement de votre cerveau avant d'être complètement « mamanfiée ». Pour commencer, n'écoutez pas les sirènes qui vous somment de refaire votre maison. Profitez de votre état pour lire. La grossesse offre un moment unique pour s'embarquer dans quelque chose de long et de captivant, quelque chose qui, dans les années à venir, vous rappellera ce moment plein d'attente de votre vie. Et quoi de mieux, alors que vous pensez à vos propres pas dans la danse du temps, que cette saga en douze romans d'Antony Powell, *La Ronde de la musique du temps* ?

Inspiré par l'œuvre éponyme de Nicolas Poussin, la saga de Powell suit Nicholas Jenkins, son narrateur, depuis ses années d'école durant la Première Guerre mondiale jusqu'aux années 1970, de sorte qu'en plus de jouer sur la gamme d'une vie, il offre le portrait de tout un siècle. Le mariage, l'infidélité, le voyeurisme et même la nécrophilie font partie du cocktail, mais c'est la créativité qui fait le liant, avec Moreland le compositeur, Barnby le peintre et Trapnel l'écrivain et narrateur. Empilez les douze romans à côté de votre lit et dévorez-les l'un après l'autre tandis que vous nourrissez en vous cette vie naissante. Vous vous régalerez à vous perdre dans un monde de bohème en compagnie de tant de personnages élégants, prête à vous inventer une nouvelle danse rien que pour vous-même.

VOIR AUSSI : **dos, mal de** • **enfant, naissance d'un** • **fatigué et hypersensible, être** • **hémorroïdes** • **lit, incapacité à sortir du** • **maternité** • **nausée**

J'ai tué la princesse, **Dan Rhodes**

Gueule de bois

Votre cerveau est une scène qui vrombit de trente batteurs jouant une chamade à la folie. Votre langue un morceau de bacon trop cuit resté dans le frigo pendant une semaine. Et votre crâne une machine à laver en mode traitement rapide, avec des lambeaux de nuit collés sur les parois, leurs couleurs apparaissant lors d'instants atroces, avant de replonger dans l'écume de mousse.

Aucun doute : vous avez la gueule de bois.

Vous sortez du lit, ou du divan, ou de tout autre endroit où vous avez perdu conscience. Vous titubez vers l'évier pour remplir un verre d'eau. Vous penchez la tête en arrière – ouille ! – et commencez à déglutir. Le liquide doux et froid fait alors revenir à la surface... Oh, mon Dieu ! Et c'est le moment où vous vous souvenez. Pire que le crâne qui bat à tout rompre. Pire que la confusion mentale. Le souvenir immédiat. De quoi ? Exactement... C'était... Ce que vous avez fait, c'était quoi ?... La nuit dernière, quoi ?

Arrivé à ce point, attrapez *J'ai tué la princesse,* de Dan Rhodes. Parce que quoi que vous ayez fait, ça ne peut pas être pire que ce qu'a fait Véronique, la Parisienne de vingt-deux ans pourrie gâtée qui est sortie de sa cuite pour réaliser, en plongeant dans une nouvelle ère glaciaire, que... Mais lisez et vous verrez.

Faites savoir que vous êtes patraque et allez vous

recoucher. Et là, vous découvrirez, dans une typographie assez grosse qui ne mettra pas vos yeux en péril et une prose directe qui ne fatiguera pas vos méninges, une idée de comment ça aurait pu être pire... Allez, faites-vous plaisir !

VOIR AUSSI : **anxiété • douleur, être dans la • lit, impossible de sortir du • léthargie • migraine • nausée • paranoïa • transpirer**

Le conseil du libraire

Gueule de bois

Bertrand Morizur
Librairie L'Arbre du voyageur (Paris 5e)

La Femme et l'ours, **Philippe Jaenada**

La gueule de bois est peut-être la maladie la plus répandue au monde. En effet, qui n'a pas, lors d'un réveil difficile, regretté amèrement les excès de la veille ? Pour combattre les effets douloureux de mémorables cuites (amnésie subite, neurones ralentis, bouche pâteuse, etc.), la lecture de *La Femme et l'ours* de Philippe Jaenada devrait agir efficacement. Ce roman raconte la dérive alcoolisée de Bix, écrivain discret et fraîchement récompensé par son maire d'arrondissement. À la suite d'une dispute conjugale, Bix largue les amarres, abandonnant femme et enfant. Dans la folle semaine qui suit, notre antihéros, ours alléché par les bas-fonds de la capitale, déambule parmi une galerie de personnages étonnants, femmes séduisantes et perdants magnifiques. C'est un monde de légendes éclairantes, d'histoires réinventées un verre à la main, que pénètre l'insatiable Bix, emporté par un flux d'événements qu'il a lui-même provoqués. Animé par le sentiment qu'il doit sombrer profondément afin de mieux repartir, Bix s'évertue à s'autodétruire avec un soin presque maniaque. Parvenir à nous divertir des aventures pathétiques de Bix était une gageure ; Philippe Jaenada sait comme personne composer des récits à l'humour très acide et magnifier ses personnages – aussi médiocres et déprimés soient-ils. Cette aventure éthylique vaut tous les Alka-Seltzer du monde, car ce roman, aussi désespéré que désopilant, nous donnerait presque l'envie de reprendre le chemin du comptoir !

H

La Rivière de vie,
Ngugi wa Thiong'o

1984,
George Orwell

Haine

La haine est une plante vénéneuse. Laissez-la prendre place dans votre espace et elle vous consumera petit à petit de l'intérieur, contaminant au passage tout ce que vous toucherez. Que vous détestiez quelqu'un, les chauffards, la semoule, les blogueurs branchés ou la télé-réalité n'y changera rien. Et pas plus si votre détestation est justifiée et compréhensible, comme haïr quelqu'un qui vous a cruellement fait du mal. Car le fait d'entretenir cette émotion violente au fond de vous va au final se transformer en violence contre vous-même[1].

Dans *La Rivière de vie,* Ngugi wa Thiong'o montre très clairement comment la haine peut s'installer entre deux camps aux croyances religieuses, politiques et

1. Pour cette même raison, les neurologues ont travaillé en profondeur pour comprendre la neurobiologie de la haine. Il y a quelques années, ils ont pointé les zones spécifiques du cerveau responsables de cette émotion vénéneuse. Ces zones incluent le gyrus temporal moyen, le putamen droit, le cortex prémoteur et le pôle frontal. Si nous vous racontons ça, c'est que nous cherchions une excuse pour glisser « gyrus temporal moyen » et « putamen droit » dans notre texte, mais aussi parce que nous trouvons amusant de souligner que certaines de ces zones, le putamen par exemple, ont été initialement nommées par les neurologues pour désigner les zones spécifiques de l'amour responsables du sentiment amoureux. Ce qui nous amène à conclure que l'amour et la haine sont étroitement liés. Ou bien qu'il n'y a simplement rien à conclure. Fort heureusement, nous disposons de la littérature en filet de rappel aux neurosciences.

philosophiques opposées. Ceux qui sont consumés par la haine feraient bien de lire cette fable qui rappelle *Roméo et Juliette* et se demander si eux aussi ne se sont pas accrochés de façon trop rigide à leurs croyances.

Les deux côtés de la rivière Honia (qui veut dire « remède ») sont dominés par une falaise. Sur l'une d'elles se trouve le village de Kameno, et sur l'autre celui de Makuyu. Le peuple Gikuyu du Kenya a toujours vécu en paix – jusqu'à l'arrivée de l'homme blanc avec ses « vêtements de papillon », ses drôles de manières et sa religion. Joshua, un vieux de Kameno, a été le premier à se convertir au christianisme. Assez vite, il convainc les villageois d'oublier leurs coutumes ancestrales. Le problème surgit lorsque sa fille Muthoni décide qu'elle veut être initiée au statut de femme à travers la traditionnelle et belle cérémonie de l'excision – et qu'elle en meurt. Rapidement, elle devient l'exemple du pire de ce que l'on peut trouver, entre barbare et païen, dans les vieilles coutumes Gikuyu. Les deux villages vont se défier, opposant les anciennes mœurs aux nouvelles. Et quand Waiyuku, de Makuyu, avec sa magnifique et volumineuse chevelure et ses yeux qui brillent, tombe amoureux de Nuyamburu, la seconde fille de Joshua, les habitants des deux villages peuvent enfin fixer leur haine sur quelque chose. Ils la partagent. La haine de chaque groupe gagne en élan, tel un troupeau de bœufs qui dévale une colline, prenant de la vitesse. Et comme toutes les choses qui deviennent hors contrôle, le mouvement se termine en pagaille et destruction.

Ne vous laissez pas déborder par la haine de cette façon-là et sans réfléchir. Prenez plutôt le temps de vous laisser bercer par la prose poétique et généreuse de Thiong'o, par l'importance qu'il réserve à la terre, et son idée fondamentale de l'amour. Ne soyez pas fanatique. Restez modéré. Essayez de voir les choses sous un autre jour. Montrez-vous prêt au compromis et ouvert au fait que les autres n'ont peut-être pas envie de vivre comme vous. Ainsi pourrez-vous peut-être transformer votre haine en amour.

Et si vous soulager de votre haine vous paraît une tâche insurmontable, lisez *1984* de George Orwell et regardez ce qui se passe dans la Semaine de la Haine, sept jours de manifestations monstres, de harangues, de bannières et de films destinés à faire monter une hystérie contre l'ennemi public numéro un de l'État : l'Eurasia. Le sixième jour, la masse déchaînée est dans un tel état de délire haineux qu'elle s'empare des Eurasiens qu'elle coupe en morceaux. Et puis, d'un seul coup d'un seul, la cible de la haine change. La rumeur dit que l'ennemi n'est plus l'Eurasia, mais l'Eastasia. À toute vitesse, les affiches sont arrachées des murs, les bannières piétinées. En moins de temps qu'il en faut pour le dire, les rugissements sauvages de colère ont été réorientés contre les Eastasiens.

Ce changement de cap, faussement tranquille, ouvre une porte à la réflexion. Et d'abord, le sentiment de haine a-t-il, ou pas, un rapport, avec l'objet de cette haine ? N'a-t-il pas plutôt à voir avec la volonté de trouver un objet à sa propre haine ? Faites une pause et prenez le temps de regarder en votre for intérieur. Si ce passage de *1984* ne vous amène pas à reconsidérer vos sentiments, c'est que votre cas est grave, incurable selon nos méthodes douces. Vous êtes sans doute un psychopathe, voyez plutôt un psychiatre.

VOIR AUSSI : **colère** • **juge, s'ériger en** • **meurtrières, pensées** • **rage**

La Dame en noir,
Susan Hill

Beloved,
Toni Morrison

Hanté, se sentir

Si vous faites partie des gens hantés, un de vos problèmes est de convaincre les autres de prendre vos histoires d'apparitions au sérieux. Aidez-les en leur donnant *La Dame en noir* de Susan Hill. Le décor est celui d'une bâtisse isolée, Eel Marsh House, coupée de la terre par la marée deux fois par jour. L'histoire est celle du vilain fantôme qui vient tourmenter Arthur Kipps, le notaire justement chargé de dresser l'inventaire de la demeure, la propriétaire étant récemment décédée. Le roman ne manquera pas de vous envoyer dans la moelle des décharges à répétition et, sans rien faire pour vous soigner de vos propres apparitions, vous aidera au moins à convaincre vos amis d'écouter vos histoires, les yeux grands ouverts.

Dans votre cas précis, nous prescrivrons *Beloved*, le roman et prix Pulitzer de Toni Morrison. Sethe est une ancienne esclave qui vit avec sa fille ado Denver et le fantôme de son bébé mort. Elles ont grandi avec la présence continuelle de ce petit esprit rancunier, qui brise les miroirs, laisse les empreintes de ses petites mains dans la glace des gâteaux d'anniversaire, et des flaques douteuses dans l'entrée, dans lesquelles les visiteurs sont obligés de patauger. De fait, nombreux sont ceux qui évitent la maison et ses occupantes. Mais quand Paul D., le vieil ami de Sethe, réapparaît après dix-huit ans d'absence, le fantôme semble enfin se calmer. Avant de revenir dans une forme humaine.

Beloved sort de la rivière en femme adulte, habillée de la tête aux pieds. Elle passe plusieurs jours à rassembler son énergie pour ouvrir les paupières, tandis que sa robe sèche et que sa peau parfaite s'habitue au soleil. Sa voix est étonnamment lente, elle a toujours soif et semble posséder une force surhumaine, qui lui permet de soulever sa grande sœur d'une seule main. Mais Beloved n'est pas une force positive : elle s'abreuve de l'amour de sa mère comme du lait dont elle a été privée. Elle écarte Paul de Sethe en le forçant, contre son gré, à la toucher dans ses parties intimes. Elle se gave de la vie comme une mouche à viande. On se doute bien que ça ne va pas pouvoir durer. Sethe a les moyens de calmer Beloved, même si elle a d'abord du mal à l'admettre.

Hantés, gardez la foi ! Ce qui vous hante peut non seulement être affronté, mais aussi discuté, négocié, et même apprécié. Si votre fantôme est désireux de venir vivre un moment avec vous, claquer votre argent et conduire à l'écart ceux que vous aimez, qu'il en soit ainsi. Une fois qu'il aura eu ce qu'il voulait, vous pourrez le renvoyer là d'où il vient.

VOIR AUSSI : **démons, affronter ses**

Harcelé, être

Œil-de-chat,
Margaret Atwood

Le harcèlement peut revêtir des formes très diverses. Chez les garçons, il tend à être agressif et physique. Chez les filles, sournois et verbal. Et si on le considère souvent comme un phénomène lié à l'enfance, il survient en fait tout autant chez les adultes – au travail ou à la maison. Notre remède traite du harcèlement chez les jeunes, et comporte un ingrédient caractéristique : celui de la honte ou du désarroi de la victime qui, au moins initialement, l'empêche de voir la situation pour ce qu'elle est et d'obtenir de l'aide. Si vous pensez être harcelé, ce roman vous ouvrira des horizons. Vous reconnaîtrez les techniques qu'utilisent les persécuteurs pour affirmer leur autorité.

Quand Elaine, femme d'un certain âge, retourne à Toronto pour une rétrospective de ses peintures dans le roman glaçant de Margaret Atwood, *Œil-de-chat*, elle se demande si elle va tomber sur sa vieille amie Cordelia, et si c'est le cas, ce qu'elle lui dira. Cordelia était la plus charismatique et la plus séduisante d'un trio de filles (les deux autres étant Carole et Grace), et elles étaient devenues toutes les deux inséparables (Cordelia étant celle à qui Elaine voulait le plus plaire). Chaque fois qu'elle était de sortie avec elle, et qu'elles chantaient et riaient bras dessus bras dessous, Elaine éprouvait de la gratitude – et de l'angoisse. Car elle savait que tôt ou tard, Cordelia se transformerait d'amie en ennemie et, en tant que meneuse du groupe, encouragerait Carol et Grace à faire de même. Quand, à Toronto, Elaine trouve une bille ressemblant à un œil-de-chat que lui avait donnée autrefois son frère Stephen, un souvenir traumatisant qu'elle avait longtemps voulu effacer de sa mémoire remonte à la surface.

Quiconque a jamais été harcelé reconnaîtra la paralysie affective d'Elaine, et ne sera pas surpris par son échec à se soustraire à l'influence toxique du trio. Les victimes de harcèlement ne se rendent pas compte, dans un premier temps, qu'elles sont harcelées, et, semblant adopter un étrange comportement complice, le harcelé est attiré par le harceleur, dont il cherche éperdument la reconnaissance tout en redoutant son rejet et son dédain. Comme Elaine, les harcelés peuvent être à tel point persécutés qu'il leur manque la force et la foi en eux-mêmes pour vaincre leur agresseur (**voir :** estime de soi, mauvaise, si cela s'applique à vous). C'est seulement quand les choses vont trop loin qu'Elaine se réveille et trouve en elle la force de fuir, si elle le veut : « C'est comme sauter d'une falaise. On croit que l'air vous portera. Et c'est ce qui se produit. » Si vous vous reconnaissez dans la dynamique de ce groupe, apprenez à fuir avant que la paralysie ne s'empare de vous.

VOIR AUSSI : **angoisse existentielle • cauchemars • estime de soi, mauvaise • super-héros, rêver d'être un**

Harceleur, être un

Une mort dans la famille, **James Agee**

Vous ne vous considérez peut-être pas comme un « harceleur ». Si vous avez un jour délibérément fait souffrir quelqu'un de plus vulnérable que vous d'une façon régulière et irréfléchie – peut-être verbalement plutôt que physiquement –, vous pourriez bien être coupable de cette pratique honteuse. Si vous savez, au plus profond de vous-même, que c'est le cas, nous vous demandons de lire *Une mort dans la famille* de James Agee, couronné par le prix Pulitzer en 1958, et l'une des descriptions les plus bouleversantes du harcèlement que l'on connaisse.

Rufus habite un « quartier assez mélangé » à Knoxville (Tennessee). Le dîner y est servi à six heures, et fini à six heures et demie, heure à laquelle les enfants sortent jouer pendant que les mères lavent la cuisine et les pères arrosent la pelouse. Rufus, encore trop jeune pour aller à l'école lui-même, aime regarder les enfants plus âgés aller et venir à la sortie de l'école. D'abord, il les regarde de la fenêtre de devant, puis du jardin donnant sur la rue, puis encore du trottoir devant sa maison. Finalement, il ose se tenir à l'angle de la rue où il peut les voir venir de trois directions. Il admire leurs gamelles et leurs trousses, et la façon qu'ils ont de coincer leurs livres dans les sangles de toile brune qui les retiennent – jusqu'à ce qu'ils commencent à les lui jeter à la figure. Le harcèlement se transforme vite en moqueries et en humiliations quotidiennes. Voulant à tout prix croire encore qu'il peut leur fait confiance – que leur simulacre d'amitié n'est pas un mensonge –, Rufus tombe dans les pièges qu'ils ne cessent de lui tendre, pour la plus grande hilarité de ses persécuteurs. Il est plus jeune qu'eux et la violation de sa confiance candide est un spectacle d'un sadisme exquis.

Agee était avant tout un poète, et sa prose agile s'aventure au plus profond de failles affectives inexplorées jusque-là. Quand Rufus endure une tragédie qu'il est trop jeune pour appréhender pleinement – et les persécuteurs persévèrent dans leur sadisme –, le lecteur a le cœur ravagé.

Si vous êtes coupable d'avoir exploité la faiblesse des autres – que cela soit dans la cour de récréation, chez vous ou au travail – et que vous n'avez jamais pris le temps de réfléchir aux conséquences de votre comportement sur votre victime, nous vous mettons au défi de lire ce roman et de continuer ensuite à harceler vos semblables. Si vous savez que vous avez été un persécuteur dans votre jeunesse, **voyez *supra* :** Culpabilité, et passez à autre chose. Hélas, vous ne savez peut-être que trop bien ce qu'est le harcèlement – de nombreux harceleurs ayant été eux-mêmes harcelés antérieurement. Si vous appartenez à ce camp, passer à l'ennemi n'est pas la bonne réponse. **Voyez *supra*** notre traitement pour Harcelé, être.

VOIR AUSSI : **dictateur, être un**

Downriver,
Iain Sinclair

Hémorroïdes

Si vous avez le cul bordé de nouilles, vous êtes bon pour une agonie sans fin. On connaît les traitements classiques contre les hémorroïdes. Se les attacher avec un fil élastique et tirer jusqu'à ce qu'elles tombent. Les geler, les couper. Se les enfoncer dans le derrière. Les ignorer. Se balader en rêvant qu'on s'est carré un cactus dans les fesses. Se faire un lavement du côlon. Un remède plus doux (et à l'effet peut-être plus durable) est de lire *Downriver*, le roman de Iain Sinclair qui jusqu'ici, c'est une honte, n'a jamais été traduit en France. Avis, donc, aux éditeurs ! En douze petits contes joliment entremêlés, allant du naufrage tragique du *Princess Alice* dans la Tamise en 1878, au cours duquel six cent quarante personnes se noyèrent, jusqu'à un futur proche où les plans du gouvernement de « la Veuve », largement inspirée de Thatcher, ont définitivement détruit la vie sur les rives du fleuve londonien, un narrateur mystérieux nous mène dans une randonnée le long des berges. L'écrivain-promeneur se balade surtout à pied, comme Dickens, et en compagnie d'une joyeuse clique d'acteurs, de vendeurs de livres d'occase et de guides touristiques. On plonge dans l'univers de bouquinistes, de petits bandits et de vagabonds, tous maniaques d'occultisme – et dans un Londres dont la majorité d'entre nous ignorait l'existence. La prose dense et inspirée de Sinclair emporte l'imagination vers des hauteurs insoupçonnées. Il faut l'écouter en marchant comme avec un guide audio. L'esprit s'en trouvera si étourdi qu'il en oubliera l'existence même du postérieur.

Emma,
Jane Austen

Orgueil et préjugés,
Jane Austen

La Poursuite de l'amour,
Nancy Mitford

Bel Canto,
Ann Patchett

Homme ou la femme idéal(e), chercher l'

Trouver le partenaire idéal – meilleur ami, amant, compagnon, pourvoyeur de fonds ou cuisinier, tous combinés harmonieusement en un seul paquet – est généralement considéré comme le gros lot, et le moyen de s'assurer simultanément le bonheur, la santé et une vieillesse tranquille. Pour beaucoup de gens, cela frise l'obsession quand ils sont adolescents ou qu'ils ont la vingtaine. S'ils échouent, c'est la cause principale de leur désarroi pour les décennies à suivre (**voir :** homme ou la femme idéal(e), finir avec l' ; solitude). Depuis le XIXe siècle, les romans ont partagé – ou reflété, ou nourri, comme vous voudrez – cette obsession. Des centaines de recherches de l'homme ou de la femme idéal(e) ont été exposées pour notre plaisir et notre connaissance. Mais deux siècles de lecture nous ont-ils rendus meilleurs sur le sujet ? Ou bien sommes-nous devenus perfectionnistes au point de nous mettre constamment en danger en recherchant un idéal qui n'existe pas (**voir :** homme ou à la femme idéal(e), s'accrocher à l' ; bonheur, quête du) ?

Apparemment pas. Beaucoup d'entre nous continuent à suivre le terrible exemple de Linda Radlett, dans *La Poursuite de l'amour*, de Nancy Mitford. Tout en semblant croire que le grand amour ne survient qu'une fois dans le cours d'une vie, elle utilise la même méthode que pour acheter ses vêtements : multiplier les essais et les égarements, jusqu'à ce qu'elle tombe enfin sur le bon numéro, en la personne du riche duc français Fabrice. Il finance ses fantaisies vestimentaires et fait d'elle, pendant un moment, la femme la plus heureuse du monde. Cela ne dure malheureusement pas. Mais pourquoi a-t-elle eu besoin de se montrer si empressée en s'accrochant à cet homme qu'elle pensait unique ?

Bien sûr, on rencontre souvent l'homme ou la femme idéal(e) très tôt. Il ou elle nous dévisage avec insistance, mais aveuglés par nos propres défauts ou les siens, nous avons du mal à le ou la reconnaître comme tel(le). C'est le cas avec l'Emma de Jane Austen, qui est persuadée que son homme idéal est son voisin, M. Knightley. Et c'est aussi le cas dans *Orgueil et préjugés* avec Elizabeth Bennet et son M. Darcy dont les quelques défauts de caractère doivent être aplanis avant qu'elle puisse voir en lui son homme idéal (**voir :** arrogance).

Parfois, notre homme ou femme idéal(e) se trouve au loin et la vie ne nous amène pas à croiser son chemin. C'est le cas cette fois de M. Hosokawa, le patron d'une entreprise d'électronique, qui aurait pu continuer à penser qu'il ne pouvait ressentir de véritable amour que pour l'opéra et non pour l'un de ses semblables s'il n'avait été pris en otage durant un concert donné en son honneur. Dans une des plus belles histoires connues sur l'amour s'éveillant dans un lieu improbable, le brillant *Bel Canto* d'Ann Patchett accompagne la naissance de trois vraies romances : M. Hosokawa avec la belle soprano Roxane Coss, son traducteur surdiplômé Gen avec un paysan analphabète devenu terroriste et le diplomate français Thibaut avec son élégante épouse Édith, qu'il considérait jusqu'alors comme acquise. Transportés par la beauté du chant de Coss – Patchett écrit de manière magnifique sur la capacité viscérale et presque douloureuse de la musique à émouvoir – et condamnés à vivre des moments intenses du fait de la peur continuelle de mourir, les otages comme les terroristes ne trouveront d'issue qu'en passant par le partage de la culture et de l'art, ce qui veut dire chanter, lire, échanger, cuisiner, jouer aux échecs et, bien sûr, aimer.

Nous ne sommes pas en train de dire que vous devriez tenter de vous faire prendre en otage. Ou que vous devriez bondir sur la personne que vous admirez de loin (**voir :** amour non partagé). La littérature suggère que la quête de l'homme ou de la femme idéal(e) est de toute façon une perte de temps. Car ils sont sans doute là, sous votre nez. Portez plutôt votre attention sur ce qui vous passionne, que ce soit l'opéra, comme M. Hosokawa, les chevaux ou Hemingway. Votre personnalité s'enrichira et vous vous sentirez heureux. C'est là, et là seulement, que l'homme ou la femme idéal(e) saura vous trouver.

VOIR AUSSI : **bonheur, quête du** • **célibataire, être**

La Longue Attente, **Ha Jin**

Le Grand Incendie, **Shirley Hazzard**

Homme ou à la femme idéal(e), s'accrocher à l'

Faire des compromis est inéluctable pour qui vit en couple, et ceux qui refusent d'en faire *avant* d'être mariés et qui préfèrent se refuser à l'homme ou à la femme idéal(e) plutôt que d'épouser l'homme ou la femme idéal(e) dans la précipitation et le regretter toute leur vie font le choix d'une stratégie périlleuse. Des vies entières se passent à attendre et il n'y a aucune certitude qu'à la fin l'on trouve le cadeau tant espéré. Et que se passerait-il si, à force d'attendre, vous perdiez votre ticket pour avoir des enfants (**voir :** enfants, ne pas avoir d') ? Ou bien que vous rencontriez enfin votre homme ou femme idéal(e), mais que vous soyez tellement installé dans vos habitudes de célibataire que vous ne supportiez plus de partager votre chez-vous avec quelqu'un d'autre ?

Ceux qui persévèrent malgré tout ont besoin d'encouragements pour rester maîtres d'eux-mêmes, parce que l'alternative est pire (**voir** si vous en doutez : homme ou la femme idéal(e), en finir avec l'). Ils peuvent aller puiser du courage dans l'histoire d'Alfred Leith dans le magistral *Grand Incendie* de Shirley Hazzard. À trente-deux ans, Leith a le sentiment d'en avoir bien plus. Il reste échoué après avoir vécu le trauma de la Seconde Guerre mondiale et un mariage qui a capoté avec Moira. Il n'attend plus rien de la vie. Mais dans les collines humides proches d'Hiroshima, où il a reçu la mission de rédiger un rapport pour le gouvernement, il tombe sur deux enfants d'exception, Helen Driscoll et son frère Ben, malade en phase terminale. Le frère et la sœur n'ont rien en commun sinon un père lourdaud et une mère sournoise que Leith ne supporte pas. Mais les deux se sont créé un petit monde d'intellectuels, se lisant l'un à l'autre Gibbon ou Carlyle à haute voix. Ils vivent dans la littérature et se libèrent grâce à elle. Leith réalise, embarrassé, qu'il vient de rencontrer l'amour de sa vie avec Helen. Avec sa petite poitrine qui perce à peine sous sa robe, il devine qu'elle n'a pas plus de quinze ans.

Au début, il ramène son sentiment à un besoin d'être rassuré dans un monde qui a tout entier besoin de réconfort, mais le bonheur est là, instantanément, quand ils se rencontrent, et Shirley Hazzard fait de ce qui pourrait être une rencontre inappropriée (**voir :** différence d'âge dans un couple) quelque chose de beau et vrai par la force de sa prose volontairement dépourvue de mièvrerie. Leith et Helen sont en attente l'un de l'autre, comblant leur séparation par l'échange de lettres, tout en affrontant l'hostilité des parents d'Helen et la difficulté d'être déplacés dans un pays étranger. Mais l'absolue certitude avec laquelle ils reconnaissent, et nous avec eux, la légitimité de leurs sentiments l'un pour l'autre inspirerait n'importe qui se trouvant dans la même situation. Au final, leur confiance est en lieu sûr.

Soyez attentif, au demeurant, à ce que votre choix ne soit pas juste la résultante de votre indécision ou le refus d'accepter les cartes qui vous ont été données. Dans *La Longue Attente* de Ha Jin, Lin, un médecin de ville, fait attendre sa petite amie Manna pendant dix-huit ans car il doit d'abord divorcer de Shuyu, la petite villageoise illettrée aux pieds bandés que ses parents l'ont forcé à épouser. Année après année, Shuyu annonce qu'elle est prête à divorcer, mais quand Lin se rend au tribunal, c'est pour apprendre qu'elle a changé d'avis. Manna, infirmière chef dans l'hôpital où travaille Lin, gaspille ses années de trentenaire à l'attendre, et sa rancœur la rend amère.

Mais elle n'est pas la seule à être usée par le temps qui passe : Shuyu endure, elle, une vie difficile et solitaire, tout en élevant leur fille Hua dans sa maison à la campagne. Ce n'est que tardivement que Lin prend conscience qu'il a été un mauvais père pour Hua. Quant à Manna, elle a finalement déjà tellement attendu qu'il est devenu pour elle trop tard pour *ne plus* attendre. Dans le même temps, la passion amoureuse de Lin pour Manna s'est estompée et ses atermoiements l'ont amené à perdre son respect de soi. « J'ai compris qui tu es, lui dit un jour son colocataire, tu as juste peur que les gens te voient comme un sale type. » Lin sait que sa faiblesse a causé la ruine de toutes les vies autour de lui, mais même quand l'attente est passée, il reste l'attente à venir. Que ce roman soit pour vous un avertissement : ne faites pas de votre vie une longue attente.

Nous vous encourageons à vous battre, par tous les moyens. Mais assurez-vous de rester réaliste, comme Leith, et pas un doux rêveur comme Lin. Et si vous tenez à quelqu'un qui a besoin d'être séduit, soyez honnête avec vous-même. Ne le faites que si il ou elle mérite l'attente. Si ce n'est pas le cas, allez **voir :** gâcher son temps dans une relation ratée.

VOIR AUSSI : **engager, peur de s'** • **gâcher son temps dans une relation ratée** • **indécision** • **optimisme**

• procrastination • risques, ne pas prendre assez de • romantique, être un incorrigible

Middlemarch, **George Eliot**

Une odeur de gingembre, **Oswald Wynd**

Homme ou la femme pas idéal(e), finir avec l'

Tant que vous le pouvez, évitez pour commencer de vous retrouver avec l'homme ou la femme pas idéal(e). Le lecteur ressent une vraie détresse quand l'inégalée Dorothea Brooke se jette sur ce vieux réac de Casaubon dans le chef-d'œuvre de George Eliot, *Middlemarch*, une étude impitoyable et froide du mariage et des conséquences désastreuses qui viennent d'une mésalliance. Elle fait entrer chez elle l'énormité de son égarement. Mais Dorothea n'a pas l'impression de commettre une erreur, la « grande âme » qu'elle prête à Casaubon la satisfaisant pleinement. De fait, on voit bien que dans ce XIXe siècle où les femmes sont généralement méprisées, elle a besoin de convoler avec un intellectuel pour en acquérir le titre elle-même. On se doute bien que ce n'est qu'une question de temps avant qu'elle voie en lui le pédant desséché qu'il est. Et que les larges visions et le courant d'air frais qu'elle rêvait de trouver dans l'esprit de son mari ne sont que des antichambres et des couloirs venteux ne menant nulle part.

Par chance, Dorothea se trouve libérée d'une promesse de longue et sinistre servitude par l'apparition bienvenue de la Grande Faucheuse. Mais de même que le fringant jeune médecin Lydgate du même roman, vous pourriez ne pas avoir cette chance. Lui et Rosamond, qui ont succombé à un idéal romantique que chacun voit incarné par l'autre, vont devoir affronter une vie de tourments quand émergent leurs vraies personnalités. Les manies dépensières de Rosamond entravent les ambitions de Lydgate comme le médecin novateur qu'il voudrait être, et quand l'attrait de Rosamond pour le mariage apparaît comme à peine plus qu'une avancée sociale pour elle, l'amertume commence à pourrir leur relation. Lydgate aurait été bien plus heureux en partageant sa vie et en travaillant avec cette Dorothea aussi engagée que lui, mais le divorce n'était pas envisageable à l'époque et, entre-temps, Dorothea est mariée pour le meilleur avec quelqu'un d'autre. Prenez soin de bien vous connaître, vous et votre prétendant(e), avant de nouer quelque lien que ce soit. Si vous allez de l'avant avec une connaissance incomplète des caractères de chacun, vous pouvez tomber sur des surprises désagréables.

Et si c'est trop tard, et que l'homme ou la femme pas idéal(e) est, du coup, en train de vous pourrir la vie tandis que vous vous cachez derrière ce livre (essayez au moins de dissimuler l'entrée sur laquelle vous êtes), reprenez courage au côté de Mary, l'énergique héroïne écossaise d'*Une odeur de gingembre* d'Oswald Wynd. Tout le monde est au courant que son homme pas idéal la quitte quand elle a une affaire avec Kentaro, le comte japonais, ce qui est, pour un mari, une manière comme une autre de composer avec une épouse infidèle (**voir :** adultère). Mais Mary a la manie d'attraper des hommes qui s'enfuient, avec ses enfants aussi, et elle en perd deux dans le cours de ce roman.

Heureusement, cette jeune femme stoïque, d'abord coincée en Chine par son mari, un homme froid, attaché militaire, puis contrainte de fuir au Japon, comprend rapidement qu'elle doit s'adapter aux différences culturelles si elle veut survivre. Comme l'arbre à gingembre, qui inspire le titre du livre et reste l'étranger du jardin, elle parvient à conserver, qu'elle soit proscrite ou pas, une assez forte idée d'elle-même au cœur d'une culture étrangère. Ce roman est écrit sous la forme d'un journal entrecoupé des lettres adressées par Mary à sa mère, en Écosse, et à sa meilleure amie, un rite d'écriture qui l'aide très certainement à garder la raison dans son long isolement de quarante et quelques années, à travers deux guerres mondiales et un tremblement de terre. Un rite que vous feriez bien d'adopter à votre tour. Voilà un livre qui vous fera verser ces larmes que Mary s'interdit à elle-même. Utilisez-le pour trouver l'inspiration, tel un encouragement à coller au côté « arbre à gingembre » qui sommeille en vous, surtout si vous êtes mariée à un navet. Vous êtes au cœur du jardin maintenant, profitez-en pour grandir autant que possible. Vous allez voir le jardin pousser avec vous, et de la façon que vous souhaitez. Et s'il ne le fait pas, au moins n'aurez-vous pas perdu votre temps, puisque vous aurez au passage repéré la porte de sortie dans le mur du jardin (**voir :** rompre ; divorce).

VOIR AUSSI : **divorce • insatisfaction • pétrin, être dans le • meurtrières, pensées • partenaire qui ne lit pas, avoir un • regret • encroûter, s'**

Maurice,
E. M. Forster

Homophobie

Il n'y a pas si longtemps, la société pensait qu'il fallait « soigner » les homosexuels de leur tendance inversée, la regardant comme une aberration, une perversion, une maladie (tout en n'étant pas concernée par les lesbiennes ou se contentant de se montrer plutôt aveugle à leur égard). Heureusement, ces derniers temps, c'est l'homophobie, et plus l'homosexualité, qui est devenue le phénomène insupportable dans nos sociétés. Mais elle persiste hélas bel et bien, et notre contribution pour soigner ses partisans, que ce soit ouvertement ou dans le tréfonds de leur cœur, passe par la lecture ou la relecture de *Maurice*, premier roman homosexuel de l'époque contemporaine.

Impossible de ne pas être ému par cette histoire d'amour d'homme à homme, des premiers émois de Maurice quand il rencontre Clive Durham à Cambridge, en passant par le rejet initial, partagé par Clive, de cet amour, malgré leurs doux échanges et l'érotisme tendre de leurs caresses, jusqu'au moment où Maurice bascule d'un dégoût de soi à une colère violente contre ce monde qui ne le juge pas « normal », lui, à cause de ses sentiments. Il n'y a pas un seul exemple d'attitude racoleuse dans *Maurice*, sinon Maurice lui-même. Et Clive, pourtant le premier à céder à l'amour, deviendra le pire oppresseur dans cette histoire.

Lisez et soyez ému (car, oui, les premiers moments d'échange entre Maurice et Clive possèdent une charge érotique pour les hétérosexuels aussi). Il faut partager la joie triste de Maurice quand il parvient à dépasser sa propre hypocrisie, alors qu'il a déjà renié et humilié Clive. Et brûler avec sa colère contre un monde dans lequel il doit vivre « avec des mots truqués sur les lèvres et des sentiments faux au fond du cœur ». Ayez mal quand une solitude dévastatrice s'abat sur lui après le rejet dégoûté que Clive lui réserve à la fin. Et soyez reconnaissant que nous ne vivions plus dans un temps (1913) où un auteur de la stature de Forster pensait qu'il devrait attendre d'être mort pour publier un roman dont il était pourtant fier, conscient du fait que sa description d'un amour authentique bafouait des lois iniques.

VOIR AUSSI : **haine** • **juge, s'ériger en**

Honnête, être trop

VOIR : **avouer, tentation de tout**

Honte

La Couleur des sentiments, **Kathryn Stockett**

La honte est un sentiment primaire, profond, l'un des premiers à faire irruption dans des cœurs innocents. Le honteux ressent un besoin naturel et instinctif de s'enfuir pour aller se cacher, au fond du bac à linge, ou dans un autre pays, où personne ne pourra le trouver. Emportez notre remède littéraire avec vous dans le bac à linge, et quand vous en ressortirez vous aurez compris la sagesse et la nécessité de faire face en toutes circonstances.

Situé à Jackson, dans le Mississippi, dans les années 1960, au moment où le mouvement pour les droits civiques passait dans la clandestinité, *La Couleur des sentiments* raconte la honte collective de générations de riches familles blanches ayant usé et abusé de la main-d'œuvre noire bon marché, à commencer par les servantes et aides ménagères. L'instigatrice de ce mouvement critique est une jeune femme blanche, fille de l'une de ces puissantes familles, et donc coupable malgré elle.

Eugenia, ou Skeeter comme on l'appelle, a la haute ambition de devenir écrivain, sans être très sûre de ce qu'elle produit. Son éditeur new-yorkais, qui la dirige dans ses premiers essais journalistiques, lui conseille d'écrire sur ce qui la perturbe, surtout si cela ne dérange personne d'autre. Le conseil va se révéler précieux. Car ce qui commence à ressortir de la petite Skeeter de vingt-trois ans est un certain malaise à l'égard de Constantine, la femme de chambre noire qui l'a élevée, et qui a brutalement disparu de la maison familiale. Elle découvre que l'histoire de Constantine et de centaines d'autres, racontée pour la première fois avec leurs propres mots, constituerait un livre fascinant. Bien sûr, la peur et le doute l'assaillent. En effet, qui voudrait encore louer les services de ces domestiques une fois qu'elles auront craché dans la soupe ?

À la fin, elle obtient plus que ce qu'elle avait demandé. Aibileen, qui a élevé dix-sept enfants blancs et perdu son propre fils dans un accident de travail, et la très spontanée Minny sont assez courageuses pour se jeter à l'eau. C'est ainsi que, mettant en cause le fragile équilibre d'une société bâtie sur l'injustice et le racisme, Skeeter ouvre la boîte de Pandore.

Généralement, nous n'encourageons pas l'esprit de revanche (**voir :** vengeance, chercher), mais quand la culpabilité peine à s'avouer, l'humiliation est pleinement justifiée. C'est la loi du talion. La punition infligée à Hilly Holbrook, initiatrice d'une règle pour séparer les toilettes des Noirs et des Blancs, est en ce sens parfaitement juste. Minny entre dans la pièce pour apporter à son affreuse employeuse le dessert qu'elle mérite : cette dernière devra digérer quelque chose de bien plus nauséeux que le simple fait de ravaler son orgueil. Ragaillardi par tant d'audace, sortez du bac à linge et réappropriez-vous votre honte. Comme pour la culpabilité (**voir :** culpabilité), vous ne pourrez pas avancer tant qu'elle ne sera pas effacée.

VOIR AUSSI : **culpabilité** • **honte associée à la lecture** • **regret**

Les maladies de la lecture

HONTE ASSOCIÉE À LA LECTURE

DISSIMULEZ LA COUVERTURE

Se faire prendre en flagrant délit de lecture du sulfureux *Cinquante nuances de Grey* devant la porte de l'école ? Gêné d'être surpris en train de pleurnicher sur *Un jour* pendant votre tour de garde de nuit comme agent de sécurité ? Embarrassé de sortir Proust sous le séchoir du coiffeur ? Et que se passerait-il si vos étudiants repéraient leur professeur de littérature aux airs pincés bouche bée devant un roman de vampires dans le bus ? Passez au numérique. La discrétion est la récompense du e-lecteur. Ou bien changez la couverture. Personne n'a besoin de connaître le texte qui vous fait décrocher la mâchoire et briller les yeux. Vos romans sont votre plaisir, et le vôtre uniquement. ■

Hôpital, être à l'

Quand on est à l'hôpital, on attend tout de l'intervention des anges – et une fuite vers un lieu sauvage et moelleux. Faites votre choix dans notre sélection d'« anges » et d'« aventures ».

LES DIX MEILLEURS ROMANS À LIRE À L'HÔPITAL

ANGES

Skellig, David Almond

Le Rire de l'ange, Henri Gougaud

Mr Pye, Mervyn Peake

L'État du ciel, Pierre Péju

De bons présages, Terry Pratchett et Neil Gaiman

AVENTURES

Les Cavaliers, Joseph Kessel

L'Arbre aux haricots, Barbara Kingsolver

L'Appel de la forêt, Jack London

L'Année du volcan, Jean-François Parot

Mutinerie à bord, Jacques Perret

VOIR AUSSI : **douleur, être dans la** • **ennui**

Vices privés,
Philip Hensher

Hoquet

Personne ne peut dire ce qui le provoque, mais nous avons tous notre propre technique pour le soigner. John, le narrateur de *Vices privés* de Philip Hensher (dans lequel le hoquet est systématiquement désigné par un point d'exclamation) a le hoquet pendant tout un mois – il a commencé le jour où sa femme Janet a quitté la maison sans prévenir. Il essaie toute une série de traitements, depuis les plus classiques (boire un verre d'eau en renversant la tête en arrière, bloquer son souffle, boire du champagne) jusqu'aux moins connus (fumer une cigarette, se faire chatouiller, donner des baisers, sniffer de la cocaïne). Il subit plusieurs chocs, complètement par hasard – le moindre n'étant pas cet Allemand et ses trois sacs à dos qui se pointe à sa porte pour lui dire qu'il est amoureux de lui. Mais aucun ne fait de l'effet.

Finalement, quelque chose agit. Il vous faudra lire jusqu'au bout pour savoir quoi – contentons-nous de dire que, de même que pour quantité d'afflictions littéraires, la psychologie fait le lien entre la cause et le traitement de la maladie. Et ça ne vous fera certainement pas de mal de rejoindre John dans son voyage de redécouverte de soi, soit pour démarrer le vôtre, ou simplement pour vous trouver dans la compagnie empathique d'un camarade dans la douleur. Personne n'a envie de combattre tout seul un diaphragme ravagé par les spasmes. Et s'ils persistent après la lecture de *Vices privés* (et sachez-le, comme John le découvre lui-même dans le *Livre Guinness des records*, un malheureux « hoqueteur » en a eus pendant dix-sept ans !), nous suggérons que vous vous administriez un choc littéraire rapide et efficace, qui surgira des pages des romans ci-dessous.

LES DIX MEILLEURS ROMANS ANTI-HOQUET

Soyez assurés de reçevoir des glaçons dans le dos. Ces livres multiplient les chocs tout au long de leur trame, ou balancent de sérieux coups de poing sur certaines pages... On ne vous dira pas lesquelles.

Ravage, Réné Barjavel

Hunger Games, Suzanne Collins

Zulu, Caryl Férey

Les Apparences, Gillian Flynn

Miserere, Jean-Christophe Grangé

Une prière pour Owen, John Irving
Mygale, Thierry Jonquet
L'Oiseau bariolé, Jerzy Kosinski
Bord de mer, Véronique Olmi
Sukkwan Island, David Vann

Hormonal, être

VOIR : **adolescence • années ado, être dans les • fatigué et hypersensible, être • grossesse • ménopause • pleurer un bon coup, besoin de • syndrome prémenstruel**

Humilité, manque d'

VOIR : **arrogance**

Humour, absence d'

Les blagues marchent avec des déclencheurs différents. Dans la liste qui suit, voyez celui qui fonctionne pour vous.

LES DIX MEILLEURS ROMANS POUR VOUS FAIRE RIRE

Cabinet portrait, Jean-Luc Benoziglio
Les Béatitudes bestiales de Balthazar B, J. P. Donleavy
Vous plaisantez, monsieur Tanner, Jean-Paul Dubois
Le Journal de Bridget Jones, Helen Fielding
Un mariage à la mode, Joe Keenan
Quel petit vélo à guidon chromé au fond de la cour ?, Georges Perec

L'extraordinaire voyage du fakir qui était resté coincé dans une armoire Ikea, ROMAIN PUÉRTOLAS

Le Petit Nicolas, SEMPÉ/GOSCINNY

La Télévision, JEAN-PHILIPPE TOUSSAINT

Au pays du fou rire, P. G. WODEHOUSE

VOIR AUSSI : **rabat-joie, être un**

Hypertension

Connue pour réduire l'anxiété, la lecture est une excellente habitude à prendre si vous êtes sujet à l'hypertension ; et particulièrement si vous vous y adonnez en compagnie d'un petit animal à fourrure lové sur les genoux. Mais faites attention à ce que vous choisissez : un livre trop enlevé ou qui donne envie de se ronger les ongles et vous allez vous mettre à vous pomper le sang de façon plus malicieuse qu'avant. Pour ralentir, diminuer les angoisses et profiter de l'instant, faites votre choix dans notre liste de lectures calmantes : des romans qui ne cavalent pas vers l'épilogue, mais se perdent dans des non-événements et louent les vertus d'une vie placide. Ce qui leur fait défaut en rythme, ils le compensent largement en grâce et dans leur capacité d'amener à réfléchir.

LES DIX MEILLEURS ROMANS POUR RÉDUIRE VOTRE HYPERTENSION

La Mezzanine, NICHOLSON BAKER

L'Élégance du hérisson, MURIEL BARBERY

Là-bas, PETER CAMERON

Les Heures, MICHAEL CUNNINGHAM

Les Déferlantes, CLAUDIE GALLAY

La Symphonie pastorale, André Gide
Désert, J. M. G. Le Clézio
Leur histoire, Dominique Mainard
Le cœur est un chasseur solitaire, Carson McCullers
Les Vagues, Virginia Woolf

VOIR AUSSI : **bourreau du travail** • **stress**

Hypocondriaque, être

Le Jardin secret,
Frances Hodgson Burnett

Lire *Le Jardin secret* permet de rappeler poliment que beaucoup des maux dont on souffre sont en fait le produit de l'imagination.

Le jeune Colin, confiné dans sa chambre depuis sa naissance, est persuadé qu'il a une boule de graisse dans le dos qui pourrait se transformer en bosse et l'amener à mourir prématurément. Bien sûr, il n'y a aucune boule, à moins de considérer les petites bosses que créent les vertèbres. Ceux qui s'occupent de lui l'ont poussé à croire qu'il est difforme, condamné à ne jamais devenir un adulte et que l'air frais est un poison pour son sang. Mary, sa petite cousine gâtée, est aussi forte pour piquer des crises que pour distribuer des ordres autour d'elle, à Colin pour commencer. Pas dupe, elle est surtout la seule personne assez courageuse pour lui dire qu'il n'a rien de rien, et oppose la colère du garçon face à un destin supposément tragique à sa propre furie face à son inertie. Seule une petite fille audacieuse et acharnée à lui faire découvrir son jardin secret pouvait briser la bulle de terreur où vivait Colin et lui révéler la vérité.

La passion de Mary pour le jardin amène Colin à quitter sa chambre de malade pour s'ouvrir au monde des fleurs et des oiseaux – un monde aussi habité par l'irrésistible Dickon et ses taches de rousseur, qui pète la santé, lui. Laissez ce roman vous sortir de votre lit pour vous faire découvrir votre propre jardin secret, peut-être même votre Dickon à vous. Cela vous redonnera une santé de tous les diables.

VOIR AUSSI : **anxiété • grippe, avoir la * quand on est un homme • mourir • rhume**

I

Pour la gloire,
James Salter

Idées fixes, avoir des

Nous avons toujours été plutôt partisanes des gens résolus et têtus. En fait, on peut même dire que nous étions obstinées dans notre croyance dans l'obstination. Nous pensions que c'était un trait de caractère très utile, permettant que ce qui doit être fait soit fait. Dans le passé, nous nous sommes obstinées à poursuivre plein de choses – avec de vraies réussites pour certaines d'entre elles –, justement parce que, au départ, nous étions très obstinées. Nous avions une idée fixe à leur sujet.

Et puis, nous avons lu *Pour la gloire* et découvert que notre perception de l'obstination était d'une certaine façon un peu limitée. Ce livre, qui se situe durant la guerre de Corée, raconte l'idée fixe des pilotes de chasse rêvant de devenir des as. Il suffit pour cela d'abattre cinq avions ennemis – appliquer cette idée fixe implique naturellement de mettre sa vie en jeu. D'où l'on conclura qu'avoir des idées fixes peut tuer.

Mais là n'est pas la seule raison qui a fait vaciller notre vision de l'obstination. Alors qu'il a pris un peu de distance avec son idée fixe de devenir un as, Cleve Connell, un homme de trente et un ans, peu bavard, honnête, intelligent et courageux, quelqu'un en somme qu'on aimerait voir tomber amoureux et vivre heureux pour toujours, rencontre la fille d'un artiste japonais qui était un vieil ami de son propre père. À dix-neuf ans, elle manifeste un équilibre extraordinaire et l'on sait à l'instant qu'elle serait une compagne idéale pour Cleve. Si Cleve doit survivre à la guerre, il reviendra la chercher et vivra heureux pour toujours avec elle.

Mais pour survivre au combat, Cleve va devoir faire l'impasse sur une de ses idées fixes – devenir un as –, au profit de celle de rester vivant. Car deux idées fixes en même temps, c'est trop : le conflit est inévitable. Tout le paradoxe est là : en éliminant une idée au profit de l'autre, on devient de facto ouvert d'esprit. Et on ne peut pas être ouvert d'esprit en étant obstiné.

Le nœud du problème, comme on le voit, est qu'avoir une idée fixe est l'opposé exact d'être ouvert d'esprit. Or nous avons depuis longtemps fait allégeance dans nos vies à l'ouverture d'esprit, synonyme de développement personnel. Nous avons donc conclu qu'il était nécessaire de rejeter l'obstination. Mais *Pour la gloire* n'aurait en soi aucun intérêt s'il ne mettait pas en avant l'obstination des pilotes, et pas seulement parce qu'il met en avant l'obstination, mais parce que le roman n'aurait jamais pu être achevé s'il n'avait été lui-même écrit dans un état d'obstination.

VOIR AUSSI : **anal, fixation au stade** • **obsession**

Stiller, **Max Frisch**

La Métamorphose, **Franz Kafka**

Nouvelle grammaire finnoise, **Diego Marani**

Identité, crise d'

Lecteur, qui es-tu ? Un parent, un professionnel, un étudiant, un enfant ? Es-tu toujours toi-même, ou possèdes-tu deux moi, l'un que tu ne montres qu'à certaines personnes, et l'autre que tu présentes à tout le monde ? Ou crois-tu que ta vraie personnalité n'a encore jamais vu la lumière du jour ?

La littérature est pleine de personnages qui souffrent de crises d'identité – que ça se manifeste par des pertes de mémoire, des défaillances psychiques ou, pour d'autres et de façon inexplicable, par des querelles procédurières. Le narrateur de *Stiller*, de Max Frisch, romancier suisse des années d'après guerre, passe son temps à démontrer qu'il n'est pas Anatol Stiller, un sculpteur disparu. Et de fait, selon son passeport, son nom est James (ou Jim) White. Mais ses amis, ses relations et même sa femme l'identifient de manière répétée comme Stiller – mystère qui nous confond autant qu'il trouble White (ou Stiller, comme on voudra). Et tandis que la vérité peu à peu apparaît, nous est donnée la rare occasion de toucher du doigt notre fragilité.

Une chose est sûre : un passeport ou une étiquette sur le veston ne suffisent pas à dire qui vous êtes tout au long de votre existence. Quand un homme est matraqué et laissé pour mort à Trieste durant la Seconde Guerre mondiale, les étiquettes en finnois de ses vêtements disent qu'il s'appelle Sampo Karjalainen. Mais quand l'homme revient à lui, il n'a plus aucune mémoire de qui il est – et pas de langue spécifique. C'est l'ouverture intrigante de la *Nouvelle grammaire finnoise*, de Diego Marani. Un médecin finnois fait partie de l'équipage du navire-hôpital où l'homme est accueilli et il tente de rebrancher du finnois dans le cerveau de celui-ci, avec ce que cette langue comporte de grammaire affreusement compliquée et de mots bourrés de consonnes. Et si cet homme n'était tout simplement pas finlandais ? Comment pourrait-il exister dans une langue qui n'est pas la sienne ? Qu'est-ce qui le fait être lui-même ? À la fin, ce sont les nouvelles relations qu'il noue sur le bateau qui le révèlent à lui-même. Lisez et votre rapport au livre pourrait vous apporter des éléments nouveaux sur ce que cela signifie d'être vous.

Mais si vous êtes malchanceux au point de perdre complètement votre identité, le meilleur remède sur lequel accrocher vos pinces est *La Métamorphose* de Franz Kafka. Gregor Samsa, commis voyageur, se réveille un matin en constatant qu'il s'est transformé en un immense cafard. Il se dégoûte lui-même comme il dégoûte sa famille. Il s'applique à poursuivre son mode de vie tel qu'il était avant mais se rend compte que la chose est de plus en plus difficile. Se nourrir est une épreuve, communiquer impossible et l'hygiène de base encore plus compromise. Gregor glisse doucement dans un état de vide tranquille, où il se laisse dépérir.

Vous pouvez vous réjouir : même si vous ne savez plus très bien qui vous êtes, au moins restez-vous un humain. Regardez vos doigts, vos pieds et le bout de votre nez. Faites marcher vos poumons pour le pur plaisir de les sentir s'emplir d'air. Et lisez le dernier paragraphe du chef-d'œuvre de Kafka à voix haute. Vous vous réjouirez que votre voix ne soit pas celle grinçante d'un cancrelat. Célébrez votre humanité, quelle qu'elle soit.

VOIR AUSSI : **identité / incertain de vos lectures**

Les maladies de la lecture

IDENTITÉ DE VOS LIVRES, INCERTAIN DE L'

PATHOLOGIE LITTÉRAIRE

AMÉNAGEZ-VOUS UNE ÉTAGÈRE DE VOS LIVRES FAVORIS

Si vous sentez que vous avez oublié – ou peut-être que vous n'avez jamais su – quels types de livres sont les vôtres, et vous trouvez par conséquent incapable de savoir quoi lire, nous vous suggérons d'aménager une étagère de vos livres favoris. Sélectionnez une dizaine d'ouvrages qui vous remplissent de chaleur, de nostalgie ou d'une agitation nerveuse. Si ce sont des favoris apparus dans l'enfance, ce sera encore mieux. Faites de cette sélection qui vous attire votre standard. Posez les livres sur une étagère réservée dans la pièce où vous lisez habituellement ou que vous traversez tous les jours. Si possible, relisez-les (ou en tout cas relisez-en des passages). Ils vous rappelleront tout ce que vous aimez dans la littérature et, si votre vie de lecteur a été bien remplie, ils vous rappelleront aussi qui vous êtes. La prochaine fois que vous ne savez pas quoi lire, utilisez ces favoris comme des guides ou des entrées dans votre moi littéraire. Cela vous aidera aussi à trouver des réponses à des questions que vous ne vous posiez pas. ■

L'Idiot,
Dostoïevski

Idiot, se sentir comme un

La pièce se fait silencieuse et vous vous trouvez la cible de tous les regards. Vous comprenez seulement que vous êtes le seul à ne pas comprendre ce qu'il y a de mal dans ce que vous venez de dire. Puis, quelqu'un se met à rire, et les uns après les autres, tous le rejoignent. Vous sentez que votre visage devient brûlant (**voir :** rougir) et vous êtes envahi par un sentiment de honte (**voir :** honte). Ils ne rient pas avec vous, mais *de* vous.

On est tous passés par là. Passer pour un idiot est presque aussi inévitable que de tomber amoureux. En fait, être idiot n'est pas nécessairement une mauvaise chose[1]. Lev Mychkine, le bon prince de *L'Idiot* de Dostoïevski, est un idiot au sens social plus qu'intellectuel. Il reste en-dehors des cercles mondains parce qu'il ne comprend pas leur fonctionnement : l'argent, le statut, le bavardage vain et les subtilités de la vie ordinaire lui sont obscurs. Cependant, quand nous lecteurs pensons au prince Lev, ce n'est pas avec une envie de dénigrement, mais plutôt avec une profonde tendresse et de l'amour. Tous ceux qui le croisent dans le roman sont autant exaspérés que touchés au cœur par son intelligence du monde, que la plupart ne comprennent pas.

La prochaine fois que la pièce se fera silencieuse autour de vous, souvenez-vous du prince. Regardez chacun au fond des yeux et anticipez l'affection qu'ils vont vous porter. Il y a des chances que vous la receviez.

VOIR AUSSI : **raté, se sentir comme un**

1. Alors que tomber amoureux, de la mauvaise personne en tout cas, l'est assurément. **Voir :** amour non partagé ; amour voué à l'échec.

Ignorance

VOIR : **homophobie** • **idiot, se sentir comme un** • **racisme** • **xénophobie**

Monteriano,
E. M. Forster

Imperturbable, rester

Avoir la lèvre supérieure pincée est un trait caractéristique de la physionomie des Anglais, apparent quand ils répriment ou retiennent une émotion. La lèvre se durcit comme du carton quand surgit la moindre contrariété, d'une rupture amoureuse à la mort du chien en passant par le plafond qui s'écroule. Ceux enclins à ce réflexe austère vont s'épousseter les cheveux, lancer un bon mot plein de finesse et proposer à la cantonade, dans la cuisine dévastée, une tasse de thé sans rien laisser paraître de ce qu'ils ressentent. Bien que nous soyons tous admiratifs de ce contrôle de soi, que nous sachions que le fait de rester calme et de poursuivre comme si de rien n'était est la définition même de l'anglicité, trait qui a indubitablement permis de traverser deux guerres et le *blitz* sans y penser, on pourra tout de même avancer que cette réputation de froideur si british connaît un déclin. Certains jugent qu'elle a même totalement disparu avec Lady Di.

Monteriano, le tragique et beau roman de Forster, écrit alors que la lèvre supérieure pincée vivait encore ses plus beaux jours, illustre comment cette façon d'être peut se révéler dangereuse pour la vie des autres, en particulier pour ceux qui ne sont pas du même avis. Lilia, veuve de Charles Herriton, est une frivole bien trop légère au goût de sa belle-famille qui l'encourage à faire un voyage en Italie, manière de la distraire d'une nouvelle liaison qu'elle juge inappropriée. Lui fournissant même une compagne de voyage, Caroline Abbott, vieille fille très comme il faut, ils lui disent au revoir en espérant que l'escapade la ramènera dans le droit chemin. Comme le lui fait remarquer Philip Herriton, son beau-frère plein de condescendance, l'Italie a le pouvoir de purifier et d'ennoblir tous ceux qui la visitent.

Malheureusement, la purification attendue par Herriton ne passera pas par elle. Parce que, presque instantanément, Lilia tombe cul par-dessus tête sur Gino, bel Italien passionné, bon à pas grand-chose et intéressé par pas grand-chose non plus. Un dentiste au pays enchanté, s'exclame Philip qui adore tout ce qui est italien, à part la passion et les fils de dentistes de bas étage ! L'équipe de sauvetage des Herriton est dépêchée sur place, mais elle arrive trop tard. Lilia a épousé Gino, dont elle attend un enfant.

Pour des raisons qu'on ne racontera pas, Philip et sa sœur Harriet se retrouvent face à face avec Gino. Et dans la confrontation qui s'ensuit, l'Italien expansif n'ayant pas peur de paraître vulnérable ni d'exprimer ses sentiments, en particulier son amour paternel, on s'aperçoit que la manière anglaise, méprisante et collet monté, ne présente que des défauts. Pendant un moment, Philip tombe sous le charme du Méditerranéen et se met à douter. Mais Harriet est là, la lèvre supérieure plus raide que jamais, qui balaie toute sentimentalité et reprend les choses en main. Cela se terminera pour tous dans un ravage irréparable. Laissez vos lèvres remuer, laissez-les trembler, laissez-les s'ouvrir grand. Et que se déversent ces grosses émotions humides et chamboulées !

VOIR AUSSI : **émotions, incapacité à exprimer ses**

Imprudence

VOIR : **adolescence** • **alcoolisme** • **drogue, consommer trop de** • **égoïsme** • **jeux, être accro aux** • **négligence** • **risques, prendre trop de** • **vingt ans, avoir dans les**

L'Éducation sentimentale,
Gustave Flaubert

Indécision

Si vous êtes du genre à vous laisser enfermer dans des contradictions chaque fois que vous devez prendre une décision, si vous avez tendance à voir les choses du point de vue des autres plutôt que de les voir du vôtre, si vous vous rendez malade, vous, mais aussi vos amis, à force d'hésiter au croisement devant le chemin à prendre, incapable de vous engager sur aucun d'entre eux, il est probable que vous souffriez du mal quintessentiel de votre âge : l'indécision. Jamais auparavant n'y a-t-il eu plus de choix – et jamais auparavant n'avez-vous paru plus paralysé.

Frédéric Moreau, le héros de *L'Éducation sentimentale* de Gustave Flaubert, on le découvre frais bachelier de dix-huit ans aux cheveux longs qui vient faire ses études à Paris. Le jeune homme, natif de Nogent-sur-Seine, s'interroge sur la voie à emprunter, peine à trouver sa vocation. Il se demande s'il sera un grand peintre ou un grand poète. D'abord troublé par Mme Arnoux, épouse d'un patron de presse, il songe à écrire un roman qui la mettrait en scène. Des femmes, il y en aura d'autres à ses côtés. Telles Rosanette, dont il aimerait bien être l'amant, ce qu'il finira par devenir ; Mme Dambreuse, mariée à un banquier, qu'il trouve charmante ; Mlle Louise, la fille du père Roque, un voisin de sa mère. Qu'il est indécis ce Frédéric Moreau qui ne sait pas pourquoi il fait les choses, qui multiplie les déceptions !

Le roman de Flaubert refermé, secouez-vous un peu. Tenez-vous prêt à vous éveiller à une vie nouvelle et bien décidée. Ou, après tout, non... ne le faites pas !

VOIR AUSSI : **commencer, peur de • vacances, ne pas savoir quels livres emporter en**

Indifférence

VOIR : **apathie**

Indigence

True Grit,
Charles Portis

Vous êtes constamment en train de demander de l'aide ? Incapable de vous débrouiller seul ? Dans l'attente qu'on vous tienne la main à tout instant ? Appeler à l'aide, c'est bien, mais la dépendance totale, beaucoup moins. Arrive un moment où il faut apprendre l'autonomie. Comme quand on attaque une route couverte de neige fondue, un peu de détermination peut aider.

Dans l'Amérique d'après la guerre civile, le roman *True Grit* de Charles Portis décrit la détermination sans faille de Mattie, une fille de quinze ans qui veut envoyer l'assassin de son père en prison. Le tueur est Tom Chaney, un ancien employé de son père, qui a pointé un pistolet sur celui-ci dans un moment de beuverie. Mattie se rend à Fort Smith apparemment pour retrouver le corps de son père mais, à l'insu de sa famille, elle a un autre plan en tête.

La première chose qu'elle fait est de récupérer de l'argent dû à son père, puis de convaincre le plus rude des rangers qu'elle puisse trouver de partir à la poursuite de Chaney. Rooster Cogburn n'a pas froid aux yeux, mais elle a encore plus de cran et parvient à le convaincre. Après quoi, elle doit encore le persuader de l'emmener avec lui. Cogburn tente de lui fausser compagnie, mais elle refuse de rester derrière. Et tandis qu'ils plongent dans les paysages neigeux de l'Arkansas, Mattie doit encore affronter sans se plaindre la faim, des échanges de coups de feu et le froid glaçant.

Le bon sens de Mattie la presbytérienne est celui d'une âme pieuse. Mais son courage estimable face aux bandits, aux couteaux, aux balles, aux serpents et aux cadavres emporte chaque fois l'admiration et renforcera votre propre envie d'indépendance au fil de la lecture. Même si elle utilise les gens pour mener à bien ce qu'elle a entrepris, elle trouve en elle seule les ressources pour aller au bout de son plan. C'est une Mattie plus âgée qui, replongeant dans le premier chapitre de sa vie, nous raconte cette histoire. L'adulte qu'elle est devenue est pour beaucoup le produit de toutes ces difficultés traversées et du deuil. Durcis-toi à ton tour, lecteur. Dis au revoir à la guimauve et fait entrer un peu plus de courage dans ta vie.

VOIR AUSSI : **estime de soi, mauvaise** • **lâche, être un** • **saisir sa chance, ne pas savoir**

Remise de peine,
Patrick Modiano

Innocence, perte de l'

Il faut vous y habituer, chers lecteurs. L'innocence, une fois perdue, ne peut jamais être retrouvée. Il n'y a pas de remède à ça, mais un baume à administrer pendant ces moments où vous manquent la simplicité et la naïveté d'une époque révolue. Patoche, le narrateur de *Remise de peine*, a une mère actrice en tournée et un père souvent en voyage à Brazzaville ou à Bangui. Avec son frère cadet, il habite chez des amis de maman, dans un village des environs de Paris qui pourrait être Jouy-en-Josas. La maison à la façade de lierre est pleine de femmes qui vont et viennent. Y passent aussi des hommes, prénommés Roger ou Jean, dont on ne sait pas très bien ce qu'ils font. Le monde des adultes est là, presque palpable. Une jeune fille a été engagée pour venir chercher les garçons à l'école. Une brune au chignon strict qu'ils ont rebaptisée Blanche-Neige. Quand on lui offre *Touchez pas au grisbi*, un volume de la Série Noire qui tranche radicalement avec ses habituelles Bibliothèque Verte, Patoche comprend qu'il a franchi un cap. Qu'il a désormais mis un pied dans le monde étrange et fascinant des grandes personnes. Pour qui s'interroge sur ce moment de basculement marquant la fin de l'enfance, *Remise de peine* est un compagnon inestimable. Un modèle de subtilité et d'émotion qui procure le même effet bénéfique à chaque lecture.

Rue de la Sardine,
John Steinbeck

Insatisfaction

Nous sommes nombreux à vivre avec une impression d'insatisfaction permanente – un sentiment lancinant que notre existence n'est pas assez accomplie, ou pas assez remplie. Certains considèrent qu'ils ne possèdent pas assez : à partir de notre adolescence, nous pensons que si nous pouvions nous offrir tel ou tel nouveau gadget ou vêtement à la mode, nous serions satisfaits. D'autres, qu'ils n'ont pas assez de temps – que leur vie se résume à des listes de choses à faire, qui les empêchent de penser et de respirer (**voir :** occupé, être trop). D'autres encore éprouvent l'impression d'être incomplets affectivement, intellectuellement ou spirituellement, un sentiment d'inaccomplissement ; nous aspirons à des relations plus riches, ou à un métier plus intéressant (**voir :** métier, s'être trompé de), ou à une plus grande aisance financière (**voir :** fauché, être), qui nous donneront l'impression d'être finalement *arrivés* et de pouvoir enfin commencer à vivre pour de bon.

Sans vouloir jouer les rabat-joie, si vous continuez à chercher des réponses à l'extérieur de vous-même, l'insatisfaction persistera. C'est peut-être un cliché, mais la réponse se trouve à l'intérieur de vous. Et souvent, la seule façon d'en prendre conscience est de cesser de poursuivre ces chimères et de s'arrêter un moment pour faire le point.

C'est une chose que Mack et ses potes savent faire. Dans *Rue de la Sardine*, l'ode de Steinbeck à la vie sans ambition des clochards, nous rencontrons ces gars pour la première fois dans un terrain vague, assis sur de vieilles tuyauteries rouillées et abandonnées d'une conserverie de sardines : Mack, Eddie, Hazel, Hughie et Jones, des hommes qui ont trois choses en commun : pas de famille, pas d'argent et pas d'autre ambition que manger, boire et s'amuser.

En fait, ce n'est pas entièrement vrai. Leur famille « adoptive » en est une quatrième – sans oublier Doc, l'adorable propriétaire d'un laboratoire de recherches biologiques, qui vit au milieu de ses bocaux remplis de spécimens marins. Doc comprend son rôle de père dans cette famille, et expose tous ceux qui entrent chez lui à du Monteverdi ou du Scarlatti à plein volume, ou à des lectures du poète chinois Li Po. Il y a aussi Dora, la dame qui dirige le bordel du coin, avec sa flamboyante chevelure orange et ses robes du soir vert Nil. Et Lee Chong, leur épicier-banquier, qui leur vend du whisky bon marché et leur fait crédit en se fendant d'un sourire laissant apparaître sa dent en or. Mais ils ont dans une certaine mesure une ambition, celle d'avoir une maison, une vieille poissonnerie prêtée par Lee Chong, qu'ils rebaptisent « Grill du palais de l'asile de nuit » et qu'ils décorent amoureusement avec des morceaux de vieux tapis, des fauteuils « avec et sans siège », et, la « splendeur, le cœur et le centre » de leur nid douillet, une monumentale cuisinière que deux d'entre eux mettent trois jours à transporter jusque dans la maison.

Pour beaucoup, ce sont des bons à rien, des voleurs et des traîne-savates. Mais pour Doc, ce sont des gars qui ont « réussi » – des hommes probes et en bonne santé qui peuvent passer leurs journées à faire ce que bon leur semble. Ils mènent leur vie au jour le jour, vivant de ce que leurs rapportent leurs petits boulots, mais ils sont heureux comme cela. Alors que d'autres passent leur vie à courir pour réussir, à accumuler et à craindre de se laisser distancer dans leur quête du toujours plus, ne parvenant jamais à atteindre leurs objectifs, Mack et ses amis ont une conception du bonheur « tranquille et légère », et en profitent calmement. « À quoi bon conquérir le monde entier et le posséder si c'est pour avoir un ulcère à l'estomac, une prostate en capilotade et des verres à double foyer ? » demande Steinbeck.

Vous pouvez penser que cette Amérique avec ses usines en ruine, ses trottoirs défoncés et ses terrains vagues, ses bastringues et ses asiles de nuit, n'existe plus. Mais elle existe encore si vous savez où regarder. Consacrez une journée à vous plonger dans ce monde tendre, affectueux et oisif – un monde d'hommes qui se contentent de peu, qui seraient capables de déplacer des montagnes pour faire plaisir à Doc, mais dont les cœurs sont au bon endroit –, un lieu de contentement et d'acceptation, où l'on ne poursuit pas indéfiniment des chimères. Puis appliquez cette approche décontractée et tranquille – avec ses effluves de sardine – à votre propre vie. Avec la pratique, vous pourrez prendre du recul et voir votre insatisfaction – comme l'eau des cuvettes au milieu des rochers où Doc et Hazel ramassent des étoiles de mer – refluer doucement.

VOIR AUSSI : **bonheur, quête du** • **ennui**

Insomnie

La Maison du sommeil, **Jonathan Coe**

Le Livre de l'intranquillité, **Fernando Pessoa**

Tout le monde en souffre à l'occasion. Mais si c'est le cas toutes les nuits, voilà qui peut faire des ravages dans votre relation amoureuse, votre carrière ou simplement dans votre capacité à finir la journée. Si vous êtes victime d'insomnie, vous vous sentez piégé dans un cercle vicieux. Car tandis que votre niveau d'exaspération monte avec la fatigue accumulée, le problème continue à s'autogénérer : rien ne vous empêchera de dormir plus que l'angoisse d'être incapable de dormir.

Les insomniaques passent à la lecture pour supporter ces heures solitaires jusqu'au petit matin. On ne peut qu'être d'accord : il n'y a pas de meilleur moyen de passer un temps qui serait gâché de toute façon, pour autant que vous ne dérangiez personne en tournant les pages. Mais encore faut-il que vous lisiez le bon livre[1] ! Ainsi, le roman de Jonathan Coe, *La Maison du sommeil*, est un précieux outil pour explorer votre absence de sommeil, mais il ne faut pas l'entamer en se couchant, à moins d'accepter de rester éveillé jusqu'à l'aube. Malgré son titre, le contenu du livre est tout sauf un calmant. Attrapez-le plutôt dans la journée quand vous êtes bien réveillé et paré pour une analyse poussée des raisons pour lesquelles, bon sang, vous n'arrivez pas à dormir !

Divisé en six parties, chacune consacrée à une étape du sommeil, le roman suit quatre personnages se connaissant vaguement et ayant chacun un problème distinct avec le sommeil. Sarah est une narcoleptique dont les rêves sont tellement précis qu'elle a du mal à les distinguer de la vie réelle. Terry, jeune critique de film en devenir, dort, lui, un minimum de quatorze heures par nuit tant il est dépendant de rêves « d'une beauté presque paradisiaque ». Gregory, le petit ami de Sarah, psychiatre dans une clinique du sommeil, s'est lancé dans une expérience d'abstinence de sommeil dans un but scientifique, persuadé qu'il s'agit d'une maladie que l'on peut guérir. Quant à Robert, en apparence le plus normal des quatre, il devient tellement fou de Sarah qu'il s'impose une transformation radicale afin de trouver sa place dans la vie, et le lit, de celle-ci.

Empli de détails techniques colorés qui fascineront les insomniaques, le roman pousse à analyser ses propres hallucinations entre deux sommeils et à scruter avec attention ses yeux de dormeur fou, tout en proposant une liste de traitements pratiques, dans laquelle chacun trouvera celui qui marche pour lui. Mais redisons-le : ne lisez pas ce livre la nuit. Il est si prenant que vous vous forcerez à garder les yeux ouverts plutôt qu'à le poser.

1. Bien sûr, si quelqu'un partage votre lit, c'est peut-être lui le premier coupable – soit qu'il fasse vibrer l'air (**voir :** ronfler), soit qu'il ait dit quelque chose avant de se coucher (**voir :** adultère ; culpabilité ; irritabilité).

À défaut, le roman à lire durant des heures agitées est *Le Livre de l'intranquillité*, un roman à intrigue qui, sans vraiment vous faire dormir (quoiqu'il le puisse, on va en parler...), vous permettra de vous installer dans cet état assez lourd de présommeil, avant de vous emmener dans un sommeil plus profond. *Le Livre de l'intranquillité* est le journal de Soares, assistant comptable chez Vasques & Co., dans la rue des Douradores, un travail à peu près aussi prenant que de faire une sieste l'après-midi. Soares se lamente tout autant qu'il se réjouit de la monotonie de sa vie rangée, où tout ce qu'il pense et ressent n'existe précisément que comme le refus de ce travail. Et quelles pensées et quels sentiments ! Soares a beau avoir un visage d'une fadeur qui le consterne dès qu'il s'aperçoit en photo, il est un rêveur constamment partagé entre ce qu'il est en train de vivre et les voyages fous qui lui traversent la tête.

Par son manque de confiance, ses rêveries et ses coups de cœur permanents, il est impossible de ne pas tomber amoureux de Soares. Calme, discret et un peu plaintif, l'homme semble sans cesse en état de somnolence et, même s'il est sujet à la mélancolie et parfois au désespoir, c'est le parfait compagnon. Soares s'assiéra pendant des heures avec vous pour tenter de mesurer, par exemple, si la vie ne serait pas « l'insomnie éveillée de nos rêves » et le sommeil notre existence réelle. C'est que Soares réfléchit beaucoup au sommeil. En réalité, il fait à peine la distinction entre les états de veille et de sommeil, étant donné qu'il rêve autant quand il est éveillé que quand il dort, et que le sommeil, souligne-t-il, n'est jamais qu'un autre moment de la vie active.

En dehors de cela, il n'existe aucun autre lieu en littérature où les rythmes de la prose sont plus accordés à cette belle promenade en forêt que sont les heures d'insomnie. Si vos paupières commencent à tomber tandis que vous lisez, pas de problème : Soares ne vous en voudra pas. Vous pourrez reprendre la conversation avec lui le lendemain soir, où que vous l'ayez laissée.

Il vous attendra, prêt à poser une nouvelle série de questions essentielles.

VOIR AUSSI : **dépression profonde** • **épuisement** • **fatigué et hypersensible, être** • **irritabilité** • **stress**

Franny et Zooey,
J. D. Salinger

Intelligent, être exceptionnellement

« Je ne sais pas à quoi ça sert de savoir tant de choses, et d'être futé comme pas deux, et tout et tout, si ça ne te rend pas heureux. » Ainsi s'exprime Mrs Glass dans les deux nouvelles de J. D. Salinger *Franny et Zooey* – et elle est bien placée pour le savoir. Mère de sept enfants prodiges particulièrement précoces qui ont tous été invités à la très populaire émission de radio *« It's a Wise Child »* (« C'est un enfant sage »), elle a depuis perdu son aîné (Seymour), qui s'est suicidé, et désormais soupçonne sa benjamine (Franny), qui passe son temps affalée sur le sofa du salon, de lui couver une dépression nerveuse.

Être plus intelligent que n'importe qui d'autre devrait en théorie être une chose positive. Mais il n'y a rien que les gens médiocres détestent plus que de voir leur médiocrité exposée au grand jour. Malheureusement, cela condamne l'enfant exceptionnellement intelligent à une vie d'aliénation. Les enfants Glass se retrouvent qualifiés soit de « bande de petits connards insupportablement "supérieurs" qu'on aurait dû noyer ou gazer à leur naissance », soit d'« authentiques têtes d'œuf avant l'âge », ce qui est plus aimable, mais tout aussi suspicieux. Et si les enfants exceptionnellement intelligents ne sont pas mis à l'écart par les autres, ils finissent souvent par mettre les autres à l'écart. Les gens intelligents sont facilement ennuyés et déçus par leurs prochains. La dépression apparente de Franny a été déclenchée par un rancart qu'elle a eu le week-end précédent avec Lane, son soupirant de l'université, pendant lequel elle s'est retrouvée à le critiquer sans relâche. « Il m'était tout simplement *impossible* de garder une opinion pour moi-même », se lamente-t-elle auprès de son frère Zooey. « C'était tout simplement horrible. Quasiment depuis le moment où il m'a retrouvée à la gare, j'ai commencé à critiquer, et critiquer, et critiquer le moindre de ses jugements ou opinions ou... tout ce qu'il disait, en fait. »

Dans la vie, ce sont en général les Lane de ce monde qui s'attirent la sympathie – ces gens « normaux » victimes des comportements « anormaux ». Mais la littérature aime se ranger du côté des gens bizarres, et les personnes exceptionnellement intelligentes trouveront un grand soulagement dans la description que fait Franny de leurs tourments. Heureusement, les lecteurs adorent les personnages comme les frères et sœurs Glass, précisément pour les qualités qui font que les autres ne les aiment pas ; et les gens exceptionnellement intelligents devraient en tirer un certain réconfort.

Si, comme pour Franny et Zooey, votre intelligence vous a coupé du monde, il est vital de ne pas haïr le monde en retour. Franny et Zooey finissent par trouver une issue à leur insatisfaction, à la suite d'une révélation qui leur permet de voir Dieu en chacun. Vous pouvez préférer laisser Dieu en dehors de tout ça ; le message est simplement d'aimer les autres. Ce roman aussi bref que charmant vous inculquera le sens de la solidarité et remplira votre réservoir d'amour chaque fois qu'il menacera d'être à sec.

VOIR AUSSI : **différent, être**

Internet, addiction à

Wolf Solent, **John Cowper Powys**

Mais que sommes-nous devenus ? Une race d'individus se comptant par millions, qui vivent assis pendant des heures, des jours et des années entières, à interroger leurs écrans dans un ravissement solitaire, perdus dans un enfer où la réalité est devenue insignifiante. Même s'il nous arrive de nous lever de temps à autre, pour manger, dormir, faire l'amour ou une tasse de café, nos ordinateurs et téléphones portables nous appellent comme des sirènes pour que nous nous remettions au boulot, pour interagir, mettre à jour et recharger. Comme les mites attirées par la lumière et la chaleur, nous paraissons incapables de résister, même si nos yeux tirent, que nos dos font mal (**voir :** dos, mal de) et que notre capacité de concentration est épuisée (**voir :** concentrer, incapacité à se). Parfois, on dirait que la vie est plus excitante sur nos écrans que lorsqu'ils sont éteints.

Notre médication contre ce mal moderne très déplorable suppose que vous tourniez le dos à la vie pour quelques heures encore, le temps de plonger dans *Wolf Solent*, le roman mystique et délicieusement excentrique écrit en 1929 par John Cowper Powys. Situé dans une région de l'Ouest britannique, déjà familière aux admirateurs de Thomas Hardy (les deux auteurs ont beaucoup en commun), le livre est écrit dans un style très dense, mais il vaut vraiment la peine. Une fois que vous aurez découvert JCP, de son petit nom, vous jeterez votre ordinateur dans la première benne à ordures pour partir vivre le restant de vos jours au milieu des oiseaux et des abeilles.

Wolf Solent s'ouvre sur la figure du héros éponyme, un garçon de trente-cinq ans aux allures de lutin assez peu avenant, qui fait une escapade depuis Londres, où il a été enchaîné à un triste job d'enseignant pendant dix ans. Il retourne dans la ville de son enfance, où il va renouer avec sa vie intérieure, ce que lui-même appelle sa « mythologie personnelle ». Lieu mystique où il revient à la nature. À l'instant où il capte, depuis le train, la première bouffée d'odeurs matinales du Dorset au printemps – celles des pousses fraîches, des fossés boueux et des primevères sur une rive herbeuse – sa vraie vie recommence. Il expérimente ce qu'il décrit comme une prolongation enivrante de sa propre personnalité, qui vient directement de la nature.

Le sujet est sérieux et ne cessera de le devenir. Assez vite après son arrivée, Wolf décroche un job de chercheur chez un notable malicieux nommé Urquhart. Il tombe amoureux de deux femmes en même temps, Gerda, désirable à la folie, capable d'imiter le chant d'un merle, et Christie, qui partage sa passion pour les livres. Wolf se bat pour trouver une manière d'aimer les deux à la fois, tout en courant après ces sensations très physiques qui le font se sentir heureux et vivant, et il devient impossible de ne pas partager sa réponse crue et extatique au monde de la nature. À travers ses yeux, on apprend à discerner l'énergie animale chez les autres. Quelle meilleure recette que celle-là pour redécouvrir comment vivre dans le monde – sensuellement, sexuellement, avec une implication totale de l'esprit et du corps. Et peut-être, à la manière de Wolf, plongé dans les parfums de légumes qui apaisent les yeux et renforcent les muscles du dos, remettrez-vous votre cerveau fracturé en état de marche.

VOIR AUSSI : **concentrer, incapacité à se**

Les Particules élémentaires, **Michel Houellebecq**

Inutile, se sentir

Si vous avez le sentiment de ne rien savoir faire, d'essayer toujours en vain, de ne pas comprendre le monde qui vous entoure, si, en un mot, vous vous sentez inutile, l'acide mélancolique qui flotte dans les pages des *Particules élémentaires* devrait vous aider. Michel Houellebecq y retrace la vie de deux demi-frères, Michel, chercheur en biologie et disciple d'Heisenberg, et Bruno, professeur de lettres aspirant écrivain. Chacun est confronté à la solitude. Michel évolue « dans un vide sidéral » qui ne laisse pas de place à l'amour, malgré la présence d'Annabelle ; Bruno, à l'inverse, tente de combler les blancs de son existence par une quête effrénée du plaisir. Il trouvera dans un camping post-soixante-huitard, tendance New Age, une compagne sensuelle inattendue : Christiane. Une nuit, après qu'elle l'a fait jouir dans un taxi, Bruno l'emmène dans un restaurant parisien. Il est deux heures du matin. Commence alors, autour d'une choucroute bien servie, une conversation sur l'utilité de l'Homme par temps moderne : « Je ne sers à rien, dit Bruno avec résignation. Je suis incapable d'élever des porcs. Je n'ai aucune notion sur la fabrication des saucisses, des fourchettes ou des téléphones portables. Totalement dépendant de la société qui m'entoure, je lui suis pour ma part à peu près inutile ; tout ce que je sais faire, c'est produire des commentaires douteux sur des objets culturels désuets. » Tout l'opposé de son frère Michel, estime-t-il, dont les connaissances ont changé le monde. « Il a créé de nouvelles vaches », par exemple, de belles bêtes génétiquement modifiées au lait très nourrissant. Certes. Mais absorbé par son travail, séparé du monde « par quelques centimètres de vide », Michel en oublie de vivre et d'aimer. « Tu n'es pas humain, dit doucement Bruno en levant les yeux sur lui. Je l'ai senti dès le début, en voyant comment tu te comportais avec Annabelle. » Lorsque Annabelle meurt, il est trop tard. Si comme Bruno vous vous sentez inutile, dites-vous que vous êtes vivant. Vous n'échapperez ni aux déceptions ni aux angoisses, mais vous saurez saisir les joies et les éclats de bonheur disséminés sur votre chemin, ce qui n'est déjà pas si mal.

Irritabilité

Le Bateau-Phare de Blackwater, **Colm Tóibín**

Quand quelqu'un se montre irritable, il y a sûrement une autre émotion, inexprimée ou cachée, comme la partie immergée de l'iceberg sous la surface apparente. Souvent l'irritabilité est le signe que les vraies questions ont été évitées (**voir :** confrontation, peur de la). L'agressivité verbale, par exemple, peut devenir une habitude réflexe dont on n'a même plus conscience.

Il n'y a aucune expression apparente dans l'attitude extérieure du narrateur, Hugh, le mari d'Helen, dans *Le Bateau-Phare de Blackwater*. L'homme est aussi simple que discret, sans affect. Helen, de son côté, est instable et défiante, habitée par des icebergs qu'elle seule sait à peu près comprendre. Dans son roman, Colm Tóibín dissèque l'amertume et les bleus qui sont apparus entre trois générations dans la famille d'Helen : la grand-mère Mrs Devereux, la mère Lily et Helen, la fille, dont le père est mort plusieurs années plus tôt.

Quand Helen apprend que son frère Declan est condamné par le sida, elle se charge d'annoncer la nouvelle à sa mère Lily, dont elle est éloignée. Celle-ci n'a pas été invitée à son mariage sept ans plus tôt ; elle n'a jamais non plus rencontré son mari ni ses deux fils. Elles décident pourtant ensemble d'emmener Declan dans la maison de la grand-mère à Blackwater, la même maison où Helen et Declan se rendirent quelques années plus tôt au chevet de leur père malade, avant de partir pour Dublin faire des tests et sans le projet de revenir. Helen se trouve renvoyée malgré elle dans un monde qu'elle aurait voulu ne jamais revisiter.

Les couteaux sont sortis entre Lily et Helen avant même qu'elles n'arrivent à destination. « Et tu ne me l'as jamais dit ? » hurle Lily quand Helen lui annonce qu'elle savait que Declan était gay depuis dix ans. « Je ne t'ai jamais rien dit sur rien », réplique Helen. Quand tous se retrouvent enfermés dans la petite maison aux draps sales et mal aérée, les mots blessants se mettent à fuser. « Je ne sais pas comment il fait pour te supporter », dit Lily à propos de Hugh, le mari d'Helen qu'elle n'a pourtant jamais rencontré. Helen s'en sort en changeant brutalement de sujet à chaque question que pose Lily. La grand-mère, Mrs Devereux, n'est pas mieux, agressant tout le monde avant de se justifier par un : « Je suis vieille et j'ai le droit de dire ce que je veux. »

Tandis que le faisceau du phare balaie la maison à intervalles réguliers, Declan reste allongé, agonisant dans cet espace en eaux troubles. Il catalyse toutes les mauvaises humeurs, mais il est le seul à ne pas s'y noyer. Heureusement, deux de ses bons amis sont là, Larry le bavard et Paul le cogneur froid. Tous les deux prennent les femmes à part, l'une après l'autre, et leur demandent de laisser tomber leurs ressentiments. Les icebergs peuvent à nouveau faire surface et, vers la fin du roman, Helen, sa mère et sa grand-mère ont une idée plus précise des griefs de chacune. N'attendez pas que survienne une crise pour faire sortir votre colère. Si vous, ou quelqu'un de votre entourage, êtes sujet à l'irritation, invitez quelques amis loquaces dans la discussion. Et faites remonter les icebergs de l'eau.

VOIR AUSSI : **colère**

J

La Vénus à la fourrure, **Leopold von Sacher-Masoch**

Jalousie

Contrairement à la simple envie, qui consiste à convoiter les biens d'autrui, la jalousie est une tendance à se torturer soi-même en imaginant que quelqu'un voudrait s'approprier quelque chose qui vous appartient. Cela entraîne une tendance à s'accrocher de façon très forte à son bien, quitte à se montrer médiocre, inquiet et empli de rage à l'égard de l'impétrant potentiel (**voir :** haine). Incompatible avec la raison, la jalousie constitue une force supérieurement destructive qui, si elle n'est pas dominée, peut dévorer votre amour-propre et, pour finir, vous empêcher de continuer à avoir une relation saine avec cette chose que vous protégez furieusement. Que vous souffriez de la jalousie entre enfants pour capter l'attention des parents (**voir :** fraternelle, rivalité), ou à l'égard de la promotion d'un collègue au travail, ou encore d'un rival possible en amour, il est utile de comprendre que, sous son emprise, vous avez tout à perdre en comparaison de ceux qui n'en sont pas affectés. Par chance, la jalousie, quelle qu'en soit la forme, est auto-infligée, et si vous l'avez générée vous-même, vous avez aussi la capacité de la détruire.

Le remède que nous suggérons, *La Vénus à la fourrure* de Leopold von Sacher-Masoch, montre très clairement le caractère auto-infligé de la jalousie. Insolite pour son temps (il a été publié en 1870), le roman explore les vices de la subordination sexuelle. Un après-midi, après s'être assoupis devant ce magnifique tableau intitulé *La Vénus à la fourrure*, le narrateur et son ami Séverin partagent un rêve à propos de cette déesse, et tous deux confessent leur préférence pour les beautés qui marquent du dédain. Le narrateur s'empare ensuite du texte écrit par Séverin, et qu'il lisait par-dessus son épaule. Il y décrit ses relations avec une femme nommée Wanda, qui est l'incarnation mortelle de la Vénus. Wanda est une femme belle, cruelle et tyrannique qui aime alternativement Séverin et abuse de lui. Elle le distrait, le taquine ou philosophe avec lui un moment, avant de le fouetter en l'appelant « mon esclave » l'instant d'après, quand elle ne le nargue pas en faisant la coquette avec les autres hommes.

Séverin avale tout. Quand elle parle d'un autre amant, il est dévoré par la passion, une « douce folie », et quand on sait qu'il a laissé tomber au passage une relation bien plus gentille, on comprend à quel point son amour pour Wanda est malsain. C'est comme s'il voulait être maltraité, et tant mieux si ça fait mal ! Il obéit à ses ordres avec soumission, tout son corps tremblant d'amertume. Suit alors une série d'humiliations, d'extases et de terreurs qui lui font craindre pour sa vie.

Ce n'est qu'au terme de sa confession, qui constitue l'essentiel du livre, que Séverin se redresse et voit combien cette relation a été une torture qu'il s'est imposée. « Quiconque accepte d'être fouetté mérite de l'être » est la morale qu'il en tire. Et ce n'est pas par hasard que Masoch nous a fourni avec « masochisme » le mot décrivant ce plaisir paradoxal. Votre jalousie est masochiste, elle est le produit de votre moisson. Soyez attentif à la haine de Séverin pour lui-même, abandonnez votre récolte et partez librement.

VOIR AUSSI : **colère** • **indigence** • **paranoïa**

Les Noces sauvages,
Nikki Gemmell

Jambe cassée

Être capable de se déplacer – de marcher, de courir et, par extension, de s'enfuir – est très surfait. Il est beaucoup plus sensé de rester immobile. Mais si vous vous êtes cassé la jambe et que vous vous demandez comment vous allez pouvoir rester allongé au même endroit ou vous traîner sur des béquilles pendant les cinq ou six semaines à venir sans devenir fou, reportez-vous aux *Noces sauvages*, premier roman de l'auteure australienne Nikki Gemmell. Le titre original de l'ouvrage, *Cleave*, est un auto-antonyme, un mot qui, par un étrange accident de l'évolution linguistique, signifie également son contraire. Méditez sur la relation entre *cleave* (« fendre, séparer ») et *cleave* (« adhérer, se cramponner à »). Cela vous aidera à visualiser l'état « clivé » de votre os et, du coup, accélérera le recollement de ses fragments.

« Maigrichonne, et déjà marquée à force de vivre trop souvent en fuite », Snip a découvert pour la première fois la vie sur la route quand son père l'a enlevée à sa mère vingt-cinq ans plus tôt. Il lui avait coupé les cheveux (d'où son nom, Snip, « petit coup de ciseaux ») pour qu'elle ressemble à un garçon et que personne ne puisse la retrouver. Désormais âgée de trente ans, Snip fait en sorte que les hommes de sa vie aient toujours le sentiment qu'elle pourrait leur fausser compagnie à tout moment, une façon de les rendre accros. Puis, quand elle décide que c'est fini, elle prend la tangente. « Pas de numéro, pas d'adresse où faire suivre le courrier. Une nouvelle ville, une nouvelle rupture. »

Enfin, jusqu'à ce qu'elle rencontre Dave, un gars de la ville qui a répondu à son annonce. Il possède un pick-up Holden Ute. Elle recherchait quelqu'un pour la conduire à Alice Springs, au beau milieu du désert. Snip a tôt fait de décréter qu'il n'est pas son genre. Son visage est « trop ouvert », trop serein. Il « respire » la santé.

On sent qu'il a été beaucoup aimé toute sa vie, comme un rocher baigné par le soleil. Elle prend de nouveau la fuite, bien sûr, mais s'engage tête baissée dans une expérience qui la contraindra à réévaluer son comportement.

Ne soyez pas une Snip. Soyez un Dave. Restez couché sur ce lit d'hôpital, les vastes étendues du désert australien se déployant dans votre esprit (vous apprécierez particulièrement, cela ne fait aucun doute, l'image de cette « grande portion de ciel bleu formant une voûte dans le firmament [...] avec, au-dessous, un *Eucalyptus aparrerinja* solitaire, fin comme un tibia, se détachant sur une colline rougie par le couchant »). Soyez comme la chaleur émanant d'un rocher chauffé par le soleil pour ceux qui viendront à votre chevet. Non seulement vous vous attirerez beaucoup d'attentions, mais vous finirez par vous faire de nouveaux amis à qui rendre visite quand vous serez de nouveau sur pied. En tant que lecteur, vous compterez beaucoup sur Dave et espérerez ardemment que Snip réussisse à s'attacher à lui – désir qui se concrétisera de lui-même quand vos os se ressouderont.

VOIR AUSSI : **douleur, être dans la** • **hôpital, être à l'**

Un jardin extraordinaire, **Sophie Bassignac**

Jardiner, aimer un peu trop

Bêcher ou cueillir des roses peut vous aider à tout oublier, à faire le vide, à vous ressourcer. « Les jardins sont une des formes du rêve, comme les poèmes, la musique et l'algèbre », disait Hector Bianciotti. Erik Orsenna, lui, l'a affirmé : « Le jardin, c'est de la philosophie rendue visible. » Une maxime que ferait certainement sienne l'héroïne d'*Un jardin extraordinaire*, le savoureux roman de Sophie Bassignac dont l'univers singulier et farfelu est chaque fois un pur régal. Fille d'un imprimeur angevin, Maud Ritter habite une jolie maison dans un bourg de province. Voici une grande brune efflanquée tout en cheveux avec des yeux violet foncé, une personnalité bien trempée et des théories sur tout. Maud, qui a pratiqué la danse classique et chante dans une chorale, travaille comme monitrice dans une auto-école. Sa grande passion est son jardin où elle se réfugie dès que possible. Un lieu qui tient de la folie, hautement improbable, digne d'« une scène de théâtre expérimental des années 1970 ». Dès qu'on a posé le pied sur la deuxième dalle de l'allée, on peut y entendre de la musique grâce à un ingénieux procédé. Ensuite, le visiteur a le choix entre la menthe, les pois de senteur, les pavots ou le pied de rhubarbe géante. On trouve également là des poiriers et des camélias. Un hamac, un « bassin poétique » et même un « vieux banc à rêvasser » ! Attention toutefois à ne pas s'y laisser enfermer, à ne pas céder à tous les extrêmes en matière de bouture. Jardiner, si on le fait avec mesure, peut constituer un remède idéal contre la morosité. Exactement comme lire un roman de Sophie Bassignac.

L'Homme-dé,
Luke Rhinehart

Jouer

Prenez un dé et écrivez six choses que vous pourriez faire aujourd'hui, entre sublime et grotesque. Par exemple :

1/ Vous épiler tout le corps.

2/ Inviter à dîner la première personne que vous croisez, quels que soient son âge, son sexe ou sa couleur de peau.

3/ Jeter une fléchette sur un globe et vous envoler pour la destination où elle s'est plantée.

4/ Envoyer ce livre à votre boss en pointant tous les maux dont il ou elle souffre.

5/ Prendre un seau et une pelle et marcher jusqu'à la mer.

6/ Lire *L'Homme-dé* de Luke Rhinehart et vous soigner de votre manie du jeu.

Jurez solennellement que vous ferez ce que vous indique le dé. À vous de jouer.

VOIR AUSSI : **addiction aux jeux • fauché, être • risques, prendre trop de**

Le Liseur, **Bernhard Schlink**

Pobby et Dingan, **Ben Rice**

Juge, s'ériger en

Il est tentant, surtout quand on est jeune, de balancer des opinions immédiates et définitives sur les autres. De juger, de statuer, d'étiqueter, toutes choses qui, pour un esprit immature, paraissent synonymes de force et d'aplomb. Avoir des opinions assurées ne devrait pourtant jamais ouvrir le champ au jugement – cette propension à évaluer une chose ou une personne sur une seule de ses qualités ou de ses attributs. Quelqu'un qui est dans le jugement affirmera, par exemple, que tous les délinquants sont des êtres affreux, que les gens difficiles sur la nourriture font de piètres partenaires au lit, ou que tous les adolescents sont niais – et dans le jugement (ils n'ont pas tout à fait tort sur ce point).

Pour sortir de cette tendance à s'ériger en juge, nous vous recommandons de vous immerger dans cette fable compliquée sur la culpabilité nazie, la honte de soi et l'horreur rétrospective qu'est *Le Liseur*, de Bernhard Schlink, un roman qui explore la manière dont les générations d'après guerre devraient approcher l'Holocauste ainsi que ceux qui se sont impliqués dans ses atrocités. Michael Berg n'a que quinze ans lorsqu'il débute une relation avec Hanna, la conductrice de tram, qui en a trente-six. Leurs jeux consistent à se baigner souvent ensemble, clin d'œil à ce besoin inspiré de Lady Macbeth de se laver de ses fautes passées, mais aussi à partager des livres. Hanna aime que Michael lui fasse la lecture de *L'Odyssée* en grec ou de *Guerre et Paix*, ce que nous ne pouvons qu'approuver de tout cœur (**voir :** solitude induite par la lecture ; partenaire qui ne lit pas, avoir un). Bien plus tard, alors que Michael est étudiant en droit et qu'il assiste à un procès pour crimes de guerre, il reconnaît un des visages dans le box. Son premier amour est devenu une gardienne SS, complice de la mort de centaines de femmes. Mais elle possède un autre secret, dont elle est encore plus honteuse.

Michael va passer le reste de sa vie à tenter de comprendre ce qu'a commis Hanna, et ce qu'en conséquence elle lui a fait subir à lui. Elle souffre d'un profond remords et s'autorise même à être jugée pour des fautes qu'elle n'a pas commises. Le choix de Michael de ne pas répondre aux lettres qu'elle lui envoie de prison la fait souffrir. De là, Schlink nous plonge dans une complexité éthique. Voulez-vous vous laisser émouvoir par la souffrance d'Hanna ou continuer à la condamner pour les crimes qu'elle a commis ? C'est pour vous un vrai test. Puisse ce roman vous convaincre qu'avoir des idées arrêtées et s'abstenir de juger ne sont pas nécessairement incompatibles.

Si vous n'avez pas le cœur à affronter de si graves questions, un remède plus doux est disponible. Si un roman, ou une nouvelle, peut vous amener à éteindre vos jugements enflammés, c'est bien *Pobby et Dingan*, de Ben Rice. Kellyanne, la sœurette du narrateur Ashmol, a deux amis imaginaires, Pobby et Dingan. Comme on pourrait s'y attendre de la part d'un grand frère qui se respecte, et qui a grandi de surcroît dans cette communauté de mineurs durs à cuire de Lightning Ridge, en Australie, Ashmol n'a pas de temps à perdre avec ces enfantillages. Comprenez-le ! Il a passé des années à recevoir l'ordre de céder sa place à table à Pobby et Dingan, ou de ne pas aller à la piscine parce que Pobby et Dingan occupaient l'espace !

Mais à la fin du roman, quand Kellyanne annonce que Pobby et Dingan sont morts, ce qui la rend malade au point de devoir être hospitalisée, Ashmol accomplit quelque chose de merveilleux : il sillonne la ville pour offrir une récompense à quiconque serait capable de retrouver les amis de sa sœur. À partir de là, vous aussi aurez envie de vous rallier aux complices des rêves de la fillette, et non aux grognons et aux ricaneurs.

Restez ouvert. Il y a du bon, du mauvais, du fou et du triste en chacun de nous, et vous n'avez pas à fermer les yeux ou à applaudir à tout pour apprécier une personne. Cela vaut pour vous aussi. Si vous vous lancez dans une nouvelle activité, évitez de vous considérer comme un cas désespéré (**voir :** estime de soi, mauvaise) et commencez par ne pas trop vous juger vous-même.

K

Karma

VOIR : **amour voué à l'échec** • **enfants, ne pas avoir d'** • **mort d'un être aimé** • **paternité**

Kidnapping

VOIR : **harcelé, être**

Kilos en trop

VOIR : **estime de soi, mauvaise** • **obésité** • **boulimie** • **stress**

L

Ne tirez pas sur l'oiseau moqueur, **Harper Lee**

Vigdis la farouche, **Sigrid Undset**

Lâche, être un

Il est impossible de mener une vie décente et d'être en même temps un lâche. Comment voulez-vous que les autres se comportent correctement – sans parler de vous-même – si, au premier problème venu, votre réaction est de détaler comme un lapin et de vous cacher, les jambes tremblantes ?

Ce qui ne veut pas dire que vous deviez être intrépide. Il est normal d'avoir peur. Mais vous devez éprouver cette peur, et l'affronter, comme le recommandent les livres de développement personnel. Si vous avez tendance à refouler vos émotions, à vous dégonfler ou à laisser les autres prendre les coups – ou si vous avez besoin d'être poussé dans vos derniers retranchements pour montrer enfin votre courage –, inspirez-vous des prouesses des personnages les plus braves de la littérature.

Notre personnage préféré – et combien nous l'aimons pour cela ! – est Atticus Finch, dans *Ne tirez pas sur l'oiseau moqueur*. Ce père célibataire (si vous êtes dans cette situation délicate, **voir :** parent célibataire, être un) révèle sa bravoure face au danger physique quand il abat calmement, du premier coup, un chien enragé dans la rue principale de Myacomb, dans l'Alabama. Cet exploit lui vaut l'admiration immédiate et ébahie de ses deux enfants, Jem et Scout, qui jusque-là le considéraient comme un être faible, à moitié bigleux, étant plus âgé que les autres pères de la ville. Atticus apprend à ses enfants qu'il n'y a rien de courageux à harceler l'ermite du quartier, Boo Radley, et qu'il faut parfois plus de courage pour s'éloigner d'un combat quand quelqu'un vous défie (« Scout est un lâche ! ») que pour riposter. Mais c'est dans le courage qu'il met à défendre Tom Robinson, un Noir accusé d'avoir violé une femme blanche dans une ville où les comportements racistes sont monnaie courante, qu'il leur livre – et à nous aussi – le plus grand enseignement. Assez courageux pour tenir bon même quand ses enfants sont harcelés à l'école à cause de la posture morale de leur père, assez courageux pour affronter – seul – une populace agressive résolue à lyncher Robinson dans la prison locale, Atticus est fait de l'étoffe des hommes d'exception.

Ne tirez pas sur l'oiseau moqueur demeure l'une des condamnations les plus cinglantes des préjugés raciaux dans la littérature, et le courage d'Harper Lee elle-même – femme blanche écrivant sur les gens au milieu desquels elle a grandi – ne doit pas être sous-estimé. Elle a publié son livre en 1960 – avant que le mouvement pour les droits civiques américain ait atteint son apogée – et sa liberté de ton fait d'elle l'égale de son propre personnage.

Si l'approche juridique et pondérée d'Atticus n'est pas votre style, prenez exemple sur Vigdis, l'héroïne viking aussi dure qu'une hache couverte de sang de l'extraordinaire roman de Sigrid Undset, *La Fille de Gunnar*, paru en 1909[1]. Écrite dans le style d'une saga nordique du XIIe siècle, l'histoire que nous conte Undset est celle de la jeune et belle Vigdis, fille du respecté chef viking Gunnar. Quand nous la rencontrons, Vigdis est au seuil de l'âge adulte : quintessence de la féminité, elle compose un personnage impressionnant avec ses bijoux et sa cascade de cheveux blonds qui lui

1. Connu en France sous le titre *Vigdis la farouche*.

descendent jusqu'aux genoux. Un jour, elle rencontre le mystérieux Ljot avec ses yeux bleu foncé et son épaisse frange. Une extraordinaire alchimie s'instaure immédiatement entre eux.

Mais le concupiscent Ljot prend Vigdis par la force, contre sa volonté – la laissant enceinte, sa réputation souillée –, et le sang viking de la jeune femme, qui a soif de revanche, bout de fureur. La vie devenant pour elle de plus en plus dure, nous la voyons relever chaque défi et acquérir petit à petit la force dont elle a besoin. Sa fuite sur des skis à travers une sombre forêt couverte de neige et infestée de loups, un enfant de deux ans apeuré attaché sur son dos, et les hommes les plus violents de l'histoire lancés à ses trousses est l'une des scènes les plus galvanisantes de la littérature. Au terme de cette poursuite, elle ne pousse pas un cri quand trois de ses doigts gelés sont tranchés à la hache – à sa demande.

Le courage de Vigdis n'est pas seulement physique. Femme dans un monde d'hommes, elle gagne l'admiration générale pour les négociations inflexibles mais franches qu'elle mène avec rois, brigands et prétendants. Elle reconstruit la demeure familiale et réussit habilement à attirer sous son toit deux figures paternelles pour faire de son fils Ulvar un homme, un vrai. Il apparaît cependant que même cette « brave des braves », comme Ulvar l'appelle, n'était pas épargnée par la peur. Même quand elle a tranché la gorge de l'homme qui a tué son père, ses jambes tremblaient ; des années plus tard, elle reconnaît avoir « craint chaque homme qui l'a courtisée » depuis cette désastreuse introduction à l'amour charnel.

Ne laissez pas la peur faire de vous un lâche. Apprenez à la maîtriser en toutes circonstances. Avec Atticus, Vigdis et Harper Lee comme mentors, endossez hardiment le rôle d'un héros d'aujourd'hui.

VOIR AUSSI : **confrontation, peur de la • risques, ne pas prendre assez de • super-héros, rêver d'être un**

Larmoyant, être

VOIR : **fatigué et hypersensible, être • pleurer un bon coup, besoin de • syndrome prémenstruel**

Un thé au Sahara,
Paul Bowles

Don Quichotte,
Cervantes

Léthargie

Vous avez peut-être réussi à vous sortir du lit (**voir : lit, impossible de sortir du**), mais vous manifestez à peu près autant d'énergie dans vos mouvements qu'un hippopotame femelle enceinte. Si vous êtes dépassé par la léthargie physique ou mentale, traîner vos membres épais sans but se révèle, c'est prouvé, difficile à modifier. Simplement parce que combattre la léthargie suppose d'avoir de l'énergie. Mais d'où la première injection d'énergie capable de renverser l'inertie pourrait-elle venir ?

Notre remontant, composé de deux formules, commence par la plongée dans une ambiance stagnante où la léthargie prospère. L'inimitable *Thé au Sahara* de Paul Bowles, à la fois subtil, grave, intense et empli d'une bonne dose de sinistrose, offre une de ces ambiances. Port, sa femme Kit et leur incroyablement bel ami Tunner (les Américains qui ont fui leur pays d'origine auront du mal à trouver mieux) dérivent à travers le désert en Afrique du Nord. Ce petit groupe agité et sans relief passe son temps à éviter d'échanger, même avec les indigènes, ou de s'engager dans quoi que ce soit dans la vie. Une menace indéfinie semble exister entre eux et les Arabes qu'ils rencontrent, des figures sombres qui se dissimulent et auxquelles on ne peut faire confiance. Des pierres sont jetées d'on ne sait où et les portefeuilles pas loin d'être arrachés. Mais le trio continue d'avancer, sans destination précise, avec un vent menaçant dans le dos et un ciel brûlant au-dessus de la tête.

Kit est la moins équilibrée. Certains jours, elle

est tellement possédée par son sens divinatoire d'un désastre à venir qu'elle annule tous les plans qu'elle avait prévus. Tunner, avec ses allures fades, l'ennuie, et elle trouve ses salutations du matin bêtement joyeuses. Et pour Port, son mari, la seule certitude est la tristesse infinie qu'il porte en lui, et qui en devient presque rassurante tant elle est habituelle. Quand Kit lui dit un jour : « Nous n'avons jamais réussi, ni l'un ni l'autre, à aller au bout des choses dans la vie », elle ne fait qu'appuyer là où ça fait mal. Leurs vies sont comme ces boîtes de Petri utilisées dans les labos où se développeraient des bactéries de léthargie, pleines de langueur, d'incertitude, de mauvaise communication et de démence. Regardez-vous en face et demandez-vous si ces boîtes de Petri ne font pas aussi partie de votre vie.

La seconde partie de notre traitement doit commencer dès que vous aurez tourné la dernière page de Bowles, puisqu'elle va supprimer votre corps, comme dans un électrochoc. L'enchanteur et très excitant *Don Quichotte* de Cervantes, qui s'inspire des chevaliers errants peuplant les romans courtois dont il est fervent et qui reste éveillé tard la nuit pour les lire, représente tout ce que les personnages d'*Un thé au Sahara* ne sont pas. Il se lève tôt, revêt l'armure de ses aïeux remise à neuf, et s'en va en quête d'aventures : une damoiselle en détresse à secourir et aimer, un bandit à transpercer de sa lance. La léthargie a-t-elle sa place ici ? En vérité, non. Tandis que les Américains insatisfaits de Bowles réduisent le mystère et la beauté du désert à des choses étranges et peu crédibles afin de s'en protéger, refusant par là même une résonance magnifique et épique qui aurait pu les inscrire dans l'histoire, Don Quichotte fait de simples auberges des châteaux aux flèches d'argent et d'un alignement de moulins une armée de géants. Et le tout avec une désinvolture parfaite, un joyeux état d'esprit et une totale indifférence aux mises en garde de son fidèle écuyer.

Prenez ce livre avec soin, en glissant sur la plume de Cervantes son énergie renouvelée, son appel aux armes désinvolte, son charme romanesque et son piquant. Pour ceux qui sont mous et lents, c'est le remontant le plus tonique que la littérature puisse offrir, tout en restant dans la légalité.

VOIR AUSSI : **ambition, trop peu d'** • **apathie** • **ennui** • **lit, impossible de sortir du**

PATHOLOGIE LITTÉRAIRE

Les maladies de la lecture

LETTRÉ, ENVIE DE PARAÎTRE

DIX ROMANS POUR LES IMPOSTEURS LITTÉRAIRES

Nous comprenons bien votre envie. Un individu lettré, bon connaisseur de romans, a une chance d'être mieux équilibré, mûr et, surtout, plus intéressant dans la conversation. Mais nous ne cautionnons pas ce manque assez misérable d'intégrité. C'est un peu comme Nick, le narrateur de *Gatsby le Magnifique* qui, lancé dans une belle carrière en ville, s'achète une douzaine de livres, pour tout savoir du roi Midas ou de l'esthète Mécène. Vous avez sans doute, et c'est tout à votre honneur, l'intention de lire tous ces livres, vous les avez peut-être déjà lus. Mais la plus forte probabilité est que vous racontez des bobards.

La bonne nouvelle est que vous n'avez pas besoin d'avoir lu autant de livres pour paraître lettré, c'en est même étonnant. Il faut juste choisir les bons. Les dix livres listés ci-après vous mettront en excellente posture pour faire bonne impression. Si jamais vous parvenez à la fin de cette liste, vous aurez acquis le goût d'en lire plus. ■

LES DIX MEILLEURS ROMANS POUR PARAÎTRE LETTRÉ

Les cinq premiers sont essentiels. Les cinq suivants vont envahir votre cerveau de paysages littéraires infinis.

ESSENTIELS :

Les Liaisons dangereuses, Pierre Choderlos de Laclos

Madame Bovary, Gustave Flaubert

La Princesse de Clèves, Madame de Lafayette

Cyrano de Bergerac, Edmond Rostand

Germinal, Émile Zola

CERISES SUR LE GÂTEAU :

La Nuit, le jour et toutes les autres nuits, Michel Audiard

Uranus, Marcel Aymé

Le Feu follet, Pierre Drieu La Rochelle

Jérôme, Jean-Pierre Martinet

Les Fruits du Congo, Alexandre Vialatte

Éloge de la marâtre, **Mario Vargas Llosa**

Libido, perte de

Quand vos pulsions sexuelles piquent du nez, allez chercher l'inspiration dans ce vilain petit coquin de roman de l'auteur péruvien Mario Vargas Llosa. Tous les soirs, après ses fastidieuses ablutions, Don Rigoberto prend sa femme Doña Lucrecia dans ses bras et lui murmure : « N'allez-vous pas me demander qui je suis ? » Doña Lucrecia est habituée à ce petit jeu. « Qui, qui êtes-vous, mon amour ? » implore-t-elle. Et Don Rigoberto, être sensuel, amoureux des arts, veuf d'âge moyen qui n'en revient toujours pas d'avoir retrouvé l'amour et une belle-mère pour Alfonso, son fils adolescent, commence alors à emprunter le point de vue du personnage d'une toile célèbre.

Ce qui l'excite, lui autant que Doña Lucrecia, est d'incarner dans leurs ébats les personnages de grands tableaux. Un soir, il est *Le Roi de Lydie* dans l'œuvre du maître hollandais du XVIIe siècle Jacob Jordaens, exposant fièrement les fesses avantageuses et volumineuses de sa femme. Le soir suivant, il est titillé par *La Diane sortant du bain* de François Boucher, imaginant Lucrecia comme la déesse de la chasse, le corps couvert de miel et les orteils sucés les uns après les autres par une maîtresse. Une autre nuit plus agitée, il est la *Tête I* de Francis Bacon, angoissé et peu avenant, mais qui parvient à faire sortir leurs sèves.

Peut-être vont-ils un peu loin. Désignée pour être Vénus dans la toile de Titien, *Vénus avec Cupidon et un organiste*, Doña Lucrecia est tellement excitée par les descriptions que lui fait son mari d'un Cupidon la chatouillant de ses ailes et se roulant sur la surface satinée de son corps qu'elle se prend à imaginer faire des vilenies avec son beau-fils Alfonso. Mais, perché au sommet de sa sexualité naissante, le jeune garçon aux cheveux d'or est trop fin pour l'encourager dans cette voie.

Il n'y a rien de mal à aller puiser son inspiration dans l'art et la littérature pour rallumer la flamme du désir dans un lit conjugal fatigué. Dans l'esprit de Don Rigoberto plutôt que de Doña Lucrecia, nous vous offrons ce traitement, plus, si cela ne suffisait pas, ce que la littérature érotique peut fournir de remèdes pour revigorer l'orgasme. En espérant que vous y trouverez le moyen de remettre un peu de buée sur les fenêtres de votre chambre.

VOIR AUSSI : **orgasmes, pas assez d'** • **sexe, trop peu de**

PATHOLOGIE LITTÉRAIRE

Les maladies de la lecture

LIRE PLUTÔT QUE VIVRE, TENDANCE À

VIVEZ POUR LIRE PLUS EN PROFONDEUR

Le subterfuge habituel des gens qui ne se coltinent pas au monde pour vivre comme dans un roman est d'en écrire un. C'est ce que disait Thomas Hardy en parlant de ses confrères écrivains dans *Les Yeux bleus*. Si vous préférez lire plutôt que vivre, vous prenez le risque de passer à côté du vrai McCoy. Un minimum de connaissance de la vie est nécessaire pour comprendre vos livres et leur faire justice. Comment pourriez-vous ressentir la douleur d'Anna Karénine si vous ne vous êtes jamais mis en danger, sauf à découvrir que le sol se dérobait sous vos pieds ? Une bonne façon de savoir si vous êtes équilibré est de vous assurer que vous ne passez jamais plus de temps à vivre qu'à exister. Allez-y et mettez en pratique quelques-unes des leçons de vie que vous avez apprises dans les livres. Et allez à la rencontre des autres plutôt que de leur envoyer une lettre, comme Harold Fry dans *La lettre qui allait changer le destin d'Harold Fry arrive le mardi*, de Rachel Joyce. Lancez-vous dans une méharée à dos de chameau, comme Tante Dot dans *Les Tours de Trébizonde* de Rose Macaulay. Lisez pour vivre, ne vivez pas pour lire. ■

Couché,
David Whitehouse

Lit, impossible de sortir du

Peut-être avez-vous une migraine ou la gueule de bois (**voir :** migraine ; gueule de bois). Peut-être détestez-vous votre travail et avez décrété une Journée de la couette (auquel cas, **voyez :** syndrome prémenstruel et notre liste des dix meilleurs romans à lire sous une couette). Peut-être votre chauffage central est-il détraqué et ne parvenez-vous pas à vous réchauffer. Peut-être tout vous semble vain, à moins que vous ne soyez déprimé (**voir :** dépression profonde). Quelle que soit la raison, si vous pensez que rester au lit est une bien meilleure idée que de vous lever pour vaquer à vos occupations quotidiennes, gardez ce volume sous votre oreiller (pour n'avoir pas à tendre le bras trop loin). Lisez-en quelques pages une première fois, puis, lors d'attaques subséquentes de la maladie, vous n'aurez besoin que de brèves lectures pour bondir hors de votre couette et vous passionner pour tout, hormis la petite chambre de maison de banlieue et le musée des horreurs décrits dans ce roman.

Malcolm Ede n'est pas sorti de son lit depuis si longtemps que sa peau est devenue « blanche comme un cachet d'aspirine ». Il est privé de la lumière du soleil et vidé de toute vie. Pesant six cent quarante-sept kilos, il est cloué au lit par un « carcan de graisse ». Il a décidé pour des raisons complexes, le jour de son trente-sixième anniversaire, de ne plus jamais se lever de son lit – ni plus ni moins. Soigné et nourri par sa mère éperdument dévouée, son père rêveur et son frère brisé, il est la planète autour de laquelle tous orbitent. Un beau ballon de baudruche bien gros en fait de planète.

Malcolm finira par échapper à sa carapace de chair. Mais à moins que ne vous fassent rêver une vie entière dans la chambre à coucher de vos parents à l'âge de quarante-trois ans, la multiplication des cloques et des escarres sur votre corps, ou le fait de n'être même plus capable de joindre vos deux mains pour prier de pouvoir vous enfuir un jour, lisez ce livre, puis sortez de votre lit, tout de suite[1].

VOIR AUSSI : **ambition, trop peu d' • dépression profonde • léthargie • lire au lieu de vivre, tendance à**

Mrs Dalloway,
Virginia Woolf

Lundi matin, peur du

Si la perspective du lundi matin vous emplit d'appréhension, si vous vous réveillez avec le poids du monde sur la poitrine, remontez-vous le moral avec la première page (puis la deuxième, puis la troisième, et vous ne pourrez plus vous arrêter) de *Mrs Dalloway*. C'est un pur chef-d'œuvre. Virginia Woolf a inventé toute une nouvelle manière d'écrire, destinée à capter les pensées en mouvement perpétuel et la vitalité parcourant le corps d'une femme vivant chaque instant d'un jour de juin dans le Londres qu'elle aime, peu de temps après la fin de la guerre. Le jour en question n'est en fait pas un lundi, mais un mercredi, et Mrs Dalloway prépare une fête pour le soir même.

Elle décide d'aller acheter des fleurs. Tire-au-flanc du lundi, prenez-en de la graine : vous aussi pourriez prendre la responsabilité d'une tâche, quelque chose d'agréable, de sensuel, que vous abandonnez habituellement aux autres. Cette pensée devrait vous sortir du lit. Et tandis que vous prenez votre petit déjeuner, goûtez l'exubérance de Mrs Dalloway, Clarissa de son prénom, et ses pensées taillées dans le cristal. Et accrochez-vous à la pensée plus longue et sinueuse qui suit : « Car il lui a toujours paru que lorsqu'elle ouvrait en grand les fenêtres à la française, avec ce grincement des gonds très audible, elle plongeait en volant directement chez Burton. » Belle invitation ! N'entendez-vous pas à votre

1. C'est-à-dire *maintenant !*

tour le chant de l'alouette, ne sentez-vous pas la petite poussée des portes qui s'ouvrent, et cet air si pur et frais ?

Alors recueillez, par les yeux et dans votre cerveau, l'appétit et l'amour de Clarissa pour la vie. Entrez dans ses lignes pures comme celles d'un oiseau, élastiques mais droites, tandis qu'elle est sur le bord du trottoir prête à s'élancer. Notez ce silence particulier, cette pause inénarrable, avant que retentisse la cloche de Big Ben. Prenez conscience, comme elle le fait, de la présence de la mort, car tous ces gens qui cavalent ne seront plus un jour qu'os et poussière, et méditez dessus toute la journée. Que cela élève votre sentiment d'être vivant, ce lundi-là.

Après quoi, en vous étant assuré d'abord de bien regarder à droite et à gauche – on ne voudrait pas que votre lundi se termine là –, sortez. Et – pourquoi pas ? – allez acheter des fleurs.

VOIR AUSSI : **insatisfaction** • **lit, impossible de sortir du** • **métier, s'être trompé de**

M

Là où vont nos pères,
Shaun Tan

Mal du pays, avoir le

Que vous soyez étudiant loin de chez vous ou immigré loin de votre contrée natale, peut-être pour toujours, le mal du pays peut prendre la forme d'un chagrin écrasant qui marque chacun de vos jours. Qu'il s'agisse de nostalgie, de mélancolie, de l'envie d'être avec ses parents, ses proches et tout ce qu'avoir une maison veut dire – une vue des collines onduleuses, un centre-ville noyé dans le brouillard, un désert, ou l'odeur de la mer, on a tous un jour ou l'autre expérimenté le mal du pays.

Là où vont nos pères, le livre illustré de Shaun Tan, raconte magnifiquement cette mélancolie. Les dessins de Tan, aux lignes parfaitement exécutées avec un sens rare du détail, sont teints de sépia, de gris et d'or, les couleurs de la nostalgie. Il n'y a pas de texte, et vous verrez qu'il ne manque pas ; les illustrations sont tellement révélatrices, sophistiquées dans leurs niveaux multiples qu'il apparaît vite que les mots n'apporteraient rien de plus.

La trame est classique : un homme quitte sa maison pour aller chercher du travail dans une ville lointaine. Et il y parvient très bien. Sa famille lui manque mais il commence aussi à s'acclimater. Entouré d'une architecture extraordinaire, de créatures hybrides et des réalités urbaines habituelles, le héros communique avec sa famille grâce à des origamis en forme de petits avions qui, par magie, traversent les continents.

Comme dans un roman écrit avec des mots, le sens de chaque bulle n'est pas immédiatement accessible et nécessite qu'on y revienne, tel un nouveau territoire que l'on apprend à connaître. C'est en découvrant chaque fois des éléments cachés et en leur attribuant des significations différentes que l'on devient complice de l'homme qui découvre, lui, les contours de son nouvel habitat. Ainsi, *Là où vont nos pères* fusionne la perte de l'ancien et l'expérience attendue du nouveau, tout en indiquant comment faire au mieux dans un environnement inhabituel. Petit à petit, on parvient à transposer, à recréer un foyer et à se reconstruire une maison.

VOIR AUSSI : **étranger, être** • **famille, faire sans** • **perdu, être** • **solitude**

Malade en voiture

Si vous avez mal au cœur en voiture, descendez-en et prenez plutôt le train. Les voyages en train offrent des opportunités sans pareilles pour vous immerger dans un livre. En quelle autre occasion dispose-t-on – sans éprouver la moindre culpabilité – de quelques heures offertes exclusivement à la lecture en compagnie d'autres lecteurs anonymes et à la contemplation par la fenêtre de paysages sans cesse changeants ? Les trains sont également chéris par les auteurs, semble-t-il, emportant les personnages vers un avenir inconnu. Car il y a toujours la possibilité d'une aventure inattendue en route…

LES DIX MEILLEURS ROMANS À LIRE DANS UN TRAIN

06 h 41, Jean-Philippe Blondel

La Modification, Michel Butor

Possession, A. S. Byatt
Le Crime de l'Orient-Express, Agatha Christie
Orient-Express, Graham Greene
L'Inconnu du Nord-Express, Patricia Highsmith
M. Norris change de train, Christopher Isherwood
Au départ d'Atocha, Ben Lerner
Le Train, Georges Simenon
Fuir, Jean-Philippe Toussaint

VOIR AUSSI : **nausée**

Carol,
Patricia Highsmith

Maladie d'amour

Dans la littérature médiévale, héros et héroïnes dépérissent tous de maladie d'amour. Palamon, dans *Le Conte du chevalier*, de Chaucer, en est le parfait exemple, lui qui a aperçu la belle Émilie depuis la lucarne de la tour où il est enfermé, puis agonisant de la voir sans pouvoir la posséder. Ce n'est que dans notre siècle pas si romantique qu'on a fait entrer les psychiatres en scène et prescrit des médicaments. La maladie d'amour est causée par l'absence de l'être aimé, que ce soit par séparation forcée, par rejet (**voir :** amour non partagé), ou du fait de la mort de celui-ci. Les symptômes sont très tangibles, allant des évanouissements à l'asthénie, en passant par le retrait volontaire de la vie ou l'addiction au chocolat. Toutes ces souffrances peuvent se révéler épuisantes pour les amis et la famille (qui devraient aller **voir :** famille, faire avec sa). Notre traitement, sans médicaments, est de se gaver à hautes doses d'amour mutuel.

Ce deuxième roman d'Highsmith s'inspire d'un incident qu'elle vécut quand elle travaillait dans un grand magasin à vendre des poupées, un peu comme cette Thérèse de *Carol*. Elle se trouva bouleversée par un client illuminé, au point de penser qu'elle avait eu une apparition, puis elle rentra chez elle et jeta les grandes lignes d'une histoire en deux heures. Elle y raconte la passion inattendue entre deux femmes : Carol, trentenaire, qui a une fille et un mari qu'elle est en train de quitter, et Thérèse, âgée de dix-neuf ans, passant d'un job à l'autre, mais ayant un vrai talent pour la création de décors. C'est Thérèse qui prend l'initiative de leur histoire.

Au début, Thérèse est ouvertement entichée, et Carol se tient à l'écart. Le petit ami de Thérèse est décontenancé : jusque-là, elle n'a pas caché sa passion pour lui. C'est pire que d'avoir la maladie d'amour, lui confie-t-il quand elle l'informe de sa nouvelle relation, incapable qu'il semble être de croire à l'amour de deux personnes du même sexe. Mais qu'est-ce que le véritable amour, sinon le triomphe des sentiments sur la raison ? Quand Carol et Thérèse s'envolent pour un voyage à travers les États-Unis, Carol s'ouvre enfin et les deux femmes se lient inextricablement. Leur amour sensuel est joliment décrit. « Le parfum sombre et faiblement sucré parvint à nouveau à Thérèse, une odeur lui rappelant son écharpe de soie verte. Elle voulut pousser la table de côté, se jeter dans ses bras et enfoncer son nez dans cette écharpe verte qu'elle portait au cou. » Durant les moments où elles ne sont pas ensemble, Thérèse expérimente une maladie d'amour extrême : une lassitude complète et un désespoir à la mode médiévale.

« Comment le monde peut-il reprendre vie ? Comment faire revenir son sel ? » Seule Carol peut la sortir de sa maladie d'amour. Et elle y parvient très bien.

Quelle que soit votre préférence sexuelle, la vaillance de Thérèse pour affronter la maladie vous donnera de la force. S'il y a une Carol dans votre vie, ne la lâchez pas. Le sel reviendra toujours. Et si vous êtes tenté d'abandonner, allez **voir :** amour voué à l'échec ; amour non partagé ; et chagrin d'amour.

VOIR AUSSI : **appétit, perte d' • concentrer, incapable de se • engouement • insomnie • fatigué**

et hypersensible, être • mort d'un être cher • nausée • nostalgie • obsession • plaisir • romantique, être un incorrigible • sentimental, être • vertige, avoir le

Malaise

VOIR : **nausée • vertige, avoir le**

La Petite Fille et la cigarette, **Benoît Duteurtre**

Super triste histoire d'amour, **Gary Shteyngart**

Malaise du XXIe siècle

L'inconfort particulier de notre siècle vient de la contradiction entre le désir de chacun d'une vie heureuse, accomplie ou même aventureuse, et l'absurdité de la société qui se développe autour de nous : la bureaucratie, le politiquement correct, les lois sur la santé, le dysfonctionnement des individus causé par un usage excessif de la technologie… Et la liste ne s'arrête pas là.

Aucun roman n'a su saisir ce malaise en profondeur mieux que *La Petite Fille et la cigarette* de Benoît Duteurtre. Son point de départ est le suivant : Désiré Johnson, au moment d'être exécuté pour le meurtre d'un policier, demande à pouvoir fumer une dernière cigarette. Sa requête plonge les autorités dans l'embarras. Désiré invoque l'article 47 pour obtenir ce droit, mais la consommation de tabac est interdite dans l'enceinte de la prison. L'absurdité de la demande plus que mesurée de Désiré et son obstination à obtenir satisfaction dépassent les compétences des autorités qui finissent par décider que seule la Cour suprême peut trancher.

Au même moment, un autre homme traverse lui aussi une crise liée à la cigarette. Ce conseiller technique dans les services généraux de la cité administrative a un péché secret : fumer. Un jour, tandis qu'il s'offre une bouffée tranquille devant la fenêtre des toilettes, une petite fille entre. Son pantalon est baissé. Elle raconte tout, et très vite l'homme est accusé d'abus sexuel sur mineur. Satire cauchemardesque de *Modeste proposition* de Jonathan Swift, la vision inversée de Duteurtre met la justice dans les mains des enfants. Partagez avec l'auteur votre colère d'un monde devenu fou. Vous vous sentirez moins seul à demander à cor et à cri un peu plus de discernement.

Dans *Super triste histoire d'amour* de Shteyngart, Lenny et Eunice vivent dans un monde pas si lointain du nôtre, dans lequel un système de données met en permanence à jour les bonus de crédit et le rang social dans les réseaux sociaux de chaque individu, tout en offrant des idées d'achat de dernière minute et les derniers bavardages des amis. Lenny, trente-neuf ans, immigrant juif de Russie, a une passion anachronique pour la lecture, et particulièrement de Tolstoï, ce que ses amis jugent malsain. L'objet de tous ses désirs est Eunice, une jeune étudiante coréenne. Leur histoire est racontée alternativement par leurs journaux personnels respectifs, celui de Lenny dans un style classique, et celui d'Eunice via son compte GlobalTeens, une sorte de version très élargie de Facebook, dans une prose ado amusante. Elle laisse transparaître une véritable angoisse à l'égard du futur, mais elle trouve, à sa propre surprise, un apaisement avec son « charmant petit ringard » de Lenny. Au même moment, New York, où ils vivent, est en train de se désintégrer en temps réel, l'Amérique est en guerre avec le Venezuela, et chaque citoyen est si endetté à l'égard de la Chine qu'il faudrait cesser de puiser dans les ressources naturelles immédiatement. Lenny a peur pour leur avenir, en tant qu'individus et citoyens d'une nation.

Après la satire de Duteurtre, cette virée comique à travers un monde post-littéraire et si Média-Tic de Né-Gros (appellation affectueuse pour les amis de toutes les couleurs), qui se « likent » les uns les autres avant de partager leurs sentiments sur un Emo-Pad, vous amènera, comme Lenny, à trouver un produit imprimé, relié, et non un nouveau média en flux continu, on n'a qu'à dire un livre, et peut-être de Tolstoï, même si votre notation sociale sur les réseaux peut aussi vite dégringoler. Au fond, Lenny Abramov, le dernier lecteur de la planète, semble avoir raison sur pas mal de choses.

VOIR AUSSI : **désenchantement** • **insatisfaction** • **ville, lassitude de vivre en**

Malheureux, être

VOIR : ***Remèdes littéraires*, Ella Berthoud et Susan Elderkin**

Malhonnêteté

VOIR : **mentir**

Manières, mauvaises

VOIR : **mauvaises manières**

Manque, être en

Pour combattre la souffrance physique et psychologique que vous éprouverez quand vous tenterez de vous sevrer d'une addiction, vous aurez besoin de livres captivants. Des livres qui vous forcent à retrouver votre âme maltraitée par la vie. Une immersion totale est recommandée, de même que l'option d'une administration par voie audio.

LES DIX MEILLEURS ROMANS QUAND ON EST EN MANQUE

Voyage au bout de la nuit, LOUIS-FERDINAND CÉLINE
La Main coupée, BLAISE CENDRARS
L'Histoire sans fin, MICHAEL ENDE
Demande à la poussière, JOHN FANTE
Les Piliers de la terre, KEN FOLLETT
Neverwhere, NEIL GAIMAN
Les Âmes fortes, JEAN GIONO
Oblomov, IVAN GONTCHAROV
Méridien de sang, CORMAC MCCARTHY
La Nausée, JEAN-PAUL SARTRE

VOIR AUSSI : **anxiété • appétit, perte de l' • concentrer, impossible de se • insomnie • migraine • nausée • paranoïa • transpirer**

Manque de quelqu'un, être en

VOIR : **famille, faire sans • mal du pays • maladie d'amour • mort d'un être cher • nostalgie • rompre • veuf, être**

Manque de ses enfants, être en

VOIR : **nid vide, syndrome du**

Mariage

VOIR : **célibataire, être • enfants, sous pression pour avoir des • fauché, être • jalousie • marié, être**

Avril enchanté,
Elizabeth von Arnim

Marié, être

Être marié, une maladie ? Si c'est votre première réaction à la lecture de cette entrée, n'allez pas plus loin. Vous avez décroché le gros lot en vous trouvant un compagnon ou une compagne avec qui vivre sans effort, de façon paisible et féconde. Félicitations.

Si, tout au contraire, vous considérez que le mariage suppose parfois de se battre pour défendre l'image de soi dans un compromis permanent, ou si vous avez le sentiment que votre mariage est tombé dans une ornière, ou que les années qui ont passé vous ont écartés l'un de l'autre, vous et votre conjoint, plutôt que vous rapprocher, prenez une bouffée d'inspiration lumineuse avec *Avril enchanté* d'Elizabeth von Arnim.

Ouvrage oublié dans les années 1920, le roman raconte l'histoire de Mrs Wilkins et de Mrs Arbuthnot, deux femmes mariées, blasées et fanées par des histoires qui ont cassé. Toutes deux repèrent la même annonce dans le *Times :* « Pour ceux qui apprécient les glycines et le soleil. Petit château médiéval italien sur le bord de la Méditerranée à louer meublé pour le mois d'avril. Employés de maison disponibles sur place. » Intéressées par l'offre et dans un sursaut désespéré pour saisir un moment de bonheur, les deux femmes, qui ne se connaissaient pas, décident de louer le château ensemble. Elles invitent un couple de femmes combattives à les rejoindre, un duo qui a sa propre histoire, la très correcte Mrs Fisher et Lady Caroline. Beauté éthérée, cette dernière est tellement lassée des commentaires baveux qu'elle suscite chez les hommes comme chez les femmes qu'elle en est devenue indulgente à l'égard des autres formes de dénigrement.

Dans le cadre pur, les murs blanchis et les sols pierreux de San Salvatore, les femmes récupèrent et redécouvrent doucement leur sensualité et leur aptitude à la joie. Grâce aux oranges juteuses, aux prés couverts de fleurs printanières et à Domenico le jardinier toujours disponible, une transformation alchimique se produit. Les visages jusqu'alors plissés par l'anxiété et les soucis commencent à s'adoucir, les cœurs et les esprits qui avaient été fermés pendant des années s'ouvrent comme des bourgeons au soleil. L'amour coule à flots à nouveau. « J'étais radine à la maison, confesse Lottie Wilkins. J'évaluais et comptais tout. Ainsi, je ne pouvais m'imaginer donner de l'amour à Mellersh s'il ne me le rendait pas, dans les mêmes proportions et avec une équité absolue. Et comme il ne le faisait pas, je n'ai plus rien fait non plus. Oh, l'aridité de cette maison ! L'aridité... »

On s'attendrait à ce que ces femmes ne trouvent qu'elles-mêmes dans leur retraite splendide. Mais, au final... Bon, contentons-nous de dévoiler que les maris ne sont pas oubliés. Les mariages sont sauvés et le grand amour relancé. Si votre mariage a perdu de ses couleurs, achetez cet *Avril enchanté*. Puis, louez une villa en Italie et lisez.

VOIR AUSSI : **enfants, sous pression pour avoir des • grognon • orgasmes, pas assez d' • quitter le navire, envie de • ronfler • sexe, trop de • sexe, trop peu de**

Maternité

Je ne sais pas comment elle fait, **Allison Pearson**

Pour un regard actuel sur la maternité, *Je ne sais pas comment elle fait* d'Allison Pearson est une dissection amusante des talents de jongleuse nécessaires pour occuper un emploi de haut niveau, garder un amant au chaud et donner le change comme épouse et comme mère. Le livre démarre avec Kate Reddy, trente-cinq ans, debout à une heure et demie du matin pour abîmer des tartelettes de chez Marks & Spencer et faire croire qu'elles sont faites maison. Elle est résolue à apparaître comme une mère digne qui se sacrifie pour cuire des tartes aux pommes et veille attentivement au bon fonctionnement de la double tambour, bien différente des machines à laver des années 1970 de son enfance.

Dans la journée, Kate est directrice financière dans un établissement de la City, où son boss reluque ses seins comme s'ils faisaient partie d'une offre spéciale ; elle y travaille de longues heures, sa seule distraction étant d'entretenir une histoire d'amour avec l'improbable Jack Abelhammer. Elle se plaint sans cesse de rater les moments forts de la vie de ses enfants (« Aujourd'hui, anniversaire de mon fils, je prends l'avion d'Heathrow ») et enrage de ce monde misogyne qui l'a condamnée à ce sort. Son mariage semble appartenir au siècle dernier lui aussi, et elle charrie le poids de l'organisation familiale, des tâches ménagères et des allers et retours à l'école, même si ça passe souvent par la télécommande.

L'humour de Pearson est tel que vous allez sentir tirer les muscles de votre plancher pelvien après l'accouchement. Si vous n'êtes pas encore entrée dans le monde de la maternité mais que vous êtes curieuse d'y jeter un œil par-dessus la clôture, le roman se lira comme une mise en garde contre l'envie de tout avoir. Mais celles qui vivent déjà de ce côté-ci de la clôture prendront un malin plaisir à suivre Kate Reddy tandis qu'elle se lance dans une nouvelle action, jonglant toujours joyeusement entre mariage, carrière et mômes. Lisez et reprenez courage. Vous pouvez tout avoir. Assurez-vous juste d'avoir un rouleau à pâtisserie toujours à portée de main pour abîmer un peu les tartes achetées au supermarché.

VOIR AUSSI : **belle-mère, être une • enfants requérant votre attention • femme au foyer, être une • parent célibataire, être un**

Mauvais caractère, avoir

VOIR : **irritabilité • rabat-joie, être un**

La Ligne de beauté,
Alan Hollinghurst

Mauvais goût

Que vous ayez mauvais goût ne doit pas vous remplir de honte. Sans doute avez-vous consacré votre vie aux maths et aux ventes de charité. Les cracks en informatique portent toujours des pulls moches. Les footballeurs habitent dans des horreurs architecturales. Les saints sont coiffés n'importe comment. Maintenant, si vous avez le projet d'accéder au lumineux monde des arts, vous feriez bien de vous inscrire à un cours accéléré d'esthétique. La littérature nous enseigne qu'il n'est jamais trop tard pour apprendre. Plus d'un béotien a appris à s'habiller à la mode du jour et à affecter un goût assuré même s'il n'en possède aucun. Regardez Julien Sorel dans *Le Rouge et le Noir* de Stendhal. Ce fils de charpentier ne connaît pas grand-chose du monde du grand art. Heureusement, il est béni par une sensibilité raffinée et quand il se trouve face à la beauté, il défaille. Grâce aux livres et à sa mémoire photographique, il ne cesse d'impressionner ses employeurs. Il est en effet devenu le tuteur d'une famille célèbre et passe son temps au cœur de l'élite aristocratique.

Il est intéressant de noter que la littérature ne fait pas souvent coïncider sensibilité esthétique et succès commercial, et *La Ligne de beauté* ne fait pas exception. Nick Guest est un célibataire esthète mais qui n'a pas les moyens de ses goûts. Il loge chez Gerald Fedden, un député qui est aussi le père de son meilleur ami à l'université. Leur maison de maître victorienne est emplie de beaux et attrayants objets d'art. Hollinghurst, d'ailleurs, se plaît à dire clairement que les Fedden traitent l'art comme un symbole de la richesse et du pouvoir, plutôt que comme l'expression de leur bon goût inné. Tout en cherchant le moyen de survivre dans ce monde de gens plus riches qu'il ne pourra jamais espérer l'être, et en terminant sans conviction une thèse sur Henry James, Nick se rapproche du statut et de la beauté physique de Wani Ouradi, un jeune millionnaire qu'il a rencontré dans une soirée (**voir :** arriviste, être un).

Bientôt, lui et Wani, fils d'un magnat libanais de vente en gros, décident de lancer un magazine d'art. Son titre, *Ogee*, sera dessiné en forme de S, comme dans beaucoup de références stylistiques de l'architecture islamique ou gothique, et dans l'horlogerie allemande. C'est la fameuse ligne de beauté qui donne son titre au livre. Pour Nick, cette ligne se dessine de manière très sensuelle dans la courbe du dos d'un jeune homme, au moment où elle se fend sur ses fesses.

Les choses commencent à se gâter quand les diverses inclinations sexuelles des personnages sont exposées, avec des répercussions désastreuses pour Gerald Fedden. Même si Nick, coucou parasite du nid, joue un rôle dans la chute de Fedden, sa sensibilité artistique originale finit par le sauver. En prêtant attention au lyrisme de Nick lorsqu'il traite de musique et d'art devant les membres moins raffinés de son milieu, votre propre sensibilité s'ouvrira comme un tournesol au soleil. On ne vous dit pas de jeter votre cardigan en poil de renne à la poubelle. Mais peut-être serez-vous surpris de vous intéresser à cette fameuse courbe de beauté sinueuse, en art, en musique et même jusqu'au bas du dos de votre amant.

Mauvais rêves

VOIR : **cauchemars**

Les Jeunes Visiteurs, **Daisy Ashford**

Mauvaises manières

N'espérez pas traverser la vie affublé de mauvaises manières. Les bonnes manières, au contraire, feront toujours de vous quelqu'un d'agréable et de bienvenu. Elles vous ouvriront des portes, vous aideront dans les entretiens et vous permettront de décrocher les emplois les plus recherchés. Elles vous garantiront le meilleur service dans les restaurants et des invitations gratuites dans les soirées inaccessibles. En bref, elles séduisent vos amis, influent sur les autres et vous ouvrent la voie pour une vie meilleure.

Des deux candidats possibles, dans *Les Jeunes Visiteurs*, la nouvelle publiée en 1919 par Daisy Ashford – et écrite avec un aplomb ravageur quand l'auteur n'avait que neuf ans –, on sait assez vite lequel va emballer la fille. Ce n'est pas seulement que Bernard a de l'argent et une maison de famille, ni qu'il a de plus jolis vêtements. Et ce n'est pas non plus qu'Alfred Salteena n'est pas tout à fait un gentleman. La question est de savoir lequel des deux affiche de meilleures manières.

La demoiselle Ethel Monticue, jeune fille de dix-sept ans dont les façons avenantes et la chevelure blonde remontée en coiffe ont gagné le cœur des deux hommes, s'installe avec Alfred Salteena. À quarante-deux ans, avec ses favoris, il semble un peu vieux genre, mais il n'a pas abandonné l'envie d'aimer et de se marier. La pauvre Ethel n'est pas installée dans la maison depuis longtemps qu'elle fait les frais de sa grossièreté. Elle annonce avec une candeur touchante qu'elle veut se mettre du rouge sur les joues alors qu'ils se préparent à rendre visite à Bernard, le meilleur ami de Salteena, et celui-ci lui répond qu'elle aura l'air d'une idiote. Ce n'est pas tout. Malgré l'affront, la jeune fille se presse pour attraper son plus beau chapeau et un manteau couleur bleu roi. Ce qui déclenche une nouvelle poussée d'agressivité chez Alfred. « Je suis jolie comme ça ? » demande-t-elle. Il lui répond que les couleurs vont bien avec les boutons qu'elle a sur le visage.

Évidemment, Salteena a déjà tout gâché. Comment une héroïne qui se respecte pourrait-elle accepter de se donner à un homme si mal élevé ? Que nous en soyons conscients ou pas, nous sommes en permanence jugés sur nos manières, que ce soit par les étrangers ou par les amis. Rendons la société plus aimable et agissons avec des manières impeccables à l'égard de tous ceux que nous rencontrons. Alors la bonne volonté du monde et toutes les Ethel nous seront acquises, où que nous allions.

VOIR AUSSI : **égoïsme**

Au revoir, à demain,
William Maxwell

Meilleur ami, se fâcher avec son

On a tout raconté sur la fin d'une belle histoire d'amour, mais que dire de la perte d'un bon ami, qu'après tant d'années passées en sa compagnie, sans raison apparente, vous cessez de voir de façon irréversible. Après tout, les amis sont censés être là pour toujours, et la douleur de perdre celui ou celle qui vous connaît le mieux depuis votre jeunesse, qui vous a soutenu dans vos pires moments et vous comprend sans rien dire est une sale expérience. Non seulement il faudra affronter l'avenir sans elle ou lui, mais aussi vous interroger pour savoir si vous êtes vous-même un bon ami et, plus profondément, une bonne personne.

Ce triste état de choses est retranscrit dans toute son intensité par William Maxwell dans *Au revoir, à demain*. Clarence Smith et Llyod Wilson sont métayers sur des fermes voisines dans l'Illinois agricole, au milieu de vastes prairies. Les seules lumières visibles depuis une maison sont celles de l'autre. Avec le temps, les deux hommes en sont venus à dépendre l'un de l'autre. Quand Llyod a un veau malade, il appelle Clarence avant de joindre le vétérinaire. Et quand les lames de la faucheuse de Clarence se coincent, Llyod entend le moteur qui bafouille à distance : s'il ne redémarre pas immédiatement, il se rend sur place aussitôt. Chacun est le seul ami de l'autre.

Sur une cinquantaine d'années, le vieux narrateur

du roman, qui a aussi grandi dans le voisinage, retrace l'histoire difficile de Smith et Wilson et son dénouement pathétique. Il n'y a pas lieu de savoir qui est le traître et qui est le trahi, car chacun possède un point de vue différent sur l'histoire, et Maxwell marque de la compassion pour l'un comme pour l'autre. Ce qui reste, c'est le poids d'une grande tristesse que le narrateur lui-même trouve difficile à supporter. La prose élégiaque et ralentie de Maxwell, qui s'élève comme de la brume de ses pages, vous emmène, au-delà des arguments simplistes du type « il a dit », « j'ai dit », en un lieu où résident le caractère indicible du chagrin et l'évidence des vies brisées.

S'il n'est pas trop tard, faites ce que vous pouvez pour réparer votre amitié. Plus on vieillit, plus les amis sont difficiles à trouver, et on ne réinvente pas les belles histoires partagées. Si la blessure ou le ressentiment fait encore mal ou si vous avez du mal à gagner le pardon de votre ami, ce roman plein d'empathie vous aidera à assumer votre échec et à en faire votre deuil. Mais à l'avenir, traitez votre ami avec égard.

VOIR AUSSI : **regret** • **solitude** • **tristesse**

Mélancolie

VOIR : **tristesse**

Membre, perte d'un

Peter Pan, **J. M. Barrie**

Le Troisième Policier, **Flann O'Brien**

La perte d'un membre constitue un moment horrible qui risque de vous ralentir quelque temps. Mais, comme le montre la littérature, il y a quand même moyen de la transformer à votre avantage. Faites une caractéristique de ce membre absent, comme le capitaine Crochet dans le délicieux *Peter Pan* de J. M. Barrie, qu'adorent aussi les adultes, et portez avec fierté un crochet ou toute autre prothèse pour remplacer votre bras ou votre jambe. Non seulement vous vous distinguerez dans la foule, mais les gens sauront en plus que vous avez souffert de cette perte et que vous avez en conséquence développé une riche personnalité. L'incapacité du capitaine Crochet à supporter la vue de son propre sang et sa frayeur devant les crocodiles (en tout cas, l'un d'eux en particulier) le rendent encore plus humain à nos yeux et à ceux de Peter Pan.

Quant au narrateur unijambiste de la farce idiote de Flann O'Brien, *Le Troisième Policier*, il échappe à la mort grâce à son invalidité. Un bandit unijambiste se prépare à le tuer quand il remarque leur infirmité commune et décide de faire ami-ami sur-le-champ.

Sentez-vous comblés. La vie peut sembler différente quand on perd un membre, mais elle n'est pas nécessairement moins remplie ni moins active, et on n'a pas moins d'amis.

L'Innommable,
Samuel Beckett

Mémoire, perte de

L'erreur que l'on commet facilement est de croire que la mémoire existe en vrai, logée dans un espace réservé, alors qu'elle n'est qu'une projection de l'instant. Mais nous vous laisserons pousser votre bourde jusqu'à l'inepte pour que vous acceptiez de vous poser à nouveau la question, en prenant soin de ne pas vous perdre dans l'usage abusif d'idées facilement accessibles. Avec un peu de réflexion, vous allez vous rendre compte que vous êtes en fait forcé d'oublier et que le moment de se souvenir, loin d'avoir frappé, pourrait ne jamais frapper. En ce cas, pourquoi ne pas penser à autre chose, à quelque chose qui paraît, d'une certaine manière, mesurable, quelque chose d'identifiable ? Nous devons avouer que nous préférerions cela parce que nous avons bien noté que votre attitude à notre égard avait changé et nous en sommes déçus ; vous pourriez être la porte qui ouvre sur votre mémoire et, si vous prenez la peine d'écouter, la voix vous dira tout.

Vous vous interrogez, vous ne sentez pas une bouche sur vous, vous ne sentez pas les mots qui se bousculent dans votre bouche et si vous pensez à un livre que vous aimez, dans l'hypothèse où il y a des livres que vous aimez, dans le bus ou au lit, les mots sont là, et ça non plus vous ne le ressentez pas, les mots qui tombent, vous ne savez pas où, vous ne savez pas d'où, des gouttes de silence, vous sentez une oreille, vous sentez un nez, quoique franchement non, vous avez besoin de vous refaire une tête.

Vous croyez que vous changez et vous ne changez jamais et vous vous répéterez la même chose jusqu'à la mort. Où maintenant ? Et qui ? Et quand ? Vous oubliez toujours qu'il faut reprendre et reprendre et n'arrêter jamais de vous raconter des histoires à vous-même, vous demandant d'où vous les avez acquises, si c'était dans le monde des vivants, et où vous les rangez, ces souvenirs, dans votre tête, mais vous ne sentez pas votre tête sur votre corps, vous êtes fait de silence, nous sommes faits d'histoires, nous serions vous, nous serions le silence, vous seriez les histoires, vous vous êtes perdu dedans, vous êtes en attente de vous-même. Vous devez continuer, vous ne pouvez continuer, nous vous avons emmené sur le seuil de votre histoire, avant que la porte s'ouvre sur votre propre histoire, vous allez être surpris, la porte va s'ouvrir, et vous serez vous.

VOIR AUSSI : **amnésie associée à la lecture**

Ménopause

L'Été avant la nuit, **Doris Lessing**

Les Vies privées de Pippa Lee, **Rebecca Miller**

C'est peut-être la fin de vos cycles mensuels, mais ce n'est pas pour autant votre fin. En fait, pour beaucoup de femmes, arriver à la ménopause réveille le désir de sortir leur moi enterré ou mis de côté par les occupations diverses durant les années de fertilité. Que vous ayez eu des enfants tôt, tard ou pas du tout, la mise au rebut de vos ovaires vous autorise à rejeter la cape de la maman pour revêtir à la place quelque chose d'un peu plus excitant.

Prenez exemple sur Kate dans *L'Été avant la nuit*, le roman de Doris Lessing, un classique de la découverte féminine de soi. Pendant des années, cette Kate de quarante-cinq ans a tenu le passage du temps à distance, se teignant les cheveux, faisant attention à son poids et se diminuant un peu pour apparaître comme la femme et mère typique de sa banlieue londonienne bourgeoise. Mais le petit dernier de ses quatre enfants a maintenant dix-neuf ans et s'apprête à quitter la maison, et même si elle n'est pas encore ménopausée, sa famille la traite comme si elle l'était déjà. Quand un travail se présente, son premier en fait, puisqu'elle avait choisi d'être femme au foyer plutôt que de faire carrière, elle oublie ses vieux vêtements et s'offre des robes sexy et élégantes qui lui serviront de passeport dans une nouvelle vie où elle n'est plus Mrs Brown mais Kate Ferreira.

Très vite, pourtant, la lassitude revient. Car si elle réussit à son poste, c'est parce qu'elle continue à jouer un rôle de diplomate, comme si elle sécrétait une sorte de fluide invisible liant entre eux des individus autrement indifférents. En bref, elle est devenue la maman de tous. Elle essaie de se sortir de ce rôle mais rejette un à un toute une série d'autres rôles et de vêtements adéquats, pour continuer à décliner le thème maternel sur tous les modes, ce qui finit par la plonger dans la dépression (mais ne vous inquiétez pas, les dépressions se soignent toujours bien dans le monde de Lessing). Au milieu de toute cette confusion, surgit une révélation venue au cours d'un été particulier : son avenir ne ressemblera plus à ses dernières années, mais se nourrira de ce qu'elle a abandonné à l'enfance, avec l'intelligente, fougueuse et séduisante Kate qu'elle était. Vous cherchiez une piste à suivre, en voilà une excellente et toute trouvée.

Et si vous n'en avez pas fini avec les aventures agitées de vos jeunes années, attrapez *Les Vies privées de Pippa Lee*, de Rebecca Miller. Dans le redoutable ennui d'une maison de retraite réservée aux vieux riches, Pippa Lee semble condamnée à vivre sa cinquantaine avec son mari Herb, bien plus âgé – il a quatre-vingt-un ans. Mais elle nous emmène en voyage à travers ses souvenirs d'enfant troublée et d'adolescente excitée jusque dans les bras de Chris, un jeune homme qui s'est racheté par la religion. L'art et les anges sont une option, mais qui n'exclut pas le sexe d'après ménopause. Emportez le livre au lit, car il n'est jamais trop tard pour une nouvelle histoire d'amour.

VOIR AUSSI : **cinquante ans, avoir dans les • fatigué et hypersensible, être • insomnie • libido, perte de • migraine • transpirer**

Menstruations

VOIR : **syndrome prémenstruel**

Expiation, **Ian McEwan**

Mentir

Les mensonges peuvent prendre toutes les apparences. Mais à part ceux qu'on appelle pieux, formulés pour éviter de faire souffrir quelqu'un inutilement, ils sont en général créés par la mesquinerie ou l'égoïsme, le désir de faire du mal ou de se protéger soi-même contre la honte ou la vengeance. Il ne faut pas sous-estimer les dommages dont ils sont capables. Si vous vous permettez quelques petites contrevérités, même insignifiantes en apparence, vous ne serez pas seulement relégué dans la catégorie de ceux auxquels on ne peut pas se fier (**voir** le désavantage lié : confiance, perte de), mais vous courez le risque de vous infliger du mal, à vous et aux autres, tout au long de votre vie.

Regardez ce qui arrive à cette Briony de treize ans dans *Expiation*, de Ian McEwan. Toujours à faire la maline, sans doute depuis qu'elle a confessé, enfant, avoir eu un coup de cœur pour Robbie, le fils de la gardienne qui a été élevé comme un membre de la famille. Elle laisse aller sa vive imagination, ses tendances à être la reine de la tragédie et l'idée qu'elle se fait d'elle-même en protectrice désintéressée des autres. Quand elle tombe sur Cecilia et Robbie en flagrant délit de coquineries dans la bibliothèque, et interprète la scène de travers, on pourrait la taxer de naïveté. Mais quand elle tombe un peu plus tard dans le noir sur sa cousine Lola en pleurs, qui vient d'être agressée par une ombre qui a pris la fuite, elle ne peut imaginer qu'un seul coupable. Robbie, son inférieur socialement, avec ses membres costauds et biscornus et son visage abîmé, celui qui la portait sur son dos quand elle était petite, se métamorphose immédiatement dans son imagination fébrile en une brute qui a horriblement abusé de l'hospitalité familiale et doit être punie.

Que Briony soit gamine n'excuse pas tout. Elle est piégée par son propre fantasme ; l'histoire compliquée qu'elle a montée à partir de ses délires et de ses mauvaises lectures la pousse à étouffer la voix en elle qui voudrait hurler la vérité. À défaut, elle choisit de consolider sa position et d'effacer tous ses doutes, et tout cela pour poursuivre l'écriture du récit dans lequel elle s'est lancée. Et quand l'inspecteur de police lui demande si elle a vu Robbie, de ses yeux vu, elle ment.

Son mensonge va détruire les vies de Robbie et de Cecilia, mais également la sienne. Tandis qu'elle cherche à expier pour son crime, elle revient sur les détails de son bobard dans une boucle sans fin, comme un chapelet qu'il lui faudra égrener jusqu'à la fin de sa vie.

Ce roman est un vaccin contre la tentation de mentir. Lisez-le et laissez-le flotter dans votre esprit comme une piqûre de rappel.

VOIR AUSSI : **confiance, perte de**

Le conseil du libraire

Mère, mauvaise

Aurélie Paschal
Librairie Prado Paradis (Marseille)

Nullipare,
Jane Sautière

Vous êtes à bout de nerfs ? Vous sentez que vous vous énervez contre votre enfant à chaque nouvelle bêtise ? Vous êtes ravie quand il a enfin commencé sa nuit ? Vous avez peur d'être une mauvaise mère aux yeux de votre entourage ? Ou pire, à vos propres yeux ?
Il y a des femmes qui ont tellement peur d'être une mauvaise mère qu'elles refusent de donner la vie. Jane Sautière est de ces femmes, elle a préféré être une nullipare, c'est-à-dire une femme qui n'a jamais porté d'enfant. Elle découvre ce terme lorsque le radiologue la classe dans cette catégorie lors d'une mammographie. S'ensuit une longue réflexion sur le fait de ne pas vouloir enfanter et surtout le regard de la société sur ces femmes. Mais également sur les raisons de cette volonté, sur ses propres fêlures. Dans ce merveilleux roman, elle explique son refus de la maternité.
En lisant ces pages, vous acceptez son choix de vie mais revendiquez le vôtre : vous être une primipare. Vous pensez être une mauvaise mère ? Mais lorsque votre enfant vous sourit et vous serre dans ses bras avec une sensation d'abandon total, vous vous sentez soulagée et réconfortée : votre enfant vous aime et sait vous le montrer de la plus belle des manières. Et vous réalisez que vous n'êtes pas une mauvaise mère mais seulement une personne qui peut être fatiguée par moments et qui doit accepter d'être faillible. Une maman n'est pas au-dessus de tout, elle est une personne qui a des doutes et qui peut montrer ses

faiblesses. Et dans les moments de complicité avec votre enfant, vous savez que la qualité qui vous définit le mieux est celle de maman.

Les Frères Sisters,
Patrick deWitt

Métier, s'être trompé de

Ce n'est pas une mince affaire que de changer de métier quand vous avez l'impression de vous être trompé de voie. D'abord, vous serez probablement trop fatigué par votre job actuel pour avoir le temps d'imaginer ce que vous pourriez faire à la place. Ensuite, la simple pensée que toutes ces années de formation et d'expériences n'ont servi à rien vous rendra malade. Comme le fait de dire au revoir à votre belle Audi de fonction gris métallisé. Comme le fait d'imaginer la tête de votre conjoint quand vous lui glisserez dans la conversation que vous en avez marre de votre très lucratif métier et que vous songez de plus en plus à ouvrir un atelier de macramé à la place.

Ce serait déflorer l'un des nombreux délicieux passages de ce roman impossible à lâcher que de révéler la profession des frères Charlie et Eli Sisters. Il suffira de dire que c'est un métier dont on a peu de chances de sortir vivant. L'histoire se déroule à la folle époque de la ruée vers l'or en Californie. Le benjamin, Eli, commence par reconnaître lui-même qu'il n'est pas fait pour son métier après avoir franchi une porte autour de laquelle une vieille sorcière sans cheveux et aux dents noircies a accroché un collier de perles – signe immanquable d'une malédiction. Les perles n'ont peut-être rien à voir avec ses interrogations, mais dès lors, Eli se sent de plus en plus honteux de ce qu'il est et de ce qu'il fait, et développe une tendance à prendre des décisions qui surprennent son frère aîné fort peu sentimental (**voir :** fraternelle, rivalité). Quand la Providence lui offre un beau et robuste cheval noir, il le refuse afin de rester fidèle à son loyal Tub, canasson dangereusement lent et borgne. Le voilà bientôt donnant son argent à des étrangers, maintenant qu'il a pris conscience du pouvoir corrupteur de l'or.

Quand il entre en contact avec Hermann Kermit Warm, un homme dont les propres intérêts et l'ingéniosité – ainsi que le désir de nouer une franche amitié – l'ont conduit à faire de sa passion son métier, il est rempli d'admiration et d'envie. À voir Hermann recueillir les bénéfices, à la fois financiers et spirituels, de ses travaux, Eli trouve son chemin de Damas. Provoquant un basculement dans l'équilibre des forces entre lui-même et son aîné dominateur, il convainc Charlie de joindre leurs forces à celles d'Hermann et connaît un moment d'extase – en partie parce que le travail, de nature physique, est plaisant (se tenir debout dans une rivière éclaboussée par la lumière du soleil, dans le vent chaud « descendant de la vallée »), et en partie parce qu'il est enfin devenu lui-même, une personne qu'il respecte.

Plantez-vous avec Eli au milieu de cette rivière et inspirez-vous de l'exemple d'Hermann. Si vous pouviez vous aussi trouver un moyen de gagner votre vie qui vous apporte des gratifications aussi bien spirituelles que financières – et qui vous fasse passer vos journées dans la joie –, que pourriez-vous demander de plus ?

VOIR AUSSI : **insatisfaction** • **lundi matin, peur du**

Thérèse Raquin, **Émile Zola**

Meurtrières, pensées

Tout le monde en a. Même les enfants. Et même les chats. Alors, ne faites pas croire que vous échappez à la règle. Vous vivez avec quelqu'un. Qui met le sachet de thé usagé dans l'évier. Laisse de longs cheveux fins sur la savonnette. Se colle un peu trop. Fait de drôles de bruits en mangeant. Et parfois vous avez envie de le tuer.

La majorité d'entre nous ne dépasse pas le coup de gueule, suivi par un moment de réflexion intérieure – où l'on se souvient que l'autre n'est pas une mauvaise personne et que tuer n'est pas une bonne idée.

Quelques-uns font cependant un pas de plus et se mettent à manigancer un mauvais coup. Si vous êtes vous aussi sur cette mauvaise pente, *Thérèse Raquin*, de Zola, doit être votre signal d'alerte. C'est l'histoire de la vie abjecte de Thérèse et Camille qui vivent au-dessus de leur boutique passage du Pont-Neuf, avec la mère de Camille. Zola pose la détresse à la truelle : il décrit la lumière d'hiver tombant du toit vitré et qui devrait éclairer leur échoppe, comme de la noirceur sur les tuiles collantes, une obscurité sale et abominable.

C'est vrai qu'ils semblent si misérables qu'on éprouve de la sympathie pour Thérèse quand elle trouve un peu de passion et d'excitation avec un autre homme, Laurent, un peintre élégant doublé d'un parasite oisif. Mais quand Thérèse et Laurent décident de tuer Camille pour donner libre cours à leur amour, Zola nous amène à douter de l'estime que nous avions pour l'héroïne. Non pas que l'on ressente une grande affection pour Camille, que Zola décrit comme un être veule, abîmé et desséché. Mais Thérèse et Laurent deviennent progressivement moins attachants à mesure que le roman avance. Nous n'allons pas vous dévoiler la fin, mais le message au demeurant est clair : tuer vos proches provoque de mauvais rêves, empêche de bien faire l'amour et amène à développer d'autres idées d'homicide. Donc, arrêtez vos complots. Respirez profondément, et détendez-vous à la lecture de ce livre puissant et dissuasif. Vous pouvez aussi regarder nos traitements pour : ronfler ; ennui ; marié, être.

VOIR AUSSI : **colère** • **vengeance, chercher** • **violence, peur de la**

Neige,
Maxence Fermine

Migraine

La neige tombe. Une neige rousse allumant l'air. Un lit de glace. Se reposer en aveugle. L'esprit pur.

VOIR AUSSI : **douleur, être dans la**

Frankie Addams,
Carson McCullers

Mis de côté, impression d'être

Parfois, on a le sentiment d'être intentionnellement exclu, mis à l'écart de la fête. Si on a choisi soi-même de ne pas en être, pas de souci, tout le monde n'a pas envie d'être un fêtard (**voir :** outsider, être un). Mais quand le désir de participer est là et qu'on ne se sent pas le bienvenu, on peut en être meurtri et en vouloir à ces égoïstes insouciants qui ont été incapables de prévenir notre chagrin. Malheureusement, un réflexe commun consiste à prendre l'une ou l'autre de ces deux fausses routes : s'imposer au groupe coûte que coûte ou le rejeter puisqu'il nous a rejeté.

Aucune de ces stratégies n'est la bonne. Frankie, l'héroïne de douze ans, orpheline de mère, dans cette ode rendue par Carson McCullers aux solitaires et excentriques, et située dans une petite ville du sud des États-Unis, tente les deux. Ça commence à aller mal quand son meilleur ami part s'installer en Floride et que son père lui demande qui est cette gamine de douze ans à jambes longues qui dort dans son lit. Elle adopte de drôles de manies après ça, comme de tirer avec le pistolet de son père dans un terrain vague, de voler un couteau chez Sears et Roebuck, ou de « commettre le péché » avec Barney MacKean dans le garage de celui-ci. Rien de tout cela ne l'empêche de se sentir esseulée, surtout quand les enfants du quartier organisent une fête et qu'elle doit se contenter de les écouter, cachée derrière une allée.

D'abord, elle décide que la solution consiste à ne

faire qu'un avec son frère Jarvis et sa fiancée. Elle s'imagine qu'elle fera partie de leur couple et qu'après leur mariage elle fera le tour du monde avec eux. Et quand Jarvis et Janice manquent de répondre à son attente, elle choisit de prendre la fuite. Mais, comme n'importe quelle fugueuse de douze ans, elle ne va pas très loin.

La solution viendra d'un « choc de bonheur ». *Frankie Addams* touchera une corde sensible chez tous ceux qui croient avoir été mis de côté, qu'ils soient ignorés au travail, ou écartés dans une discussion entre amis portant sur la décision de fonder une famille ou de partir en vacances à Goa. Lisez et rappelez-vous : ne forcez pas les choses et, *a fortiori* si vous avez douze ans, ne prenez pas la fuite. Restez patients. Vous serez bientôt invité à la fête.

VOIR AUSSI : **différent, se sentir • étranger, être • outsider, être un • solitude**

L'Élu,
Thomas Mann

Misanthropie

Mettons que vous haïssiez l'espèce humaine sous toutes ses formes, essayez de vivre sur un bout de rocher pendant dix-sept ans, comme l'a fait Grégoire, *L'Élu*. Il a les meilleures raisons du monde de se défier de la nature humaine. Il a épousé sa mère, tué son père, et se trouve lui-même être le rejeton d'un frère et d'une sœur. Jusque-là, c'est *Œdipe roi*. Mais il décide qu'il doit expier ses péchés (qu'il n'a bien sûr pas commis intentionnellement) et s'en va vivre sur une île au milieu d'un lac. Il enchaîne sa jambe de fer à la roche, juste pour rendre sa pénitence plus douloureuse. Et du fait de son régime sévère (il suce la pierre de mère Nature), il rétrécit à la taille d'un hérisson au fil des années.

Entretemps, le pape est mort et deux évêques ont la vision d'un agneau ensanglanté qui leur indique que le prochain pape vit sur une île au milieu d'un lac. Avec autant de dégoût que de confusion, les évêques traînent l'humanoïde hirsute jusqu'à terre. Comme par miracle, Grégoire retrouve instantanément sa taille normale, il devient même beau et pétillant, même s'il reste encore un peu chevelu, et s'apprête à devenir l'un des plus grands papes de l'histoire, admiré pour sa clémence, sa sagesse et sa compréhension.

Si, comme Grégoire, vous êtes tenté de vivre à la marge de l'humanité, méprisant ce que vous pouvez y voir, essayez de mesurer si votre haine des autres n'est pas plutôt une haine de vous-même. Comme Grégoire, adoptez la formule *Absolvo te* (« je te pardonne ») pour vous l'appliquer à vous-même. Une fois que vous aurez appris à vous aimer de nouveau, vous n'aurez aucun mal à tomber amoureux des autres.

VOIR AUSSI : **cynisme • dîners en ville, peur des • égoïsme • rabat-joie, être un**

Quand tu es parti, **Maggie O'Farrell**

Incendiaire, **Chris Cleave**

Extrêmement fort et incroyablement près, **Jonathan Safran Foer**

Tout ce que j'aimais, **Siri Hustvedt**

D'ici là, **John Berger**

Mort d'un être cher

De tous les défis auxquels nous pouvons être confrontés au cours d'une vie, aucun, peut-être, n'est plus difficile que celui-là.

Que nous ayons perdu un parent, un conjoint, un enfant, un frère ou une sœur, ou encore un ami de longue date, ou quelqu'un que nous connaissions depuis peu de temps, la mort d'un être aimé apporte avec elle un ensemble déroutant d'états affectifs qui peuvent être tous réunis sous le nom générique de deuil. Nombreux sont ceux qui ont pu trouver un réconfort en envisageant leur deuil selon la théorie des cinq étapes, identifiées par Elisabeth Kübler-Ross à la fin des années 1960 pour décrire le cheminement mental de ceux qui sont confrontés à la perspective de leur propre mort : déni, colère, marchandage, dépression et acceptation. Toutes les étapes ne sont pas vécues par tous les patients, et elles ne sont pas nécessairement vécues dans l'ordre indiqué ci-dessus, ou séparément. Mais nous espérons qu'en recourant à ces catégories nous pourrons mieux diriger les personnes en deuil vers le roman susceptible de leur apporter consolation et réconfort.

Si vous pensez être dans le déni par rapport à la perte de l'être cher – pour beaucoup, la façon qu'a notre corps d'atténuer les souffrances liées au deuil et d'endiguer leur flot en entrant dans un état de torpeur (ce qu'on appelle l'état de choc) –, nous vous suggérons de lire *Quand tu es parti*, de Maggie O'Farrell. Quand nous la rencontrons pour la première fois, Alice s'apprête à rendre visite à ses sœurs à Édimbourg. Mais dans les toilettes pour dames de la gare, elle assiste à quelque chose de si terrible, de si indescriptible, que cela dépasse son entendement et qu'elle rentre immédiatement en train à Londres. Ce soir-là, son état de choc s'aggrave quand elle est renversée par une voiture, subissant une blessure à la tête qui la plonge dans le coma. C'est à partir de cet état proche du rêve dans lequel sombre l'héroïne que nous entrevoyons, dans un retour en arrière, sa vie antérieure et y découvrons un deuil caché et encore douloureux. Que ce roman vous permette d'exister l'espace d'un moment dans ce cocon qu'est l'« état de choc ». Ne vous inquiétez pas si vous avez l'impression que vous ne vous résoudrez jamais à en sortir ; votre corps se débarrassera dudit cocon le moment venu.

Si la colère domine, vous aurez besoin de l'extérioriser. Il n'y a pas de meilleur modèle pour cela qu'*Incendiaire*, de Chris Cleave, cri d'angoisse et de fureur déchirant venant d'une femme qui a perdu son mari et son jeune fils dans une attaque terroriste fictive dans le stade de Wembley. Dans ce roman, écrit sous la forme d'une lettre à Oussama Ben Laden – responsable présumé de l'attentat –, la narratrice espère amener le fondateur d'al-Qaida à comprendre et aimer son fils, afin qu'il ne tue plus jamais. « Je vais vous parler du vide qui s'est créé quand vous m'avez enlevé mon fils… afin que vous puissiez constater le désert de ma vie et comprendre ce qu'est réellement un jeune enfant à la forme du trou béant qu'il a laissé derrière lui » écrit-elle. Sa voix est aussi inoubliable que son message, car la crudité de sa formulation – remplie d'incorrections, d'expressions familières et grossières, et d'abréviations dignes des titres de la presse à scandale – montre une femme qui ne prend plus la peine de se soucier de choses sans importance. Les mots « ne [lui] viennent pas facilement », dit-elle à Ben Laden, mais ô combien sont-ils percutants !

Sans peur, et perdant de plus en plus la raison du seul fait d'imaginer son fils perdu criant et cherchant sa mère, elle laisse éclater sa colère avant de craquer – mais nous savons, à la fin, que l'expression de cette colère était nécessaire. Votre colère peut vous paraître sans fin, et c'est normal, car c'est la transmutation de votre amour. Mais elle ne peut se dissiper que si vous la laissez sortir. Là encore, cette étape ne saurait être escamotée.

Il n'est pas rare, lorsque nous souffrons d'un chagrin particulièrement douloureux, que nous entrions en négociation avec nous-même, ou avec le destin. Si seulement nous pouvions trouver la bonne réponse à telle ou telle question, pensons-nous, la souffrance disparaîtrait. Les enfants sont particulièrement enclins à nourrir ce genre d'espoir – comme le montre la recherche entreprise jusque dans les bas-fonds de New York par un garçon de neuf ans, Oskar Schell, dans *Extrêmement fort et incroyablement près*, de Jonathan Safran Foer. Après la mort de son père Thomas dans les attentats du 11-Septembre, Oskar trouve une petite clé dans une enveloppe au fond d'un vase dans le bureau de son père. Le mot « Black » est inscrit dessus. Oskar pense que s'il parvient à trouver la serrure qu'ouvre cette clé, il comprendra mieux ce qui est arrivé à son père. Il entreprend alors de rendre visite à tous les Black de l'annuaire.

Très vite, sa quête se révèle parfaitement chimérique – mais ce qu'Oskar trouve pendant ses recherches est plus précieux : une meilleure compréhension des souffrances et des deuils vécus par ses grands-parents avant sa naissance, et, dans un passage d'une délicatesse qui vous réchauffera le cœur, le désir de sa mère aimante, mais accablée par le chagrin, d'aider son fils à se relever de son immense affliction.

L'étape que chacun redoute le plus, peut-être, est la dépression. On ne peut y échapper : certaines choses ne peuvent être améliorées et il est vital que nous nous autorisions, et autorisions nos proches, à vivre cette phase sombre et lugubre, pendant laquelle toutes les tentatives de réconfort seront inappropriées et inutiles, tant que nous en aurons besoin. Le roman de Siri Hustvedt, *Tout ce que j'aimais*, est une exploration implacable de ce stade. Leo Hertzberg, le narrateur, et son ami Bill Wechsler sont tous les deux en deuil. Leur vie était autrefois si pleine de promesses, mais aujourd'hui ils se désintègrent – et tous deux portent le deuil du passé, de la vie intellectuelle à New York qui, pensaient-ils d'une manière ou d'une autre, devait durer éternellement.

Les personnages de Siri Hustvedt sont intelligents, réfléchis. Mais la romancière montre que l'intelligence ne peut nous sauver de la souffrance ; parfois, elle nous complique la tâche. La douleur est une part inévitable de la vie, et éprouver la vôtre en compagnie de ces personnages vous aidera à habiter ses recoins les plus sombres – peut-être la phase la plus cruciale du processus de deuil si vous avez quelque espoir d'aller de l'avant.

Certains trouveront la voie de l'acceptation plus facilement que d'autres. Quand le narrateur du roman de John Berger, *D'ici là*, rencontre sa mère – décédée depuis de nombreuses années – dans un parc à Lisbonne, il la reconnaît à sa démarche. Dans la conversation qui suit, il revoit des gestes familiers qui l'émeuvent – elle passe sa langue sur sa lèvre inférieure, ce qu'elle faisait chaque fois qu'elle se mettait du rouge à lèvres –, mais il est aussi irrité, comme il l'était déjà enfant, par sa trop grande confiance en elle-même, qui semble en fait cacher, selon lui, un manque complet d'assurance.

Le narrateur de Berger – à moins qu'il ne s'agisse de Berger lui-même – va de ville en ville, à la recherche de ses amis et proches disparus. À Cracovie, il retrouve son mentor, Ken. Alors qu'ils assistent ensemble à une partie d'échecs, il « souffre de sa mort » comme s'il venait de l'apprendre – ce qui nous rappelle que le deuil est souvent éprouvé par vagues, et inopinément, à des moments imprévisibles tout au long de nos vies. À Islington, quartier de Londres, il tombe sur son ami Hubert, que torture un problème : comment trier les dessins de sa défunte femme Gwen ? « Que vais-je faire ? » se lamente-t-il. « Je ne cesse de remettre ce travail à plus tard. Si je ne fais rien, ils seront tous jetés ! »

Marcher dans ces lieux permet au narrateur de se souvenir, et ses conversations avec les morts lui offrent un moyen de s'imprégner de son amour pour ceux qu'il a perdus. « J'ai beaucoup appris depuis ma mort », lui confie sa propre mère, avant d'évoquer devant lui « l'éternel casse-tête d'avoir à faire quelque chose à partir de rien » – car elle sait, au bout du compte, que c'est de cela qu'il s'agit. Le narrateur médite sur la question de savoir quels objets on doit laisser sur une tombe (un de ses gants, par exemple ?) et remarque comment « ses morts » ont changé de caractère – sa mère, par exemple, est devenue impertinente, « désormais sûre d'être hors d'atteinte », et son père prétend maintenant préférer l'espadon au saumon. Ainsi, Berger permet aux morts de se transformer et d'évoluer comme les vivants. Vous aussi, donnez à vos relations avec vos morts un nouveau souffle : vous y gagnerez beaucoup plus qu'en les laissant dormir éternellement.

C'est donc ainsi, plus avant dans notre processus de deuil (bien que celui-ci soit sans fin), que nous finissons par voir les êtres chers que nous avons perdus tels qu'ils étaient réellement, pour le meilleur et pour le pire. Nous pouvons solder nos comptes ; et nous pouvons aussi rassembler toutes les choses merveilleuses qu'ils ont laissées derrière eux, toutes les choses qui nous manquent, et, peut-être, trouver un moyen de les incorporer dans nos vies d'une façon différente, magique. Partez en voyage avec Berger vers les lieux où vous avez passé du temps avec l'être aimé, faites les choses que vous faisiez ensemble, et savourez et fêtez tout ce qu'il vous a donné quand il était en vie – et continue à vous donner aujourd'hui.

VOIR AUSSI : **appétit, perte de l' • cauchemars • cœur brisé • colère • culpabilité • insomnie • nostalgie • solitude • tristesse • veuf, devenir**

Bruit de fond, **Don DeLillo**

Cent ans de solitude, **Gabriel García Márquez**

Mort, peur de la

Vous ne vous êtes jamais demandé comment on peut continuer à vivre en sachant que l'on risque à tout moment de disparaître de la surface de la terre ? Ne vous êtes-vous jamais réveillé en pleine nuit couvert de sueur, cloué sur votre lit par le simple fait de savoir qu'un néant éternel vous attend de façon imminente ?

Vous n'êtes pas seul. La conscience de la mort est ce qui nous distingue des animaux. Et la façon dont nous décidons de l'affronter – que nous choisissions de croire en Dieu et en un au-delà, de nous réconcilier avec l'idée du néant, ou simplement de réprimer toute pensée relative à la Grande Faucheuse – est une chose qui nous distingue les uns des autres.

Titulaire de la chaire des études sur le Troisième

Reich dans une université du Midwest, Jack Gladney souffre en permanence d'une peur aiguë de la mort. Il ne cesse de penser au jour où il mourra, de se demander qui, de lui ou de sa femme Babette, mourra le premier (il espère secrètement que ce sera elle), et de s'interroger sur la dimension des « trous, abîmes et gouffres » dans lesquels il ne manquera pas de tomber. Un jour, il découvre que Babette craint autant que lui la mort. Jusqu'alors, sa blonde et pulpeuse épouse s'était interposée entre lui et sa peur, car elle représentait à ses yeux « la lumière du jour et la densité de la vie ». Cette découverte l'ébranle au plus profond de lui-même – et n'épargne pas les fondements de leur mariage jusque-là heureux.

Jack étudie toutes sortes de théories, philosophies et pratiques pour surmonter sa peur de la mort, de la réincarnation à l'exercice consistant à se réfugier dans la sphère protectrice d'une foule. (« Comment comptez-vous passer votre résurrection ? » lui demande gentiment un témoin de Jéhovah, comme s'il l'interrogeait sur un long week-end.) Sa méthode la plus efficace pour se calmer (et se distraire) consiste à s'asseoir et à regarder ses enfants dormir, activité qui lui donne le sentiment d'être « partie intégrante d'un système spirituel ». Pour ceux qui ont la chance d'avoir des enfants en train de dormir sous la main, il s'agit en effet d'un baume que nous recommandons chaleureusement, pas seulement pour la peur de la mort, mais pour les peurs de toutes sortes.

Peut-être que l'un des exercices mentaux de Jack marchera pour vous. Si ce n'est pas le cas, *Bruit de fond* vous fournira une association d'idées inédite – entre vos pensées sur la mort et le rire. DeLillo est un écrivain comique, et le passage où Jack tente de bredouiller quelques mots en allemand est à nos yeux l'un des plus drôles de toute la littérature. Recourez-y la nuit quand votre terreur de la mort vous assaille, et assistez à la métamorphose de la peur en rire.

L'autre remède à conserver sur votre table de chevet est *Cent ans de solitude*. Ce roman sur la famille Buendia de Macondo peut être lu et relu ; les événements s'y succèdent en une sorte de cycle éternel, et son écriture est si dense que vous découvrirez de nouvelles pépites et de nouvelles révélations à chaque lecture. Comme il se déroule sur un siècle, la mort survient souvent et prosaïquement, et les personnages acceptent leur rôle dans l'ordre naturel des choses – attitude qui, *in fine*, pourrait déteindre sur vous.

Si ce n'est pas le cas, continuez de lire. Sans arrêt. Et un soir, peut-être, quand vous atteindrez avec lassitude la dernière page et retournerez à la première, vous commencerez à comprendre pourquoi toutes les bonnes choses doivent, au bout du compte, avoir une fin.

VOIR AUSSI : **angoisse existentielle** • **mourir**

Perle, **Gauvain**

Les Métamorphoses, **Ovide**

Mourir

La mort ne peut être repoussée indéfiniment, et quand l'heure fatidique survient, nous devons être prêts. En Occident, nous avons tendance à éviter de penser à la mort et à gommer plus ou moins le fait qu'elle nous côtoie dans notre vie quotidienne. Le *memento mori*, formule qui rappelait chaque jour aux hommes qu'ils sont mortels, et ses expressions artistiques appartiennent à une époque révolue. Il est cependant essentiel de vivre à la fois dans la conscience de la mort – et ainsi d'être sûr d'être encore bien vivant – et de songer déjà aux compagnons littéraires appropriés. Afin que, le moment venu, nous n'arrivions pas devant le lit de mort – le nôtre ou celui d'une autre personne – sans armes. Que ce soit vous le mourant, ou que vous vous retrouviez au chevet d'un être aimé dans ses derniers instants, une littérature qui console et rassérène, tout en invitant doucement à accepter, est un cadeau inestimable. Vous serez heureux de vous être préparé avec ces deux œuvres d'une grande beauté et d'une sérénité intemporelle – soit en les lisant vous-même, si vous en êtes capable, soit en les lisant à voix haute, soit, encore, en demandant qu'on vous les lise.

En des moments de la vie aussi intenses, on a besoin d'un langage qui puisse s'élever au-dessus de l'ordinaire. Incluse dans *Sire Gauvain et le chevalier vert*, l'évocateur et captivant roman de chevalerie en vers du XIVe siècle, *Perle* est l'un des poèmes les plus exquis qui aient jamais été écrits en langue anglaise. Elle décrit la perte d'une « perle de grand prix », qui, selon de nombreux critiques, représenterait la fille de deux ans du poète ; d'autres estiment que la perle est entièrement allégorique, représentant la perte de l'âme et introduisant délibérément une certaine ambiguïté du fait de ses nombreuses interprétations possibles. On sait si peu de choses de la vie du poète que personne ne peut être sûr de l'objet de son deuil ; on peut essayer de le déduire du poème, mais celui-ci est si dense, avec ses strates de narration métaphorique superposées, qu'aucune interprétation certaine n'est possible. C'est cette ambiguïté même qui rend le poème si riche et irrésistible. La douleur de la perte telle qu'elle est exprimée, la pureté de l'amour éprouvé, la beauté de la perle, toutes sont mêlées inextricablement pour former un poème remarquablement complexe dans sa structure. L'œuvre est composée de cent une stances de douze lignes chacune, des « mots-liens » répétés unissent intelligemment les vers entre eux, et des thèmes se répondent au début et à la fin du poème, dans une structure elle-même circulaire – à bien des égards comme le cycle de la vie et de la mort.

Nous mentionnons tout cela car le poème est d'une beauté absolue – aussi parfait et sublime qu'une perle lovée au creux de la paume de votre main. Si vous interprétez ce poème littéralement, la « perle de grand prix » représente la chose, ou la personne, que vous aimez le plus au monde (et que les mourants doivent, si possible, avoir auprès d'eux à ce moment crucial). Et si vous êtes croyant et que vous lisez ce poème, vous vous sentirez prêt à confier votre destin à Dieu, car le message chrétien est manifeste.

À notre époque, aussi bien les croyants que les non-croyants peuvent trouver un réconfort dans l'idée de transformation. Car même si nous croyons que la mort est la fin, nous pouvons au moins penser que nous changeons de forme. Pour vous sentir appartenir à la roue éternelle de la vie, lisez Ovide – car son grand œuvre, *Les Métamorphoses*, traite de la façon dont une chose en devient une autre, *ad infinitum*.

Toute la vie est contenue dans ces pages, des mythes de création aux vies des philosophes, du Chaos à Éros, de l'avènement des dieux aux épreuves d'Hercule et de Prométhée. Mais le thème central d'Ovide est l'amour – la force qui transforme toute chose. Pour satisfaire son désir, Zeus se transforme en cygne, en taureau, en pluie d'or. Ses victimes deviennent des arbres, des nymphes d'eau, des oiseaux ou des bêtes. Diane transforme Actéon en cerf parce qu'il l'a surprise en train de se baigner nue. Narcisse, qui ne peut aimer que lui-même, se métamorphose en fleur. Repoussée par Narcisse, Écho dépérit, et il ne reste finalement plus d'elle que sa voix qui répète sans cesse les dernières syllabes que l'on prononce (**voir :** chagrin d'amour, si ce n'est pas trop tard). Arachné est transformée en araignée pour avoir prétendu mieux tisser qu'Athéna. Tout est susceptible de changer, rien ne reste statique ; et tous les êtres passent d'un état à un autre : ils ne meurent pas, ils *deviennent*.

C'est ainsi que les vers d'Ovide nous éblouissent, car ils parlent de mythes et de légendes, d'amour et de deuil, montrant comment nous vivons transformés en fleurs sauvages, en oliviers et en cours d'eau, nos vies s'écoulant d'une forme à une autre en des métamorphoses incessantes.

N

Narcissisme

VOIR : **arrogance** • **confiance en soi, excès de** • **égoïsme** • **vanité**

Nausée

Retour à Brideshead, **Evelyn Waugh**

Qu'y a-t-il de pire que la nausée ? Excusez notre vulgarité, mais comme la rémission est impossible sans laisser tout sortir... allez-y ! Ne gardez rien. On ne regarde pas.

Tremblant, en nage, choqué ? Et peut-être encore un peu barbouillé ? Allez vous laver les dents puis revenez pour vous mettre dans la position horizontale, enveloppé dans une couverture, la tête soutenue par des oreillers, une bouillotte à portée de main et votre tête qui continue de tourner enfin apaisée par la prose parfaitement équilibrée d'Evelyn Waugh.

Plus qu'à n'importe quel écrivain, on peut faire confiance à Waugh pour vous remettre sur pieds. Depuis le premier paragraphe de la première page de *Retour à Brideshead*, son hymne aux privilégiés, notez comment Waugh use de la répétition pour garder un état d'équilibre bien tempéré. Les répétitions, il en use à foison. Jetez un œil en bas d'une page et notez les allitérations et les assonances qui s'imposent et nous entraînent dans un pas de danse très précis… Les points-virgules interviennent comme de petites pauses discrètes, le temps de retenir une formule agréable, comme un ascenseur qui monte, tandis que les virgules participent à l'intelligibilité du flot qui tournoie. Pas une seconde nous ne sommes amenés à lâcher le rythme. Et votre ventre ne ressent plus que stabilité, assurance et pondération. Cette prose est une danse et Waugh le partenaire charmant et expérimenté qui nous fait tourner sur la piste.

Oups ! Allons-y doucement ! Si vous craignez que les nausées reprennent, continuez la lecture. Car Charles, le narrateur, dont les quartiers à Oxford sont au rez-de-chaussée, juste à côté de sa chambrée, va forger la relation la plus forte de sa vie du fait de ses vomissements. Sebastian, le dernier fils – toujours accroché à son nounours – des seigneurs du château de Brideshead, incroyablement beau, avec cette qualité innée qui le fait chanter à haute voix des chansons d'amour, a trop bu. En passant devant la fenêtre ouverte de Charles un peu avant minuit, il se penche vers la pièce et vomit. Charles est assez gentil pour voir dans l'état de Sebastian et dans son envie de se vider à travers une fenêtre ouverte un choix délirant mais plutôt attachant. Lorsque, le lendemain, il découvre sa chambre emplie de fleurs après avoir donné ses cours, ainsi qu'une invitation contrite pour un déjeuner, il est séduit un peu plus encore. Assez vite, il est projeté dans un monde où les œufs de pluviers sont offerts aux invités, un monde de beauté, intense et décalé, qui laissera le jeune héritier dans un état d'embrasement avant de l'abandonner à la désillusion pour le reste de sa vie.

Mais la vie, comme dans la fiction, est rendue extraordinaire par ces amitiés. Et si Sebastian n'avait pas été atteint de nausée, Charles ne se serait jamais rendu à Brideshead et n'aurait pas rencontré les sœurs follement séduisantes de Sebastian. Il ne serait jamais entré dans ce jardin clos et enchanté qui lui donne, pendant un moment, l'illusion d'une enfance heureuse qu'il n'a jamais eue.

Merci en conséquence aux vomissements, les siens et les vôtres, et à Evelyn Waugh pour avoir remis les choses en place.

Nausées matinales

VOIR : **nausée** • **grossesse**

Le Petit Prince, **Antoine de Saint-Exupéry**

Négligence

Si vous viviez sur une planète aussi petite que celle du Petit Prince, l'astéroïde B-612 – tellement petite que, si vous étiez accompagné d'un troupeau d'éléphants, vous devriez les empiler les uns sur les autres ; que vous devriez prendre soin, après avoir fini de vous laver et de vous habiller chaque matin, d'arracher les pousses de baobab apparues pendant la nuit, de peur qu'elles n'envahissent votre planète ; et qu'un jour, vous auriez assisté quarante-quatre fois au coucher du soleil, rien qu'en déplaçant votre fauteuil –, vous mèneriez une vie simple qui inculquerait en vous l'habitude de prendre soin des choses. Vous arroseriez chaque jour l'unique fleur qui pousse sur votre planète, et n'oublieriez jamais. Vous veilleriez, avant de partir en voyage, à ratisser vos volcans, même celui qui est éteint. Parce que vous sauriez que c'est le temps et le soin que vous consacrez aux choses qui les rend importantes. Et que si vous ne leur accordiez pas ce soin, vous vous réveilleriez un jour entouré de choses tristes, conscientes de leur propre insignifiance.

Quelle que soit la taille de votre planète quand vous commencerez à lire *Le Petit Prince*, nous vous garantissons qu'elle aura rapetissé et ressemblera beaucoup plus au final à l'astéroïde B-612. Et qu'ensuite, vous vivrez votre vie avec plus de délicatesse.

VOIR AUSSI : **égoïsme** • **risques, prendre trop de**

Mes amis,
Emmanuel Bove

Neutre, être

Vous n'êtes pourtant pas suisse. Malgré cela, c'est plus fort que vous, impossible de prendre une décision, de trancher. Neutre, vous êtes désespérément neutre. Et du genre discret avec ça. Toujours soucieux de ne pas vous faire remarquer, de passer le plus inaperçu possible. Si la situation tend à trop vous tracasser, ne cherchez pas d'autre remède que celui-ci. Précipitez-vous sur *Mes amis*, le chef-d'œuvre d'Emmanuel Bove qu'un jeune éditeur courageux vient fort judicieusement de rééditer. Rappelons que Samuel Beckett disait de Bove qu'il avait « comme personne le sens du détail touchant ». Que Rainer Maria Rilke manifesta l'envie de le rencontrer après avoir lu l'étonnant *Mes amis*, diamant noir qui n'a pris aucune ride depuis sa parution en 1924. On se familiarisera ici avec un curieux paroissien. Victor Bâton a fait la guerre – la Première – où il a été blessé. Depuis, il touche une pension et habite à Montrouge. Victor est le genre à se laisser un peu aller. À oublier de se brosser les dents le soir. Il faudrait aussi qu'il pense à se raser, d'autant qu'il a mauvaise mine. Le narrateur de Bove n'aime pas les disputes. Dans le petit débit de vin de la rue de Seine où il a ses habitudes, il s'installe immanquablement dans un coin, le plus loin possible de l'entrée. Parfois, il rêve de devenir riche, d'avoir une actrice pour maîtresse. La solitude lui pèse – personne à qui confier ses peines. « Ils sont rares ceux qui m'aiment un peu et qui me comprennent », déplore un être qui aimerait bien. Sauf que Victor Bâton n'arrive à rien. Et ne fait pas grand-chose non plus pour. À part marcher dans les rues, rôder pour tenter de chasser son ennui… Après pareille lecture, nous pensons qu'un besoin subit de vous secouer va s'emparer de vous, au risque de tourner aussi mal que ledit Victor. Prenons les paris.

Le Parfum,
Patrick Süskind

Nez, détester son

Les nez sont assez bizarres, si on prend le temps de les regarder. Certains sont gros, d'autres fins, certains sont des tremplins de ski, d'autres taillés à la serpe et explosés de cratères, mais aucun, on doit le reconnaître, n'est particulièrement gracieux. Ce qui dicte l'opinion que les autres se font de notre nez est la propre opinion que nous en avons nous-mêmes. D'ailleurs, ceux qui ont une haute d'idée d'eux-mêmes portent leur nez comme il faut, quelles qu'en soient la forme et la taille. Pour apprendre à aimer votre nez, commencez non par l'organe mais par vous-même (**voir :** estime de soi, mauvaise).

D'un autre côté, si vous avez vraiment un tarin impossible, plongez-le dans *Le Parfum*, de Patrick Süskind. Dès la première page, vous serez immergé dans une époque, le XVIIIe siècle, où régnait dans les rues une puanteur à peine imaginable pour nous aujourd'hui, un mélange nocif de fumier, d'urine et de chou pourri, de draps sales et de pots de chambre, de sang, d'haleine viciée et de maladie tumorale. C'est ici, dans le coin le plus putride de la ville la plus puante du monde, Paris, qu'est né Jean-Baptiste Grenouille, le jour le plus chaud de l'année, d'une mère accroupie au milieu des entrailles de poissons, sous une table où elle venait d'écailler un poisson pourri. Il passe entre les mains d'une sage-femme en nage, et de là dans un cloître de moines. La sage-femme en nage se plaint que le bébé n'a pas d'odeur. Suit une description de la fragrance des bébés. Leurs pieds comme des pierres chaudes, du lait caillé ou du beurre frais, avance la sage-femme avec approximation. Leurs corps comme une crêpe qui aurait trempé dans du lait. Et le dos du crâne, ce petit endroit chauve qui échappe à la touffe de cheveux, le meilleur de tout, comme du caramel.

En quelques pages, on se trouve imprégné par procuration, car le style imparable de l'auteur parvient à rendre précisément les odeurs, ou au moins la perception qu'en a notre cerveau, et des arômes couvrant toute la gamme olfactive. Jean-Baptiste lui-même, dépourvu qu'il est de la moindre odeur personnelle, possède l'odorat le plus affiné de Paris et un goût aveugle autant que risqué pour inventer de nouveaux parfums, particulièrement ceux des jeunes filles vierges. Logiquement, il gagne bien sa vie comme nez dans la parfumerie. Si, comme lui, vous faites un plein usage de votre nez, en l'éduquant avec des vins rouges bien charpentés et des grains de café fraîchement moulus, avec des parfums subtils, du jasmin et quelques gouttes d'essence de feuilles de citronnier sur votre gant sous la douche le matin, si vous appréciez la sensualité qu'il apporte dans votre vie, alors, on vous le promet, vous apprendrez à aimer votre pif et à le considérer d'un autre œil.

VOIR AUSSI : **vanité**

La Femme qui décida de passer une année au lit, **Sue Townsend**

Nid vide, syndrome du

Il est peut-être embarrassant de le reconnaître, mais de nombreuses femmes se sentent perdues quand leurs enfants quittent la maison familiale. Comment diable vont-elles s'occuper sans tous ces en-cas à préparer, ces t-shirts sales à mettre dans la machine à laver, ces adolescents à conduire ici ou là le vendredi soir ? Elles vont pouvoir enfin vivre leur vie, bien sûr – sauf que ce n'est pas si facile que cela quand on en a perdu l'habitude. Aujourd'hui, heureusement, c'est un « syndrome » que l'on peut diagnostiquer soi-même, comme le fait Eva Beaver dans le roman de Sue Townsend qui lui est consacré, après avoir écouté une émission sur le sujet à la radio. Avec ce traitement typiquement townsendien, vous pourrez rire de vous-même, car il n'y a pas mieux pour ramener un syndrome à sa juste mesure que de s'en moquer aimablement.

Pour toutes celles ayant longuement pratiqué les travaux ménagers apparemment sans fin qui incombent encore aujourd'hui à une mère et femme au foyer (**voir :** faire face, incapacité à ; femme au foyer, être une ; maternité), rester au lit pendant un an apparaîtra comme une réaction parfaitement sensée, et souhaitable. Mais Eva n'est pas seulement fatiguée ; elle ne sait plus qui elle est. Après avoir passé vingt-cinq ans à satisfaire les besoins des autres membres de la famille et – elle s'en rend compte maintenant – à bâcler l'éducation de ses enfants, elle se retire du monde pour réapprendre à s'y replonger. Après avoir chassé son mari Brian de la chambre à coucher, elle repense à ce qu'était son couple et aux choses auxquelles elle a renoncé quand sont nés ses jumeaux Brian Junior et Brianne (la lecture, entre autres choses), et en éprouve un profond désarroi. Quand Brian emménage dans la remise au fond du jardin avec sa maîtresse de longue date, Tatiana, et que les deux enfants apprennent à vivre loin de la maison, Eva commence à nouer des liens d'amitié avec diverses personnes de passage – dont le plombier – tout en plongeant au plus profond de son chagrin.

Comme stratégie pour reprendre goût à la vie et se ressourcer – et s'ouvrir à de nouveaux amis, de nouveaux métiers et de nouvelles configurations domestiques –, nous recommandons celle-ci chaudement, quoiqu'un an soit à notre avis un peu long. Si vous commencez à mettre à rude épreuve la patience de ceux que vous aimez, **voyez :** lit, impossible de sortir du, pour un contre-traitement.

VOIR AUSSI : **enfants, ne pas avoir d'** • **solitude**

Contes de Noël,
Charles Dickens

Noël

Noël est parfois un moment où tous les problèmes semblent vous assaillir en même temps. Si vous avez une grande famille, vous serez coincé sous le même toit avec une flopée de cousins et de neveux (**voir :** famille, faire avec sa), lesquels peuvent comprendre un certain nombre d'enfants surexcités (**voir :** enfants, piégé par les ; maternité ; paternité). Vous dépenserez probablement autant d'argent en un mois que vous en dépensez en temps normal en un trimestre (**voir :** déclaration d'impôts, peur de faire sa ; fauché, être) ; vous mangerez certainement beaucoup trop (**voir :** gloutonnerie ; obésité) puis aurez des problèmes digestifs (**voir :** constipation ; diarrhée ; flatulences) ; vous finirez par payer le prix d'avoir trop bu (**voir :** gueule de bois ; ou, si vous êtes un vétéran des Noëls épuisants trop arrosés : alcoolisme). Si vous êtes marié ou avez un compagnon ou une compagne, l'un d'entre vous aura sans aucun doute quelques engueulades avec sa belle-famille (**voir :** belle-mère, avoir une), qui pourront déboucher sur une engueulade entre vous (**voir :** marié, être). Si vous avez un(e) petit(e) ami(e), vous serez probablement obligé de répondre à des questions personnelles sur cette relation (**voir :** coming out ; enfants, sous pression pour avoir des). Et si vous êtes célibataire, on vous demandera pourquoi (**voir :** célibataire, être), ce qui vous fera peut-être regretter de l'être (**voir :** mis de côté, avoir l'impression d'être) en vous donnant l'impression insupportable d'être seul au monde (**voir :** solitude). Si vous n'avez pas une grande famille, ou si vous passez Noël juste avec votre chien (là encore, **voir :** solitude), vous risquez effectivement de vous sentir seul, ou votre famille risque de vous manquer (**voir :** famille, faire avec sa). Au total, Noël est une expérience qui a de bonnes chances de vous faire perdre la foi et de vous donner l'envie de vous enfermer tout seul dans une grande armoire bien sombre (**voir :** misanthropie).

Dans ces pages, vous trouverez des traitements pour tous les maux énumérés *supra*. À titre préventif, lisez-les lentement, tout au long de l'année, pour vous blinder en vue du grand jour. Quand celui-ci advient, annoncez à votre famille, compagne/compagnon, grand-mère ou pot de fleur, qu'au lieu de regarder un film le jour de Noël, vous leur lirez à voix haute, autour d'un feu, du vin chaud et des mandarines à portée de main, un livre qui a ensorcelé des générations de lecteurs : les *Contes de Noël* de Charles Dickens.

C'est une géniale histoire de fantôme, hantée par des personnages non moins géniaux. Ebenezer Scrooge : un vieil homme solitaire, avare et mesquin. Bob Cratchit : un humble employé battu et opprimé, quoique toujours de bonne humeur. Tiny Tim : l'adorable et pathétique fils de Cratchit, à l'article de la mort. Et enfin, Jacob Marley : le fantôme de l'ancien associé décédé de Scrooge, qui souffre, et a un message à lui délivrer, pour l'aider à échapper à son misérable destin. Ensemble, ils nous content une histoire qui a toute la fluidité et le charme d'un classique pour enfants tout en plaisant aux adultes. Savourez ces apparitions fantomatiques. Soupirez de consternation devant la cupidité inepte de Scrooge et le report sans fin de son mariage. Versez des larmes de pitié pour Tiny Tim. Jubilez avec tous les personnages à la fin. « Je suis aussi léger qu'une plume, je suis aussi heureux qu'un ange, je suis aussi gai qu'un écolier ! J'ai la tête qui tourne comme si j'étais un ivrogne », roucoule Scrooge. C'est Dickens qui a forgé le mythe du Noël blanc ; lui qui, le premier, nous a exhorté à faire de Noël une bonne action, à festoyer, tout en donnant ce que nous pouvons aux autres. En d'autres termes, il est en grande partie responsable de ce que cette fête est aujourd'hui. Alors, faites de Dickens une tradition annuelle ! Une délicieuse sensation de chaleur envahira votre cœur – et celui des membres de votre famille – à mesure que vous lirez. Vous pourrez découvrir chaque année de nouvelles richesses dans ce livre. Et si vous êtes seul(e) à Noël, proposez-vous comme lecteur à une famille voisine. Prenez votre meilleure voix dickensienne. En perturbant les habitudes familiales, vous ferez plaisir à vos proches, bien plus que vous ne l'auriez jamais imaginé.

Soie,
Alessandro Baricco

Nostalgie

Se sentir en manque de quelque chose de façon permanente est une manière douloureuse, interminable et improductive de vivre sa vie, en plus d'être cause d'irritation pour ceux qui en sont témoins. La vie est trop courte pour perdre son temps avec ce genre de sentiments. Fort heureusement, nous avons pour y faire face un remède si court qu'il serait inutile de passer plus de temps sur la prescription que sur son administration.

Ce n'est pas qu'Hervé Joncour n'apprécie pas Hélène, sa femme aimante qui l'attend patiemment pendant qu'il entreprend son voyage annuel et hasardeux par terre et mer jusqu'au village de Shirakawa pour y faire le trafic d'œufs de vers à soie, trafic rigoureusement interdit par ailleurs. Mais c'est qu'il se languit en permanence de sa jeune maîtresse de Shirakawa, avec laquelle il échange des lettres en japonais le reste du temps et que, sans la présence de celle-ci, il aimerait sa femme encore plus. N'attachez pas plus de valeur à ce que vous ne connaissez pas qu'à ce que vous connaissez déjà. Aimez votre partenaire pour la vie (**voir :** marié, être, si ça vous pose problème) avant d'épouser un rêve lointain et impossible.

VOIR AUSSI : **insatisfaction**

Nouilles, cul bordé de

VOIR : **hémorroïdes**

Les maladies de la lecture

NOUVEAUX LIVRES, ÊTRE SÉDUIT PAR LES

APPRENEZ L'ART DE LA RELECTURE

On est parfois tenté de voir les livres comme des gadgets : on veut le dernier paru, ou la toute dernière édition. Mais le fait qu'un livre soit nouveau ne veut pas dire qu'il est bon. En effet, avec un roman nouveau publié toutes les trois minutes, sauf le dimanche, la probabilité qu'il soit bon est assez faible. Mieux vaut attendre pour voir s'il passe l'épreuve du temps, et lire à la place un livre qui a su convaincre. L'art de la relecture est trop négligé, plus encore malheureusement que le simple fait de lire. Parfois, un roman fonctionne seulement au niveau de l'histoire, auquel cas une seconde lecture sera diluée dans la première. Mais les meilleurs romans établissent un échange avec le lecteur à différents niveaux, et dans notre volonté précipitée de connaître la fin, nous passons au-dessus de plein de choses. Une seconde lecture permet de cueillir ce qui a d'abord échappé. Comme on n'est plus aveuglé par le quoi, on peut plus facilement apprécier le comment et le pourquoi. On est par exemple plus enclin à relever les présages menaçants des événements avant que ceux-ci ne surviennent, et à sourire avec l'auteur sur la manière dont les personnages peuvent se tromper, avant même que l'auteur ne trompe son lecteur. On a plus de chance d'apprécier la philosophie traversant le livre à la fin. Et on sera certainement plus attentif au talent de l'auteur pour mener l'intrigue, à ce qu'il tait et ce qu'il révèle, et à la manière dont la langue, les dialogues, les thèmes et l'imagerie sont utilisés pour créer une atmosphère, un mouvement d'ensemble et un ton.

La redécouverte d'un livre particulièrement apprécié ou aimé pourrait même devenir un rite quinquennal, marquant le passage du temps dans notre vie, nous aidant à voir comment nous avons changé ou comment nous sommes resté nous-même. Cessez de courir après la nouveauté. Comme les meilleures amitiés et les grands vins, les meilleurs romans se bonifient avec le temps. ■

O

Le Pisseur de copie, **Muriel Spark**

Pereira prétend, **Antonio Tabucchi**

Mma Ramotswe détective, **Alexander McCall Smith**

Obésité

Pour une cure d'une extraordinaire simplicité contre l'obésité, suivez les conseils de Mrs Hawkins, l'héroïne à double menton de Muriel Spark ! *Le Pisseur de copie* est une satire malicieuse du monde de l'édition dans le Londres d'après guerre. Dans ses conseils, Mrs Hawkins manifeste un esprit ouvert ; elle les distribue à tout-va, depuis la bonne manière de trouver un emploi, écrire un livre, augmenter sa concentration, se marier, savoir dire non, comment se comporter après s'être fourré dans l'embarras, et comment gérer une surcharge de correspondance ordinaire. Mais son tuyau pour perdre du poids est ce qu'elle a de plus utile : efforcez-vous de ne manger que la moitié de ce que vous mangeriez normalement. Muriel Spark offre ce conseil sans le tarifer, en précisant que son prix est déjà inclus dans celui du livre. Nous faisons de même : nous avons acheté son roman et transmettons le conseil inclus dans le prix de notre livre, sans charge supplémentaire.

Mais l'obésité a souvent une origine psychologique et aucun régime ne pourra rien y faire si celle-ci n'est pas traitée. C'est le cas du Dr Pereira, l'éditeur replet et veuf de la page culture du *Lisboa*, feuille de chou lisboète du soir, dans le roman *Pereira prétend*. On est en 1938 et, dans l'ombre de l'Espagne fasciste, Lisbonne pue la mort. Personne n'a le courage d'imprimer les vraies nouvelles, et Pereira remplit sa page avec l'annonce de traductions de livres français du XIXe siècle. Chaque jour, il se remonte le moral en parlant à la photo de sa femme disparue et en se goinfrant d'omelettes aux fines herbes et de verres de limonade au café Orquidea, le tout conclu par un café et un cigare.

Que les omelettes aient un effet dévastateur sur sa ligne n'est pas un mystère pour Pereira, mais il se sent incapable de résister. Ce n'est que lorsqu'il rencontre le Dr Cardoso dans des thermes en dehors de la ville qu'il commence à comprendre ses besoins en nourriture grasse et en boissons sucrées. C'est la faute à Franco qui se moque de son job, et de lui tout autant. Le salut arrive avec un jeune couple qu'il rencontre au café Orquidea et qui, Pereira le comprend assez vite, est engagé dans des activités clandestines interdites. Voilà enfin un moyen de combattre Franco et de retrouver toute la maîtrise de son âme. Et assez vite, il troque son régime omelettes contre des salades de fruits de mer et de l'eau minérale.

Si vous êtes en surpoids parce que vous êtes malheureux, ne cadenassez pas le frigo et ne vous mettez pas à une diète trop rigide. Le régime échouera et vous n'en serez que plus malheureux. Essayez plutôt de comprendre pourquoi vous recherchez des consolations. Ce livre peut vous souffler quelques idées (pour les débutants, **voir :** encroûter, s' ; métier, s'être trompé de). Une fois que vous vous serez débarrassé des bourrelets qui pourrissent votre relation à vous-même, votre rapport à la nourriture se corrigera naturellement.

Si vous êtes costaude et que ça vous plaît, plongez dans le monde C'est Gros C'est Bon de Mma Precious Ramotswe, qui porte des tailles confortables, du 54 pour être précis. Cette héroïne de la célèbre série de policiers d'Alexander McCall Smith, qui se passe au Botswana, vous indiquera comment être audacieuse et casser les règles, comment porter votre poids avec dignité et aplomb, et gagner le cœur d'un brave homme, si vous en voulez un, en restant spirituelle, sage et généreuse ; vous-même, en somme.

VOIR AUSSI : **gloutonnerie** • **hypertension** • **léthargie** • **estime de soi, mauvaise** • **ronfler** • **transpirer**

La Mort à Venise,
Thomas Mann

Moby Dick,
Herman Melville

Obsession

En vérité, les grands obsessionnels ne veulent pas qu'on les soigne. Ce qu'ils redoutent le plus est la fin de leur obsession et des moments de vie très intenses qu'elle procure. Pour Gustav von Aschenbach, le héros de *Mort à Venise*, les trois ou quatre heures qu'il passe chaque jour assis sur la plage à regarder Tadzio jouer puis à traquer le garçon et sa sœur dans les rues fétides et ravagées par le choléra de Venise sont bien trop chères à son cœur pour qu'il puisse cesser. Il se couche à neuf heures car, une fois que Tadzio a quitté la scène, il n'y a plus de raison de rester éveillé. De fait, il est incapable d'imaginer la vie sans ce garçon aux yeux verts et son sourire captivant. Il sait qu'il devrait avertir la mère de Tadzio de l'épidémie envahissant Venise et poser sa main une dernière fois sur la tête du garçon avant de lui dire au revoir. En se taisant, il expose Tadzio au choléra, et lui-même avec. Mais il sait aussi que parler reviendrait à casser la magie. Il se renverrait alors à lui-même, au vieux et raisonnable Aschenbach. Et ça, il ne le veut pas.

Ce qui entretient pour une part l'obsession est que Tadzio est polonais et qu'Aschenbach ne comprend rien à ce qu'il dit. De sorte que le propos le plus banal qu'il énonce s'élève dans l'oreille d'Aschenbach au rang de musique sacrée. Quand Tadzio sort de l'eau, ses boucles mouillées éclairées par le soleil, rien de ce qu'il crie à ses proches sur la plage ne peut contrarier cette impression. Dans les yeux d'Aschenbach, il incarne la passion absolue, un jeune et tendre dieu.

Moby Dick porte lui aussi une dimension mythologique. L'équipage a entendu les rumeurs et vu comment le cachalot a depuis longtemps pris possession du cerveau tourmenté du capitaine Achab, bien avant qu'ils ne rencontrent le grand Léviathan lui-même. Quand ils parviennent enfin à l'apercevoir, ce n'est que partiellement, un bout de queue ou la bosse, un jet d'eau jeté vers le ciel. Mais le plus effrayant de cette masse énorme et sombre reste enfoui. L'équipage du *Pequod* est soumis à deux pouvoirs qui l'écrasent : d'un côté Moby Dick, d'autant plus menaçant qu'il est invisible, de l'autre Achab, renforcé par son côté impénétrable. Ismaël ne voit d'ailleurs le capitaine qu'après plusieurs jours de mer, un Achab maussade, tellement pris dans ses tourments intérieurs qu'il paraît inabordable. Mais comment, sinon par son charisme, aurait-il pu convaincre l'équipage de se lancer à la poursuite de Moby Dick ? Le bateau était déjà rempli à ras bord de graisse de baleine, de quoi les rendre tous riches. Poursuivre l'aventure, c'est aller vers une mort certaine. Mais ils se sentent contraints par quelqu'un d'encore plus contraint. Telle est la puissance de l'obsession.

Pour les lecteurs de *La Mort à Venise*, Tadzio n'est qu'un jeune garçon. En revanche, Moby Dick n'est pas qu'un cachalot, pas plus que le capitaine Achab n'est qu'un homme. Quand Achab et Moby Dick disparaissent dans le profond linceul de la mer, leur puissance commune ne meurt pas. Quelque chose d'immense, d'attrayant et d'effrayant en même temps, se perpétue. La capacité à s'obstiner se transfère du cétacé au roman. Plus sans doute que n'importe quel roman dans l'histoire de la littérature, *Moby Dick* rend les lecteurs si dépendants qu'il les empêche de revenir à leurs vies d'avant. Si Aschenbach est parvenu à connaître Tadzio, qu'Achab est parvenu à connaître son cachalot, que l'équipage du *Pequod* est parvenu à connaître Achab, que le lecteur de *Moby Dick* est parvenu à connaître Moby Dick, qu'Herman Melville...

Mais à quoi bon ? Vous ne voulez pas savoir comment venir à bout d'une obsession. Parce que, en bon obsédé que vous êtes, vous ne voulez pas guérir.

VOIR AUSSI : **amour non partagé • engouement • lire plutôt que vivre, tendance à • régenter, vouloir tout • science-fiction, accro à la • solitude induite par la lecture • vénération pour les livres, trop grande**

Occupé, être trop

Les Trente-Neuf Marches,
John Buchan

Vous avez une société à diriger (**voir :** dictateur, être un), une bibliothèque à monter (**voir :** bricolage), un dîner à préparer pour vingt personnes (**voir :** brûler le repas), et votre meilleur ami est à l'hôpital (**voir :** hôpital, être à l'). Vous êtes donc trop occupé pour lire cette ordonnance, sans parler du roman que nous vous prescrivons. Mais juste l'espace d'une minute, entrez dans la vie de Richard Hannay, et vous y trouverez peut-être un antidote au mal dont vous souffrez.

Hannay, au tout début du roman de Buchan, se trouve désœuvré. De retour de la guerre en Rhodésie, avec toutes ses facultés Dieu merci intactes, il a décidé de consacrer un jour de plus à sa vieille patrie pour s'assurer qu'elle n'est pas aussi « plate que de l'eau pétillante oubliée au soleil ». Si tel est le cas, il retournera direct dans la savane. Mais, pour son plus grand délice (mêlé de stupéfaction), il découvre un mort dans sa chambre. L'homme n'est pas mort au sens conventionnel du terme ; le macchabée entreprend en effet de raconter à Hannay une histoire assez abracadabrante selon laquelle il n'est pas du tout là, mais qu'il est en fait allongé en pyjama sur son lit, la mâchoire arrachée par une balle, dans une autre pièce du même bâtiment.

À partir de ce moment, et pendant les neuf chapitres suivants, courts et percutants, de ce roman au rythme phénoménal, Hannay est un fugitif. Et vous le serez aussi – en fuyant votre… excès d'occupations. Vous serez tellement captivé par la course-poursuite qu'il engage avec l'homme sinistre aux yeux tombants que vous devrez trouver un moyen d'échapper à vos obligations et de prendre un moment pour vous asseoir et lire. Vous êtes probablement de ces gens habitués à faire plusieurs choses à la fois, auquel cas lisez ces lignes tout en courant entre vos réunions. Hannay sait lui aussi faire plusieurs choses à la fois. Il déchiffre un code de la plus haute importance alors qu'il se trouve dans un train filant vers l'Écosse, tout en se faisant passer pour un paysan à l'accent à couper au couteau. Il s'introduit au cœur d'une réunion secrète du gouvernement anglais, et détermine qui, des participants, est un espion allemand. Finalement, il démasque l'infâme « Pierre Noire », un cercle d'espions, grâce à son intuition bien affûtée. Après avoir passé vingt et un jours d'affilée à fuir constamment des tueurs étrangers parmi les plus redoutables, Hannay sauve la mise – et le monde.

Il y a peu de chances que votre monde, pour sa part, s'effondre si vous n'accomplissez pas toutes vos tâches. En fait, ce roman vous fera vous demander si, à la réflexion, vous avez accepté assez de responsabilités. Vous aurez bien le temps de déchiffrer un petit code ? De vous glisser dans la peau d'un paysan ? De vous libérer pour sauver le monde ? Avant de rencontrer Hannay, vous ne saviez pas ce que c'est que d'être *vraiment* occupé.

VOIR AUSSI : **enfants requérant votre attention, trop d'** • **épuisement** • **occupé pour lire, être trop** • **stress** • **vivre au lieu de lire, tendance à**

Les maladies de la lecture

PATHOLOGIE LITTÉRAIRE

ÊTRE TROP OCCUPÉ POUR LIRE

ÉCOUTEZ DES LIVRES AUDIO

Votre vie n'est qu'une longue liste de tâches à accomplir, et vivre se résume pour vous à cocher les choses déjà faites. Vous n'avez pas le temps de téléphoner à votre meilleur ami – sans même parler de vous asseoir pour lire un livre. Mais il y a une chose, à notre avis, que vous pouvez faire, c'est faire… plusieurs choses en même temps. Nous vous suggérons à cette fin de savourer un livre… tout en vaquant à vos occupations. Faites l'acquisition d'une bonne sélection de livres audio (**voir :** bruit, trop de, pour notre liste des dix meilleurs livres audio, ce sera un bon début). Commandez des écouteurs confortables. Et la prochaine fois que votre corps sera occupé sans trop mettre à contribution votre intellect – repasser, jardiner, faire la vaisselle, ou des abdos, ou encore aller à pied au boulot –, écoutez un roman pendant que vous vous acquitterez de votre tâche. Vous constaterez que vous utilisez, pour comprendre l'histoire, une partie de votre cerveau différente de celle qui vous sert pour vos autres activités – et soudain, les moments les plus ingrats et banals de votre vie cesseront de vous apparaître comme tels. Bientôt, vous *réclamerez* des travaux ménagers. N'importe quelle tâche fera l'affaire, tant que cela vous vaudra une autre demi-heure – puis une autre, puis une autre – en compagnie de votre livre audio préféré. ■

Candide,
Voltaire

Auprès de moi toujours,
Kazuo Ishiguro

Optimisme

L'incorrigible optimiste a besoin de temps à autre de mordre le ver dans la pomme pour ramener un peu de réalité dans ses fantasmes d'espérance. Nous aimons le serrer contre notre cœur, mais nous devons le mettre en garde contre sa gaieté insouciante dans un monde d'injustices et de douleurs inévitables. Car on ne peut pas en permanence prêter aux autres les meilleures intentions au-delà de leurs actes et de leurs paroles. Il arrive qu'on ait besoin, contre son gré, de fuir ou de se défendre. Entre optimisme et naïveté, ce ne sont souvent que vaines querelles.

Candide en est le parfait exemple. Élevé dans un paradis idyllique par son maître Pangloss, il a appris que « tout est pour le mieux dans le meilleur des mondes possibles ». Mais quand il s'aventure pour la première fois dans le monde, passés les murs de son enfance, il est sous le choc. Neveu illégitime d'un baron, il tombe éperdument amoureux de Cunégonde, la fille de celui-ci. Mais le baron a d'autres projets pour Cunégonde et quand il surprend les deux tourtereaux en train de s'embrasser, il chasse Candide de son château, le laissant sans espoir. Les choses se gâtent. Pourtant le pire reste à venir.

Engagé de force dans l'armée bulgare, Candide est témoin d'une bataille atroce. Après quoi, alors qu'il se promène en dehors du camp, il est pris pour un déserteur et méchamment battu. Épreuves et tribulations ont beau se succéder, le jeune homme conserve malgré tout sa vision résolument optimiste. Vers la fin seulement, quand il s'est fait dérober toute sa fortune et se trouve à vivre avec une Cunégonde très abîmée, après que Pangloss a été pendu, découpé en morceaux et réduit en bouillie – et ce n'est pas encore la fin de l'histoire –, que la vieille qui les accompagne se demande tout haut si elle ne préférerait pas être violée de manière répétée par des hordes de Bulgares plutôt que d'être là à ne rien faire, alors seulement il est pris d'hésitations. À votre tour, vous ressentirez la folie qui consiste à arborer un sourire béat quand pleuvent les catastrophes.

Mais si votre optimisme est plus difficile à altérer que celui de Candide, le roman de Kazuo Ishiguro, *Auprès de moi toujours*, en fera trembler les bases. Grandissant dans la mystérieuse Hailsham House, Kathy, Tommy et Ruth sont incités à exprimer leur imaginaire, créer des œuvres et développer des relations. En même temps, ils sont curieusement réprimés et coupés du monde. On n'en dira pas plus. Mais nous sommes tellement convaincus de l'efficacité de ce traitement-là que nous voulons bien qu'on nous arrache un bras si vous persistez ensuite à croire dans le meilleur des mondes. Et au cas où ce roman vous ferait redescendre un peu trop, allez à : pessimisme, vous pourrez alors vous recentrer.

Sur la route,
Jack Kerouac

Organisé, être trop

L'un des effets secondaires, et non désirés, d'une vie trop active est de devenir un adepte obsessionnel de la gestion de l'agenda : découper les journées en segments d'une demi-heure réservés à telle ou telle tâche, travailler, se reposer, faire du sport, se nourrir, se promener, faire des courses, des rencontres, au point de ne plus accorder la moindre minute aux aspects de la vie qui ne tombent pas dans l'une des catégories précitées. Et si, d'abord, l'on pensait juste à ne rien faire ? Ou bien partir à vélo sur un coup de tête et sans destination précise ? Ou arrêter quelqu'un au hasard dans la rue et lui offrir un café ? Vous vous éviterez ainsi la désagréable prise de conscience, sur votre lit de mort, d'avoir parfaitement rempli votre liste de choses à faire mais sans avoir donné à la vie la chance de venir vers vous. Alors, pensez à perdre un peu de temps en compagnie de Sal Paradise et de cette grande âme amoureuse qu'est Dean Moriarty dans *Sur la route*, l'hymne de Jack Kerouac à la toute première génération de traîne-savates.

Dans le livre, les personnages ne font rien de plus que des plans très vagues. Mais quand ils y vont, ils y vont vite, sautant dans un car ou sur le plateau arrière d'un camion, à l'écoute d'un nouvel appel, une ode des plaines, venant généralement du Sud. Ils emportent peu de choses avec eux, quelques affaires fourrées dans un sac en toile, plus une pure exubérance alimentée à la benzédrine et un amour des possibilités infinies de la vie. Sal et Dean, et Marylou, la nouvelle petite poupée espiègle de celui-ci, sont sur une vague qui les fait traverser le pays dans un esprit d'excitation incontrôlée – on a parlé d'une explosion de joie à l'échelle du continent, improvisant au rythme du be-bop, hurlant et discourant sans discontinuer. Voilà des gens qui aiment tout, qui rêveraient d'être emportés dans le premier tourbillon fou qu'ils peuvent trouver, et quand ils arrivent à Denver, Chicago, La Nouvelle Orléans ou ailleurs, ils font exactement ce que font les gens sur place, car, comme ils le disent, on ne connaît pas l'enfer et on s'en fout. Pourtant, ils le trouveront quand même assez vite.

Apprenez de ces gars-là. Être organisé, planifier, décider des choses à l'avance ne constitue pas le Graal dans l'existence. Et si vous rêvez d'un mode de vie à la Kerouac, vraiment intense, faites-vous une dose de *Sur la route* pour démarrer chaque journée, et laissez vous emporter par le rythme.

VOIR AUSSI : **anal, fixation au stade • régenter, vouloir tout • risques, ne pas prendre assez de • sainte-nitouche, être une • saisir sa chance, ne pas savoir • vénération pour les livres, trop grande**

Organisé, ne pas être

VOIR : **faire face, incapacité à • négligence • risques, prendre trop de • submergé par le nombre de livres chez soi • trouver un de vos livres, incapacité à**

Orgasmes, pas assez d'

En a-t-on jamais assez ? On peut se le demander. Un temps, il a été dit qu'un trop-plein d'orgasmes pompait l'énergie et réduisait la durée de vie. Maintenant, les experts semblent penser que plus vous jouissez, plus vous pouvez vous réaliser. Pour certains, l'incapacité à atteindre facilement l'orgasme, ou même juste à l'atteindre, peut gâcher une relation par ailleurs agréable. Connu sous le nom d'anorgasmie, ce trouble est plus courant chez les femmes que chez les hommes, et bien que les scientifiques n'en connaissent pas véritablement la raison, il semblerait que l'interdit né de la croyance persistante, reliquat des années victoriennes, selon laquelle l'expression du plaisir féminin est mal vue, en soit la cause la plus souvent avancée. Nous suggérons que ceux ou celles qui sont affligés par ce mal adaptent leur régime littéraire en conséquence, en évitant pour commencer ces auteurs victoriens qui s'abstiennent de parler de sexe sinon par euphémismes (on ne citera personne, mais Dickens peut-être ?). Détendez-vous plutôt avec des romanciers plus olé-olé.

Pour beaucoup d'adolescents d'aujourd'hui, ce sont les histoires de vampires, exposant des désirs ardents, obscurs autant qu'inassouvis, qui procurent le premier orgasme littéraire. Les prisonniers incestueux de Virginia Andrews dans la série *Fleurs captives* fascinent toujours. De leur côté, les adultes jouissent de tant de manières différentes que nous n'aurions aucun mal à dresser à l'aveugle une liste de romans aussi longue que variée, entre ceux qui parlent d'orgasme crûment et ceux qui paraissent tellement incontournables sur ce thème que leur texte seul suffira. Mais nous nous limiterons à une sélection de quelques-uns. *Les Mémoires de Fanny Hill, femme de plaisir*, publiés par John Cleland en 1748, toujours considérés comme le premier roman pornographique en anglais, vous étonnera avec sa jeune prostituée capable de pratiquer la masturbation à deux, de discuter de taille de pénis ou d'organiser des parties de jambes en l'air à plusieurs pendant des jours sans discontinuer. Puis, au XXe siècle, *L'Amant de lady Chatterley* s'est imposé, pour ceux qui ont pu mettre la main sur un exemplaire du livre, avec sa sensualité débridée et basique et de franches descriptions des sexes masculin et féminin, telles qu'on n'en avait pas vues dans la littérature pendant un siècle (pour en savoir plus sur ce roman, **voir :** amour voué à l'échec). Quand *Lady Chatterley* est devenu accessible dans les années 1960, les vannes se sont ouvertes et tout le monde s'est rué dessus. *L'Arc-en-ciel de la gravité*, de Thomas Pynchon, met en scène une orgie bien réelle et sexuellement très excentrique à bord de *L'Anubis*, le décor marin en rajoutant dans la folie. Une fessée publique amène tous les passagers à jouir de concert. Les fantasmes masturbatoires de Bloom dans *Ulysse*, de James Joyce, feront peut-être l'affaire pour les garçons, tandis que les souvenirs de Molly de ses chauds après-midi avec Boylan, où elle ressentait « le feu à l'intérieur », pourraient émoustiller les filles. Avec *Une idée fixe*, de Melvin Burgess, on revit les errements compliqués et tendus des adolescents. De son côté, Alina Reyes décrit dans *Le Boucher* l'été d'une adolescente employée dans un abattoir et plongeant dans une exploration minutieuse de la viande, et pas que des abats. En fait, il y a définitivement quelque chose entre les bouchers et le sexe. Quant à l'héroïne adolescente des *Vies privées de Pippa Lee*, de Rebecca Miller, elle parvient prématurément à l'orgasme en nageant la brasse coulée. Dans *La Mariée mise à nu*, nouvelle publiée anonymement, Nikki Gemmell, le personnage féminin, récemment séparée, prend le temps de découvrir la part en elle de prostituée dominatrice. *Histoire d'O*, de Pauline Réage, déroule de son côté une fantaisie sado-masochiste avec une esclave du sexe qui nous ramène aux origines du genre, *La Vénus à la fourrure* (pour en savoir plus **voir :** jalousie), à la fin du XIXe. Gardez des fouets à portée de main durant la lecture de ces deux-là. Dans le même temps, une littérature gay et lesbienne a émergé, après des années de clandestinité, dans une liberté débridée. *La Piscine-Bibiothèque* d'Alan Hollinghurst est une bonne introduction à l'érotisme gay : les triques en érection y sont ici plus que bienvenues. L'homosexualité naissante est quant à elle explorée par Edmund White dans *Un jeune Américain*, hymne à l'amour des jeunes homosexuels, tandis qu'une forme plus structurée de relations entre hommes, débordant de métaphores, reste le *Notre-Dame-des-Fleurs* de Jean Genet. De leur côté, les filles peuvent ajouter des costumes de scène à leur penderie avec *Du bout des doigts*, de Sarah Waters, reine de l'érotisme lesbien. Ceux qui souffrent d'anorgasmie ponctuelle ou structurelle feraient bien de garder tous ces romans sur leur table de chevet, en y apportant leurs commentaires, seuls ou accompagnés d'un(e) ami(e).

VOIR AUSSI : **célibataire, être • insatisfaction • marié, être • séduction, manquer de talents de • sexe, trop peu de**

Orgasmes, trop d'

VOIR : **sexe, trop de**

Ornière, être coincé dans une

VOIR : **encroûter, s'**

Orteil écrasé

Portrait de l'artiste en jeune homme, **James Joyce**

La souffrance d'un orteil écrasé ne peut pas être traitée. Heureusement, comme pour un coup sur le nez, la douleur ne dure généralement pas. Lâcher des jurons est souvent le seul recours.

Mais pour prévenir l'outrage public et l'embarras qui va avec, nous vous suggérons fortement de vous armer de l'équivalent d'un juron qui permet d'évacuer : une citation qui vienne facilement à la bouche et soit à la fois saccadée, ineffaçable, assonante, musicale, évocatrice et distrayante, soit, en un mot, le premier paragraphe du plus abordable des romans de Joyce, *Portrait de l'artiste en jeune homme*. Nous nous contenterons de vous livrer l'ouverture, puisque c'est sans doute un roman que vous ne possédez pas encore, mais que vous devez acquérir sur-le-champ. En attendant, gardez en mémoire les quelques premières lignes. De sorte que si vous vous écrasez l'orteil une nouvelle fois vous puissiez vous exclamer ainsi : « Il était une fois, et c'était une très belle fois, une meuh-meuh qui descendait la route et cette meuh-meuh qui descendait la route rencontra un zoli petit garçon nommé bébé coucou. Son père lui racontait cette histoire. Son père le regardait au travers d'un verre. Son visage était poilu. Bébé coucou c'était lui. La meuh-meuh descendait la route où vivait Betty Byrne – elle vendait des guimauves au citron. »

Après ça, lisez ce roman édifiant jusqu'au bout. Grâce à Stephen, vous saurez qu'il vaut mieux éviter les obstacles de la vie en ouvrant ses ailes.

Ostentation

VOIR : **arrogance • confiance en soi, excès de • intelligent, être particulièrement • lettré, envie de paraître • orgueil**

Oublier quelqu'un, impossible d'

Le Marin de Gibraltar, **Marguerite Duras**

Il y a des choses contre lesquelles on ne peut pas lutter. Inutile d'essayer d'ailleurs, disent certains anciens. Un beau jour, sans trop que l'on sache pourquoi, quelqu'un est entré dans votre vie et vous a illuminé. Doit-on convoquer le hasard, expliquer que c'était écrit, ou juste remercier le ciel pour pareil cadeau ? Un regard, un parfum, une allure et tant d'autres choses encore ne vont plus vous quitter. Et cela, que vous soyez ou non en présence de la personne en question. Un roman parle de cet état comme nul autre. Nous conseillons de vous laisser emporter par la chaleur et l'alcool qui émanent du *Marin de Gibraltar* de Marguerite Duras. Un mois d'août en Italie. Le narrateur est né dans les colonies où il a grandi. Comme Jacqueline, la jeune femme qui l'accompagne, avec qui il forme « un couple abstrait, désolé », il travaille au ministère des Colonies. Au service de l'état civil, il recopie des actes de naissance et de décès. Occupation dont ne veut plus celui qui aurait aimé être coureur cycliste ou explorateur, « des choses impossibles ». Jacqueline, il ne l'aime pas vraiment et a compris qu'il devait rompre. À Florence, elle marche dans la ville tandis qu'il reste assis dans une cafétéria, alternant cafés glacés, bières et menthes. Le chauffeur d'une camionnette d'ouvriers qui les a convoyés au départ de Pise lui vante les charmes de Rocca, un village perdu au bord de la mer, près d'un fleuve, la Magra. Sur place, cela devient clair. Il lui faut se séparer de Jacqueline et de son emploi. Dans un bal où il s'est rendu en barque, monsieur danse avec une belle vendeuse au corps vigoureux, Candida. Mais la flamme viendra d'une autre. De celle qui possède un yacht dont le nom est écrit sur le flanc en lettres rouges, *Le Gibraltar*. La femme en question est romanesque au possible. Elle ne cache pas qu'elle cherche quelqu'un et qu'elle voyage pour cela. L'objet de sa quête est un homme qui n'était vraiment de nulle part. Un homme qui l'a quittée. Un marin, évadé de la Légion étrangère, qu'elle a aimé, perdu et retrouvé à plusieurs reprises... La musique de Marguerite Duras est de celles qui enivrent durablement. Nous en recommandons une lecture attentive tant ce roman magnétique permet de mieux faire face à la situation qui vous occupe. En montrant bien que, parfois, certaines choses sont inéluctables.

Oscar et Lucinda,
Peter Carey

Outsider, être un

Il est celui qui ne fait pas partie de la bande. Il (ou elle) n'a pas été mis à l'écart puisqu'il (ou elle) n'était de toute façon pas là au début. Et parce qu'il (ou elle) est différent (**voir :** différent, être), il (ou elle) est un transplanté. L'outsider a quitté le lieu où vivent les autres de son espèce, ou n'a peut-être simplement jamais connu ce lieu, il parcourt le monde en observateur permanent, jetant un œil à l'intérieur de la pièce, mais n'y entrant jamais, jamais. Si cette description vous correspond, vous vous réjouirez de rencontrer ces étrangers extraordinaires que sont Oscar et Lucinda, qui ont valu à Peter Carey le Booker Prize en 1988.

Oscar Hopkins est un tel outsider qu'il ne sait même pas ce qu'intérieur veut dire. Il a été élevé dans le minuscule village de Hennacombe, dans le Devon ; son botaniste de père, quoique très affectueux, est membre d'une secte évangélique appelée les Frères de Plymouth, qui interprètent la Bible à la lettre, comme s'il s'agissait du rapport rédigé par un naturaliste consciencieux. Oscar commence à regarder les choses différemment quand Fanny, la bonne de la maison, lui prépare un gâteau de Noël et que son père, hostile aux festivités chrétiennes, désigne le gâteau comme « fruit de Satan » et impose à son fils de boire de l'eau salée pour le vomir. Oscar ne remet en cause les croyances paternelles et ne comprend à quel point son éducation a fait de lui une curiosité qu'au moment d'intégrer Oriel College, à Oxford. Son inaptitude devient alors un sujet de conversation pour tous.

Son camarade, Wardley-Fish, un membre de la bande du collège, frappe à sa porte par erreur et l'invite à jouer avec lui aux courses, alors même que la réputation de « garçon bizarre » d'Oscar s'étend jusqu'à Trinity College. Il se rend donc aux courses et, en gagnant son premier pari 9 contre 1, développe aussitôt une relation pathologique avec le jeu qui ne le quittera plus et menacera de lui faire perdre la tête quand, plus tard, il deviendra le révérend Hopkins (nous invitons Oscar et tous ceux qui ont une forte inclination pour les paris à suivre notre cure contre le jeu). À bord d'un navire se rendant en Nouvelle-Galles du Sud, il rencontre Lucinda Leplastrier, héritière et propriétaire d'une usine de verre, qui porte une coiffure plus qu'hirsute. Voilà de quoi se réjouir, car Lucinda est autant une outsider qu'Oscar. De plus, elle partage son vice. S'approchant de lui pour se confesser, elle lui raconte, d'une voix si ténue qu'elle pourrait tenir dans un dé à coudre, qu'elle est possédée par une soif inextinguible pour les jeux de dés, le poker et même les combats de coqs. Oscar n'en croit pas ses oreilles. Les pensées spirituelles sont assez vite mises de côté, il sait qu'il a rencontré la personne qui lui donnera enfin un sentiment d'appartenance.

Savoir ce que Lucinda et Oscar feront de leur liaison est réservé aux lecteurs de Carey – ou à ceux qui ne l'ont pas encore deviné. Mais la guérison est bien là, dans une scène à bord du *Léviathan*, où Lucinda regarde Oscar dans les yeux et s'y voit comme dans un miroir. Oscar, l'exclu, a été débusqué. Tant qu'il sera avec Lucinda, il ne sera plus un étranger.

Embarquez sur un bateau et trouvez votre moitié, votre propre outsider.

VOIR AUSSI : **différent, être** • **étranger, être** • **mis de côté, avoir l'impression d'être** • **solitude**

P

Le Château de Cassandra, **Dodie Smith**

Page blanche, angoisse de la

Le traitement employé pour remédier au blocage de ce père écrivain dans *Le Château de Cassandra* n'est pas loin d'être génial. Mais le dire est dévoiler déjà l'une des trouvailles qui font toute l'intrigue de ce roman au charme inénarrable. Mortmain, comme l'appelle sa seconde épouse Topaz, a connu un immense succès critique avec un roman expérimental intitulé *Le Catch de Jacob*. Mais il n'a plus été en mesure d'aligner une phrase sur le papier depuis un incident idiot mettant en scène le voisin d'à côté, intervenu à contretemps quand Mortmain a brandi un couteau de cuisine face à sa première épouse alors qu'ils prenaient le thé dans le jardin. L'écrivain a atterri pour trois mois derrière les barreaux, avec un syndrome de la page blanche en prime, et une famille sans un rond.

Topaz et les trois enfants se battent pour se nourrir et s'habiller tandis que leur château en ruine continue de s'effondrer. Mortmain, lui, part à la dérive, entre lecture de polars et de l'*Encyclopaedia Britannica*, et contemplation médusée de l'espace. Il a envoyé bouler tous ses amis et cessé quasiment de parler à sa famille. Rose, la fille aînée, n'en peut plus et s'évade de la misère en se mariant. Mais la plus jeune et sage Cassandra, qui est aussi la narratrice, a compris que le temps était venu de contraindre son père à reprendre l'écriture. Son plan, qui consiste à l'amener dans une régression freudienne jusqu'à revivre le moment où le blocage a commencé, fonctionne à plein.

Ceux qui souffrent de cette malheureuse angoisse de la page blanche n'ont pas à suivre nécessairement le traitement imaginé par Cassandra. Il est radical et ne peut marcher qu'avec votre plein accord. Mais il faut lire le livre entre les lignes pour se faire une idée plus large de la façon dont le blocage de Mortmain s'est finalement dissipé. Et tout en lisant, gardez auprès de vous quelqu'un qui vous soit proche et puisse vous donner à manger, et, oui, l'*Encyclopaedia Britannica*.

Merci de nous tenir au courant de votre rémission grâce à ce remède.

Vente à la criée du lot 49, **Thomas Pynchon**

Paranoïa

Ce roman parle de vous, seulement de vous. D'ailleurs, vous y trouverez votre nom. Allez page 49[1].

Parent, être un

VOIR : **belle-mère, être une • enfants requérant votre attention, trop d' • maternité • parent célibataire, être un • paternité**

1. En réalité, c'est quand même un peu plus intéressant que votre petite personne. On y parle de mouvement perpétuel, d'entropie, de LSD, d'un système postal secret et d'un moment de l'histoire culturelle américaine que nous aurions aimé vivre. Lisez donc. Et nous allons vous guérir de votre paranoïa en vous prouvant, par cette simple lecture, que si vous vous donnez la peine de chercher quelque chose, vous y parviendrez. Et plutôt que d'explorer les théories du complot, laissez Pynchon et sa vision du monde complexe et étrange vous emmener dans le cerveau très étrange d'Oedipia Maas alors qu'elle enquête sur les complots dont elle se croit l'objet. Quand vous en aurez fini de courir autour de San Narciso avec cette demoiselle en quête d'un chevalier qui la délivre, vous serez suspendu à son histoire plus qu'à vos terreurs factices, et tenterez d'aller voir dehors, plutôt qu'en vous.

Le Dernier Samouraï,
Helen DeWitt

Silas Marner,
George Eliot

Dispersés par le vent,
Richard Flanagan

Ne tirez pas sur l'oiseau moqueur,
Harper Lee

Maintenant, c'est ma vie,
Meg Rosoff

Sukkwan Island,
David Vann

Parent célibataire, être un

Personne n'a dit que ça serait facile. À moins de pouvoir se permettre de ne pas travailler, d'avoir une nounou à demeure ou une grand-mère disponible, essayer d'être présent pour votre progéniture, faire tourner la maison et continuer à renifler un peu de vie sociale reste un défi, même pour les plus combatifs. La littérature a une affection forte et disproportionnée pour les parents célibataires, et il y a beaucoup à apprendre dans la gamme des stratégies parentales qu'elle met à disposition. D'un côté, il y a les parents qui n'y arrivent pas et présentent une sélection éloquente de tout ce qu'il ne faut pas faire : Bojan, l'abandonné devenu alcoolique dans *Dispersés par le vent*, de Richard Flanagan, en fait évidemment partie (bien qu'il ait une seconde chance de se racheter, comme grand-père), de même que le personnage du père dans *Sukkwan Island* de David Vann emporte la palme du pire père divorcé (**voir :** dépression profonde ; et optimisme, si vous souffrez des deux à la fois). Pour les mères célibataires, la littérature prend le pari de défendre les postures les plus radicales, comme Tante Penn (qui, sans être précisément une mère célibataire, pourrait en être une) dans *Maintenant, c'est ma vie* de Meg Rosoff, pour quelques-unes de ses techniques impressionnantes pour ne surtout pas intervenir. Son fils Edmond, quatorze ans, peut bien fumer et conduire la voiture familiale, mais elle ne veut y voir que la maturité et la sensibilité dont rêve toute mère aimante.

Mais notre mère célibataire favorite reste, haut la main, la Sibylla du *Dernier Samouraï*. Maman d'un super-intelligent Ludo, elle n'a pas de quoi chauffer la maison et passe des journées entières avec lui dans le métro londonien pour se tenir au chaud. Mais Sibylla ne laisse pas la pauvreté entraver ses envies de réussir. Elle a choisi de faire l'école à la maison et apprend la lecture à Ludo quand il a deux ans. Quand il en a trois, il est capable de s'attaquer à Homère, en grec.

Pas loin d'être un génie elle-même, Sibylla n'est nullement gênée par le plaisir que trouve Ludo à être polyglotte, au contraire. Au fil des ans, il a ajouté l'hébreu, le japonais, le norvégien ancien et l'inuit à son CV. La seule chose qu'elle se refuse à faire, c'est le présenter à son père naturel, préférant qu'il trouve son modèle paternel dans *Les Sept Samouraïs*, le film de Kurosawa. Ce qui n'empêche pas Ludo de partir à la recherche de son vrai père... Mais celui-ci saura-t-il être à la hauteur du samouraï ? Ce roman brillant est conçu dans un amour de la langue qu'on peut attendre d'une auteure qui a accouché d'un duo multilingue tellement imparable. L'épilogue fera éclater des applaudissements muets dans le cœur de toute mère célibataire se battant pour élever ses enfants en l'absence d'un père dévoué.

Être abandonnée avec un bébé dans les bras est le lot très ordinaire de beaucoup de femmes, mais il arrive parfois que ce soient les hommes qui se trouvent coincés dans cette situation délicate, qui forge néanmoins le caractère. Et quel que soit votre sexe, le très émouvant *Silas Marner* de George Eliot vous permettra d'envisager cette situation comme une bénédiction, au cas où vous auriez encore quelques doutes. Rendu amer et solitaire, rejeté par les autres habitants de Raveloe (**voir :** juge, s'ériger en), Silas Marner n'a rien à faire, sinon accumuler de l'or qu'il cache sous le plancher. Un jour, il trouve un enfant mystérieux endormi à côté de la cheminée. Progressivement, Eppie va se fondre dans le cœur de Silas, lui réapprendre à aimer et à recréer des ponts avec les locaux. Si être parent célibataire n'est pas quelque chose que vous aviez prévu et que vous vous battez pour vous adapter à la nouvelle donne, ce roman vous redonnera courage.

Enfin, c'est Atticus Finch, dans *Ne tirez pas sur l'oiseau moqueur*, de Harper Lee, qui emporte tous nos suffrages dans la catégorie du meilleur père célibataire. Pour savoir comment traiter ses enfants avec respect, leur donner toute liberté pour jouer et découvrir le monde par eux-mêmes, leur apprendre à défendre ce à quoi ils croient et avoir le courage de passer à l'action contre ce qui leur paraît mal (pour en savoir plus sur ça, **voir :** lâche, être un), n'allez pas chercher plus loin. Construisez une maison avec une véranda et installez-y un fauteuil à bascule. Asseyez-vous, fumez la pipe et relisez *Ne tirez pas* une fois par an, d'abord pour vous-même, puis à haute voix à vos enfants. Soyez fort. Et soyez-le pour eux. Le reste suivra.

VOIR AUSSI : **occupé, être trop • occupé pour lire, être trop • paternité • maternité**

Les Corrections, **Jonathan Franzen**

Une simple affaire de famille, **Rohinton Mistry**

Parents vieillissants

Nous vous souhaitons à tous cette maladie. Avoir des parents âgés mérite d'être fêté, l'alternative étant d'avoir affronté leur mort avant l'heure (**voir :** mort d'un être cher). Cependant, on ne peut nier que les gens deviennent parfois pénibles quand ils vieillissent. Ils sont plus acariâtres, moins tolérants, ont des avis sur tout – et de petites habitudes. Et pour couronner le tout, ils deviennent physiquement plus dépendants et ont besoin qu'on s'occupe d'eux, imposant une inversion assez déconcertante de la relation parents-enfants. Dans cette optique, nous considérons le vieillissement des parents comme une affection méritant aussi bien d'être soulagée que célébrée. Nous recommandons deux excellents romans ayant ce sujet pour thème central et révélant les effets pratiques et psychologiques du vieillissement des parents sur les enfants, qu'ils soient attentionnés ou non.

Le deuxième cas de figure semble très fortement s'appliquer aux trois enfants du roman terriblement drôle de Jonathan Franzen, *Les Corrections* – à ce détail près qu'Alfred et Enid Lambert ne l'ont peut-être pas volé. Nous rencontrons d'abord les parents Lambert dans la phase finale (la plus troublée) de leur vie. Alfred souffre de démence et de la maladie d'Alzheimer, et Enid partage avec ses enfants leurs interrogations sur la meilleure manière de s'occuper de lui (quand il est dans son repaire, il a pris l'habitude, entre autres choses, d'uriner dans des bouteilles, car les toilettes sont trop loin de sa chambre). Le principal ressort du récit est l'espoir désespéré d'Enid que tous ses enfants – et petits-enfants – reviennent dans la maison familiale pour Noël, façon pour elle de se dire que la vie vaut encore la peine d'être vécue. Mais son fils aîné, Gary, prétend que l'un de ses enfants est malade pour éviter de venir. Sa fille Denise a d'autres choses à faire, trop occupée par son nouveau restaurant. Chip, le plus jeune, a fui le plus loin possible, ou presque – en Lituanie, où il aurait trouvé un boulot plus ou moins foireux dans une start-up sur internet.

Alors que nous approchons de l'inévitable épreuve de force de Noël, nous revisitons les principaux moments du passé de cette famille en apparence conventionnelle : Alfred refusant – par mesquinerie – de vendre un brevet qui aurait fait sa fortune ; Alfred dominant Enid d'une manière de plus en plus inquiétante ; Enid reportant sa détresse sur ses enfants en leur mitonnant des petits plats assaisonnés de vengeance (du foie aux rutabagas). Peut-être est-ce le souvenir de ce plat qui convainc ses trois enfants, une fois adultes, de placer Alfred dans une maison de retraite – que Franzen, qui ne rate jamais une occasion de faire une plaisanterie, appelle Deepmire (littéralement « Bourbier profond »). Tout le monde y trouve son compte, sauf Alfred. L'expérience terrorisante procurée par la lecture de ce roman vous rappellera qu'il vaut mieux éviter dès le début d'aussi médiocres relations entre parents et enfants.

Situé à Bombay, le roman de Rohinton Mistry commence quant à lui par une fête : le soixante-dix-neuvième anniversaire de Nariman, le patriarche de la famille Vakeel. Nariman est un Parsi. Sa religion l'a empêché d'épouser la femme qu'il aimait pendant trente ans, et avec qui il a en fait vécu pendant une bonne partie de ces années, avant de céder aux dogmes de sa famille et d'épouser une femme partageant la même foi que lui. Désormais veuf et souffrant de la maladie de Parkinson, il constate qu'il est de plus en plus dépendant de ses deux beaux-enfants, qui lui en ont toujours voulu de n'avoir aimé qu'imparfaitement leur mère. Quand un jour, lors de sa promenade quotidienne, il se casse une jambe, il doit s'en remettre entièrement à eux. Il se retrouve bientôt cloué au lit, espérant que l'un d'eux le lavera, le changera, ou lui jouera de la musique – mais il a trop peur de les déranger pour leur demander de l'aide. Quand ils l'entendent pleurer la nuit, ils comprennent qu'il est déprimé. Refusant de s'occuper de son hygiène personnelle, de ses bassins et de ses escarres – dont ils se savent responsables du fait de leur négligence –, ils l'envoient vivre chez sa fille Roxana dans l'appartement beaucoup plus exigu qu'elle partage avec son mari et ses deux fils.

Là, grand-papa Nariman doit dormir sur le canapé avec Jehangir, qui a neuf ans, tandis que le fils aîné Mourad dort dans une tente improvisée sur le balcon – ce que le jeune garçon considère, fort heureusement, comme une magnifique aventure. Roxana et son mari s'en sortent beaucoup mieux, supportant avec compassion grand-papa et sa maniaquerie à propos de son dentier. Des années plus tard, Jehangir se souviendra de la période pendant laquelle son grand-père avait vécu avec eux avec tendresse et affection.

Une simple affaire de famille est un magnifique exemple de la façon dont on s'occupe de ses parents vieillissants avec humanité – quand on s'en occupe. Même si les beaux-enfants de Nariman ne sont pas irréprochables, ils l'acceptent chez eux. Dans notre monde occidental où l'on compte sur les hospices et les hôpitaux pour se débarrasser des anciens, nous ferions bien de nous inspirer de l'exemple de cette famille. Aux parents âgés : ne soyez pas désagréables au point que vos proches veuillent vous placer là où vous ne pourrez plus les importuner. Aux enfants de ces parents : respectez leur besoin de dignité et d'intimité, et faites tout votre possible pour les aider à conserver ces derniers acquis essentiels. Aux deux camps en présence : tentez d'accepter les différents principes des uns et des autres. Et, si possible, rentrez à la maison pour Noël. (**Voir :** Noël, pour vous aider à survivre.)

Paresse

VOIR : **adolescence** • **ambition, trop peu d'** • **léthargie** • **lit, impossible de sortir du** • **procrastination**

Les maladies de la lecture

PATHOLOGIE LITTÉRAIRE

PARTENAIRE QUI NE LIT PAS, AVOIR UN

CONVERTISSEZ-LE OU QUITTEZ-LE

Si vous vivez avec quelqu'un qui ne lit pas de livres, ça peut être difficile de vous isoler et de trouver du temps pour lire, surtout si votre partenaire préfère regarder la télé, vous parler ou se placer entre vous et votre livre quand vous lisez au lit. Vous avez le choix : le convertir ou le plaquer.

Première option : parcourez ce livre pour y dénicher quelques idées, puis emmenez-le dans une librairie accueillante et offrez-lui un livre neuf. Si vous ne parvenez pas à le convaincre de le lire, essayez plutôt de le lui lire à haute voix, ou qu'il vous le lise. C'est le moyen de partager une expérience magnifique à deux et de renforcer votre relation avec des livres aussi fortement qu'avec de la colle. (Voyez nos listes des dix meilleurs romans pour amener votre partenaire, homme ou femme, à la fiction.) Si ça ne marche toujours pas, achetez des livres audio à écouter durant les longs voyages en voiture ou pendant que vous êtes l'un et l'autre occupés par les tâches ménagères, des ouvrages que vous pourrez apprécier tous les deux (**voir** notre liste des dix meilleurs livres audio). Et mettons qu'il ou elle s'attache à un romancier précis, assurez le suivi en lui offrant une autre œuvre du même auteur.

Si votre partenaire continue à résister, il faudra fixer quelques règles pour protéger votre temps de lecture. Décidez du nombre d'heures dont vous avez besoin par semaine, et négociez quand ces heures seront consommées, le samedi après-midi peut-être, ou une demi-heure le soir avant le coucher. Trouvez l'endroit dans la maison où vous ne serez pas dérangé, votre petit coin à vous (**voir :** tâches ménagères, être absorbé par les). Si vous lisez au lit, retirez-vous une demi-heure avant que votre partenaire vous rejoigne. S'il est perdu sans vous – chose normale car personne n'a envie d'être oublié –, cherchez avec lui comment il pourrait s'occuper pendant que vous lisez : faire pousser des tomates, apprendre à jouer du banjo, ou vous fabriquer une bibliothèque…

Si rien de tout cela ne marche et que vous voyez que la vie avec votre partenaire équivaut à une vie sans livres, alors il vous faut passer à la seconde option. Lâchez-le et trouvez quelqu'un d'autre. (**Voir :** homme ou la femme idéal(e), chercher l'.) ■

LES DIX MEILLEURS ROMANS POUR AMENER VOTRE PARTENAIRE (HOMME) À LA FICTION

Pour de mystérieuses raisons, les hommes ne lisent pas autant de fiction que les femmes. Si vous êtes en cheville avec un homme qui n'a pas touché un livre depuis l'école, offrez-lui l'un de ceux-ci, en lui racontant que ce n'est pas un roman.

Moments d'un couple, Nelly Alard

Les Morsures de l'aube, Tonino Benacquista

À livre ouvert, William Boyd

La Moustache, Emmanuel Carrère

Les Extraordinaires Aventures de Kavalier & Clay, Michael Chabon

Le Nom de la rose, Umberto Eco

Catch-22, Joseph Heller

Extension du domaine de la lutte, Michel Houellebecq

Solaris, Stanislas Lem

Pas son genre, Philippe Vilain

LES DIX MEILLEURS ROMANS POUR AMENER VOTRE PARTENAIRE (FEMME) À LA FICTION

Pour des raisons également mystérieuses, il y a des femmes qui ne lisent pas de fiction. Si votre partenaire n'a pas le gène romanesque, séduisez-la avec une bonne histoire. Captivantes, séduisantes et distrayantes : voici celles des meilleurs romanciers contemporains.

À l'abri de rien, Olivier Adam

Une vie française, Jean-Paul Dubois

Qu'avons-nous fait de nos rêves ?, Jennifer Egan

Une femme fuyant l'annonce, David Grossman

Mille soleils splendides, Khaled Hosseini

L'Hôtel New Hampshire, John Irving

Hygiène de l'assassin, Amélie Nothomb
Mon grand appartement, Christian Oster
Sourires de loup, Zadie Smith
Les Adieux à la reine, Chantal Thomas

Je suis le seigneur du château, **Susan Hill**

La Route, **Cormac McCarthy**

Paternité

Au mieux, être père est l'occasion de redevenir enfant, tout en vous poussant dans une phase de maturité régénérée, à la fois comme père et comme conjoint. C'est aussi l'occasion de transmettre vos passions et tout ce que vous avez appris. Mais cela implique également des responsabilités énormes, avec de possibles conséquences négatives sur votre relation avec votre partenaire. Ce ressentiment peut alors se reporter sur l'enfant. Si le costume de papa ne vous convient pas, ou que vous avez besoin de renforcer le lien avec l'enfant, un peu abîmé dans ce tourbillon émotionnel, nous vous offrons l'équivalent romanesque d'un guide pratique des bonnes relations père-fils avec *La Route*, de Cormac McCarthy.

Son postulat est plus sombre que ne le sera la réalité de n'importe laquelle de nos vies, en tout cas on l'espère. À la suite d'une catastrophe majeure, dont la nature exacte ne peut être qu'imaginée par les survivants, l'Amérique, et le monde entier avec, sans doute, a été dévastée. Des cendres en suspension bloquent les rayons du soleil, les villes ont brûlé et les arbres sont morts. À travers ce paysage désolé, silencieux et sans âme, un homme et son fils (appelés ici « l'homme » et « le garçon », comme il convient dans un monde qui a perdu toute couleur et son peu d'humanité) font la route vers le Sud où ils espèrent trouver un peu de chaleur et augmenter leurs chances de survie. En chemin, ils tentent de dormir au cours de nuits longues, noires et froides comme ils n'en ont jamais connues, récupèrent ce qu'ils peuvent pour se nourrir, entre champignons sauvages et rares conserves, et se trouvent sous la menace constante de mauvais garçons, des types sales et effrayants qui voyagent en groupes, portant masques et tenues de combat, massues et barres, et pillant et tuant comme des animaux.

On ne peut pas imaginer un monde plus sinistre. Le garçon est si souvent terrorisé qu'il ne parvient pas à courir quand son père le lui ordonne. Il est à moitié affamé, sa mère lui manque autant que ses copains de jeu. Les plaisirs basiques de l'enfance, comme des jouets et du sport, du gazon ou du gâteau, lui sont inconnus. Un jour, le père tombe sur une cannette de Coca-Cola dans un distributeur. Il dit au garçon de la boire en entier, et en prenant son temps. Le garçon comprend qu'il n'aura plus jamais l'occasion d'en boire une autre. À travers une cannette de Coca, on ressent tout le vide et la perte d'un monde qui ne reviendra jamais.

Sur le plan des sentiments, en revanche, l'histoire est riche. Tandis que tout a disparu, l'amour extraordinaire entre un père et son fils est révélé dans sa forme la plus pure et la plus primaire. Ce qui compte le plus pour le père est que son fils aille bien. Si le garçon meurt, le père sait qu'il voudra mourir aussi. Ou quel sens accorder à la paternité, sinon l'espoir que l'on place dans la jeune génération ?

De fait, le roman nous laisse sur une note d'espoir, ingrédient essentiel dans la vie (**voir :** espoir, perte d'). Célébrez votre paternité et, en cours de route, inspirez-vous de l'honnêteté totale qui existe entre les deux personnages. Observez la confiance qu'ils ont l'un pour l'autre, le besoin du fils que son père ne trahisse jamais sa parole, qu'il ne l'abandonnera jamais, qu'il lui dira toujours toute la vérité quand il la lui demandera, sauf, peut-être, s'il est en train de mourir. Il a besoin d'être rassuré qu'ils sont les bons gars, eux, et qu'« ils portent le feu ». Si l'honnêteté est là, et l'amour, et un ensemble solide de principes moraux, et une présence sûre, vous ne pouvez pas vous tromper.

Et si c'est le cas, vous ne pourrez jamais vous trouver plus mal que le Joseph Hooper du roman de Susan

Hill, *Je suis le seigneur du château*, quand il amène Helena Kingshaw et son fils Charles pour vivre dans sa demeure. On devine tout de suite un mauvais parent, Joseph n'ayant jamais apprécié cette maison vilaine héritée de son propre père, en même temps qu'une collection de papillons de nuit qui avait fait du vieil homme une petite célébrité sur ce terrain poussiéreux. Il n'a clairement pas gagné, lui non plus, l'estime de son fils Edmund. Si seulement il était plus jeune, songe Joseph, tout en mettant le caractère indocile du garçon sur le compte de son adolescence, mais il en avait laissé le dressage à sa défunte femme. Qu'il ait demandé à Helena Kingshaw de venir s'installer chez eux comme gouvernante prouve bien sa détresse. Charles, le fils de celle-ci, a presque le même âge qu'Edmund, et les deux adultes supposent que les garçons vont grandir en s'aimant comme des frères.

C'était compter sans le poignard de glace déjà profondément enfoncé dans la poitrine d'Edmund. À la seconde où le fils Kingshaw met un pied dans sa maison, Edmund fait de son mieux pour l'intimider, lui faire peur avec des histoires de fantômes et le casser par tous les moyens possibles. Mais une nuit, alors que les garçons se sont perdus dans les bois, les rôles s'inversent ; Charles, se sentant plus dans son élément au milieu de rien, est prompt à allumer un feu et à rassurer Edmund qui a peur du noir. Edmund semble un moment reconnaissant de cette attention indue. Mais quand ils sont secourus, il revient à lui. C'est à cause de ce Kingshaw, c'est sa faute, il m'a poussé à l'eau, accuse-t-il. Charles tente de se défendre, mais sa mère prend le parti de son hôte sur lequel elle a des vues – elle ne voudrait surtout pas gâcher ses chances en suggérant qu'Edmund est un menteur.

L'impardonnable Mrs Kingshaw manque d'instinct maternel et, plus profondément, de la moindre intuition, puisqu'elle ne s'apercevra pas que son fils s'est trouvé enfermé dans un abri en béton pendant plusieurs heures. Mais nous gardons l'ultime blâme de ces événements glaçants pour Joseph. En négligeant son fils à la mort de sa femme, il a fabriqué ce petit monstre d'Edmund par un manque évident d'amour et d'affection. Nous affirmons même qu'il est l'un des pires pères de la littérature. Celui ou celle qui a la malchance d'avoir un tel père, ou, pareillement, une mère comme Mrs Kingshaw, doit se presser de consulter notre traitement contre l'abandon. Et tandis que ce roman atroce se hâte vers sa fin tragique, qu'il vous enseigne au moins de ne pas être trop dur envers vous-même. Le chemin parental est déjà jonché de culpabilité, ne laissez pas l'autocritique vous faire trébucher de plus belle. Les mères savent qu'elles peuvent être « parfaites » ou « plutôt bonnes », et que « plutôt bonnes » est souvent préférable. Mais il serait temps que les pères entendent le message à leur tour. Même s'il vous arrive d'oublier les casseroles sur le feu, d'oublier le sac de gym ou de surprendre votre enfant tentant de drôles d'expériences dans la salle de bains, autorisez-vous une petite tape dans le dos de temps à autre pour vous féliciter de ne pas ressembler à Joseph Hooper. Et n'oubliez pas le guide pratique de *La Route*. En clair : tout ce dont vous avez besoin, c'est d'amour et d'échange sincère.

VOIR AUSSI : **enfants requérant votre attention** • **parent célibataire, être un**

Les Chemins de feu, **Sebastian Faulks**

Paternité, fuir la

Plus question de boire tard le soir. Ni de dimanches à paresser au lit jusqu'à midi avec les journaux et un café. Ni de dévotion à sens unique pour une petite amie, une femme, une partenaire, un chien ou une mère. Plus question non plus de dire, sans se sentir mal : « Je suis absent pour le week-end avec des potes. On se voit dimanche soir. »

C'est plus facile pour les femmes. Dès qu'elles sont enceintes, elles changent physiquement et psychologiquement du fait de la vie nouvelle qui grandit en elle. C'est ce qui se passe pour Isabelle dans *Les Chemins de feu*, de Sebastian Faulks, épopée à arracher les larmes qui se passe pendant la Première Guerre mondiale. Elle réalise qu'elle porte l'enfant de Stephen, juste après qu'ils ont fui le domicile conjugal et malheureux d'Isabelle. À l'instant même, elle est prise par l'envie dévorante d'avoir un enfant. Mais dans sa confusion, sans doute hormonale, elle décide de ne rien dire à Stephen et, plus encore, de le quitter pour aller vivre chez sa sœur Jeanne.

On retrouve Stephen sept ans plus tard, replié sur lui-même et n'ayant pu toucher une seule femme pendant tout ce temps. Il dirige un bataillon dans les tranchées de la Somme. Tout en essayant de vivre avec les pires horreurs quotidiennes et l'éventualité de mourir à chaque instant, les hommes envoient et reçoivent des lettres de chez eux. Assez vite, on sait ceux qui ont des enfants et ceux qui n'en ont pas, en vrai ou pour de faux. Avec ces enfants présents dans la vie de ces hommes, Faulks suscite notre plus grande sympathie. C'est Wilkinson, nouvellement marié et bientôt père, qui meurt affreusement sur le front. C'est le jovial Jack Firebrace qui apprend de sa femme que son fils John est hospitalisé pour une sale diphtérie et qui demande à son lieutenant, lequel a pensé un temps à le faire fusiller pour s'être endormi alors qu'il était de garde, s'il a des enfants. Ce lieutenant, c'est Stephen. Qui répond que non. Mais nous savons, nous, qu'il en a un, très probablement.

On peut apprécier, ou pas, cette façon qu'a Faulks de différencier les hommes entre eux, reste qu'un monde s'ouvre avec ce roman dans lequel les pères se distinguent des autres hommes, et on ne peut s'empêcher de mesurer ce que perd Stephen, à son corps défendant, en ignorant tout de l'enfant qu'il a avec Isabelle. Mais s'il se savait père, en quoi serait-il différent ? Il n'a pas fait passer Jack par les armes, cependant, dans ces jours noirs de guerre, il n'a pas reçu en retour le moindre espoir que constituerait la venue d'un enfant. Le roman se termine par une naissance. Un événement qui fait exploser de joie le père, qui court comme un fou en criant victoire.

Si vous êtes un père en attente, vide de toute émotion, sinon la perplexité et un vague sens de la peur face à l'apocalypse qui vous guette, ce roman est fait pour vous. Et si vous marchez en crabe sur les questions d'engagement et de mariage, ce roman est aussi fait pour vous. Nous connaissons beaucoup d'hommes qui n'éprouvent aucun sentiment paternel pour l'embryon qu'ils ont engendré tant qu'il est dans l'utérus, et qui en deviennent fous d'amour à l'instant de la naissance. Faites le voyage avec Stephen et décidez pour vous-même : vaut-il mieux tenter une échappée belle en solitaire ou saisir la chance d'expérimenter une nouvelle dimension dans la vie ?

VOIR AUSSI : **engager, peur de s'**

Pensées meurtrières

VOIR : **meurtrières, pensées**

Perdre espoir

VOIR : **espoir, perte d'**

Perdre la foi

VOIR : **foi, perdre la**

Perdre son boulot

VOIR : **boulot, perdre son**

Perdre la boule

VOIR : **drogue, consommer trop de • folie • sénile, devenir**

Perdre, se

VOIR : **enfants, piégé par les • identité, crise d' • identité de vos livres, incertain de l' • maternité • paternité • perdu, être • vendre son âme**

La Maison des feuilles, **Mark Z. Danielewski**

Perdu, être

Comme un personnage affolé annotant un livre traitant de l'exégèse d'un documentaire, vous pouvez vous voir, aussi bien qu'au travers d'une caméra HD, penché sur un coin de la page, dans un bureau vide, glanant des mots et des idées dans *La Maison des feuilles* et posant vos yeux sur le mot PERDU. À l'instant même, vous savez que vous êtes perdu pour de bon dans cette maison qui vacille/labyrinthe/critique/théorie de la communication/chambre d'isolement/roman sur une déception psychanalytique/maison/système de croyances dans lequel votre seul guide est la lumière tremblante du mot imprimé sur le vide infini de la page blanche.

Will Navidson s'installe avec sa petite amie et leurs deux filles dans une maison d'Ash Tree Lane et enregistre, avec une batterie de caméras et de matériel de vidéosurveillance, les troublantes modifications de l'espace de leur maison : une chambre plus grande vue de l'intérieur que de l'extérieur, une porte qui devrait ouvrir sur le jardin mais donne sur un long couloir sombre. Et tandis que les effets dits « parallaxes », dus aux changements de position de l'observateur, sont soigneusement étudiés, votre expérience de lecture fait écho à la marche dans le labyrinthe obscur et à l'implosion psychologique de tous ceux qui sont là. L'idée même de sens se désintègre autour de vous[1] et une horrible bestiole Lovecraftienne

1. De sorte que vous réalisez que vous n'êtes rien de plus qu'une autre voix, une voix qui vous possède avec des histoires que vous n'auriez jamais su reconnaître comme les vôtres. Une voix qui vous réinvente, vous définit, vous oriente jusqu'à ce

grogne à vos côtés. Vous vous souviendrez alors que « le mythe massacre toujours la raison si elle vacille. Le mythe est le tigre traquant le troupeau ».

Vous pourriez tenter de fuir en susurrant le battement doux et étrange d'un simple mot, votre mot à vous, répercuté dans les couloirs vides longtemps après minuit. Et, en notant les échos qui en font le relais, calculer la taille et la forme d'un espace non lumineux, de sorte, avec un peu de chance, de trouver une arcade qui vous emmène dehors.

Et si vous êtes toujours PERDU après ça, et que tout ce qui vous a été révélé n'est que le contour de vies seulement visibles par nos imaginations, vous trouverez, à la lecture de ce métarécit postmoderne en forme de montagnes russes, et honnêtement – mensonge flagrant – que si vous abandonnez tout espoir de vous

a
c
c
r
o
c
h
e
r
à
l
a
c
o
r
d
e

---

que toute association que vous pourriez revendiquer comme vôtre devienne inexistante. Elle vous contraint enfin à affronter le plus gros soupçon possible, à savoir que tout cela a été inventé de toutes pièces et, ce qui est pis encore, même pas par vous.

d'une narration linéaire, vous trouverez la joie en vous perdant dans les notes de bas de page et les détails, investissement dans un feu d'artifices d'idées si complexe et captivant qui vous offrira au final une saveur bien supérieure à ce que l'on expérimente d'ordinaire et qu'être PERDU n'est que l'aboutissement, dans toutes ses fausses et aguicheuses apparences, ou rien de plus qu'

une porte
dont vous seriez sage
de tourner la poignée
et d'ouvrir
si vous en êtes capable
ou bien échappez-vous en abandonnant cette *Maison des feuilles*.
Juste pour vous réveiller le lendemain matin
et découvrir
des marques de crocs
dans le bois
à côté de l'alarme.

Perfectionnisme

VOIR : **anal, fixation au stade • organisé, être trop • régenter, vouloir tout • vénération pour les livres, trop grande**

Perte d'un être cher

VOIR : **chagrin d'amour • mort d'un être cher • nostalgie • veuf, devenir**

Pessimisme

Robinson Crusoé, **Daniel Defoe**

Selon Héraclite, le destin d'un homme, c'est sa personnalité. La civilisation occidentale a pris ses distances avec cette idée, convaincue dès le Moyen Âge que Dieu ou le sort, comme on voudra, avait les rênes en main et que l'individu n'était qu'un simple pion. En ce cas, si l'individu n'avait pas la capacité de dessiner son destin, en quoi sa personnalité pourrait-elle avoir de l'importance ? Et puis, un jour, Dieu ou le sort ont perdu de leur pouvoir et on s'est mis à croire qu'une vie réussie dépendait de la capacité individuelle de faire qu'il en soit ainsi. Le roman psychologique était né.

Robinson Crusoé est la première démonstration faite en littérature du pouvoir de l'optimisme pour changer un destin. Au début, la situation de Crusoé paraît désespérément lugubre. Seul survivant d'un naufrage, il se retrouve sur une île déserte et stérile, avec seulement un couteau, une pipe et un peu de tabac dans une boîte. Dans ses pires moments d'angoisse, il court autour de l'île comme un dératé, convaincu qu'une bête vorace veut le manger.

Comme on s'en doute, il est difficile d'accomplir quoi que ce soit de bien quand on est dans un tel état (**voir :** dépression profonde). Mais ce qui sauve Crusoé est de se contraindre à voir le bon côté des choses. Il pille ce qu'il peut sur le navire avant qu'il sombre, trouve un crayon et du papier comme butin, évalue le bien et le mal de sa situation ; en d'autres termes, il en liste par écrit les avantages et inconvénients. Ce faisant, il découvre quelque chose qui va modifier sa perception : que les avantages effacent les inconvénients. Et comme il ne peut imaginer pire que sa triste situation, il en conclut qu'il n'existe aucune situation misérable au monde qui n'ait en contrepartie quelque chose de positif à même de susciter la reconnaissance. Bravo !

Grâce à cette bouée qui le force à tenir la tête hors de l'eau, Crusoé multiplie les actions qui lui permettent de survivre : il chasse, élève des chèvres, plante, adopte un perroquet, fait de la poterie et bricole (il se révèle d'ailleurs très bon dans cet exercice, et si ça n'avait été le cas, nous l'aurions orienté vers notre propre entrée sur le sujet). Il poursuit ainsi jusqu'à devenir un expert autosuffisant sur cette île durant vingt-huit ans.

Une vie accomplie consiste à découvrir ses ressources intérieures, et plus encore quand les temps sont durs. Si vous refusez, dans les moments les plus noirs, de vous laisser aller au pessimisme et au désespoir, pour faire ressortir au contraire de l'optimisme et une vision joyeuse, vous n'aurez pas seulement révélé le meilleur en vous, mais vous serez devenu votre propre meilleur ami. Nous dirions même qu'avec de l'optimisme à revendre, rien de mal ne peut vous arriver. Allez fouiller les épaves de navires. Gardez Crusoé à vos côtés. Et comme Héraclite aurait pu le dire s'il y avait pensé : faites le choix de l'optimisme contre le pessimisme et vous profiterez d'une vie plus belle.

VOIR AUSSI : **absurdité** • **confiance, perte de** • **cynisme** • **dépression profonde** • **désespoir** • **espoir, perdre l'** • **foi, perdre la**

Le Tambour,
Günter Grass

Bilbo le Hobbit,
J. R. R. Tolkien

Petit, être

Pour désigner les individus de petite taille, les Américains, politiquement correct oblige, disent *« vertically challenged »*, soit : « défié par la verticalité ». Si c'est votre cas, peu de choses peuvent être plus rassurantes que la lecture d'un classique présentant un héros petit, énergique et immensément charismatique. On ne vous en présentera pas un seul, mais deux. Leurs histoires vous permettront d'éliminer définitivement les questions qui vous mineraient du fait de votre taille réduite.

Oskar Matzerath, dans *Le Tambour*, est un paquet d'énergie compressée, un homme qui compense sa croissance écourtée en devenant un engin électrique, comme dans la création d'un mythe. Son sujet, c'est lui. Le roman est raconté par la voix d'Oskar, depuis un asile psychiatrique où il a été enfermé après avoir assassiné sœur Dorothea. Il est, on le comprend vite, un narrateur peu fiable, assurant par exemple qu'il était pleinement conscient lors de sa naissance. Le jour de son troisième anniversaire, trois événements cruciaux se sont produits : il a choisi délibérément de ne plus grandir, il a reçu un tambour, dont il refusera à jamais de se séparer, et il cessera de parler, ne communiquant plus qu'au travers du tambour.

Le tambour devient la voix d'Oskar pour les vingt-sept années qui suivent, et bien que le personnage n'ait pas que des qualités, il dégage une énergie aussi envoûtante que celle d'un soliste de jazz. Mais c'est la maîtrise de sa différence naturelle qui en fait une personne à part. Sa petitesse, volontaire, représente un symbole de force autant que de défiance.

La nature tranquille et digne de Bilbo Sacquet, dans *Bilbo le Hobbit*, ne pourrait pas être plus distincte. Bilbo appartient à une race de créatures qui font la moitié de la taille d'un humain moyen, aux grands pieds poilus et à la plante si épaisse qu'elle rend tout soulier inutile. Les hobbits adorent le confort, la chaleur et se nourrir au moins six fois par jour. La plupart d'entre eux passent l'essentiel de leur temps dans la tranquillité de la maison. Pourtant, Bilbo est destiné à vivre une aventure épique. Quand treize nains viennent à sa porte et lui demandent de les aider à récupérer leur trésor dérobé par le dragon Smaug, quelque chose se met à vibrer dans sa poitrine, quelque chose qui appartient autant à la magie qu'à la folie, et qui vient de ses ancêtres.

Prends courage, ô toi, petite grandeur ! Observe ces héros robustes. Ils peuvent paraître chétifs dans leur allure, mais ils sont immenses en courage et en influence. Et ne laisse plus jamais dire qu'être petit, c'est être fragile.

VOIR AUSSI : **estime de soi, mauvaise**

L'Histoire de Pi,
Yann Martel

L'Inimitable Jeeves,
P. G. Wodehouse

Pétrin, être dans le

Le pétrin peut survenir sous différents aspects, parfums, teintes et consistances, mais il ne pourra jamais être plus collant que celui qu'a connu Pi Patel qui se trouve à dériver dans un canot de sauvetage en haute mer en compagnie d'un zèbre, d'une hyène, d'un orang-outan et d'un tigre du Bengale âgé de trois ans. Le jeune héros de *L'Histoire de Pi*, le roman de Yann Martel, qui lui a valu le Booker Prize, est sans illusion sur la férocité du tigre. Assez vite, cela va d'ailleurs devenir une affaire entre le tigre et lui, les lois de la sélection naturelle ayant discrètement fait disparaître les trois autres naufragés. Pi et le tigre entrent dans une bagarre, le tigre, les yeux enflammés, les oreilles couchées et les crocs sortis, et Pi qui n'a pour réponse que de se jeter par-dessus bord et d'aller finir de transpirer dans la mer.

C'est la seule bonne réponse. Avec la construction d'un petit radeau de fortune le long du canot de sauvetage, afin que lui et le carnivore de deux cents kilos puissent faire chambre à part. Mais ce qu'il réalise après cela force l'admiration. Ayant décelé la vraie faiblesse du tigre, le mal de mer, il s'inspire des cours de dressage que son père lui avait donnés dans son zoo et se lance dans une bataille mentale avec le tigre. Il finit par réduire l'imposante créature, contre son gré, à un état d'obéissance absolue. La confrontation qui a consacré l'autorité du jeune homme est la plus belle compétition de talents jamais vue en littérature. Gardez ce roman à portée de main pour les moments où vous chercherez à vous sortir du pétrin (et, on vous le souhaite : un pétrin moins gluant). La capacité de maîtrise chez un garçon aussi frêle et affamé que Pi est édifiante. Lisez ce livre par avance ou dès que vous sentirez que vous vous embourbez.

Pour ceux qui tombent dans une panade d'ordre plus social – par exemple, être mis au coin sans possibilité de sortie honorable – nous recommandons un compagnon de l'envergure de Jeeves, le valet des romans de P. G. Wodehouse. Si vous ne pouvez vous en offrir un pour de vrai, le personnage de fiction fera l'affaire. Ce valet à la parole précieuse et au sourcil circonspect, aussi à l'aise dans la lecture de Dostoïevski que dans l'art de porter une ceinture écarlate à la taille, passe son temps à éviter à l'infortuné Bertie Wooster de se faire du mal. Doté d'un statut plus confortable mais totalement dépourvu de bon sens et de capacité de jugement, Wooster sait, même s'il a du mal à l'admettre, qu'il ne pourrait survivre un seul jour sans Jeeves et ses tasses de thé curatives. Comme Bertie, nous trouvons la présence de Jeeves dans nos vies infiniment apaisante. Une fois que vous lui aurez été présenté, vous en direz autant.

Mais si les choses se compliquent pour de bon, qu'il y a trop de pépins ou que ça bout trop fort, que ce soit avec un tigre ou un être horriblement collant avec lequel vous vous êtes compromis accidentellement, essayez d'imaginer ce que Pi ou Jeeves vous conseilleraient. Et réglez la température en conséquence.

VOIR AUSSI : **encroûter, s'**

Phobie

VOIR : **agoraphobie** • **claustrophobie** • **homophobie** • **xénophobie**

Plaisir

La Jeune Fille à la perle, **Tracy Chevalier**

Le plaisir doit avoir sa place, bien sûr. On ne pourrait pas vivre sans. Mais quand il s'agit de prendre des décisions, mieux vaut le mettre de côté. Le désir peut se montrer puissant, mais il est aussi très déraisonnable, manquant de bon sens et de jugement. Laisser le plaisir prendre les décisions dans notre vie revient à donner les clés de votre nouvelle Aston Martin à un ado de treize ans et de lui suggérer de tirer un bord.

Prenez modèle sur Griet, la servante et muse respectable de Vermeer dans le récit que Tracy Chevalier tire de la célèbre peinture éponyme. Cette jeune fille humble éveille l'intérêt du peintre quand il remarque qu'elle a préparé du chou rouge et des carottes de manière à ce que les couleurs n'entrent pas en conflit, réalisant ainsi qu'elle possède instinctivement un œil d'artiste. Quand elle pose pour lui, ils apprennent à se respecter, travaillant paisiblement l'un et l'autre, côte à côte dans le studio. Griet parle de lui comme de « son maître » et, ce qui en dit plus, comme un « Il » anonyme. Chacun apprend à l'autre à voir les choses de manière différente. Cela ne va pas sans une charge émotionnelle considérable : quand Vermeer place sa main sur Griet pour lui montrer comment utiliser la meule pour écraser un morceau d'ivoire carbonisé et fabriquer de la peinture noire, elle est traversée par une charge sexuelle d'une intensité telle qu'elle fait tout tomber. C'est le début de leur histoire. Quand la toile est achevée, le plaisir, celui de Vermeer mais aussi celui de la jeune fille, se manifeste par les étincelles dans les yeux, les lèvres humides qui tombent, le tissu joliment noué et rond qui lui sert de coiffe et, bien sûr, la brillance de cette perle lustrée qui ressort de l'ombre de son cou. Griet ne sait que trop bien, dans ce XVIIe siècle où elle vit, qu'une petite provinciale originaire de Delft ne peut s'acoquiner avec un homme de la classe de Vermeer. C'est un terrain miné, et avec la tension sexuelle qui gonfle la page, on se doute que le futur de Griet est compté à chaque ligne. Les phrases courtes et mesurées de Chevalier racontent la retenue que s'imposent les deux personnages. Vont-ils tenir, ou le plaisir explosera-t-il avant ?

Lecteur dissolu, quand vos hormones prennent le dessus sur vos neurones, isolez-vous dans un coin tranquille avec *La Jeune Fille à la perle*. Faites que son style élégant et dompté calme vos ardeurs et votre envie de plaisir. Arrêtez-vous, ralentissez et méditez. Êtes-vous attiré par quelqu'un avec qui vous partageriez des carottes et des choux ? Si ce n'est pas le cas, vivez le moment d'excitation sexuelle comme il se doit, puis faites une grande respiration et passez à autre chose.

VOIR AUSSI : **engouement** • **maladie d'amour** • **sexe, trop de**

Plaqué, être

VOIR : **appétit, perte de l'** • **colère** • **chagrin d'amour** • **insomnie** • **meurtrières, pensées** • **pleurer un bon coup, besoin de** • **rompre** • **tristesse**

Pleurer un bon coup, besoin de

Parfois, vous avez juste besoin de donner libre cours à votre chagrin, qu'il s'agisse d'un chagrin d'amour, d'un vase brisé ou d'un dérèglement de vos hormones, soudain hors de contrôle. Lisez ces romans avec des Kleenex et un remontant à portée de main.

LES DIX MEILLEURS ROMANS POUR VOUS FAIRE PLEURER

Le Lys dans la vallée, HONORÉ DE BALZAC
Nos étoiles contraires, JOHN GREEN
Auprès de moi toujours, KAZUO ISHIGURO
Sans famille, HECTOR MALOT
Un jour, DAVID NICHOLLS
Le Docteur Jivago, BORIS PASTERNAK
David et Olivier, ROBERT SABATIER

Le Choix de Sophie, William Styron
Un cœur de trop, Brina Svit
Lucy, William Trevor

VOIR AUSSI : **fatigué et hypersensible, être**

Utz,
Bruce Chatwin

Porcelaine brisée

Le bruit de la porcelaine se fracassant sur le sol est un son – pour ne pas dire un choc – toujours impressionnant. Malheureusement, la satisfaction qu'il apporte ne dure pas longtemps, et est rapidement supplantée par un sentiment de désarroi. La porcelaine brisée est étrangement symbolique du cœur humain – un instant si solide et intacte, et l'instant d'après si irrémédiablement endommagée. Par chance, à la différence d'un cœur brisé, la porcelaine, elle, peut souvent être recollée.

Mais si ce n'est pas le cas pour votre bonbonnière de Limoges transmise de génération en génération, lisez *Utz*. Kaspar Utz est un amateur tchécoslovaque de porcelaine de Meissen qui, avec ses habitudes compulsives de collectionneur, devient prisonnier de ses pièces. Juif, il risque sa vie en restant en Russie sous Staline, parce qu'il ne peut emporter avec lui ses inestimables articles. Tels sont le danger et la tyrannie de la possession de beaux objets.

Mais quand Utz meurt, après avoir légué sa collection au musée Rudolfinum de Prague, sa porcelaine est introuvable. Diverses théories sont avancées sur sa disparition, et nous ne gâcherons pas le plaisir du lecteur en révélant celle qui se révèle exacte. Il suffira de dire que le professeur Utz s'est finalement libéré de son obsession. Si, grâce à lui, vous pouvez apprendre à accepter la nature essentiellement transitoire tant de la vie que des biens matériels, vous serez libéré vous aussi de vos contrariétés.

La Peau d'un lion,
Michael Ondaatje

Poursuivre une femme de ses assiduités avec détermination, même s'il s'agit d'une religieuse

Si vous avez eu la malchance de tomber amoureux d'une religieuse, *La Peau d'un lion* de Michael Ondaatje est pour vous.

D'abord, parce qu'il décrit la plus belle rencontre fortuite de la littérature entre un homme et une femme, et si vous êtes amoureux d'une sœur, et qu'elle ne vous connaît pas encore, soyez inventif ! Lui, Nicholas Temelcoff, est un travailleur manuel migrant qui, au moment de la rencontre, est suspendu par un harnais de sécurité à un viaduc en construction dans le centre de Toronto. Elle est l'une des cinq religieuses qui se sont engagées de nuit par erreur sur le pont inachevé et sont dispersées par une rafale de vent aussi violente que soudaine. Quand elle est précipitée par-dessus le parapet, Temelcoff, suspendu en l'air, la voit tomber et tend le bras. Son épaule se démet sous le choc, mais il parvient à retenir la jeune femme. Terrifiée et choquée, celle-ci le fixe de ses grands yeux écarquillés. Lui, souffrant le martyre et à peine capable de respirer, lui demande poliment de crier pour appeler des secours.

Cette rencontre sans équivalent (inspirée par une véritable chute depuis un véritable viaduc) est particulièrement inespérée dans la mesure où elle déclenche le processus au terme duquel la religieuse de Temelcoff décidera de quitter le voile – ce qu'à l'évidence, à un moment ou à un autre, votre religieuse à vous devra faire aussi. Avant la fin de la nuit, la nonne de Temelcoff a arraché sa coiffe pour que son sauveur puisse l'utiliser comme une fronde, osé – pour la première fois de sa vie – boire quelques gorgées d'alcool, imaginé ce que cela fait de sentir un homme lui passer la main dans les cheveux et changé de nom pour celui d'une perruche,

Alice. Si votre rencontre fortuite n'entraîne pas autant de transformations, ne désespérez cependant pas. Continuez à lire le roman d'Ondaatje. Parce que *La Peau d'un lion* met aussi en scène un homme (Patrick Lewis) qui est si épris d'une femme (Clara, une actrice) que même après plusieurs rebuffades, même après qu'elle a essayé de lui recommander sa meilleure amie Alice (l'ex-nonne, si vous suivez), et que le *boy-friend* de Clara, Ambrose Small, a tenté de le brûler vif à l'aide d'un cocktail Molotov, il veut encore coucher avec elle. Et il y parvient.

En fait, Patrick Lewis finit avec la religieuse, mais une fois de plus, là n'est pas la question. (Si vous pensez qu'il s'agit d'un roman compliqué, vous avez raison.) Ce roman vous apprendra la détermination. Vous aurez votre religieuse. Une fois celle-ci conquise, vous pourrez lui lire des passages de ce qui est, à notre avis, l'un des romans les plus lyriques et ingénieusement construits du dernier demi-siècle.

Le Patient anglais,
Michael Ondaatje

Poursuivre une femme de ses assiduités avec détermination, même si elle est mariée

Si vous avez eu la malchance de tomber amoureux d'une femme mariée[1], Michael Ondaatje est de nouveau votre homme.

Le soupirant transi est le patient anglais lui-même, qui en fait n'est pas du tout anglais, mais un comte hongrois du nom d'Almásy, lequel, en revanche, est bel et bien un patient. Quand nous le rencontrons, il est alité dans une villa en ruine de Toscane, si affreusement brûlé qu'il est devenu méconnaissable après le crash

1. Si vous ne voyez pas en quoi cette situation est malheureuse, reportez-vous d'abord, s'il vous plaît, à adultère, et à amour voué à l'échec.

de son avion dans le Sahara. L'histoire se déroule au lendemain de la Seconde Guerre mondiale. Tout autour de lui, des gens meurent de terribles blessures. Mais il apparaît progressivement que l'avion du patient anglais ne s'est pas écrasé après avoir été mitraillé par le feu ennemi, mais… vous l'aurez deviné… parce que le pilote est tombé éperdument amoureux d'une femme mariée.

C'est sa voix qui l'a séduit en premier, quand elle récitait des poésies autour d'un feu de camp dans le désert, Almásy étant lui-même assis juste à la limite du halo du brasier. S'il « s'était penché en arrière de quelques centimètres, il aurait disparu dans l'obscurité », nous dit Ondaatje dans une prose qui réussit à habiter les espaces métaphysiques de la poésie. Bientôt, Almásy et la jeune mariée Katharine Clifton éprouveront l'un pour l'autre une passion dévorante.

Nous ne sommes pas du genre à faire la morale, et Ondaatje non plus. Mais parfois la littérature a du mal à résister à cette pente. On pourrait arguer que ces deux amants coupables d'adultère ont eu ce qu'ils méritent. Mais là encore, peut-être n'y a-t-il aucun message moral à chercher. Almásy et Katharine sont les victimes accidentelles de la plume cruelle d'Ondaatje. Allez-y, faites la cour à votre femme mariée. Parvenez à vos fins, c'est tout ce que l'on peut vous souhaiter. Mais pensez de temps en temps au vide, froid et sombre, que vous laisserez derrière vous, et au danger que vous courez de tomber sur un mari très jaloux et… sachant très bien piloter.

VOIR AUSSI : **amour voué à l'échec**

Problèmes relationnels

VOIR : **adultère** • **amour voué à l'échec** • **différence d'âge dans un couple** • **engager, peur de s'** • **gâcher son temps dans une relation ratée** • **homme ou**

la femme pas idéal(e), finir avec l' • jalousie • marié, être • partenaire qui ne lit pas, avoir un

Les Vestiges du jour, **Kazuo Ishiguro**

Procrastination

Pourquoi faire aujourd'hui ce qu'on pourrait repousser à demain ? La réponse est que chaque jour où vous négligez d'accomplir une tâche, elle grossit, et votre motivation pour la faire diminue d'autant.

La procrastination, ou art de l'évitement, n'a rien à voir de près ou de loin avec la paresse ou même le fait d'être occupé. Ses causes sont purement émotionnelles. Très simplement, ou avec raison, le procrastinateur évite les tâches que, consciemment ou pas, il associe avec des émotions désagréables, comme l'ennui (**voir :** ennui), l'anxiété (**voir :** anxiété) ou la peur de ne pas y arriver. Le problème, c'est qu'en laissant une émotion désagréable se mettre en travers de votre chemin, les tâches qui ont été évitées mais qui restaient facilement réalisables prennent une importance plus grande, dans notre imagination et souvent dans la réalité, jusqu'au moment où elles réapparaissent de manière si opprimante que cela fait effectivement sens de procrastiner. Et pendant que l'on procrastine et que l'on tient les émotions désagréables à distance, d'autres occasions, immenses, de toucher au bonheur ou à la réussite – des vies entières, en fait –, disparaissent. Et c'est ce sens d'une vie à moitié vécue, et le profond regret qui l'accompagne, que nous devrions essayer d'éviter. Et non plus quelques émotions désagréables qui, de toute façon, finissent par passer rapidement. Pour arrêter de procrastiner, il vous faut une leçon sur les conséquences catastrophiques provoquées par la fuite quand une émotion désagréable menace de troubler un peu la surface de l'étang. Et qui pourrait nous la fournir mieux que ce majordome si british et collet monté de Darlington Hall, dans *Les Vestiges du jour*, de Kazuo Ishiguro ?

Mr Stevens esquive les émotions de façon astucieuse. Toutes les émotions. Pour ça, il a l'emploi qui faut. Il croit que ce qui fait la distinction entre un grand majordome et un majordome juste potable est la capacité de réprimer ce qu'il est au fond pour se contenter de revêtir son habit professionnel en toutes circonstances. Il donne en exemple le majordome qui ne se laisse pas aller à paniquer quand il découvre un tigre sous la table à manger (**voir :** imperturbable, rester). Sa retenue étant ainsi justifiée et préservée, il passe sa vie concentré sur le besoin d'apparaître le meilleur majordome du monde, et même quand il devient clair que son maître, lord Darlington, est un sympathisant nazi, ou que son propre père est à l'article de la mort. Alors que celui-ci veut lui dire un dernier au revoir, Mr Stevens n'a qu'une pensée : se dépêcher de remonter pour servir le porto. Et quand Miss Kenton, la gouvernante, tente de lui signifier l'intérêt qu'elle lui porte, il la repousse avec froideur et distance depuis la forteresse de son identité de majordome.

Vingt ans lui seront nécessaires pour comprendre tout ce qu'il a raté. Il n'a pas réagi quand, dans sa relation avec Miss Kenton, des moments importants se sont présentés, des moments précieux qui, s'il avait été assez courageux pour se rendre vulnérable, lui auraient permis d'abaisser un pont-levis depuis sa forteresse et s'autoriser à ressentir des sentiments. Il a raté l'occasion d'une vie à deux, pour lui comme pour elle. À la place, il a vécu comme s'il avait devant lui un nombre illimité de jours, de mois et d'années suffisant pour démêler les caprices de cette relation. Maintenant, il est trop tard, bien sûr. Il ne lui reste que les miettes de son passé. Et même un homme à l'attitude aussi raide que Mr Stevens a le cœur qui lâche quand il en prend conscience.

Procrastinateur, tu n'auras pas toujours un nombre infini de jours pour accomplir ce que tu t'appliques si bien à éviter. En procrastinant, tu autorises tes émotions négatives à faire obstacle à une vie qui sans elles serait créative et irait doucement de l'avant. L'anxiété ou la peur accompagne ton quotidien ? Oublie-les et accueille tes émotions une à une. Invite-les à entrer et à s'asseoir – qu'elles se sentent à l'aise. Après quoi, passe à l'acte en leur compagnie. Tu verras qu'elles ne resteront pas très longtemps. Elles s'en iront peut-être même sur-le-champ. Et quand tu en auras presque fini avec tes tâches, tu te redresseras pour découvrir que ces mauvaises ondes ont été remplacées par des sentiments bien plus aimables, qui attendaient juste que tu sois disponible pour faire la fête avec toi.

VOIR AUSSI : **commencer, peur de** • **indécision** • **saisir sa chance, ne pas savoir**

Promesses non tenues

VOIR : **confiance, perte de**

Q

Le Lièvre de Vatanen, **Arto Paasilinna**

Quarantaine, crise de la

Vous vous imaginez fonçant au couchant dans une voiture de sport puissante, assis fièrement dans un intérieur cuir, un changement de vitesse brillant à la main ? Vous avez même songé proposer à votre secrétaire de faire la passagère ? Évitez-vous cette honte. Glissez cet ouvrage léger dans votre sac la prochaine fois que vous êtes en voyage d'affaires et replongez-vous dedans à chaque nouvel assaut de la crise de la quarantaine.

Vatanen, le journaliste au cœur de cette histoire picaresque, traverse une crise de la quarantaine assez typique. Il est l'un des deux personnages insatisfaits et cyniques du livre, l'autre étant son collègue photographe qui, malgré son âge, va de l'avant. Il n'est jamais expliqué pourquoi Vatanen a eu besoin de quitter sa maison d'Helsinki pour aller vivre une aventure avec un lièvre, mais c'est comme ça. Lors d'un reportage avec le photographe, leur véhicule heurte un lièvre. Il sort de la voiture et découvre que l'animal a une patte cassée. Tandis qu'il s'occupe de lui, refusant de répondre à son collègue qui l'interpelle depuis la voiture, ce dernier s'impatiente et finit par partir avec la voiture en le laissant là. Vatanen s'en fiche un peu. Il n'a de toute façon pas très envie de retourner à Helsinki ni de retrouver sa femme.

Il s'embarque alors dans une série de péripéties qui vont l'emmener jusqu'au Grand Nord finlandais, décrochant des petits boulots en chemin. Entre autres choses, il est pris dans un feu de forêt, loge dans la cabane d'un policier gradé qui, après avoir descendu une bouteille de vodka, veut partager avec Vatanen sa conviction que le président finlandais n'est pas du tout aussi bien qu'on le dit, se fait arrêter pour ses allures suspectes quand, le lièvre dans un panier, il frappe à la porte de quelqu'un au milieu de la forêt, espérant trouver un lieu où dormir. On trouvera aussi des épisodes d'ivrognerie extrême, pouvant durer jusqu'à huit jours, un vol en hélicoptère et une chasse à l'ours particulièrement impressionnante.

Tout cela est joyeux, énergisant et plein d'espoir. La lecture du *Lièvre de Vatanen* vous comblera, avec toutes les aventures dont vous rêviez mais en moins dangereux. Encore que, si vous êtes inspiré d'emmener pour un tour un bel animal sauvage plutôt que votre secrétaire, vous pourriez bien gagner un gâteau d'anniversaire pour votre crise de la quarantaine et l'ingurgiter avec plaisir.

VOIR AUSSI : **bonheur, quête du • cinquante ans, avoir dans les • claustrophobie • différence d'âge dans un couple • divorce • insatisfaction • marié, être • quarante ans, avoir dans les • quitter le navire, envie de • vieillir, horreur de**

Quarante ans, avoir dans les

LES DIX MEILLEURS ROMANS QUAND ON A QUARANTE ANS

Les Lisières, Olivier Adam

Courir dans les bois sans désemparer, Sylvie Aymard

La Bonté des femmes, J. G. Ballard

Kennedy et moi, Jean-Paul Dubois

Je vais mieux, David Foenkinos

Ce livre va vous sauver la vie, A. M. Homes

La Possibilité d'une île, Michel Houellebecq
Un cœur si blanc, Javier Marías
Éloge des femmes mûres, Stephen Vizinczey
Une poignée de cendres, Evelyn Waugh

Quatre-vingts ans, avoir dans les

LES DIX MEILLEURS ROMANS QUAND ON A QUATRE-VINGTS ANS

Le Colonel Chabert, Honoré de Balzac
J'haïs les vieux, François Barcelo
La Maison à Paris, Elizabeth Bowen
Lord Jim, Joseph Conrad
Au-delà du fleuve et sous les arbres, Ernest Hemingway
Comment braquer une banque sans perdre son dentier, Catharina Ingelman-Sundberg
Le Maître ou le Tournoi de go Yasunari Kawabata
À la recherche du temps perdu, Marcel Proust
Il pleuvait des oiseaux, Jocelyne Saucier
La Pelouse de camomille, Mary Wesley

Quatre-vingt-dix ans, avoir dans les

LES DIX MEILLEURS ROMANS QUAND ON A QUATRE-VINGT-DIX ANS

La Lettre à Helga, Bergsveinn Birgisson
Alice de l'autre côté du miroir, Lewis Carroll
La Maison d'Âpre-Vent, Charles Dickens
L'Étrange Histoire de Benjamin Button, Francis Scott Fitzgerald

Le Livre du rire et de l'oubli, MILAN KUNDERA
Maigret et la vieille dame, GEORGES SIMENON
Les Raisins de la colère, JOHN STEINBECK
Senilità, ITALO SVEVO
La Billebaude, HENRI VINCENOT
Jeeves et la saison des amours, P. G. WODEHOUSE

Cœur de lièvre, **John Updike**

Quitter le navire, envie de

Si vous ressentez le besoin urgent de tout larguer, votre histoire d'amour, votre job ou toute votre vie, nous vous implorons de ne rien entreprendre avant d'avoir lu *Cœur de lièvre*. Le besoin de tout lâcher apparaît généralement quand le bateau à bord duquel on se trouve donne l'impression de sombrer. On éprouve d'autant plus ce sentiment s'il s'était jusque-là plutôt bien comporté à la surface de l'eau. C'est apparemment le cas pour Harry « Rabbit » Angstrom (le surnom vient du tic nerveux qui lui démange le nez). Il fut un temps où Rabbit était un adolescent roi du basket-ball, un héros local sinon national, mais, à vingt-sept ans aujourd'hui, il passe ses journées à faire des démonstrations pour l'éplucheur MagiPeel. Pour le reste, il est marié, a un fils, et sa femme attend un autre enfant. Autant dire que sa vie est derrière lui. En tout cas c'est ce qu'il ressent. Un jour, en rentrant du travail, il tombe sur une bande de mômes se bagarrant autour d'un ballon dans un terrain vague. Ravi de voir qu'il a toujours un toucher, il décide à l'instant d'arrêter de fumer et de jeter ses cigarettes. Mais, de retour à la maison, la vue de sa femme Janice enceinte, assoupie devant la télé, la tête vide et un verre à la main, le met hors de lui. Comme il le dira plus tard au vicaire de la paroisse, Jack Eccles, il ne supporte plus d'avoir un jour été en première division, pour vivre maintenant cette histoire avec Janice qui n'est pas un succès. Il décide de tout quitter ou, comme le dit Updike, de fuir comme un lièvre.

Presque immédiatement, Rabbit tombe sur quelqu'un qui lui explique que s'enfuir ne sert à rien, en tout cas pas sans un plan arrêté. « Vous savez, la seule façon d'aller quelque part est de s'imaginer où l'on va avant d'y aller », lui dit un pompiste à qui Rabbit a confié qu'il ne savait pas où il allait. Et plus tard, trop tard, car entretemps la tragédie s'est installée, le vieux coach de basket de Rabbit, Tothero, qui à la suite d'un AVC a du mal à parler, lui donne une ultime leçon : « Le bien et le mal ne sont pas tombés du ciel. C'est nous qui les créons, dit-il. Invariablement, le malheur s'installe quand on ne leur obéit plus. » Rabbit n'a pas pris le temps d'évaluer ce que sa fuite pouvait avoir comme conséquences pour les autres.

Et il ne le sait toujours pas. La sagesse de Tothero nous envahit, mais elle ne pénètre pas Rabbit. Il se borne à haïr Janice et à fuir. On a bien sûr de la sympathie pour Rabbit, mais on se rend assez vite compte que son problème n'est pas tant d'être piégé par Janice que d'être incapable de l'aider, et donc de s'aider lui-même. Rejoignez Tothero et parlez à Rabbit, comme à vous-même : il vaut mieux rester à bord du bateau et faire ce qu'il faut pour colmater les brèches, avant de lui donner un nouveau cap. Parce qu'en le quittant, vous sautez dans la mer. Alors qu'en tenant la barre, vous ne serez pas le seul à vous noyer.

VOIR AUSSI : **bougeotte** • **engager, peur de s'** • **fourmis dans les jambes, avoir des**

R

Lady Roxana,
Daniel Defoe

Rabat-joie, être un

Imaginons que vous tombiez sur une fête ou que vos voisins aient organisé une soirée. Vous faites comment ? Vous attrapez un verre pour vous concocter un cocktail que vous sirotez dans la mêlée ? Ou vous vous éloignez avec horreur de la musique qui joue trop fort, déplorez la folie de tirer des feux d'artifice et râlez face à la pagaille et à l'alcool qui coule à flots. En somme, êtes-vous un trouble-fête, un râleur aigri, un empêcheur de danser en rond, un de ces rabat-joie de la vie ?

Si c'est le cas, il est temps de réveiller la Roxana qui sommeille en vous et de devenir l'animateur et l'âme de la fête. Le roman le plus équivoque, psychologique et complexe de Daniel Defoe suit les aventures d'une jeune femme qui plonge dans le désarroi quand son mari disparaît avec la fortune familiale, la laissant seule avec cinq enfants à nourrir. À l'époque, que peut faire une jeune femme pauvre pour s'en sortir, sinon faire usage de ses charmes ? Maligne, parlant français couramment et danseuse experte, Roxana reçoit rapidement plusieurs propositions et, après s'être séparée de ses enfants pour ne pas les voir dépérir, devient la maîtresse rémunérée de plusieurs hommes. Elle se plaît rapidement à séduire non seulement de nouveaux amants, mais aussi des bals entiers. Elle connaît son moment de gloire en apparaissant vêtue d'une robe turque dans l'une de ces soirées, éblouissant les invités masqués qui la couvrent d'argent, et en attirant jusqu'à l'attention du roi. De là, elle gagnera son nouveau nom exotique.

Roxana est peut-être contrainte de jouer son rôle de fille de petite vertu, mais son habileté à créer la rumeur au bon moment dans les événements auxquels elle assiste en fait un mentor idéal. Pour commencer, vous n'avez pas besoin d'avoir envie de faire la fête, contentez-vous de vous connecter, puis donnez-vous à fond. L'ambiance fera le reste. Comme Roxana, vous allez faire sortir le sourire des invités, et peut-être même parviendrez-vous à accrocher le regard de quelque nouvel ami intéressant et haut placé.

VOIR AUSSI : **abstinent, être** • **humour, absence d'** • **misanthropie** • **sainte-nitouche, être une**

Homme invisible, pour qui chantes-tu ?, **Ralph Ellison**

Racisme

Quiconque se trouve confronté à des comportements racistes, ou tend à oublier le poids des tensions raciales sitôt passée la frontière de sa communauté assiégée, serait avisé de lire *Homme invisible*, le roman extraordinaire et radical de Ralph Ellison. Son écriture et sa publication sont en soi un exploit de la part de l'auteur. Quand il a explosé sur la scène littéraire, en 1952, l'Amérique était toujours sous le joug de la ségrégation et des préjugés raciaux. Rosa Parks n'avait pas encore pris le risque de refuser de laisser son siège dans le bus et Martin Luther King n'avait pas délivré son célèbre discours. Soudain arrivait un roman chargé de toute une nouvelle esthétique black : écrit élégamment, sur un ton ironique et détaché (le livre a très vite été perçu comme le prolongement littéraire du blues), il ouvrait pourtant sur un acte de violence radicale, noire contre blanche, sans que cela passe pour un défi. On avait ici un orateur noir surdiplômé, trouvant commode que les autres ne le voient même pas (ce qui lui permettait de vivre sans loyer dans le sous-sol d'un immeuble réservé aux Blancs), et qui, à d'autres moments, lâchait que ça lui tapait sur les nerfs dans un euphémisme sec et caractéristique de son ton. Quand un grand type aux yeux bleus et cheveux blonds lui rentre dedans puis l'insulte dans la rue, l'Homme invisible l'attrape par le revers de la veste, amène la poitrine de l'individu contre sa propre tête et le frappe à plusieurs reprises en lui demandant de s'excuser. Il refuse de considérer qu'il est presque en train de le tuer. Et clame que l'autre lui est rentré dedans, l'a insulté et que, pour sa propre survie, cet autre aurait dû deviner son hystérie, sa dangerosité potentielle. Au passage, on mesure toute la rage enfouie en lui, accumulée depuis des années et transmise par les générations précédentes.

Les comportements et les lois ont évolué depuis 1952, en Amérique et ailleurs. Mais une ségrégation de fait perdure, large et profonde, et les statistiques indiquent de grandes inégalités dans les revenus, l'éducation, les chances de réussir et le traitement des minorités raciales. Ceux qui sont confrontés au racisme trouveront dans le roman courageux et révolutionnaire de Ralph Ellison un fortifiant, tant par sa prouesse littéraire évidente que par son analyse volontairement neutre de la lutte menée par un homme dans un monde où le respect n'existe pas. Ceux qui savent que le racisme réside d'abord dans les cœurs y trouveront, nous l'espérons, un moyen de se voir pour ce qu'ils sont, et de voir les autres pour ce qu'ils sont aussi.

VOIR AUSSI : **haine** • **juge, s'ériger en** • **xénophobie**

Rage

Pleure, ô pays bien-aimé,
Alan Paton

La rage consume. C'est sans doute l'émotion la plus brûlante et explosive qui soit. Vous voyez rouge, vous ne pouvez plus penser logiquement. Vous êtes transformé en tsunami, ravageant tout autour de vous. Et vous vous moquez complètement de ce que vous détruisez.

Le problème, en lâchant votre rage, n'est pas seulement que vous pouvez faire du mal, à vous ou à d'autres, ou casser quelque chose auquel vous tenez (**voir :** porcelaine brisée), mais que vous pouvez créer un véritable effroi chez ceux qui en sont témoins, et que ceux qui vous aiment se sentent en insécurité en votre présence. Plus encore, la rage est exténuante et blessante pour l'âme. Les crises répétées vous amoindriront, vous laissant un peu plus abîmé et un peu moins noble de cœur que vous ne l'étiez avant. Elle devrait être étouffée dans l'œuf dès sa première apparition, avant qu'elle ne devienne une habitude.

Notre remède, *Pleure, ô pays bien aimé*, est le roman d'un homme qui a plus de raisons d'être en rage contre le monde entier que n'importe qui dans l'histoire de la littérature, mais raconté dans une langue qui apaise et tranquillise. Il démontre par l'exemple que, confronté aux calamités les plus effroyables, il est toujours possible de contenir sa rage et de prendre un autre chemin. Il y a, nous dit l'auteur, une jolie route qui mène d'Ixopo jusqu'aux collines. Ces dernières sont couvertes d'herbes ondulantes. Et plus belles qu'on ne pourra jamais le dire en chanson… Ainsi, dans le lyrisme envoûtant emprunté au verbe zoulou, commence la quête d'un pasteur campagnard pour son fils égaré, Absalom, au cœur de Johannesburg. On est en 1946 et la ville est un endroit effrayant pour Stephen Kumalo. Contrairement à son village d'origine, Ndotsheni, il y a un nombre incalculable de manières de se perdre, autant moralement que physiquement, dans la grande ville. Suivant de vagues indications et le bouche-à-oreille, le gentil pasteur et son ami et collègue avisé Msimangu découvrent qu'Absalom, comme d'innombrables jeunes Noirs discriminés en Afrique du Sud du temps de l'apartheid, s'est trouvé embringué dans un monde clandestin et criminel. Quand ils le retrouvent, il est déjà trop tard.

Le garçon a tué un Blanc, un homme qui, pour compliquer les choses, avait consacré sa vie au combat pour les droits du sous-prolétariat noir. Le pasteur est contraint d'assister au procès de son fils accusé de meurtre d'un homme aussi admiré que respecté. Nous découvrons un Kumalo ployant, de plus en plus fragilisé, tandis que son cœur se brise sous l'énormité de la peine.

Il n'y aura pas de fin heureuse pour lui. Mais ce que nous offre Alan Paton est une extraordinaire évocation de l'endurance humaine dans la souffrance. Kumalo pense et agit lentement, dans ce rythme tribal ralenti dans lequel il a grandi. Et Paton contrôle les émotions du vieil homme tandis qu'il se bat contre sa rage et son chagrin sans faillir. Parfois, la rage l'emporte – chez Paton les personnages restent humains –, et Kumalo se laisse aller à vouloir blesser avec des mots. Mais il se reprend rapidement, revient en arrière et demande pardon.

Pleure, ô pays bien aimé est un roman sur le courage de dire ce qui doit être dit, la nécessité de s'excuser quand la rage l'a emporté, et sur le fait que les mots durs et amers n'apportent aucune solution, mais plus de colère et de souffrance. Celle de Kumalo mettra la vôtre en perspective. La langue de Paton apaisera votre âme rageuse et sa sagesse vous indiquera comment composer avec votre douleur, et surtout comment en rire.

VOIR AUSSI : **agitation** • **colère** • **porcelaine brisée** • **vengeance, chercher** • **violence, peur de la**

Fermeture éclair, **Carl Aderhold**

Râler tout le temps

La voilà, la pire des maladies françaises ! Râler, râler, et râler encore… Insatisfaction chronique du fonctionnaire, grévite aiguë, ras-le-bol des employés, manifestations à outrance, interventions d'inspecteurs des travaux finis… Nos voisins étrangers le savent : les Français sont des râleurs. Mais n'avons-nous pas raison, de temps à autre, de nous montrer un peu bougons ? Carl Aderhold, dans son roman intitulé *Fermeture éclair*, nous en donne un exemple patent.

Prenez Laurent, cet ouvrier de la Contilis, la plus grosse usine de la région d'Alençon « depuis la fermeture de Moulinex ». Le jour où l'ensemble du personnel est convoqué dans le petit local du comité d'entreprise, il sent que quelque chose de mauvais se trame. Massillon, le patron, commence son exposé. « Il n'allait pas les assommer de chiffres, un seul à retenir, celui des pertes, plus de 4,5 millions d'euros. » Laurent tremble. La menace est là, toute proche. « Crache-la ta décision, enfoiré. » Massillon la crache : la Contilis va fermer. Laurent étouffe, le sol se dérobe sous ses pieds. L'usine qui ferme, c'est la fin de tout. Alors, pour la première fois, le discret ouvrier va se battre. Râler, oui, mais pour se défendre. « Putain, mais vous voyez pas qu'ils se foutent de notre gueule ? » hurle-t-il alors, étonné d'entendre sa propre voix résonner dans la pièce. Le ton monte, le patron sent tourner le vent ; il faudrait fuir... Impossible. Les ouvriers menés par Laurent l'en empêchent. Séquestrer Massillon ? Oui, quelque temps au moins, pour pouvoir négocier, pour sauver l'usine, pour sauver leur peau.

Nous ne vous raconterons pas toutes les péripéties qui suivront cet épisode nourri par l'actualité. Mais sachez tout de même que vous trouverez dans le roman un couple déchiré qui se retrouve, un appel à la résistance des plus faibles, et même une Coupe du monde de football des sans-emploi. De quoi excuser les râleurs, si la cause est bonne.

L'Histoire de M. Polly,
H. G. Wells

Raté, se sentir comme un

Ainsi vous vous voyez comme un raté. Votre passé est peut-être jonché de projets inaboutis ? Ou bien tout ce que vous touchez se transforme en plomb. Votre peur de l'échec est si solide qu'elle vous empêche même de vous lancer. Vous marchez la tête basse, les épaules rentrées, vous êtes l'incarnation de l'échec. Si vous vous reconnaissez dans ce portrait, il est temps que vous rencontriez ce vrai raté de Polly, la charmante création de H. G. Wells.

On le découvre assis sur un échalier permettant de franchir une clôture près de chez lui, dans cette ville de fiction de Fishbourne, dans le Kent, en train de se plaindre d'être coincé dans une tour – dans une saloperie de trou, se corrige-t-il aussitôt, car il sait qu'il mélange souvent les lettres autant que les mots. Il use même exprès de formules compliquées ou qui ne veulent rien dire, ce qui fait partie de son charme. M. Polly vit dans un état d'indigestion permanente, dû pour beaucoup à l'image négative qu'il a de lui-même, mais aussi à son alimentation plus que douteuse. Ayant cédé au goût de la « commercialité zélée » en tenant une boutique de tissus pendant quinze ans, il est devenu sans presque s'en rendre compte gras, chauve et quadra. Prenant conscience qu'il a passé sa vie jusqu'à présent dans un entourage apathique, hostile, laid et mesquin, au cœur duquel sa femme figure en première place, il devient inconsolable, au point de signer un contrat d'assurance vie qui mettra son épouse à l'abri du besoin. Après quoi, il décide de se suicider (**voir :** crise de la quarantaine).

Mais comme il n'a décidément pas de chance, sa tentative échoue avec splendeur, et il revient à lui, non plus comme un raté, mais plus vivant que jamais. Prenant conscience que Fishbourne n'est après tout pas le centre du monde, il prend la route avec la vague idée de rejoindre la mer. Il se fait des marches quotidiennes de huit à neuf heures, dort dans des refuges de campagne ou occasionnellement à la belle étoile, avant d'aboutir à l'auberge de Potwell. Nichée sous les arbres dans une courbe de la rivière et entourée de roses trémières, avec une table pour pique-niquer devant et un champ de boutons d'or à l'arrière, le lieu lui apparaît comme un paradis. Et d'autant plus que l'auberge est habitée par la Dame Dodue, tellement ferme, rose et saine qu'elle semble emplie d'une confiance infinie en elle-même, doublée d'une vraie gentillesse. Les deux comprennent à la seconde qu'ils sont faits l'un pour l'autre. M. Polly a trouvé son royaume. Ou presque, car il butera encore une fois sur un obstacle en chemin...

Lisez et vous saurez si M. Polly réussit sa transformation de raté absolu en super-gagnant. Mais nous devinons déjà que votre attirance irrésistible pour l'échec, comme pour M. Polly, va se volatiliser. Alignez-vous sur lui. Mettez vos échecs supposés sens dessus dessous. Tenez-vous droit. Et partez à la recherche de votre auberge de Potwell, en sautant tout de même quelques-unes des étapes, telles la tentative de suicide ou l'arnaque à l'assurance vie.

VOIR AUSSI : **abandonner à la moitié, tendance à** • **estime de soi, mauvaise**

Erable,
Saskia de Rothschild

Régenter, vouloir tout

Vous savez comment vous aimez les choses. Vous aimez donc que rien ne change. Vous dites à tout le monde autour de vous comment vous aimez que les choses soient pour qu'ils puissent ne rien y changer. Pourquoi écouteriez-vous quelqu'un d'autre quand vous avez déjà la situation sous contrôle ? Nous allons vous expliquer. Parce que vous êtes un ou une *« control freak »* et qu'au fond personne ne vous apprécie. D'autant que cela peut aussi mal se terminer. Regardez Jean-Philippe Erable. Le héros de l'étonnant premier roman de Saskia de Rothschild est né dans un avion au-dessus de l'Atlantique. Adulte, le voilà employé d'une compagnie d'assurances. Doué pour les échecs, monsieur est un être aussi brillant que cynique. Quelqu'un qui a un besoin impérieux de contrôler. Non content de réécrire son propre passé, Erable se met en tête de contrôler l'existence des gens et le bonheur de ses contemporains. Notre homme a envie d'avoir la main sur tout, de remplacer rien de moins que le destin ! Pour ça, il a mis au point un plan implacable et recruté un bras droit. Sauf qu'il va bientôt ne plus maîtriser les événements comme il l'aurait souhaité... Lisez donc sans tarder *Erable*. Et pour une journée au moins, relâchez la pression. Au risque de vous retrouver comme le personnage de Saskia de Rothschild.

VOIR AUSSI : **abandonner à la moitié, refus d' • anal, fixation au stade • bourreau de travail • dictateur, être un • organisé, être trop**

Règles

VOIR : **syndrome prémenstruel**

Regret

Bright Lights, Big City, **Jay McInerney**

Si seulement...

Prenez garde à ces deux petits mots. Ils peuvent paraître innocents, mais si vous ne les combattez pas, ils vont vous prendre dans leurs crochets d'acier, vous treuiller en-dehors de vos chaussures et vous laisser vous balancer, misérablement et pour rien, pendant des années. Les regrets font dérailler, ils paralysent, empêchent d'agir. Qui plus est, ils sont souvent mal orientés. Qui peut dire qu'on se porterait mieux si cette chose qu'on aurait voulu ne jamais voir arriver n'était pas arrivée, et que la chose qu'on aurait voulu voir arriver était arrivée pour de bon ? Au passage, si vous éprouvez du regret pour des choses que vous n'avez jamais été capable de faire, aller à : procrastination. Mais si ce regret touche des choses que vous avez faites et que vous auriez souhaité ne pas faire, poursuivez la lecture.

Très certainement, le protagoniste de *Bright Lights,*

Big City, de Jay McInerney, qui en réalité est un peu vous, paraît s'installer dans le regret. Il... Ou plutôt, vous avez mis la pagaille dans votre boulot, vous vous êtes même assuré de couper toutes les voies pour y revenir, et pour finir vous avez fait faux bond à la seule fille vraiment chouette qui, depuis des années, avait bien voulu vous approcher. Rien de tout cela ne parvient à réduire votre foulée, puisque, avec votre ami, le tristement célèbre Tad, vous poursuivez votre mission de vous amuser comme un fou à New York. Vous vous débrouillez quand même pour vous retrouver au lit avec une fille ravissante.

Certains diront que ce roman est amoral. Les autres répondront que la vie est accessible de façon illimitée. Vous avez sans doute abusé de vos vingt ans, bousillé vos trente ans et passé les quarante sur le divan d'un psychanalyste, mais peu importe. Des regrets ? Certainement pas. Des surprises se cachent dans ce roman, alors lisez-le.

De deux choses l'une : soit on passe son temps à regarder avec tristesse la porte qui vient de se refermer derrière nous, soit on la franchit plus fort que nous étions auparavant. La sagesse et la force que l'on a acquises permettront d'ouvrir celle qui se présente après. Au moins, on ne refera pas deux fois les mêmes erreurs. Et ce qui nous attend pourrait bien être meilleur que ce que nous aurions souhaité ne pas avoir abandonné.

VOIR AUSSI : **culpabilité** • **honte** • **tristesse**

Un soir au club,
Christian Gailly

Replonger, tentation de

Marcher droit n'est pas toujours si facile à mettre en pratique. Les tentations, les chemins de traverse sont légion. L'homme est faible, on le sait, la femme aussi. Il arrive qu'on se brûle les ailes, qu'on manque d'y passer. Nous ne sommes pas là pour vous juger, mais pour vous aider. Si la tentation devient trop forte, l'envie de déborder trop pressante, nous recommandons d'ouvrir *Un soir au club*, de Christian Gailly, saisissant exemple de rechute. Simon Nardis a un jour arrêté le piano et le jazz. On peut même parler dans son cas de désertion. Il a repris son ancien métier, dans le domaine du chauffage industriel. « Il s'agissait surtout de bien se tenir. Le jazz n'incite guère à bien se tenir », écrit Gailly qui avance que cette musique-là peut même tuer. Heureusement que Simon a pu compter sur sa femme Suzanne. L'équilibre fonctionne jusque-là. Monsieur ne touche plus à une goutte d'alcool. Évite les lieux où il y a de la musique, les lieux où l'on boit. Mais un jour, Simon est amené pour des raisons professionnelles à se rendre en province, dans une usine, au chevet d'une installation défectueuse. Sur place, sa mission accomplie, le voici qui rate son train. Qui se retrouve dans une auberge avec un ingénieur qui cherche à le remercier pour son efficacité. La conversation l'entraîne à parler de swing. À accepter de faire un saut dans un club. Pas longtemps, rien de grave. Sauf que. L'ambiance rouge des lieux. Un demi-queue magnifique noir. De la vodka et de la glace. Un trio qui se met à jouer *On Green Dolphin Street*. Il faudrait être sage. Prendre la direction de la gare et attraper le 22 h 58. Ne pas monter sur l'estrade. Passer les mains sur le clavier. Dix ans et dix minutes d'abstinence volent en éclat. Et pas seulement cela. Puisqu'il faut ajouter au tableau la présence de Debbie Parker, l'attirante chanteuse à la voix d'alto, presque sèche… Replonger, comme le montre Christian Gailly dans un roman qui peut produire un effet curatif, n'est pas sans risques, sans dommages collatéraux. Nous recommandons aux aspirants à la chose de se le tenir pour dit.

Résistance au changement

Le Singe pèlerin ou le Pèlerinage d'Occident,
Wou Tch'eng-en

Certains d'entre nous sont comme un rocher immuable, depuis l'aube des temps, au sommet d'une colline. Peut-être avons-nous accumulé du lichen au fil des années. En paix avec nous-même, nous sentant en sécurité, confiant en ce que nous sommes, changer est notre dernier désir. Puis survient une légère fluctuation du climat. À moins qu'un troll ne passe par là. Avant même de nous en rendre compte, nous nous fissurons, notre calme est compromis, et nos projets bien huilés se voient remis en question. Soudain, nous nous retrouvons roulant au bas de la montagne, pour atterrir Dieu sait où, sans pouvoir deviner ce qui surgira de nos failles.

Il est compréhensible d'être nerveux face au changement – nous nous habituons à nos crevasses confortables, et l'idée de nous en extraire nous effraie. Dévier de nos normes préétablies, ou les remettre en question, nous donne le vertige ; nous nous demandons qui nous sommes, quelles sont les raisons de notre crise d'identité (**voir :** identité, crise d'). Mais le changement est essentiel pour grandir et progresser : la peur du changement ne peut justifier qu'on lui résiste. Pour une preuve euphorisante du caractère essentiellement mouvant de la vie, nous vous proposons le joyeux *Singe pèlerin*, écrit par un ermite et poète de la dynastie Ming au XVIe siècle de notre ère.

L'ouvrage commence lui aussi avec un rocher. Depuis la création du monde, le rocher a absorbé les essences pures du paradis, la « vigueur de la lumière du soleil et la grâce du clair de lune ». Puis, il se donne une descendance et enfante un œuf de pierre. De cet œuf sort le singe. Celui-ci est un animal vigoureux et irrévérencieux, qui prend tellement plaisir à la vie qu'il se prête bientôt sans crainte aux soixante-douze transformations polymorphiques qui lui sont enseignées par un immortel taoïste. Un jour, il s'initie au « trapèze des nuages » – voyager sur un nuage d'un bout à l'autre du monde, voire dans les cieux eux-mêmes –, le lendemain, il apprend à transformer les poils de son corps en toutes sortes de choses, en armées, en pinceaux... Il acquiert un bâton magique, de la taille d'une aiguille, qu'il peut caler derrière son oreille ou faire grossir si telle est sa volonté jusqu'à lui donner la taille de la

Voie lactée. La capacité d'adaptation du singe et sa capacité à créer quand bon lui semble pose un tel défi aux cieux que le Bouddha décide de l'enfermer dans une montagne pendant cinq cents ans pour lui enseigner un soupçon d'humilité. Pour sa transformation finale, le singe fera sienne cette sagesse monacale et apprendra la modération. Mais il sera toujours heureux de jouer un nouveau rôle, aidant le jeune moine Tripitaka dans sa propre quête spirituelle.

Cessez de vous complaire dans votre immuabilité aussi confortable qu'entêtée. Fissurez-vous comme le rocher sur la montagne et découvrez la griserie du changement et la réinvention de votre moi. Vous aussi, vous avez une sagesse à atteindre, et, peut-être, un pèlerin à aider, un royaume à diriger. Les nuages pourraient même devenir votre rampe de lancement vers les cieux.

VOIR AUSSI : **régenter, vouloir tout**

Ressentiment

VOIR : **colère** • **cynisme** • **haine** • **insatisfaction** • **jalousie** • **rage** • **regret**

Retraite

L'Énigme de l'arrivée, **V. S. Naipaul**

La Nef, **William Golding**

Pour beaucoup de gens, le moment de raccrocher les gants est terrifiant, et si ce ne l'est pas pour vous, ça l'est pour votre partenaire. Qu'est-ce qui va vous faire vous lever le matin dans les prochaines décennies ? Partez pour une aventure autour du monde, construisez-vous une folie, apprenez le sanskrit, ou mettez-vous dans les pattes de votre famille et de vos voisins en étant là en permanence, de façon exaspérante.

La retraite vous offre une occasion de réflexion que vous attendiez depuis longtemps et, pour vous mettre en train, lisez *L'Énigme de l'arrivée*, la méditation fictionnée de sa propre vie par V. S. Naipaul, depuis son départ de son île natale de Trinidad jusqu'à ses vieux jours dans le Dorset anglais. Naipaul a étudié à Oxford quand il était jeune, puis couru le monde de part en part, explorant l'Afrique, l'Inde, l'Amérique et les pays musulmans. Cette fois, il jette son regard d'outsider au cœur de cette vieille Angleterre, un endroit où il a vraiment été regardé au début comme un étranger. Pourtant il voit qu'il a une seconde chance à jouer, la chance d'une vie nouvelle, plus riche et mieux remplie qu'il ne trouvera nulle part ailleurs. Pour la première fois, il se sent accordé au paysage. Églantines et aubépines conviennent mieux à son tempérament que la végétation luxuriante et tropicale de Trinidad. Et c'est une découverte aussi surprenante qu'exaltante pour un homme à ce stade de sa vie. Peut-être devez-vous, à votre tour, découvrir le paysage qui vous ressemble le mieux ?

Bucolique et tranquille, *L'Énigme de l'arrivée* devrait vous inciter à faire le point sur votre vie et à vous réjouir du déploiement de possibilités nouvelles. Tâchez de vous concentrer, comme le fait si bien Naipaul, sur les petits détails de la vie, comme quand il observe depuis le verger que l'herbe du chemin a été tondue dans deux sens, un côté qui monte, l'autre qui descend, les deux apparaissant dans des couleurs distinctes. Que vous soyez à la retraite ne veut pas dire que vous ne pouvez pas apprendre à voir le monde sous de nouveaux angles, surtout maintenant que vous avez du temps.

Parfois, le changement dû à l'arrêt du travail peut être trop rapide et brutal, vous laissant penser que vous êtes en chute libre ou que vos journées n'ont plus aucun sens (**voir :** vertige, avoir le ; absurdité). Il vous arrive même de songer que passer à la retraite était une erreur. Que vous n'étiez pas préparé à tout arrêter. Si vous êtes ainsi tenté de replonger dans la mêlée, nous vous exhortons à hésiter encore un peu, le temps de lire *La Nef*, de

William Golding. Dean Jocelin ne trouvera pas le repos avant d'avoir achevé d'édifier la flèche de cent vingt mètres de la cathédrale de Salisbury, un acte d'orgueil religieux et personnel. La réalisation de sa vision épuise tout le monde, à part lui, et sa détermination obstinée à voir le chantier achevé malgré tous les contretemps aboutit à de terribles souffrances pour les autres. C'est le prétexte à une narration brillante sur le désir de beau dans le monde. Que ce soit le ravissement provoqué par la dimension nouvelle créée par la fine poussière apparaissant dans les rais de lumière. Ou l'observation de ces grains de poussière se retournant les uns contre les autres avant de rebondir ensemble comme des éphémères dans un souffle de vent. Mais à la fin, la folie de toute cette entreprise devient trop visible. Réfléchissez-y à deux fois avant de reprendre le travail, surtout s'il s'agit de laisser un monument à la postérité. Songez à la chance que vous avez d'être loin de tout ce stress. Et inscrivez-vous plutôt dans un cours de littérature.

VOIR AUSSI : **ennui**

Retour à Brooklyn,
Hubert Selby Jr

Rêves brisés

Assister à l'anéantissement des rêves d'un être cher – ou se résigner soi-même à la ruine des siens – est une épreuve terrible à traverser, et beaucoup plus fréquente qu'on ne pourrait le penser. Parce qu'avoir un rêve est facile, mais trouver la bonne manière de le réaliser l'est beaucoup moins – et la réussite, comme l'échec, peut vous construire ou vous briser. Si vous avez renoncé à vos rêves, demandez-vous si vous leur avez jamais donné une chance d'advenir. Comme ce roman percutant le montre, il est possible que vous ayez choisi la mauvaise manière pour les concrétiser.

Dans *Retour à Brooklyn*, tout le monde a un rêve. Harry et Marion rêvent d'avoir leur propre petite affaire, un café avec des tableaux à vendre sur les murs, dont ceux de Marion. Tyrone, le meilleur ami d'Harry, veut simplement s'échapper du ghetto. Et Sara, la mère d'Harry, nourrissant le fol espoir d'entrer un jour dans le royaume magique de la télévision en direct, passe le plus clair de son temps devant son poste.

Ces rêves sont assez innocents ; c'est la façon dont les membres de cette famille s'y prennent pour les réaliser qui constitue le problème. Car leur solution pour fuir les vies qu'ils mènent au bas de l'échelle de la société new-yorkaise est un type d'héroïne particulièrement puissant, qu'ils envisagent de vendre pour amasser un petit pactole. Ils testent la drogue pour vérifier sa qualité, et, avant même d'avoir pu s'en faire une idée, Harry et Marion deviennent accros. Tyrone aussi. Pendant ce temps-là, Sara passe ses journées sur son canapé à manger du chocolat tout en se bourrant de pilules amincissantes, convaincue qu'elle sera invitée un jour à l'émission sur la perte de poids devant laquelle elle est scotchée. Elle n'y parviendra jamais.

Au lieu de réaliser leurs rêves, ils vivent chacun une véritable descente aux enfers. Lisez ce roman dévastateur et bouleversant. Il est trop tard pour Harry, Marion, Tyrone et Sara – mais il n'est pas trop tard pour vous. Songez à une façon pragmatique, réaliste, de réaliser vos rêves – qui n'implique pas la vente de drogues dures (**voir :** drogue, consommer trop de). Gardez les yeux fixés sur votre rêve, mais aussi sur chaque barreau de l'échelle.

VOIR AUSSI : **désenchantement** • **espoir, perte d'**

Rhume

Il n'y a pas de traitement particulier pour le rhume. Mais c'est une excellente excuse pour vous enrouler dans une couette, avec une bonne boisson chaude et une lecture aussi apaisante que réparatrice à portée de main.

LES DIX MEILLEURS ROMANS QUAND ON A UN RHUME

Étude en rouge, Arthur Conan Doyle

La Liste de mes envies, Grégoire Delacourt

Les Souvenirs, David Foenkinos

Ensemble, c'est tout, Anna Gavalda

Geisha, Arthur Golden

Princess Bride, William Goldman

Le Cercle littéraire des amateurs d'épluchures de patates, Mary Ann Shaffer & Annie Barrows

L'Armée furieuse, Fred Vargas

Le Diable s'habille en Prada, Lauren Weisberger

Le Temps de l'innocence, Edith Wharton

VOIR AUSSI : **grippe, avoir la * quand on est un homme**

Vingt mille lieues sous les mers, **Jules Verne**

Rhume des foins

Le rhume des foins peut vous ruiner un été entier. Quand les yeux qui piquent, le nez qui coule à flots, la poitrine qui rétrécit et empêche de respirer sont à leur comble, vous n'avez qu'une envie : plonger dans un bassin d'eau fraîche et claire, où le pollen ne peut plus vous attraper. Ou, encore mieux : faire du stop avec un sous-marin et aller vivre au fond de l'océan. Peut-être est-ce le rhume des foins qui a amené le capitaine Nemo, le mystérieux voyageur marin du plus célèbre des romans de Verne, à choisir cette drôle de vie aquatique. Le capitaine misanthrope s'est débarrassé du carcan de l'existence terrienne pour vivre dans ce qui semble être une licorne de mer de taille colossale (les experts marins ont d'abord pris le *Nautilus* pour un narval géant), fuyant les êtres et les choses, tout à l'exception des créatures marines qu'il a entrepris d'étudier (**voir :** misanthropie). Son navire, le *Nautilus*, est capable de se déplacer à des vitesses impressionnantes et de réaliser des prouesses scientifiques bien au-delà des capacités technologiques atteintes par les terriens, Nemo étant à la fois un explorateur et un inventeur. Il se nourrit de concombres de mer que, selon lui, même un Malais trouverait hors pair, de sucre de ficus de la mer du Nord et de confiture d'anémones de mer. Nemo n'est pas peu fier de ses exploits comme maître des profondeurs, se désignant lui-même comme « l'homme des eaux, l'esprit des mers », ne se reconnaissant aucun chef, et certain qu'il pourrait s'acquitter à lui tout seul de la dette nationale de dix milliards de francs grâce aux trésors qu'il a découverts sous la mer.

Quand ces maudites poussières de pollen menacent de vous envahir la tête, attrapez le livre de Verne et échappez-vous dans le royaume sous-marin, à l'abri de l'air du capitaine Nemo. Allez savoir cela, vous donnera peut-être l'envie de créer votre propre *Nautilus*, ou de vous accrocher une bombonne d'oxygène sur le dos pour attaquer les profondeurs à votre tour.

Joseph,
Marie-Hélène Lafon

Risques, ne pas prendre assez de

Il y a les forts en gueule et les taiseux. Ceux qui avancent à pas de géant, croquent la vie à pleines dents, partent au quart de tour. Et ceux qui ne bougent pas d'un millimètre, s'interrogent sur leurs moindres gestes et cheminent en douceur. Prenez Joseph, l'homme ordinaire qui est au cœur du beau et sobre roman de Marie-Hélène Lafon. Ce dernier a cinquante-huit ans, bientôt cinquante-neuf. Il a vu le jour au bord de la Santoire, dans le Cantal. Joseph regarde le patinage artistique à la télévision, dort à plat sur le dos, sans oreiller ni traversin. Sa mémoire est encore vive. À la ferme, sa patronne a eu la même institutrice que lui. Il y a aussi le patron, leur fils, le chien Raymond. Sans doute est-ce là la dernière place de Joseph avant qu'il ne rejoigne la maison de retraite de Riom. Grâce à la finesse de Marie-Hélène Lafon, on ne le lâche pas d'une semelle de ses pantoufles à carreaux verts et bleu marine. Le voici qui fait sa toilette au lavabo de l'étable, s'occupe du nettoyage à la laiterie, des bricoles à ranger ou à réparer dans l'arrière-cour. Son repas, il le prend immanquablement à dix-neuf heures en hiver. Parfois, il lui arrive de repenser à des choses de l'enfance qu'il croyait avoir oubliées et qui remontent. À son père, fauché par une attaque, et à sa mère, morte dans son sommeil. À son frère Michel, parti diriger un bar-tabac-maison de la presse, dont il ne connaît les filles qu'en photo. Ou encore à Sylvie, « trouvée » au bal à Condat quand il allait sur ses trente ans. Sylvie qu'il a aimée, mais qui a fini par le laisser... De l'aveu même de son auteure, *Joseph* est une « épopée ordinaire de haute solitude », un « *road movie* immobile ». Le héros de Marie-Hélène Lafon n'a pas pris assez de risques, suivi sa route sans en dévier. Qu'aurait-il pu faire d'autre ? Forcer le destin ? Accélérer, tenter un virage à cent quatre-vingts degrés ? Ne pas prendre assez de risques a des chances de vous limiter. Un peu d'audace, que diable ! Essayez juste de bien doser et de vous assurer que le jeu en vaut la chandelle.

Risques, prendre trop de

Respire,
Tim Winton

Les Carnets du sous-sol,
Dostoïevski

Si vous êtes un casse-cou né, prompt à filer les chocottes à vos chers et tendres en skiant hors piste au milieu des yacks, en traversant des ponts de corde instables dans une bulle de rolling, ou en pratiquant le rafting dans des rapides et des zones militaires interdites, il est urgent de pondérer cette tendance avec un peu de littérature, audacieuse certes, mais d'abord raisonnable.

Commencez par *Respire*, de Tim Winton. Roman traitant de l'envie des adolescents de se surpasser, il place l'amitié de deux d'entre eux en son centre. Bruce Pike (Pikelet) se souvient de ses années adolescentes avec Loonie, quand ils plongeaient dans la rivière locale et se défiaient à être celui qui resterait sous l'eau le plus longtemps, se réjouissant de l'affolement que cela déclenchait chez tous ceux qui regardaient. Jusqu'au jour où ils rencontrent Sando, un homme âgé complètement accro au surf. Pikelet, le premier, est fasciné par ces hommes qui s'adonnent à une activité si harmonieuse, ces surfers dont la grâce s'impose comme l'antithèse directe de son pêcheur de père, qui ne sait même pas nager. Les deux garçons s'y mettent, sous les encouragements de Sando, qui les incite à réaliser des exploits toujours plus audacieux. En surfant, ils ont le sentiment de narguer la mort et, comme des hors-la-loi, d'accomplir en dansant sur l'eau quelque chose d'aussi formidable que courageux.

Un jour, Pikelet se trouve pris avec sa planche dans un contre-courant puissant. Personne à l'horizon pour lui porter secours. Il comprendra qu'il n'est pas encore prêt, mais se sent impuissant à résister à l'appel de la vague. Survivant à ce baptême océanique, il devient l'ami de la femme de Sando. Ancienne surfeuse elle-même, marquée par une blessure irrémédiable, elle s'amuse à jouer à des jeux dangereux avec lui au travers d'autres activités inquiétantes qui sont un substitut à l'excitation des vagues. Voilà un roman qui répondra à vos envies de repousser vos limites, même si c'est par procuration. En rapportant plusieurs expériences de mort imminente, il pourrait vous mettre en garde sur les conséquences que vous prenez en voulant aller trop loin (**voir :** regret).

En opposition absolue à cette fable australienne battue par l'air frais et iodé, lisez ce mélange de tragédie et de satire concocté par Dostoïevski : *Les Carnets du sous-sol*, dans lequel il met en scène un personnage niant radicalement ses penchants naturels. Dans ce roman court mais immense pour ses implications dans la littérature mondiale (il contient les germes de ce que seront *Crime et châtiment* et *Le Joueur*), Dostoïevski s'est installé dans le cerveau abîmé d'un homme qui a délibérément choisi de ne rien faire de sa vie.

Écrivant de son point de vue de quarantenaire aigri et misanthrope, le narrateur anonyme se souvient de ses jeunes années et d'une rencontre avec une prostituée nommée Liza, qui aurait pu tout changer. Il s'imaginait alors des aventures, s'inventait une vie, pour simplement exister. Mais c'est un homme qui pense plus qu'il ne vit et, en conséquence, qui ne fait rien. Colporteur de paradoxes, il met en avant un argument plutôt convaincant pour démontrer l'ineptie de toute action, sans même parler des risques liés (si vous avez une inclination pour ce type de nihilisme, **voir :** absurdité). Nous ne suggérons pas que vous suiviez son exemple en renonçant à une vie active, mais peut-être que vous trouviez le point d'équilibre entre vos penchants téméraires et une complète inertie. Il y a un chemin médian entre ces deux extrêmes que sont Winton et Dostoïevski. Vous pourrez l'emprunter sans peur.

VOIR AUSSI : **confiance en soi, excès de** • **égoïsme** • **jeux, être accro aux** • **négligence** • **optimisme** • **regret**

Le Messager,
L. P. Hartley

Romantique, être un incorrigible

Vous êtes du genre à parsemer votre lit de pétales de rose le soir, à attendre que vos soupirants grimpent jusqu'à votre balcon pour vous apporter du chocolat, et à laisser des petits mots dans le frigo de votre partenaire ? Du genre à faire des milliers de kilomètres pour aller cueillir la première fraise des bois de la saison et l'offrir à votre âme sœur pour le petit déjeuner ? Tout en rêvant qu'il ou elle fasse de même pour vous ?

Si la réponse à l'une de ces questions est oui, c'est que vous êtes bien un incorrigible romantique. Nous vous acclamons et vous plaignons tout autant. Parce que si nous adorons les cœurs romantiques et désarmés, nous avons justement peur pour leur cœur et prions pour qu'il ne soit pas systématiquement brisé (**voir :** cœur brisé). Comme un premier réflexe de défense contre les inévitables peines de cœur, nous vous incitons vivement à vous emparer du *Messager*. Lisez-le au début du printemps chaque année (quand les idylles commencent à éclore), cela vous protégera du déchirement en vous mettant à l'abri, le temps qu'il faut pour vous empêcher de vous transformer en épave.

Dans le prologue du roman, nous faisons la connaissance de Leo Colston alors qu'il est déjà vieillissant et tombe sur le journal qu'il avait écrit en 1900, quand il avait douze ans. Cela provoque chez lui une vive émotion, ravivant le souvenir de ce qui s'est passé l'année où il tenait ce journal décoré des signes du zodiaque. Une année qui a entaché à jamais sa capacité à nouer une relation heureuse. Après quoi, l'histoire se déroule. Leo, fils unique, est invité à passer quelques semaines, durant les vacances d'été, chez son camarade de classe Marcus Maudsley. Quand il arrive à Brandham Hall, il paraît mal équipé pour plonger dans le milieu aristocratique qui l'attend ; ses vêtements sont trop chauds, trop étroits et ils grattent. Doucement, il commence son adaptation à ce nouveau monde, aidé par son hôte qui lui achète un costume neuf, plus léger. Durant son séjour, il est attiré par l'histoire que Marian, la grande sœur de Marcus, a nouée avec Ted Burgess, le fermier du coin. Il devient leur intermédiaire, portant les courriers qu'ils s'adressent l'un à l'autre pour organiser leurs rencontres. Dans sa naïveté, Leo est totalement ignorant des conséquences sociales de cette romance, jusqu'au moment où il se trouve à son tour pris dans la toile d'araignée. Les ombres que porte dans la nuit la remise à bois, qui le fascinent et le repoussent, symbolisent les secrets du cœur dans ce roman. Menaçantes, elles tentent de transmettre leur charme vénéneux à leur relais irréfléchi.

Depuis le prologue, on sait que Leo sera en partie détruit par les événements de cet été suffocant. Mais on ne découvre qu'à la fin qu'il demeure au fond de lui un romantique incorrigible. Au lieu de fuir la romance, il continue au contraire à l'idéaliser et à la vénérer, en mettant Marian et Ted à la place des divinités du zodiaque, et jouant pour sa part le rôle de Mercure, le messager. Et c'est ainsi que sa vie a été un échec. Il est comme le conducteur d'une voiture dont le pare-brise a volé en éclats, l'empêchant de voir où il va. Ne reproduisez pas ses erreurs. Enterrez tous ces idéaux romantiques, en même temps que vos journaux intimes. Rompez le charme et avancez.

VOIR AUSSI : **sentimental, être**

Haute fidélité,
Nick Hornby

Rompre

Comme le disent les chansons, rompre est une chose difficile à faire – et que vous soyez le largueur ou le largué, on ne devrait jamais traverser cette épreuve seul. Idéalement, vous avez besoin que votre main soit tenue par un ami qui n'est pas sorti indemne lui-même de ruptures relationnelles et sait à quel point cela fait mal (pour en savoir davantage, **voir :** chagrin d'amour). Tenez, nous vous offrons la main de Rob, le héros fou de musique de cette ode à la pop qu'est *Haute fidélité*, de Nick Hornby. Sur notre liste des meilleurs romans de tous les temps sur la rupture (voir ci-dessous), celui-ci occupe la première place. Car si le vinyle est peut-être démodé, l'expérience, les émotions, les leçons et les vérités contenues dans ce livre n'ont pas vieilli d'un poil.

Pour comprendre sa dernière rupture en date – d'avec sa *girlfriend* Laura, avec qui il vivait –, Rob revient sur les cinq séparations les plus mémorables de sa vie, du « premier largage », infligé par la jeune Angela Ashworth, âgée de douze ans – qui, pour des raisons restant insondables, avait décidé de rouler une pelle à Kevin Bannister après l'école plutôt qu'à lui –, à son humiliation par sa copine de la High School Charlie Nicholson qui avait trouvé mieux en la personne d'un certain Marco. À chaque page, le lecteur reconnaîtra des situations vécues ; qui n'a pas éprouvé la bouffée initiale d'optimisme indécis – mi-libération, mi-excitation nerveuse – qui s'empare de vous juste après une rupture, optimisme immédiatement balayé par un sentiment écrasant de désarroi au moment où vous comprenez qu'elle ou il ne reviendra jamais ? Et qui ne s'est pas demandé ce qui vient en premier, de la musique ou de la douleur, quand on a enduré sa peine de cœur avec *Love Hurts* ou *Walk on By* en fond sonore ?

L'une des dures vérités qu'apprend Rob est que les ruptures ne deviennent pas plus faciles avec l'expérience. « Ce serait bien de penser que comme j'ai vieilli, les temps ont changé, les relations sont devenues plus sophistiquées, les femmes moins cruelles, les cuirasses plus épaisses, les réactions plus fines, les instincts plus développés... » soupire-t-il à l'âge de trente-cinq ans. Et cependant, avec un coup de pouce d'Hornby, on peut essayer de faire un petit peu mieux que la fois précédente. La principale leçon pour Rob a trait à la question de l'engagement (**voir :** engager, peur de s'), mais quand vous le regarderez fouiller dans les brisures de ses amours défuntes, vous saurez très vite quelles leçons vous sont expressément destinées. Êtes-vous du genre, comme Rob passé vingt ans, à réagir à vos brouilles en ratant vos examens et en plaquant tout pour aller travailler chez un disquaire (ou un commerce équivalent aujourd'hui) ? Est-ce que vous vous mortifiez, comme Rob un peu plus tard, d'être un « aimant répulsif » – quand, en fait, vous avez laissé vous aussi dans votre sillage un lot important de cœurs brisés ? La morale de ce roman est peut-être formulée d'un point de vue résolument masculin, mais on y décèle des constantes que l'on retrouve dans quasiment toutes les ruptures et que vous pouvez utiliser pour vous aider à définir le rôle que vous avez joué. Les filles feront bien de se rappeler que les garçons pleurent eux aussi dans leurs oreillers. Et les éconduites prendront plaisir à voir la femme d'un peu plus de quarante ans essayer de fourguer pour cinquante livres l'inestimable collection de disques de son mari qui s'est tiré en Espagne avec la copine de vingt-trois ans de sa propre fille. (Avant d'avoir des idées du même style, notez la réaction étonnamment maîtrisée de Rob et **voyez :** vengeance, chercher.)

Lisez *Haute fidélité* et laissez votre cœur assimiler les leçons que l'on peut tirer des fautes passées de Rob – et des vôtres. Êtes-vous attiré(e) par le mauvais type de filles (ou de garçons) ? Parvenez-vous à être ce rocher inébranlable dont votre partenaire a besoin ? Ou vivez-vous votre vie amoureuse avec la mauvaise bande-son ? Reprenez-vous, et cette rupture sera la dernière.

LES DIX MEILLEURS ROMANS DE RUPTURE

Plus tard ou jamais, André Aciman
L'amour dure trois ans, Frédéric Beigbeder
C'est fini, Lydia Davis
Je m'en vais, Jean Echenoz
J'étais derrière toi, Nicolas Fargues
La Fin d'une liaison, Graham Greene
Notre-Dame de Paris, Victor Hugo
Tout cela n'a rien à voir avec moi, Monica Sabolo

Pièces importantes et effets personnels de la collection Lenore Doolan et Harold Morris, comprenant livres, prêt-à-porter et bijoux, Leanne Shapton

Quelle époque !, Anthony Trollope

VOIR AUSSI : **appétit, perte de l' • célibataire, être • chagrin d'amour • fatigué et hypersensible, être • lit, impossible de sortir du • mis de côté, impression d'être • pleurer un bon coup, besoin de • tristesse**

Ronfler

Dormir à côté de quelqu'un qui ronfle peut être une torture répétée chaque nuit. Au mieux, vous finirez dans des lits séparés et envisagerez un futur moins intime physiquement. Au pire, vous passerez vos journées enfermé dans un sentiment d'irritabilité à cause de vos nuits bousillées, passées à haïr le ronfleur dont vous voudrez vous venger (**voir :** meurtrières, pensées). Pour sauver votre raison autant que votre relation, voire la vie de votre partenaire, achetez un casque et un lecteur audio à glisser sous votre oreiller, et gardez à portée de main une pile de livres audio bien calmants. Lus de manière mélodieuse, apaisante, ces ouvrages couvriront avec certitude les ronflements importuns sans vous empêcher de vous endormir. Écoutez-les toute la nuit si besoin est, en vous laissant dériver. Pour des conditions de sommeil optimales, une connaissance intime du livre est recommandée.

VOIR AUSSI : **bruit, trop de • divorce • insomnie**

Lady : ma vie de chienne, **Melvin Burgess**

Rougir

Rougir est quelque chose que nous redoutons. Survenant quand l'adrénaline générée par une gêne subite provoque une dilatation des vaisseaux sanguins situés juste sous la peau, le rougissement donne au visage une couleur écarlate artificielle que personne ne peut manquer de remarquer. Nous avons tous souffert adolescents de ce phénomène, et cela peut nous arriver occasionnellement encore après. Mais certains continuent à en souffrir de façon chronique tout au long de l'âge adulte, à tel point que cela devient un cercle vicieux – craindre tant le rougissement que la peur le crée[1]. La vérité est que le rougissement est une chose à laquelle nous réagissons avec beaucoup d'indulgence : de récentes recherches ont montré que les personnes qui rougissent sont perçues de façon positive par leurs pairs. Mais si vous estimez que vos rougissements vous empêchent de profiter de la vie en société, nous vous prescrirons l'un des romans pour adolescents les plus ouvertement provocants : *Lady : ma vie de chienne.*

Sandra Francy est une jeune fille de dix-sept ans qui a le feu aux fesses. Elle a déjà traîné avec pas mal de garçons, appréciant chaque minute en leur compagnie. Mais à la deuxième page du livre, voilà qu'elle perd ses charmes féminins d'une façon assez troublante. Cela arrive tout à fait par hasard un jour dans la rue. Un clochard qu'elle embête en donnant des coups de pied dans sa canette de bière la traite de « chienne ». Et la voilà soudain à quatre pattes, lui montrant les dents – quand elle s'enfuit, elle est heureusement surprise de sa vitesse inhabituelle. L'accusation du vieil homme s'est réalisée, même si la jeune fille ne s'en rend pas compte tout de suite. Se demandant pourquoi sa famille n'arrête pas de crier après le chien enragé qui semble se tenir juste derrière elle, elle voit finalement apparaître un bâtard dans la glace de sa chambre à coucher – et prend conscience que c'est elle.

Burgess traite l'étrangeté de la situation avec un talent fou. Sandra essaie de parler à ses parents, et ils

1. Le nom scientifique de cette affection est « érythrophobie. »

ne l'entendent qu'à moitié tenter de former des mots. Elle fait de son mieux pour marcher sur ses pattes arrière, afin de montrer qu'elle est vraiment humaine, et quand ils commencent à la croire, ils restent terrorisés par le monstre qu'ils ont devant eux. Bientôt, elle se retrouve à la rue.

C'est ainsi que Sandra découvre les joies de la vie de chien(ne). « La vie à la marge, on y prend goût ! C'est voler ou mourir de faim, la vie ou la mort... Des jours bénis ! » Elle partage son temps entre des parties de fou rire entre chiens, la chasse aux chats selon des méthodes usant de ruses semi-humaines, et ses efforts pour trouver un moyen de retourner à l'humanité. Quand elle voit une photo de son moi humain sur une affiche portant la mention « DISPARUE », elle se rappelle son passé et éprouve l'envie de rentrer chez elle. Mais n'est-elle pas mieux dans sa condition de chienne ?

Une personne piquant des fards constamment le penserait assurément. Immergez-vous dans l'absence totale d'inhibition de ce roman. Laissez pousser vos poils. Perdez cette conscience de soi qui est le propre de l'humanité. Courez avec la meute, faites du raffut dans les rues désertes, ne tenez plus compte des lois humaines. Foncez jusqu'à ce que vos coussinets saignent, puis léchez-les jusqu'à ce qu'ils soient secs. Découvrez votre nature canine, et vos joues rosies ne vous tracasseront plus.

S

Le Maître et Marguerite, **Mikhaïl Boulgakov**

Sainte-nitouche, être une

Quand le diable apparaît dans ce parc de Moscou par une jolie soirée de printemps des années 1930, il s'interpose entre deux rats de bibliothèque en grande discussion sur un banc. L'un d'eux est Berlioz, l'éditeur gras et chauve d'un magazine littéraire. L'autre, Bezdomny, un jeune poète. Le diable n'a aucun mal à prendre le contrôle de la discussion, qui roule sur la preuve de l'existence de Jésus-Christ. Le diable, habillé de façon coûteuse d'un costume gris, de chaussures importées et d'un béret gris légèrement incliné sur un œil, paraît plus séduisant que les deux autres. Il se réjouit quand ses deux nouveaux amis affirment qu'ils sont athées. Le diable possède un esprit imprévisible et enfantin, il s'ennuie facilement et est toujours prêt à balancer une blague, idéalement aux frais de quelqu'un. À un moment, il éclate de rire, au point de faire s'envoler les moineaux de l'arbre d'à côté, l'instant d'après il prévoit cruellement la mort de Berlioz par décapitation sous un tramway, ce qui finira par se produire. Et quand Berlioz lui demande où il a l'intention de loger pendant son séjour à Moscou, le diable lui répond qu'il a élu domicile chez lui.

Le diable est tranchant, il a de l'esprit. Comme dans *Le Paradis perdu*, c'est lui qui a les meilleures répliques. Il met tout le monde sur la défensive. Quand Bezdomny a un besoin urgent de fumer, le diable, ou le professeur Woland, comme le désigne sa carte de visite, lit dans sa pensée et sort aussitôt un impressionnant étui à cigarettes doré de la bonne marque. Avec sa suite étrange, composée entre autres de Béhémoth, gros chat grossier et buveur de vodka, il surprend l'assistance au théâtre en recréant sur scène une collection de haute couture parisienne (chapeaux, robes, sacs à main et rouges à lèvres) et en invitant les dames à se mettre nues puis à se rhabiller de neuf.

Bien sûr, c'est lui qui organise les meilleures fêtes. Moscou n'avait jamais vu ça avant, ni depuis : un bal de minuit et de la pleine lune où Marguerite, l'invitée d'honneur, est plongée dans un bain de sang et de roses. Du champagne coule des fontaines, des perroquets au plumage écarlate hurlent « Je suis ravi ! Je suis ravi ! » et l'orchestre est dirigé par Johann Strauss. Mais n'oublions pas qu'il s'agit du diable et que tout ça n'est pas innocent ni badin. À part Marguerite, les invités au bal sortent tous et dans différents états de décomposition, directement de l'enfer.

Nous ne sommes pas en train de vous suggérer de renoncer au bien et de vous soumettre au diable. N'allez pas dévisser les têtes des gens comme le fait Béhémoth, n'organisez pas des fêtes à scandale. Mais gardez quand même une étincelle d'espièglerie dans les yeux et un éclat de vilenie dans la manche. Cela vous rendra bien plus drôle.

VOIR AUSSI : **abstinent, être** • **avouer, tentation de tout** • **organisé, être trop** • **risques, ne pas prendre assez de**

Saisir sa chance, ne pas savoir

Un mois à la campagne, **J. L. Carr**

Le vieux qui ne voulait pas fêter son anniversaire, **Jonas Jonasson**

Le temps d'une vie est limité. Et le nombre de jours, dans cette durée précieuse, où peut survenir quelque chose ou quelqu'un d'important, encore plus mince. Du coup, hésiter ou manquer d'audace pour saisir ce que le destin a à nous offrir peut nous plonger dans le regret pour toujours.

Quel meilleur roman que ce classique des années 1980, *Un mois à la campagne*, de J. L. Carr, pour raconter comment le héros, et, par osmose, le lecteur avec lui, est possédé par la douleur de savoir qu'il a raté sa chance. Au sortir de la Première Guerre mondiale, promenant avec lui un terrible bégaiement et des mouvements convulsifs, deux défaillances attrapées à la terrible bataille de Passchendaele, dans les Flandres, Tom Birkin arrive dans le village d'Oxgodby, dans le Yorkshire, avec l'immense espoir d'un bel été récupérateur. Après avoir signé un contrat pour extraire une fresque médiévale du plafond de l'église du village, il s'est installé dans le clocher. Plus qu'il n'aurait pu l'espérer, l'expérience est pour lui une guérison, car dans ce paradis calme, il passe ses journées dans un isolement bienheureux en haut de l'échelle, se nourrissant de bœuf séché et de petits gâteaux à la groseille préparés par Mme Ellerbeck, copinant avec Charles Moon, un survivant des tranchées comme lui, et en pinçant pour Alice Keach, la jeune et jolie épouse du vicaire.

Il n'attend rien de précis. Alice lui rend régulièrement visite, de même que la jeune Kathy Ellerbeck, et quelque part cela fait partie des petits cadeaux d'un été qu'il aimerait sans fin. Un jour, là-haut dans son clocher, tandis que Tom montre à Alice le pré où Charles est en train de creuser, ils se penchent tous les deux et elle presse sa poitrine contre lui. Il sait que c'est maintenant ou jamais. Qu'est-ce qui le retient ? Est-ce une certaine habitude de la mélancolie à laquelle il s'est fait dans les dernières années ? Peut-être. Ou le respect des convenances britanniques ? Ou encore des incertitudes concernant Alice ? On quitte ce livre un peu plus triste qu'en y entrant. À moins que vous ne vous promettiez de ne jamais laisser la même chose vous arriver.

Si vous pensez que vous pourriez, comme Tom, être davantage un passager que le pilote de votre vie, vous avez sans doute besoin d'une leçon. Quelqu'un qui a toujours gouverné admirablement sa vie longue et mouvementée est le vieillard héros de Jonas Jonasson, dans *Le vieux qui ne voulait pas fêter son anniversaire*. Allan a toujours vécu dans la légèreté, avec plus de curiosité que de convictions, tout en ayant été à son corps défendant un acteur clé des grands événements du xxe siècle. La veille de son centième anniversaire dans la maison de retraite pour personnes âgées de Malmköping, auquel la presse, le maire, le personnel et les pensionnaires ont tous été conviés, Allan décide que ce *home* ne sera pas sa dernière résidence sur terre, et qu'il mourra une autre fois, dans un autre lieu. Il est aussi insouciant que chanceux et, après s'être échappé, l'une de ses premières actions est d'emporter sans le vouloir une valise bourrée d'argent.

Ce qui suit est une farce rétrospective à travers la vie d'Allan, depuis sa naissance en 1905 jusqu'à sa renaissance à Bali, à l'âge de cent un ans, au côté d'une jeunette de quatre-vingt-cinq printemps. Dans l'intervalle, il aura tout de même participé à la création d'une bombe atomique et conseillé plusieurs leaders mondiaux comme Winston Churchill et Mao Tsé-toung. Et il poursuit ses aventures au présent, qui l'emmènent, lui et sa valise, au travers d'une succession de meurtres accidentels (il n'a qu'un rapport assez lointain à la moralité) dans divers lieux magnifiques. Le message de Jonasson est clair : si l'on se pose la question « Devrais-je ? », la réponse est toujours « Oui ».

VOIR AUSSI : **apathie** • **indécision** • **lâche, être un** • **procrastination** • **risques, ne pas prendre assez de**

Terminus les étoiles, **Alfred Bester**

Salle d'attente, être dans une

C'est synonyme d'hôpital, d'opération, de dentiste, de gare, de station de bus, d'aéroport. Synonyme de triste, morne, marqué par l'inquiétude, diffusant la musique du désespoir. Il est essentiel d'affronter cette zone morte avec un bon remède romanesque.

C'est le cas du très puissant roman d'Alfred Bester, publié en 1956, *Terminus les étoiles*, précurseur du *Neuromancien* de William Gibson et de tout le mouvement cyberpunk des années 1980, avec les augmentations du corps par les machines, le pouvoir des mégacompagnies et une vision généralement lugubre du futur. Ce qui en fait la parfaite pitance pour une salle d'attente, c'est l'ajout singulier de la « fuggue ». Il s'agit d'une technique pour se téléporter d'un lieu à l'autre, pour autant que l'on sache où l'on est et où l'on va, et que l'on puisse visualiser cette destination. On peut fugguer n'importe où sur la planète, soit instantanément, soit, si sa propre capacité à fugguer est plus limitée en distance, par étapes. Les seules contraintes sont spatiales, car on ne peut pas fugguer dans le vide. La fuggue est une activité cérébrale, qui fonctionne grâce à une concentration très précise et à la capacité à faire des bonds au-delà des longitudes et latitudes. En tout cas jusqu'à ce que Gully Foyle entre en scène, lui qui va finir par remettre en cause la totalité du système avec son vagabondage audacieux à travers les galaxies.

Le roman se passe au XXVe siècle quand Gully, seul survivant d'une catastrophe inexpliquée, se cramponne à la vie dans la seule pièce hermétique restée intacte après le naufrage de son vaisseau spatial, le *Nomade*. Son casier, d'un mètre vingt de largeur et profondeur et de trois mètres de hauteur, est un cercueil opaque où il s'est trouvé enfermé pendant cinq mois, vingt jours et quatre heures. Quand un vaisseau apparaît dans l'espace, qui pourrait signifier son sauvetage, Gully est prêt à l'action, mais le *Varga* passe devant lui sans s'arrêter. Gully veut se venger et c'est ce qui lui permettra de survivre. Plus tard, on retrouve Gully sur terre, dans un stage d'entraînement à la fuggue, dont il s'amuse à s'absenter avec ses camarades pour se rendre dans des contrées lointaines, bien au-delà des limites autorisées.

En lisant ce roman dans votre salle d'attente, réjouissez-vous d'abord qu'elle soit plus large que 1,20 m x 1,20 m x 3 m. Rassemblez tous vos pouvoirs cérébraux et imaginez tous les lieux possibles qui s'offriraient à vous si vous aviez la possibilité d'y fugguer. Vous n'allez peut-être pas décrocher votre certificat de fuggue, mais vous pourrez vous découvrir, comme Gully, de nouvelles compétences, restées cachées dans les antichambres de votre cerveau.

VOIR AUSSI : **anxiété** • **ennui**

Sans voix, rester

VOIR : **chercher ses mots**

Les Filles du prophète, **Peggy Riley**

Secte, être dans une

« Rejoignez-nous, portez des vêtements étranges, faites-vous castrer et, enfin, buvez du poison. » C'était le message, sinon le slogan, de la secte américaine Heaven's Gate, dont les membres, après un lavage de cerveau, croyaient qu'en commettant un suicide collectif ils échapperaient au « recyclage » de la planète Terre et monteraient à bord d'un vaisseau spatial extraterrestre qui les attendait.

Être dans une secte, semble-t-il, ne vous offre pas *a priori* les meilleures chances d'un bonheur durable, ni de survie. Si vous êtes accueilli avec un enthousiasme suspect par une communauté dirigée par un leader charismatique, et dont vous n'aviez jamais entendu parler jusque-là ; si votre milieu, votre culture et votre manière de vivre sont rudement critiqués et rejetés ; et si vous êtes encouragé à couper les liens avec votre famille et vos amis, et à reverser tous vos revenus, c'est qu'une secte cherche à faire de vous l'un de ses membres. Si c'est déjà le cas, nous arrivons trop tard. Si ça ne l'est pas encore, vaccinez-vous immédiatement avec cette lumineuse description de ce piège qu'est la vie dans une secte (en l'occurrence, une communauté fondamentaliste et polygame de l'extrême nord de l'Idaho). Une injection devrait suffire, mais si vous êtes particulièrement vulnérable, nous recommandons un rappel tous les cinq ou dix ans.

VOIR AUSSI : **estime de soi, mauvaise • famille, faire face à la • famille, faire sans • harcelé, être • outsider, être un**

Le Séducteur, **Richard Mason**

Séduction, manquer de talents de

De tous les talents qui nous sont accordés, celui qui appartient à l'art gracieux de la séduction est l'un des plus difficiles à bien posséder, tout en étant certainement l'un des plus importants pour une vie heureuse et réjouissante. Mais comment fait-on pour l'acquérir ? On regarde nos parents avec effroi, nos amis avec amusement et les films hollywoodiens avec incrédulité. La littérature pourrait-elle venir à notre rescousse ?

La réponse est oui, bien sûr, puisque la séduction a été explorée depuis Ovide jusqu'à E. L. James, en passant par Anaïs Nin et *Les Liaisons dangereuses*. Mais il faut faire son choix avec attention, car tous les amants enflammés de ces romans usent de stratégies que nous ne saurions toutes recommander. Pour le livre pratique le plus complet, présentant la gamme de recettes qui posent le moins de risques pour vous-même et pour les autres, nous proposons le récit audacieux de conquête sexuelle et sociale de Richard Mason, *Le Séducteur*.

Piet Barol a plusieurs avantages physiques qui le rendent attirant aux yeux des femmes et, en fait, de pas mal d'hommes aussi (ce séducteur né ne va pas laisser les questions de genre brouiller son charme). Il ne craint pas d'en user, mais ne se contente pas de se reposer sur ses seules apparences. Sa mère, professeur de chant, lui a appris quand il était tout petit à lire les émotions et les pensées des autres. Tandis qu'elle accompagnait ses élèves au piano, il a profité de ces leçons pour tester ses talents en silence, soutenant le regard des plus mignonnes qui chantaient.

Et de fait, le charme de ce séducteur de Piet tient beaucoup à sa connaissance de la musique. Sans être lui-même un grand pianiste, il sait quand jouer un Bizet racoleur plutôt qu'un Bach cérébral, et lorsqu'il postule pour l'emploi de précepteur du jeune Egbert chez Jacobina Vermeulen-Sickerts, il se souvient de sa mère lui disant que la seule clé de l'amour est le mi bémol majeur. Il n'a plus qu'à se lancer dans la conquête de Jacobina.

Piet a tout le loisir d'exercer ses compétences, puisque outre Jacobina, qui n'a pas été touchée par son mari en dix ans, la maisonnée abrite ses deux filles. Son don pour le dessin, son esprit vif et sa fine connaissance des bonnes manières et de la façon de s'habiller, tout concourt à le mettre en excellente posture. Didier, un des membres du personnel, tombe à son tour sous son joug. Et Piet ne limite pas ses entreprises au seul foyer Vermeulen-Sickerts. Sur un coup de tête, il émigre en Afrique du Sud à bord de *L'Eugénie*, navire luxueusement équipé à bord duquel il trouve encore de nouvelles occasions de séduire.

Tout au long du livre, on trouve malgré tout ce motif récurrent d'un homme sur la corde raide, se balançant d'une jambe sur l'autre de façon instable. Excellente leçon, car la séduction est effectivement un art à hauts risques – on n'est jamais à l'abri d'une chute. Apprenez avec Piet, faites usage de vos avantages naturels, avancez avec assurance là où les autres (les maris, pour commencer) refusent d'aller, et sachez quand le moment est venu de vous retirer avec grâce. Sans oublier, comme Piet, d'être absolument convaincu de votre charme irrésistible.

VOIR AUSSI : **estime de soi, mauvaise** • **orgasmes, pas assez de** • **sexe, trop peu de**

Le Cornet acoustique, **Leonora Carrington**

Sénile, devenir

Au début de ce roman surréaliste et magnifique, Marian, quatre-vingt-douze ans, réduite à la forme d'un bavoir de chair en décomposition, et à moitié sourde de surcroît, vit heureuse avec son fils Galahad. Elle baigne dans la béatitude en fait, nourrissant son chat qui campe sur le lit, vivant de chocolat et de soupe, et discutant régulièrement avec son amie Carmella de leur prochain voyage en Laponie. Mais ses proches se lassant de ses exclamations lancées sans dents et de ses vêtements fourrés de poils de chat, elle est emmenée dans une institution particulièrement sinistre connue comme « La fraternité du puits de lumière ». Carmella lui a donné un cornet acoustique peu de temps avant, et l'objet transforme Marian de victime de surdité en héroïne d'une fantaisie dramatique brillante. Peu soucieuse de son âge, au point d'escalader le toit de la maison pour tenter de voir ce qui se passe à l'intérieur, elle a le sentiment de posséder des pouvoirs illimités. Surtout, le cornet lui permet de communiquer à nouveau avec le monde, jusqu'à organiser une grève de la faim de neuf jours au cours de laquelle les résidents de l'asile ne survivent que grâce aux gâteaux au chocolat introduits clandestinement par Carmella, qui n'aime rien autant que de passer pour la sauveuse.

Avec cette bande de nonagénaires, tout peut arriver, et de fait un nouvel ordre mondial semble s'imposer à la fin. Lisez et vous entrerez en sautillant dans vos vieilles années au son d'un cornet acoustique.

VOIR AUSSI : **amnésie associée à la lecture • mémoire, perte de • vieillir, horreur de**

Sens, manque de

VOIR : **absurdité**

Sentimental, être

Cyclone à la Jamaïque, **Richard Hughes**

Il fut un temps où être sentimental signifiait seulement être en contact avec ses émotions et, par ricochet, se montrer peut-être plus sensible à la littérature, à la musique et à l'art. Mais le mot a évolué et dénote désormais des émotions plus douteuses, un monde à l'eau de rose avec des ours en peluche et des séries hollywoodiennes cul-cul. Si vous n'y prenez garde, cela peut basculer dans un romantisme désespéré (**voir :** romantique, être un incorrigible). Nous vous incitons à la rupture immédiate avec toutes ces émotions superficielles, qui s'expriment aux dépens de sentiments plus profonds et subtils. Et recommandons au sentimental de s'autoadministrer une dose de l'excellent récit de pirates, de kidnappings et de meurtres, *Cyclone à la Jamaïque*, de Richard Hughes. Ce roman s'affirme comme antisentimental de façon si violente qu'après l'avoir lu vous ne vous sentirez plus l'envie de pleurer devant l'image d'un enfant affamé. Vous aurez plutôt envie d'expédier un colis de nourriture ou de vous engager comme volontaire. Ce remontant tonique commence avec cinq enfants d'expatriés menant une vie de rêve à moitié sauvage en Jamaïque. Après avoir survécu à un tremblement de terre mineur et à un ouragan majeur, Emily et ses quatre frères et sœurs cadets, les enfants de parents absents affectivement, sont renvoyés par bateau vers la mère patrie pour y recevoir un peu d'éducation. Mais en route pour l'Angleterre, leur bateau est arraisonné par des pirates. Pendant que les enfants se trouvent enrôlés dans leur mode de vie qui, malgré les menaces, ne comporte que peu de violence, Emily l'aînée devient malgré elle un maillon utile dans la chaîne de leurs méfaits. Et assez vite, les frères et sœurs s'attachent aux pirates comme ils ne se sont jamais attachés à leurs coincés de géniteurs anglais.

Ce n'est pas que les pirates soient particulièrement charmants. Et, par ailleurs, ce que fait Emily est très répréhensible. Au début, elle agit en légitime défense, puis par obéissance aux adultes, sans bien mesurer l'horreur de ses actes. Il y a beaucoup à méditer à partir du roman sur la façon dont pensent les enfants, plus proches des chats, des poissons et des serpents, avance le narrateur, que des adultes. Et quand leur comportement instinctif et d'autoprotection est mis en face de celui des adultes, pirates ou britanniques, ce ne sont vraiment pas ceux-là qui l'emportent.

Ce qui est fort dans le roman est le manque total de sensiblerie des enfants. Quand l'un d'eux disparaît, ils semblent l'oublier à l'instant. À bord, ce sont les enfants qui ont peur des pirates, mais à un certain moment, le mouvement s'inverse et ce sont les pirates qui tremblent dans leurs bottes. Ce roman, qui n'offre pas le moindre brin de sentimentalité, devrait produire un effet curatif complet et durable. Lisez-le, jetez votre ours en peluche à la poubelle et levez bien haut le menton en sortant.

VOIR AUSSI : **romantique, être un incorrigible**

Sexe, trop de

La Diable,
Fay Weldon

Women,
Charles Bukowski

Oui, il est possible de faire une overdose de sexe.

Les hommes qui sont obsédés de façon maladive devraient se renverser un seau d'eau froide sur la tête, suggère Fay Weldon, dans *La Diable*. Quand Bobbo, le mari beau gosse de Ruth, la quitte pour une mignonne et délicate Mary Fisher, stéréotype de féminité bien sûr sorti d'une romance écrite avec un stylo Fisher, Ruth décide de se rapprocher de son diable intérieur (**voir :** vengeance, chercher). Elle couche à droite et à gauche, au point que le sexe ne veut plus rien dire pour elle. Elle en use seulement pour obtenir ce qu'elle veut, à savoir détruire les vies de Bobbo et de Mary avec une détermination dévastatrice. Si vous êtes marié et que vous êtes tenté par une aventure, le roman vous forcera d'abord à déglutir et y penser à deux fois. Et marié ou non, vous allez adhérer à la conclusion de Ruth que les jolies femmes utilisent le sexe pour amener leurs hommes à réfléchir. Après ça, une bonne et longue période de célibat vous apparaîtra simplement séduisante.

Les femmes vraiment en quête d'un repoussoir le trouveront dans les pages du goulu *Women*, de Charles Bukowski. Henry Chinaski, le narrateur, plus ou moins inspiré de Bukowski lui-même, est un cinquantenaire libidineux dont l'envie insatiable pour le sexe ne le lâche jamais. Un verre de whisky, un vomi avant le petit déjeuner, et il est accroché au prochain jean moulant, embrassant et bataillant, puis se demandant si son estomac n'est pas un peu trop retourné pour supporter un cunnilingus. À n'en pas douter, il y a une âme derrière tout ça, ainsi qu'une beauté crue et canaille qui fascinera certains, particulièrement ceux qui ont l'oreille pour la prose rythmique. Mais c'est une lecture qui donnera définitivement l'envie d'oublier ses sous-vêtements sexy dans un tiroir.

VOIR AUSSI : **épuisement** • **dos, mal de** • **douleur, être dans la**

Les Mille Automnes de Jacob de Zoet, **David Mitchell**

Sexe, trop peu de

Si vous constatez une baisse d'action dans la chambre à coucher avec, pour conséquences, de la frustration, de la tristesse et un désir contrarié de célébrer votre bonne forme physique, nous vous invitons à comparer votre souffrance à celle des moines et nonnes dans le roman à plusieurs étages de David Mitchell, *Les Mille Automnes de Jacob de Zoet*. Situé dans une île au large du Japon à l'orée du XIXe siècle, il met en scène deux communautés non mixtes, tellement en manque de sexe qu'elles inventent de drôles et inquiétants rituels pour alléger cette entrave. Vous serez tellement rassuré de ne pas vivre leur vie que vous allez considérer la vôtre avec plus de sérénité. Si vous êtes célibataire, remettez vos talents de séduction à niveau (**voir :** séduction, manque de talents de) et filez en vitesse jusqu'à votre bibliothèque habituelle pour voir ce que vous pourrez ramasser, livre ou lecteur (-trice). Si vous êtes déjà en couple, apportez à votre partenaire un roman émoustillant sur mesure (pour trouver des suggestions en ce sens, allez sur nos cures pour la perte de libido, ou sur orgasmes, pas assez d').

VOIR AUSSI : **célibataire, être • libido, perte de • marié, être • orgasmes, pas assez d' • séduction, manquer de talents de**

Les maladies de la lecture

PATHOLOGIE • LITTÉRAIRE •

SF, ÊTRE ACCRO À LA

REDÉCOUVREZ LA PLANÈTE TERRE

Vous ne lisez que ça. Il n'y a pas chez vous une seule couverture de livre qui n'irradie du reflet d'un extraterrestre. Pour ce qui est des lectures, la SF est devenue votre trou noir et vous êtes tombé dedans. On ne pourra qu'applaudir à votre fantaisie et à votre capacité à réaliser mentalement des sauts avec les lois de la gravité, mais on vous suggérera quand même d'appliquer ces exercices spirituels élaborés aux représentations créatives qui évoquent le monde en bas de chez vous. Parce qu'on y trouve quantité d'autres univers littéraires. Faites donc le tour de ce territoire inexploré.

Commencez par *La Guerre et la paix*, de Tolstoï, cette épopée russe magnifique qui, comme le *Dune* de Frank Herbert, couvre trois générations à travers la guerre et la politique sans jamais perdre de vue les individus pris dans la roue du temps. Puis, passez au *Jeu des perles de verre*, d'Hermann Hesse, un roman solidement installé dans le XXVe siècle, mais centré sur des sujets philosophiques et spirituels. Après quoi, vous lirez *Sous la peau*, de Michel Faber, un roman qui confond les genres et vous aspirera dans une puissante secousse. Quant à *La Passion*, l'inclassable roman de Jeanette Winterson, il vous laissera évaluer la fiction spécifiquement attachée à ce qui se passe sous la ceinture. De là, il n'y a qu'un pas jusqu'à d'autres romans plongés dans des zones d'ombre de votre planète personnelle. Faites votre choix dans notre liste des dix meilleurs romans pour soigner la bougeotte (**voir :** bougeotte). À la fin, vous serez guéri une fois pour toutes de vos envies d'espace. ■

PATHOLOGIE LITTÉRAIRE

Les maladies de la lecture

SF, PEUR DE LA

RÉÉVALUEZ LE GENRE

Une des absences fréquentes de l'univers livresque d'un lecteur par ailleurs plutôt éclectique est ce segment que l'on classe au rayon science-fiction. Pour des raisons qui ne sont pas très claires, le mot a le pouvoir d'envoyer chez certains des décharges rebutantes le long de l'épine dorsale. Peut-être parce qu'il évoque des images d'extraterrestres, de vaisseaux spatiaux et de guerres intergalactiques, avec pas beaucoup d'humains à l'horizon. Et peut-être que le non-lecteur de SF est incapable de voir comment des mondes irréels peuvent avoir un lien avec le monde qui est devant sa porte.

Ou peut-être est-il rebuté par un nom générique qui ne parvient pas à rendre la diversité et la qualité du genre. Plutôt que de bloquer face à la science-fiction, pensez plutôt à la « fiction spéculative », comme la désigne Margaret Atwood, une fiction qui explore les directions vers lesquelles l'humanité pourrait aller. Les auteurs du genre ont prédit avec talent notre présent. Ray Bradbury, Arthur C. Clarke et John Brunner ont tous imaginé les gadgets d'aujourd'hui, il y a cinquante ans. Les auteurs qui leur succèdent aujourd'hui vont prédire, et d'une certaine manière façonner, notre futur, et continuer à jouer les lanceurs d'alerte en amont. Voyez, par exemple, comment la littérature a signalé les dangers des manipulations génétiques (*Le Dernier Homme*), de la bio-ingénierie (*Le Jour des Triffides*) et des laboratoires d'expérimentation sociale (*1984*). Si, en tant que lecteurs, nous nous considérons comme des étudiants désireux de comprendre ce que c'est que d'être humain, ne devrions-nous pas être intéressés par ce que nous serons, au moins autant que par ce que nous avons été ?

De multiples façons, la SF est une suite naturelle aux mondes magiques que nous habitions enfants[1]. La fiction spéculative

1. Beaucoup de nous ont en fait lu et apprécié la fiction spéculative pendant des années sans le savoir. Souvenez-vous de ce roman à propos d'un homme qui pouvait voyager dans le temps, et l'effet que cela avait

ouvre sur des mondes parallèles, vers lesquels s'échapper et pratiquer notre envie pour tout ce qui est au-delà de notre connaissance acquise. Et si vous vous fermez à ces mondes imaginaires, c'est à vos risques et périls.

---

sur sa femme ! Si les éditeurs avaient choisi de présenter Audrey Niffenegger comme une auteure de SF, des milliers de lecteurs ravis n'auraient pas été en mesure de l'approcher avec leur sabre laser.

LES DIX MEILLEURS ROMANS POUR DÉBUTANTS EN SF

S'évadant des frontières du genre, les livres ci-dessous échappent à tout statut. Sans vous en rendre compte, vous allez être convertis aux Meilleurs des Mondes, en vous-même et dans la fiction.

Le Guide du voyageur galactique, Douglas Adams

Le Monde englouti, J. G. Ballard

La Nuit des temps, René Barjavel

La Planète des singes, Pierre Boulle

Le Meilleur des mondes, Aldous Huxley

La Ballade de Lila K, Blandine Le Callet

Malevil, Robert Merle

1984, George Orwell

Des anges mineurs, Antoine Volodine

La Guerre des mondes, H. G. Wells

Soixante ans, avoir dans les

LES DIX MEILLEURS ROMANS QUAND ON A SOIXANTE ANS

Tout s'effondre, Chinua Achebe

Une fille, qui danse, Julian Barnes

Au pays, Tahar Ben Jelloun

Une vie française, Jean-Paul Dubois

Lune captive dans un œil mort, Pascal Garnier

Les Autos tamponneuses, Stéphane Hoffmann

Les Devins, Margaret Laurence

Pastorale américaine, Philip Roth

Un homme presque parfait, Richard Russo

La Dernière Tournée, Graham Swift

Soixante-dix ans, avoir dans les

LES DIX MEILLEURS ROMANS QUAND ON A SOIXANTE-DIX ANS

Le Démon de minuit, Hervé Bazin
Je vais beaucoup mieux que mes copains morts, Viviane Chocas
Une plage au pôle Nord, Arnaud Dudek
L'Amour aux temps du choléra, Gabriel García Márquez
Le Livre d'un été, Tove Jansson
L'Histoire de l'amour, Nicole Krauss
L'Écarlate, Ghislaine Meunier-Tardif
La Mer, la mer, Iris Murdoch
Jane et Prudence, Barbara Pym
L'Homme des haies, Jean-Loup Trassard

Solitude

Les Royaumes du Nord, **Philip Pullman**

Moi, Claude, **Robert Graves**

Chroniques de San Francisco, **Armistead Maupin**

Vous ne serez jamais seul dans une pièce emplie de livres, ou même avec un seul, celui que vous aimeriez emporter sur une île déserte. Nous avons tous des livres qui nous sont proches. Mais il y a aussi des moments de sécheresse littéraire où vous n'aurez aucun roman à attraper, et où il vous faudra vous assurer d'avoir peuplé d'avance votre cerveau de quantités de personnages, de concepts et de discussions passionnantes, glanés dans la fiction, afin que votre monde intérieur vous tienne compagnie.

Un des meilleurs vaccins antisolitude pourrait être *Les Royaumes du Nord,* de Philip Pullman, ainsi que les deux autres romans qui composent sa trilogie d'*À la croisée des mondes*. Dans le monde de la fiction qui ressemble de très près au nôtre – et Pullman a inventé plusieurs univers dans le monde de ses romans –, les personnages ont tous un petit démon ou un animal de compagnie posé sur l'épaule et qui les accompagne tout au long de la vie. Mais les démons ne sont pas tant des compagnons que l'incarnation de l'âme de leurs maîtres. Si un démon se détache trop longtemps de son *alter ego* humain, l'humain, comme le démon, se sentira physiquement diminué, et si le démon est blessé d'une manière ou d'une autre, l'humain ressentira la douleur lui aussi. Tour à tour meilleur ami, partenaire, manifestation physique de l'âme de l'autre, le démon ne laisse jamais l'humain tout seul.

Dans ce roman captivant, la terreur frappe quand le Magisterium, l'organe religieux qui dirige ces terres à la manière de Cromwell, décide de séparer les enfants de leurs démons, prétendument pour le bien de leurs âmes. Lyra, une préadolescente fougueuse, traverse un moment de torture abominable alors qu'elle est à deux doigts de perdre son propre démon, Pantalaimon, qui apparaît le plus souvent sous la forme d'une martre (la forme du démon de chacun n'est pas arrêtée de façon définitive avant la sortie de l'adolescence). Tandis que Lyra vous entraînera dans sa quête pour empêcher ces atrocités et sauver son ami Roger et les autres enfants des « Enfouisseurs » du Nord gelé, vous serez persuadé de l'absolue nécessité des démons, et saurez très bien la forme qu'a prise le vôtre.

On a du mal à croire que Robert Graves, toujours à se battre avec ses personnages intrigants dans des romans amples et surpeuplés, ait un jour pu se sentir seul. Établi dans un coin idyllique de l'île de Majorque, il y a écrit ses deux romans à succès, dont *Moi, Claude*, comme un moyen de se créer une vie sociale, et de fait, il n'a pas accueilli une communauté de bavards seulement dans sa tête, mais aussi dans sa maison. Beaucoup d'écrivains en vogue, d'artistes et de stars de cinéma se sont pressés à ses fêtes et ont pris part aux performances théâtrales qu'il organisait. Ses romans seront utiles pour prolonger la fête dans votre tête.

Moi, Claude est l'autobiographie d'un noble qui se

lance dans la vie comme le fou bégayant qu'il est, raillé ou ignoré par son odieuse famille, jusqu'au jour où il va s'élever au-dessus d'eux. Les flagorneurs et intrigants qui l'entourent offrent une compagnie très distrayante, à commencer par Auguste et sa femme complice Livia, le sadique Tibère et ce raide fou de Caligula. Sa famille est en guerre perpétuelle avec elle-même, l'un cherchant en permanence à empoisonner l'autre. Claudius est lui-même constamment assiégé par la foule. Le tout concourt à décrire la fascinante agitation que cela devait être de vivre dans l'Empire romain au Ier siècle après Jésus-Christ. En vérité, une fois le livre refermé, vous allez peut-être goûter pleinement votre solitude.

Être seul, c'est parfois ne pas avoir l'énergie de se faire de nouveaux amis. Ce sont les vieux amis, les intimes qui nous manquent. Si c'est le cas, il vous faut faire revenir dans votre vie les résidents du 28 Barbary Lane, de la symphonie de Maupin sur San Francisco. Si vous ne les avez jamais rencontrés avant, il vous suffira de quelques pages pour faire partie de la bande. Créatures de la fin des années 1970 et du début des années 1980, Mary Ann Singleton, Mona Ramsey, Michael Mouse Tolliver, Brian Hawkins et Mrs Madrigal, leur propriétaire cultivatrice de marijuana, restent tous étonnamment frais. Avec sa composition en épisodes, qui le rapproche d'un feuilleton télé, le roman – et ses sept suites – est destiné à vous maintenir dans votre cuisine avec vos livres de recettes. Vous ne mangerez pas seul, mais avec la coquine Mona qui vous fera rire tout en vous préparant un œuf au plat, Mouse réchauffant un café corsé et réconfortant, et Mrs Madrigal qui vous enlèvera votre tasse des mains pour la remplacer par un joint. Qui a envie de sortir le vendredi soir quand les contes de Maupin remplissent la maison ?

VOIR AUSSI : **solitude induite par la lecture**

Les maladies de la lecture

SOLITUDE INDUITE PAR LA LECTURE

LISEZ EN COMPAGNIE

Nous goûtons tous au plaisir de nous retrouver seul avec un bon livre. Mais après plusieurs heures d'immersion, il nous arrive de lever la tête et de scruter les lieux, soudainement frappés par le calme et l'absence des autres. Mais là, nous sommes seuls, bien seuls. Le monde extérieur, et peut-être même le monde de votre livre, grouille de gens qui échangent entre eux. Mais là, nous sommes seuls, comme une petite voix plaintive nous le rappelle. Nous sommes en train de souffrir de solitude induite par la lecture. Pour certains, la lecture est d'abord une manière d'échapper à la solitude (**voir :** solitude). Conscients que personne ne nous comprend, nous trouvons une merveilleuse consolation dans un livre qui partage notre sensibilité. Parfois même, nous nous tournons vers les livres pour échapper aux gens qui nous entourent, car il peut aussi y avoir de la solitude au milieu des autres. Et, de fait, quel paradoxe : la chose qui nous a le mieux guéris de notre solitude nous fait maintenant plonger dans une autre forme d'isolement ! La solution consiste à lire en compagnie d'autres lecteurs – que ce soit dans un espace public comme un café ou une bibliothèque, ou chez vous, avec un ami ou votre compagnon à l'autre bout du divan. En levant les yeux, vous verrez quelqu'un d'autre, lui aussi complètement absorbé, et vous ne vous sentirez plus du tout seul. La lecture peut même être un liant. Chez vous, essayez donc de lire à haute voix à votre ami ou votre compagnon, dans la longueur, ou juste des bouts que vous aurez soulignés. Ou bien pensez à rejoindre un groupe de lecture dans lequel chacun lit à son tour un roman à voix haute. De nombreuses associations soutiennent cette initiative et vous indiqueront comment procéder. Lire un livre en groupe est une façon magnifique de partager une expérience qui, sans cela, reste intime et solitaire. Et il y a une forte chance que vous en sortiez avec une meilleure appréciation du livre grâce aux réactions apportées par les autres. C'est enfin un excellent moyen de se faire de nouveaux amis lecteurs. À un moment ou à un autre, l'un d'eux prendra-t-il place au bout du divan ? ■

Les Somnambules,
Hermann Broch

Somnambulisme

Quand on dort, le cerveau invente toutes sortes de déambulations très réelles. Pour beaucoup d'entre nous, les câbles qui transmettent l'envie de bouger du cerveau au corps sont hors tension durant le sommeil, ce qui fait que nous reposons immobiles, sans manifestation extérieure de notre voyage intérieur, à l'exception peut-être d'un mouvement convulsif, d'un sanglot furtif ou d'un grincement de dents. Chez les enfants et, semble-t-il, les personnes âgées, plus quelques gars pas très nets entre deux âges, les fusibles sautent de temps à autre. Les ordres du cerveau se répandent alors dans le corps et transforment le rêveur en un promeneur endormi qui rendra fous tous les membres de la maisonnée croisant son chemin. Les yeux vides, le somnambule ignore qu'il trottine pieds nus, et si vous le réveillez pour le lui dire, vous prenez le risque de le rendre fou à son tour.

Nous recommandons de revoir l'usage du terme somnambule. À partir de maintenant, essayez de l'entendre de façon métaphorique, comme le fait Hermann Broch, dans *Les Somnambules*. Dans cette grande épopée expérimentale et moderne, constituée en fait de trois romans distincts écrits chacun dans un style différent, Broch use du terme pour dépeindre ceux qui sont tiraillés entre deux systèmes de valeurs, le vieux et le nouveau, dans ce moment précis où le XIXe siècle bascule dans le XXe.

Dans le premier roman de la trilogie, on est en présence du romantique Joachim von Pasenow, aristocrate prussien à cheval sur l'étiquette qui défend les valeurs traditionnelles avec ferveur, au point de se ranger dans un mariage comme il faut avec la très distante Elisabeth. Mais Pasenow a aussi une passion avec la sensuelle Rezena, une Bohémienne prostituée avec laquelle il a honte d'être vu en public. Dans le second roman, nous rencontrons la figure de l'anarchiste August Esch, comptable posé et consciencieux qui envoie tout balader pour devenir directeur d'un cirque. Il se rend vite compte que ce travail ne lui convient pas plus, et redevient comptable. Enfin, dans le troisième, où l'on retrouve Pasenow et Esch, voilà l'opportuniste Huguenau, un homme qui triche, tue et viole s'il le faut pour obtenir ce qu'il veut, sans jamais s'en trouver puni. Dans chaque époque, nous sommes piégés, au sens philosophique, entre différents modes de vie, comme des somnambules qui ne sont ni tout à fait endormis ni tout à fait éveillés. Vivons-nous nos vies en pleine conscience, en accord avec nos croyances, ou bien sommes-nous en quête à tout instant d'un nouveau fétiche, que ce soit en art, en politique, dans les affaires ou le plaisir ? Dit autrement, comment devrions-nous vivre ?

Faites confiance à un moderniste autrichien pour vous répondre par la fiction, tout en défendant sa théorie philosophique.

Et pendant que vous bataillerez, tel un somnambule, avec les questions philosophiques, psychologiques, existentielles, grammaticales, transcendantales et autres, soulevées par le fait très métaphorique du noctambulisme, vous serez rattrapé par l'une ou l'autre des situations suivantes. Ou vous aurez découvert votre propre conflit intérieur, un côté de vous refusant votre manière de vivre, l'autre pas, et la résolution de ce conflit diminuera pour de bon vos déambulations nocturnes. Ou bien vous aurez tellement épuisé votre cerveau dans la lecture de cette trilogie aussi dense qu'émouvante, toujours fascinante, parfois obscure, et certainement interminable, que vous n'aurez plus aucun mal à tomber dans un sommeil profond, là où ni rêves ni somnambulisme n'existent. Ou encore vous vous serez assoupi au milieu d'une phrase, avec ce cale-porte de livre posé sur la poitrine et qui, avec ou sans rêve, vous clouera au lit jusqu'au matin.

Souci

VOIR : **anxiété**

La Fleur bleue,
Penelope Fitzgerald

Stagnation mentale

Comme un chien, le cerveau a besoin de faire une promenade régulière pour rester au mieux de sa forme. Si le vôtre s'est engourdi du fait d'une utilisation insuffisante, ou par le voisinage trop fréquent d'autres cerveaux engourdis, nous suggérons de le redémarrer grâce au choc de ce défibrillateur mental que constitue *La Fleur bleue*, de Penelope Fitzgerald.

C'est l'histoire vraie du brillant poète allemand Friedrich von Hardenberg (connu plus tard sous le nom de Novalis) et de son amour déconcertant pour Sophie von Kühn, jeune fille de douze ans au cerveau sans conteste plutôt médiocre. Se trouver en compagnie du poète est très distrayant : les frères et sœurs excentriques de Fritz font des lignes avec un esprit vif et piquant qui font briller chaque page. Mais la première raison de lire *La Fleur bleue* est d'ausculter en profondeur le cerveau de Fitzgerald, l'auteure. Autant pour ce qu'elle y met, ses observations d'une transparence déconcertante ou sa capacité à passer à autre chose avec la légèreté d'un papillon, que pour ce qu'elle ne dit pas. Elle est capable de sauts géographiques ou spatiaux entre deux phrases qui feraient tomber dans les pommes n'importe quel autre romancier. Elle donnera à un personnage une petite inclinaison du menton pour dire la fière dissimulation d'un cœur brisé. Beaucoup de ce qui est important reste non dit, et c'est à nous de tenter au mieux de remplir les blancs.

À la fin, vos synapses vrombiront sur la même fréquence que celles de Fitzgerald. Pour maintenir une intelligence en forme, il est recommandé de relire *La Fleur bleue* tous les cinq ou dix ans.

VOIR AUSSI : **ennui • femme au foyer, être une • métier, s'être trompé de**

PATHOLOGIE LITTÉRAIRE

Les maladies de la lecture

SUBMERGÉ PAR LE NOMBRE DE LIVRES DANS LE MONDE

CONSULTEZ UN BIBLIOTHÉRAPEUTE

C'est un simple constat : on ne peut espérer lire tous les livres qui existent. Pas même seuls les bons livres. Imaginer la montagne de romans qui vous attend vous fait paniquer ? Respirez à fond. Une sélection sévère est la seule solution. Le temps de lecture est déjà difficile à trouver, ne le gâchez donc pas avec un livre médiocre.

Remèdes littéraires est un bon moyen de démarrer et de trouver son chemin dans la jungle romanesque. Pensez aussi à consulter un bibliothérapeute qui pourra analyser vos goûts naturels, vos habitudes et vos envies, et mesurer où vous en êtes dans vos vies personnelle et professionnelle, avant de vous dresser une liste de lectures sur mesure.

D'ailleurs, pour un équilibre idéal en termes de santé, de bonheur et de satisfaction littéraire, voyez ce thérapeute au moins une fois par an, ou quand vous ressentez le besoin d'une révision. Un bon livre, lu au bon moment, devrait vous remonter le moral, vous inspirer, vous énergiser et vous donner envie d'en avoir plus. Avec autant de livres qui s'offrent à vous, à quoi bon en lire un qui vous laisserait de marbre ? ■

PATHOLOGIE LITTÉRAIRE

Les maladies de la lecture

SUBMERGÉ PAR LE NOMBRE DE LIVRES CHEZ SOI

VIDEZ VOTRE BIBLIOTHÈQUE

Le volume total de livres entassés chez vous peut parfois devenir ingérable. Non seulement ils ont pris vos murs d'assaut, mais on en trouve empilés au côté du lit, et au bout de chaque marche dans l'escalier. Ne parlons même pas de la collection dans les toilettes, des rebords de fenêtre colonisés, ou encore du casier à chaussures et du fond du lit. Et il vous arrive parfois aussi d'en enlever de l'évier pour pouvoir faire la vaisselle.

Lecteur, débarrasse-toi de tes livres. Fais-le tous les six mois avec l'idée d'alléger la bibliothèque de dix pour cent chaque fois. Donne pour commencer tous ces livres que tu n'as pu finir – ou que tu t'es forcé à finir (**voir :** abandonner à la moitié, refus d'). Apporte ceux qui t'ont déçu aux bouquinistes. Ne garde que ceux qui tombent dans l'une des catégories suivantes : les livres que tu as adoré, ceux qui sont en soi de beaux objets, ceux qui selon toi ont un sens, qui sont édifiants ou en tout cas utiles, les livres que tu aimerais relire un jour et ceux que tu voudrais transmettre à tes enfants. Tout le reste, ce sont des assemblages de papier qui prennent de la place. De cette façon, tu garderas une bibliothèque toute fraîche, capable d'accueillir les nouveaux venus. ■

L'homme qui plantait des arbres,
Jean Giono

Stress

Votre cœur bat très fort. Votre respiration s'accélère, elle reste en surface. Vos poings sont serrés, vos yeux et vos oreilles sont à la recherche de toute information qui pourrait vous sauver la vie.

Non, vous n'êtes pas tombé nez à nez avec un ours. Vous attendez simplement un train qui n'arrive pas, ou que le toast sorte du toaster, ou de faire votre choix de couleur pour le papier toilette. Quelque chose d'ordinaire. À part que vous souffrez du mal le plus invalidant de l'époque : le stress.

Notre prescription est un roman en apparence si léger et si peu intimidant que nous garantissons qu'il n'ajoutera pas à votre stress. *L'homme qui plantait des arbres* va très vite assoupir votre âme et vous plonger dans un état de sérénité. C'est un simple conte : un berger vit dans une maison de pierre dans un coin désolé en France. Il est entouré de ce dont il a besoin et rien de plus, ses boutons cousus comme il faut sur la chemise, son fusil graissé, sa vaisselle propre. Trois ans plus tôt, il a pris conscience que ce coin de campagne mourait par manque d'arbres, et n'ayant pas grand-chose d'autre à faire, il a décidé d'y remédier. Depuis, il passe ses soirées à trier des glands, les bons et les mauvais, et ses journées à les planter.

La riche forêt de chênes d'abord, mais aussi de hêtres et de bouleaux qui sont sortis des terres alentour, transforme de nouveau la région en un lieu à aimer, à préserver et où vivre pour quelque dix mille personnes. Mais ce n'est pas le résultat de son travail qui apporte la tranquillité d'âme au berger heureux. C'est le travail en soi, c'est-à-dire marcher, creuser, planter, attendre et voir.

Il est quasiment impossible de ne pas se sentir en paix dans la compagnie de ce berger. Quand vous aurez fini de lire et de glousser sur l'épilogue, posez le livre et sortez. Le premier moyen de vaincre le stress est de lire le bon livre. Le second, de faire un peu d'exercice. Attrapez une pelle et partez pour une bonne et longue promenade.

VOIR AUSSI : **anxiété** • **bourreau de travail** • **cauchemars** • **concentrer, incapacité à se** • **faire avec, incapacité à** • **hypertension** • **insomnie** • **libido, perte de** • **migraine** • **occupé, être trop** • **occupé pour lire, être trop**

Succomber à la tentation

VOIR : **alcoolisme**

Daimler s'en va,
Frédéric Berthet

Suicide, avoir des envies de

Quand les idées noires commencent à prendre le dessus, on peut se précipiter sur une comédie légère afin de se remonter le moral. Si le cœur n'y est pas, on recommande la lecture d'un petit ouvrage singulier dont l'humour pince-sans-rire servira d'antidote. Il faut donc aller chercher dare-dare dans sa bibliothèque, ou chez son libraire, un exemplaire du roman culte de Frédéric Berthet, *Daimler s'en va*. L'écrivain trop tôt disparu y est à son sommet. Comment ça, vous ne connaissez pas encore Raphaël Daimler, dit Raph, ou Daimler, mais rarement Raphaël, qui « ressemble à un détective privé dont les affaires ne marcheraient pas très fort » ? Un type un peu cinglé, ce Daimler, qui contacte un spécialiste de la télépathie afin de retrouver la femme dont il est amoureux, partie pour la Barbade. Mais rien ne va plus pour Daimler qui rôde et qui rêve. Ne dites pas qu'il n'essaye pas de se prendre en main. Il tente de parler trois fois par semaine à un psychanalyste, fait passer une petite annonce puis décide tout de même d'en finir. Son ami Bonneval, Charlie pour les intimes, a trop forcé sur le champagne. Cela ne l'empêche pas de se souvenir de lui. De le décrire « nul en pêche à la ligne » et « toujours en train de mijoter des coups déments ». Le roman enlevé de Frédéric Berthet rappelle le meilleur Salinger. Même élégance, même mélancolie, même bizarrerie. Ses dialogues qui pétillent font un bien fou et vous secouent. Allez ouste, fini les bêtises. Pas de refus d'obstacle. La vie est belle et mérite qu'on s'accroche et qu'on lève la tête. Ouvrez la fenêtre d'une autre manière que celle de Daimler. Imaginez-vous marchant sur les quais de Seine un jour de soleil, main dans la main avec une personne divine qui fait battre votre cœur comme pas permis. Les bouquinistes que vous croiserez auront peut-être dans leurs boîtes un autre livre de Berthet. Cela vaut le coup d'aller y voir.

Surmenage

VOIR : **bourreau de travail • cauchemars • épuisement • faire face, incapacité à • fatigué et hypersensible, être • insomnie • occupé, être trop • occupé pour lire, être trop • stress**

Super-héros, rêver d'être un

Les Extraordinaires Aventures de Kavalier & Clay, **Michael Chabon**

Ce livre va vous sauver la vie, **A. M. Homes**

Attendez ! Ne nous dites rien. Vous vous voyez en tenue et cape rouge et bleue. Vous vous demandez quel pouvoir surhumain adopter. Une part de vous-même veut encore croire au diadème pare-balles de Wonder Woman, à ses pouvoirs de télépathie et à sa vitesse de frappe à la machine (cent soixante mots à la minute, pour être précis). Mais vous n'écartez pas complètement la possibilité que vous pourriez posséder quelque chose de similaire, sinon identique, à la batmobile de Batman. Et, de temps à autre, dans la journée, vous voyez des « Woosh ! », « Bam ! », « Kaboom ! » et autres « Pzzow ! » dans des bulles au-dessus de votre tête.

Bon, c'est pas grave. La plupart des enfants en sont sortis. Vous pas encore.

Vous avez sans doute déjà lu *Les Extraordinaires Aventures de Kavalier & Clay*, le conte épique de Michael Chabon consacré à ces deux auteurs de bande dessinée. Surfant sur l'âge d'or de la B.D., le duo imagine une collection de super-héros, en commençant par l'Artiste de l'évasion, qui, en 1939, part à la rescousse de ceux qui peinent sous le joug de la tyrannie et de l'injustice, et mène la guerre contre Hitler avec une plume et de l'encre. Joe et Sammy ne prétendent pas être des super-héros eux-mêmes, mais si vous êtes vraiment en quête d'un mentor qui vous dise comment vous y prendre, nous connaissons la bonne personne.

Richard Novak, dans *Ce livre va vous sauver la vie*, d'A. M. Homes, est devenu insensible du fait d'un divorce survenu treize ans plus tôt, suivi par l'abandon de son fils de quatre ans, Ben, quand il a déménagé de New York pour la Californie. Son existence représente tout ce qu'il y a de plus artificiel dans le Los Angeles d'aujourd'hui : il vit dans un cube en verre sur le flanc d'un canyon, magnifiquement détaché du monde par des écouteurs qui étouffent le bruit et n'entretenant de relations qu'avec son gardien, son nutritionniste, son masseur et son coach personnel. Or, un jour, il commence à éprouver à nouveau des sensations. Ça commence par une douleur accablante et impossible à diagnostiquer. Après quoi, les gens rentrent petit à petit à nouveau dans sa vie : Anhil, le vendeur de beignets, Cynthia, la femme de ménage exploitée, et Tad, son voisin, acteur sexy en devenir. Ce qui suit ? Il brise toutes les règles, boit du café, du vrai et avec du lait, ce qui laisse son nutritionniste pantois, grignote des beignets, éclate par moments en sanglots et s'offre des siestes. Et il en veut plus encore, être plus, un héros, plus grand que nature, sauver les gens des immeubles en feu, sauter des toits, être un super-héros en somme.

Les différentes actions de Richard, dont la classique course-poursuite sur l'autoroute, vont vous glacer le sang. C'est son toubib, Lusardi, qui met en évidence que le sauvetage de tous ces anonymes est une manière de se sauver lui-même. Alors, quand son fils Ben, qui a maintenant dix-sept ans, se pointe enfin devant sa porte, Richard est paré pour tenter de sauver la relation la plus importante de sa vie.

La vérité, c'est qu'il est impossible de devenir un super-héros si on n'a pas un peu souffert avant. Richard est sensible à la demande des autres, mais c'est son besoin désespéré de remettre les choses en ordre avec Ben et de retrouver un peu de ce qui a été perdu qui le fait vraiment bouger. Si vous êtes désireux de corriger les erreurs du passé et d'améliorer la vie des autres, vous pouvez devenir un super-héros vous aussi.

PATHOLOGIE LITTÉRAIRE

Les maladies de la lecture

SURVOLER, TENDANCE À

LISEZ UNE SEULE PAGE À LA FOIS

Si vos yeux ont tendance à cavaler en avant pour attraper du dialogue ou une scène dramatique, un peu de sexe ou d'esclandre, il est probable que vous soyez en train de lire un mauvais roman. Si c'est le cas, faites usage de nos remèdes littéraires pour vous en indiquer un meilleur. Il est aussi possible que votre capacité à retarder la satisfaction se soit érodée et que vous deviez entraîner à nouveau votre cerveau à ralentir et digérer. Votre traitement consistera à ne lire qu'une page à la fois, ni plus ni moins. Une page avant de dormir, une page en vous levant le matin et une page en déjeunant. Dans cet esprit, le meilleur roman à saisir est celui qui fera briller chaque page avec une pensée inédite intelligente. On a nommé *L'Homme sans qualités* de Robert Musil. L'essentiel est de faire que tout ce que vous lisiez allume vos pensées et que vous passiez du temps en leur compagnie, en plongeant au plus profond de vous-même. Nous convenons que savoir ce qui va se passer après est important (surtout pour le sexe et les esclandres). Mais voulez-vous vraiment rester à la surface des choses et ne picorer que les décorations sur le gâteau ? Mâcher un bon bout de pain constitue parfois le meilleur moment du repas. Celui qui fait carburer pour le reste de la journée. ■

Syndrome du côlon irritable

VOIR : **constipation** • **diarrhée** • **douleur, être dans la** • **flatulences** • **nausée**

Syndrome prémenstruel

Vos jambes vous font mal. Vous grelottez. Vous ne voulez pas vous presser. Tout ce qui vous demande un effort peut vous faire pleurer. Mettez-vous à l'aise sous la couette avec une bouillotte et une bonne lecture de fille qui agira comme un doux analgésique.

LES DIX MEILLEURS ROMANS POUR RESTER SOUS LA COUETTE

La Maison aux esprits, ISABEL ALLENDE
L'Esprit de famille, JANINE BOISSARD
Le Bal du dodo, GENEVIÈVE DORMANN
Virgin suicides, JEFFREY EUGENIDES
Bridget Jones : l'âge de raison, HELEN FIELDING
La Consolante, ANNA GAVALDA
Scarlett, si possible, KATHERINE PANCOL
Les Malheurs de Sophie, COMTESSE DE SÉGUR
Bernadette a disparu, MARIA SEMPLE
Les Divins Secrets des petites Ya-Ya, REBECCA WELLS

VOIR AUSSI : **douleur, être dans la** • **fatigué et hypersensible, être** • **irritabilité** • **lit, impossible de sortir du** • **migraine** • **pleurer un bon coup, besoin de**

T

Le Don du roi,
Rose Tremain

Tache sur sa cravate, avoir une

Pour une fois, vous êtes à l'heure. Vous avez mis votre plus beau costume et vous avez vos notes dans vos mains. Vous grimpez sur l'estrade, et baissez les yeux pour ajuster le micro. Et ce faisant, vous remarquez une petite tache de jaune d'œuf bien visible sur votre cravate.

Ça vous dit quelque chose ? Si c'est le cas, faites la connaissance de Robert Merivel, le héros du roman de Rose Tremain, *Le Don du roi*, qui a pour cadre la cour débauchée du roi d'Angleterre Charles II. Merivel raffole des plaisirs grivois qui étaient ceux de la vie au XVIIe siècle. On le surprend souvent les bas autour des chevilles en train de faire des galipettes avec une gueuse, ou riant si fort qu'il projette une bouchée de pudding au raisin de l'autre côté de la table lors d'un banquet. Quand Merivel se voit enfin accorder une audience avec le roi, il se débrouille si lamentablement qu'il semble avoir gâché l'unique occasion d'améliorer son sort. Mais une seconde chance lui est offerte. Et c'est à cette occasion, alors que le souverain vient de lui proposer le poste insigne de médecin de la Cour auprès des chiens de Sa Majesté, que Merivel remarque une tache d'œuf sur ses hauts-de-chausses.

Ça n'a aucune importance. Enchanté par Merivel, par son appétit pour la vie et sa capacité à péter sur demande, le roi décide d'accorder toutes sortes de faveurs à son fantasque nouvel ami. Cela ne durera pas, mais le message demeure : si vous avez le don de tacher vos vêtements avec de la nourriture, ça peut être un atout. C'est juste une question de contexte.

PATHOLOGIE LITTÉRAIRE

Les maladies de la lecture

TÂCHES MÉNAGÈRES, ÊTRE ABSORBÉ PAR LES

CRÉEZ UN COIN DE LECTURE

Il n'y a pas de repas à préparer, mais il faut passer l'aspirateur. Et si ce n'est pas l'aspirateur, il y a la salle de bains à nettoyer. Et une fois que c'est fait, reste encore le frigo à ranger. Après quoi, c'est sans doute le moment de sortir faire les courses. Au retour, il y aura à faire la lessive, les lits, nettoyer la voiture, s'occuper du jardin, des poubelles, et de toutes ces autres tâches qu'une maison impose. Avec ça, quel espoir de voler une heure précieuse avec un bon livre ?

Créez-vous un petit nid à vous, un espace dédié. Un petit coin fermé de la maison ou du jardin, une alcôve, un tipi, un bureau derrière les rideaux d'une grande baie vitrée, où vous serez caché mais sans perdre la vue sur l'extérieur. L'important est que, dans votre nid, vous soyez hors-champ des tâches à accomplir.

Faites-en un espace chaud et accueillant. Si vous aimez être allongé sur le sol, posez quelques coussins ou un tapis à poils. Et si vous préférez vous étendre, faites-vous plaisir dans une belle chaise longue. Prévoyez un éclairage adéquat dans ce petit coin, une couverture légère, des chaussettes ou des chaussons, et une table pour poser quelques livres, un journal, un crayon et une tasse de thé. Gardez les oreillettes à portée de main pour écouter un livre audio. Posez une pancarte à l'entrée pour dissuader gentiment quiconque de vous déranger, à moins qu'il ne s'agisse d'un lecteur. Une fois dans votre coin, oubliez ce que vous avez à faire. Prenez une heure pour lire. Avec un peu de chance, la personne qui vous aura aperçu là se chargera d'exécuter les tâches à votre place. ■

Temps qui passe, angoisse du

VOIR : **enfants, ne pas avoir d' • enfants, sous pression pour avoir des • mis de côté, impression d'être**

Tension

VOIR : **anxiété • stress**

Terreur sans nom

La Foire des ténèbres, **Ray Bradbury**

Vous glissez le CD du livre audio dans le lecteur de votre voiture la peur au ventre. Avec un titre pareil, il pourrait difficilement en être autrement. En outre, la pluie d'octobre tombe dru sur le pare-brise, de plus en plus fort, et vous avez un long trajet devant vous.

Cinq heures plus tard, vous foncez toujours à travers la pluie sur l'autoroute, le battement frénétique des essuie-glaces vous empêchant de voir distinctement devant vous. Mais dans votre tête, vous êtes toujours accroupi derrière une étagère de livres dans la bibliothèque de Greentown, dans l'Illinois. À côté de vous se tiennent Will et Jim – qui viennent tous les deux d'avoir treize ans – et l'« Homme illustré » approche inexorablement. Il sait exactement ce qu'il cherche, car les visages des deux garçons sont tatoués sur les paumes de ses mains. Il les veut pour son cirque infernal.

Alors que ce prédateur issu du « Show de l'Enfer » se fraie un chemin entre les étagères en marmonnant – « G pour Garçons ? A pour Aventure ? C pour Caché ? ...T pour Terrifié ? » –, votre pare-brise se couvre soudainement de buée.

Vous avez beau essuyer la vitre de toutes vos forces, rien n'y fait. Votre respiration devient de plus en plus rapide et saccadée. C'est comme si vos yeux avaient été cousus par la sorcière qui voyage avec le cirque dans le roman, se déplaçant à bord d'un ballon noir et jetant un sort à quiconque se met en travers du chemin du cirque : « Libellule-aiguille à repriser, couds-moi ces yeux pour qu'ils ne puissent plus voir ! » Vous vous arrêtez sur le bas-côté et coupez le lecteur de CD, pâle et tremblant.

Mais c'est trop tard : vous êtes pris. Vous devez *savoir*. Vous descendez les vitres de vos portières pour aspirer un bol d'air frais, sans vous soucier de la pluie, et, avec précaution, rappuyez sur PLAY. Un instant plus tard, vous reprenez la route, vitres grandes ouvertes.

Une vraie purée de pois. Vous êtes presque englouti par le brouillard et, comme bientôt Will et Jim, vous avez l'impression de vous transformer en figures de cire, mais lorsqu'un redoutable secret du roman est dévoilé, votre terreur, de façon tout à fait soudaine, disparaît. Et elle ne reviendra pas.

Quand vous arriverez à destination, vous glousserez de félicité. Et quand vous descendrez de votre voiture devant votre maison, vous vous apercevrez que c'est le genre de maison qui vous aurait rempli auparavant d'une terreur sans nom... Mais cette fois vous êtes armé.

VOIR AUSSI : **angoisse existentielle** • **anxiété**

Têtu, être

VOIR : **idées fixes, avoir des**

Le Guide du voyageur galactique, **Douglas Adams**

Thé, impossible de trouver une bonne tasse de

Nous connaissons tous, et les Britanniques plus que les autres, cette envie primaire d'une bonne tasse de thé. Elle frappe généralement vers quatre heures, quand l'énergie vacille. Par chance, c'est assez facile de s'en faire une. Mais que faire quand il n'y a ni bouilloire, ni sachets de thé, ni lait à portée de main ?

Attrapez un exemplaire du *Guide du voyageur galactique*. Parce que votre envie ne sera jamais aussi forte que celle d'Arthur Accroc, ce mardi particulièrement éprouvant. La journée commence avec un Arthur anéanti devant le bulldozer venu démolir sa maison. Sa protestation est interrompue par la venue de son ami Ford Escort – on découvrira en fait que c'est un extraterrestre venu de la super-étoile Bételgeuse – qui insiste pour qu'il l'accompagne au pub afin de siffler trois pintes et s'anesthésier contre la perspective de la destruction imminente de la planète Terre. Dûment bourrés, ils font de l'astrostop pour rejoindre un vaisseau spatial de méchants Vogons, où ils sont torturés à coups de poésie, avant de s'échapper vers un autre vaisseau, propriété de Zappy Bibicy, ancien président de la galaxie. Et c'est Arthur, toujours en robe de chambre après avoir tenté de regarder un lever de soleil binaire sur la planète légendaire de Magrathea, qui se demande ce que diable il se passe sur la planète Terre, à part qu'elle n'existe plus, et qui est frappé par l'envie d'une tasse de thé.

La seule source de boissons chaudes sur le vaisseau est un synthétiseur Nutri-Matic, une machine si sophistiquée qu'elle est capable de produire une boisson sur mesure, programmée pour les besoins métaboliques de chacun. Arthur commande un thé. Mais le gobelet en plastique est rempli d'un liquide qui ressemble à tout sauf du thé. Il en jette six verres à la suite, avant, en désespoir de cause, de dire à la machine tout ce qu'il sait du thé, depuis son origine avec la Compagnie des Indes orientales jusqu'aux théières en argent, en passant par l'importance de verser le lait d'abord. Et après que le vaisseau est presque détruit, lui et son ami tombent sur un petit plateau du synthétiseur Nutri-Matic avec trois tasses de porcelaine, une théière en argent et un pot de lait. C'est la meilleure tasse de thé qu'Arthur ait jamais goûtée.

Son aventure devrait vous permettre de patienter entre le moment où vous ressentirez le besoin urgent d'une tasse de thé et celui où vous trouverez enfin une bouilloire et une théière. Et même si vous avez dû patienter, au moins vous pourrez siroter votre thé avec la conscience magnifique que la Terre, le contenu de votre cuisine et vous-même n'ont pas été détruits. Ou pas encore.

Timidité

VOIR : **rougir • dîners en ville, peur des • solitude induite par la lecture • séduction, manquer de talents de • estime de soi, mauvaise • chercher ses mots**

Tomber à la renverse en amour

VOIR : **appétit, perte d' • concentrer, incapacité à se • désir • engouement • insomnie • maladie d'amour • obsession • optimisme • romantique, être un incorrigible • vertige, avoir le**

Transit, être en

Orchidée fixe, **Serge Bramly**

Voyager est parfois une activité moins simple qu'il y paraît. Il arrive que la chance ne soit pas de votre côté, que la route jusqu'à votre destination ne soit pas droite. Manque de pot, votre avion ou votre train a du retard, ou a même été tout bonnement annulé. Il vous faut alors longuement errer dans les couloirs d'un aéroport hostile, d'une gare bondée, lesté qui plus est de vos divers bagages pas toujours faciles à manipuler. Il importe de garder son calme et d'être équipé – on ne peut pas toujours compter sur l'aide d'un Relay, quoiqu'il arrive que cela soit parfois le cas. Sur un siège en plastique, à l'abri du passage, nous recommandons chaudement d'extraire de votre sac un exemplaire d'*Orchidée fixe*. Le beau roman de Serge Bramly est une lecture idéale en pareille occasion. On y suit un artiste novateur et passionnant, l'atypique Marcel Duchamp. Un jour de mai 1942, celui-ci débarque à Casablanca à bord du *Maréchal-Lyautey* dont il est l'un des 393 passagers. Duchamp vient de Marseille, fuit la guerre et se rend aux États-Unis en emportant avec lui seulement deux valises. Il a cinquante-cinq ans, semble à bout. Casablanca est pour lui une escale. Avec les autres « transits », il est d'abord transféré au camp d'hébergement de la résidence Beaulieu où il n'y a pas de lits, juste des paillasses à même le sol. La situation s'améliore quand il trouve refuge au bord de la mer. Au cercle de l'Éden dont le patron, M. Zaphrani, a pour surnom « le baron de la Cale ». Être en transit, comme le montre bien Serge Bramly, permet aussi des rencontres inattendues. Il faut prendre sur soi. Oublier les ennuis, les soucis. Plonger dans un roman ensoleillé dont le charme permet d'affronter la situation avec calme et sérénité.

La Fille de l'hiver, **Eowyn Ivey**

Transpirer

Transpirer peut être un vrai plaisir. Mais il y a des limites. Quand des traces sombres apparaissent sous vos aisselles et que vous commencez à exsuder une odeur que même vous pouvez détecter, c'est que vous avez franchi le seuil fatal entre embrasement sain et sudation glandulaire surabondante. Attrapez ce flocon de neige de roman pour que sa fraîcheur vous caresse.

Mabel se sent tellement seule et triste de ne pas avoir d'enfants qu'elle se promène délibérément sur la surface récemment gelée et peu fiable de la rivière Wolverine (**voir :** enfants, ne pas avoir d'). La glace émet un craquement sourd qui résonne comme un magnum de champagne qu'on débouche, mais par chance elle résiste et Mabel parvient à la traverser saine et sauve. Elle rejoint sa cabane portée par un nouveau sentiment d'espoir. Assez vite après, dans les bourrasques des premières neiges, Jack et elle vont fabriquer ensemble une enfant de la neige, au visage taillé par le couteau de Jack. Mais le lendemain, celle-ci a disparu, en même temps que le chapeau et les gants qu'ils lui avaient donnés. Des empreintes de chaussures s'éloignent de l'endroit où était sculpté l'enfant.

Tandis que cette enfant magique apparaît et disparaît de leurs vies, les réchauffant et les abandonnant à une froidure de glace alternativement, Mabel s'inquiète de la perte définitive possible de sa petite Faïna. Quand votre corps est chauffé à blanc, retrouvez le sentiment de ce petit esprit sauvage et gelé, mais dans la main duquel le flocon de neige ne fond pas. Laissez son froid vous envahir. Perdez-vous dans ces forêts d'Alaska enchantées. Attrapez un élan avec Jack et Faïna, et un lynx avec Garrett, l'homme qui l'aime. Dessinez des flocons avec Mabel. À la fin, vous vous sentirez tellement rafraîchi que la transpiration ne sera plus qu'un vieux souvenir.

Travail, ne pas avoir de

VOIR : **chômage** • **fauché, être**

Trente ans, avoir dans les

LES DIX MEILLEURS ROMANS QUAND ON A TRENTE ANS

London Fields, Martin Amis
Middlesex, Jeffrey Eugenides

Les Rats, BERNARD FRANK
Le soleil se lève aussi, ERNEST HEMINGWAY
Clémence Picot, RÉGIS JAUFFRET
Servitude humaine, WILLIAM SOMERSET MAUGHAM
Les Enfants tristes, ROGER NIMIER
Les Fous du roi, Robert PENN WARREN
Courir à trente ans, NICOLAS REY
La Chamade, FRANÇOISE SAGAN

Les Béatitudes bestiales de Balthazar B., **J. P. Donleavy**

Tristesse

Quand on est triste, on est attiré par la bibliothèque avec la même force irrésistible et obscure que celle qui fait monter les vagues vers la lune, ou qui pousse les oiseaux migrateurs à rentrer à la maison. Et on atterrit avec une précision absolue sur *Les Béatitudes bestiales de Balthazar B.*, un roman tellement imprégné par la tristesse, incarnant si bien ses mélodies chantantes, que l'émotion semble suinter des pages par osmose pour se mêler à la vôtre, renforçant par là même la conviction que, dans ce monde, oui, la profonde tristesse existe. Personne ne le comprend mieux que l'écrivain irlando-américain J. P. Donleavy. Qui balance ses pronoms et ses verbes actifs avec autant de naturel que la mélancolie balance ses fausses joies quand on rentre dans la maison et qu'on referme la porte. Qui pose des questions sans points d'interrogation, et note le subtil changement de la lumière avec une brièveté exquise. Si vous êtes triste, immergez-vous dans l'humour tendre et chaleureux de ce roman. Afin de démarrer une longue et lente remontée hors de la tristesse.

Né dans le confort d'une grande maison du côté de l'avenue Foch, à Paris, Balthazar B. est un jeune homme réputé timide et élégant dont la vie est pavée de déconvenues et d'une quête d'amour qui ne finit jamais. Son père meurt, l'abandonnant à sa mère indifférente (**voir :** abandon) et à une caste de riches. Il s'attache à Nannie, le visage rond et souriant, et à Oncle Édouard, aéronaute fou et aventurier, qui régale le garçon aux yeux grands ouverts de ses récits : comment il l'a échappé belle face à des ours ou comment il a convaincu le pilote d'une montgolfière de s'élever en lâchant ses entrailles au-dessus du 16e arrondissement. Il est envoyé avec ses chaussures à boucle et ses socquettes blanches dans un abominable pensionnat en Angleterre, où les écoliers grelottent dans leurs serviettes de bain dès l'aube, et où Tillie, son éléphant en peluche bleu, est mis en lambeaux sous ses yeux. La consolation viendra de Beefy, son seul ami, à la tête en forme de carotte. Beefy va recoudre ensemble les morceaux de Tillie et rassurer Balthazar avec des plans de margarine et de pâte à tartiner pour le petit déjeuner, une idée pour mettre du sel dans le café du principal et une stratégie de survie contre la bestialité de la vie en faisant, aussitôt que possible, une chose très indécente. Après quoi, Beefy est renvoyé et Balthazar se retrouve seul à nouveau.

Il y a de petites joies extraordinaires tout au long du livre, mais c'est surtout l'humour omniprésent et toujours bienveillant qui nous pousse à continuer, avec le bon conseil de vie d'Oncle Édouard : avoir le cœur léger sur les boulevards, se montrer enjoué dans les cafés, se jeter un petit verre au billard, avec, toujours, une fleur à la boutonnière et le rugissement d'un lion quand on vide ses tripes le matin. Mettez ce roman sur une étagère près de votre lit et plongez dans son puits de tristesse chaque fois que la vôtre menace de déborder. En mêlant votre tristesse à celle de ce maître en émotions qu'est J. P. Donleavy, vous allez finir par la connaître comme il la connaît lui-même : quelque chose de pénible mais de doux, un truc amusant parfois.

VOIR AUSSI : **pleurer un bon coup, besoin de**

Tromper

VOIR : **adultère**

Le conseil du libraire

Trouble bipolaire

Olivia Buhannic
Librairie Lamartine
(Paris 16e)

Sans télé on ressent davantage le froid, **Titiou Lecoq**

La sentence est tombée quand j'ai ouvert les yeux, dans ma chambre d'hôpital. Bipolaire ! Bipolaire, ça veut dire qu'on peut aller trop bien ! Mais aussi que parfois je vais trop mal ! Trop mal comme aujourd'hui. Je n'ouvrirai pas les volets. Ni les yeux. Je ne bougerai pas de mon lit. C'est trop compliqué. Je donne le change tous les jours. Avec les clients, avec les collègues, avec les patrons. Plus ou moins bien. Plutôt moins que plus d'ailleurs.
Je me redresse, je serre les poings, et j'y vais. Tous les jours. Du haut de mon mètre soixante et de mes quarante-deux kilos fillette, même pas mal ! Je peux le faire.
Mais aujourd'hui c'est un jour sans. Aujourd'hui tout m'agresse. Heureusement qu'on est jeudi et que le jeudi je suis en congé. Il faudrait que je réponde aux copains qui s'inquiètent. Mais pour leur dire quoi… ? Que tout va bien… ? Personne n'y croit. Il faudrait que je mange aussi. Mais c'est trop dur. Ça demande trop d'efforts. Je mangerai plus tard. Ou je ne mangerai pas.
Il faudrait que je lise aussi. Que je fasse mes devoirs. Pour pouvoir conseiller, il faut avoir lu. Mais ces temps-ci, lire est une obligation. La notion de plaisir effacée. Je jette un coup d'œil vite fait quand même. Mouais. Non. Mouais. Non, rien ne me fait envie, je retourne dormir. Sauf que… Tiens celui-là, je ne l'avais pas vu. Pourtant la couverture est flashy, difficile de passer à côté.
Sans télé on ressent davantage le froid. C'est marrant cette phrase. J'aime bien ce titre, je me lance !

Je me lance et, ô miracle, un sourire. Un vrai. Le premier depuis tellement longtemps !
Elle est timbrée cette auteure. Mais drôle. Totalement asociale. Mais tellement drôle ! Je me sens moins seule d'un coup ! J'ai l'impression d'être face à un miroir. Je lis un peu ma vie.
Sauf qu'elle réussit à faire de mon quotidien galère de trentenaire célibataire un bijou d'humour cynique. Je ris. Je ris de moi. Je pleure un peu aussi mais ça soulage.
Je me sens vivante à nouveau.
À la fin du livre j'attrape mon portable. « Allô, copine ? Rendez-vous à Châtelet dans 20 minutes. » J'ai envie de faire demi-tour trente-six fois, pour rejoindre mon cocon protecteur, mais je repense au livre et à mon rire. Je peux le faire.
C'est marche ou crève. J'ai choisi. Je marche.
Merci Titiou. Pour moi tu es une héroïne. Tu as chassé la phase dépression avec seulement des mots, des phrases et des points. Mieux que n'importe quel Xanax.
Ce sont mes livres que la sécu devrait me rembourser en fait.
Je vous laisse, je file préparer une pile de livres réservés aux heures sombres.
Et pour tous les bipolaires déprimés, voilà mon ordonnance : *Sans télé on ressent davantage le froid*, de Titiou Lecoq. À lire d'une traite. Avant de rejoindre sa meilleure amie pour boire des coups.
Je vous promets que ce livre et ses éclats de rire vous aideront à remonter la pente !

PATHOLOGIE LITTÉRAIRE

Les maladies de la lecture

TROUVER UN DE VOS LIVRES, INCAPACITÉ À

CRÉEZ VOTRE BIBLIOTHÈQUE

Il y a peu de choses plus irritantes dans la vie que devoir trouver un livre en urgence pour le relire ou y trouver une référence et ne pas remettre la main dessus. On sait qu'on l'a. On peut le visualiser, la couleur de la couverture, la dernière fois qu'on l'a vu sur une étagère. Mais il n'y est plus. Pourquoi posséder des livres si on ne peut même pas retrouver celui qu'on veut ? On ne va pas insister pour que vous les classiez par ordre alphabétique. Susan Sontag a clairement dit qu'elle était contre ce système, où Pynchon voisinerait avec Platon. Certaines personnes rangent leurs livres sans aucun ordre préétabli et restent capables de fondre sur leur proie avec la précision d'un missile guidé. D'autres usent d'un système qu'eux seuls peuvent comprendre. Dans son joli livre, *Ex-libris, confessions d'une lectrice ordinaire*, Anne Fadiman suggère une méthode plutôt convaincante : la production anglaise par ordre chronologique, ce qui permet d'embrasser en un coup d'œil six siècles de littérature, et l'américaine par ordre alphabétique. On peut aussi décider de séparer la fiction et la non-fiction. De séparer la littérature francophone des traductions de l'étranger suivant la place dont on dispose sur ses étagères. Et du nombre d'étagères dont on dispose !

Peu importe la méthode. L'important est d'en avoir une. Prenez modèle sur Borges et décidez d'une pièce de votre maison qui accueillera la bibliothèque. Si les pièces sont trop étroites, les couloirs, paliers, escaliers et toilettes du rez-de-chaussée feront très bien l'affaire. Posez des étagères du sol au plafond. Investissez dans un petit tabouret à roulettes ou, mieux, dans une échelle. De façon régulière, les lunettes sur le nez, ramassez les livres qui traînent pour les remettre à leur place. Gardez un cahier des prêts que vous avez effectués. Pensez aussi à une appli qui conserve vos livres sur des étagères digitales. En donnant aux livres une place respectable et de l'espace, vous permettrez qu'ils se rappellent à votre bon souvenir, vous respirerez leur sagesse, et ils s'offriront à vous, comme un vieil amant perdu de vue, au moment le plus opportun. ■

U

Ulcère

VOIR : **boulimie** • **douleur, être dans la** • **hémorroïdes** • **stress**

Utopisme

VOIR : **optimisme** • **super-héros, rêver d'être un**

V

LES DIX MEILLEURS ROMANS À LIRE DANS UN HAMAC

L'Île sous la mer, Isabel Allende
La Vie rêvée, François-Régis Bastide
Paul et Virginie, Henri Bernardin de Saint-Pierre
Un Taxi mauve, Michel Déon
Bienvenue à Skios, Michael Frayn
Dans la main du diable, Anne-Marie Garat
L'Île des oubliés, Victoria Hislop
L'Exposition coloniale, Erik Orsenna
Caresser le velours, Sarah Waters
Ambre, Kathleen Winsor

Vagabond, être un

VOIR : **bougeotte**

PATHOLOGIE LITTÉRAIRE

Les maladies de la lecture

VACANCES, NE PAS SAVOIR
QUELS LIVRES EMPORTER EN

PRÉPAREZ-VOUS À L'AVANCE POUR ÉVITER LES ACHATS EN PANIQUE
Ne faites pas l'erreur commune de vous dire que vous trouverez le roman parfait à emporter en vacances au kiosque de l'aéroport. Vous serez pressé et ne trouverez qu'une sélection limitée dans laquelle choisir – et vous allez vous retrouver à prendre le best-seller le plus accessible servi par une grosse jaquette de promo. Ne gâchez pas vos précieuses vacances avec de la mauvaise littérature. C'est un moment de choix pour plonger dans quelque chose qui vous emmène dans un autre temps. Faites le choix d'un livre éminent et magnifique, de la belle histoire hédoniste. ■

Autant en emporte le vent, **Margaret Mitchell**

Le Portrait de Dorian Gray, **Oscar Wilde**

Vanité

Le problème avec la vanité, c'est qu'elle rend égocentrique et bête. Scarlett O'Hara, la jolie sudiste au cœur d'*Autant en emporte le vent* est tellement consciente de sa beauté aux yeux verts qu'elle ne pense qu'à ses robes et à gagner les cœurs, pas seulement celui d'Ashley Wilkes, qu'elle veut épouser, mais de tous les hommes des alentours, ce qui contrarie au passage toutes les autres jeunes prétendantes. Quand elle apprend qu'Ashley s'est fiancé à sa cousine Mélanie, une fille sans grand intérêt, elle a du mal à y croire. Obsédée comme elle l'est par les codes de la beauté, elle ne peut trouver d'autres qualités à Mélanie, et encore moins imaginer qu'elle devrait en développer pour elle-même. Elle reste alors coincée dans son rôle de jeune fille pétulante et gâtée, qui continue à user de ses charmes pour obtenir ce qu'elle veut. Elle est aussi peu consciente de l'importance de la gentillesse que des comportements racistes solidement enracinés dans ce Sud où elle évolue (un trait de caractère qu'elle semble malheureusement partager avec l'auteur. De fait, le portrait plutôt favorable que Margaret Mitchell dresse de l'esclavage exige de respirer un grand coup avant de plonger dans ce roman, par ailleurs magnifique). Toujours est-il qu'elle en fait voir de toutes les couleurs à tout le monde, à commencer par son mari Rhett, avant que la vérité finisse par éclater. Son amie, Mélanie la si parfaite, a fini par gagner son admiration, son respect et son amour, de la même façon qu'elle a gagné le cœur d'Ashley quelques années plus tôt. Et cela n'a strictement rien à voir avec le physique.

La vanité finit aussi par enlaidir. Quand Dorian Gray, jeune homme à la beauté incandescente, commence à réaliser qu'on ne l'aime que pour son apparence, il redoute plus que tout de la perdre un jour, si bien qu'il est prêt à vendre son âme contre la promesse d'une jeunesse éternelle (**voir :** vendre son âme). Il s'arrange pour que son portrait réalisé par sir Basil Hallward se détériore à sa place. De là, il s'embarque pour une vie d'insouciance hédoniste sous la tutelle de lord Henry Wotton. Mais quand une jeune actrice dont il a brisé le cœur se suicide, un horrible rictus apparaît sur son portrait. Car notre visage porte la trace, non seulement des années qui passent, mais de la personnalité changeante de l'individu qui est derrière. Alors que Dorian, fort du mépris qu'il exprime pour les autres, laisse de plus en plus de déchets humains sur son passage, son portrait devient de plus en plus hideux.

Vérité inéluctable : la beauté est intérieure. Traitez les autres comme vous voudriez vous-même être traité, et vous serez toujours resplendissant à quatre-vingt-dix ans.

VOIR AUSSI : **arrogance** • **lettré, envie de paraître**

Végétarisme

Retour à Cold Mountain, **Charles Frazier**

Les mangeurs de légumes doivent redescendre sur terre de temps à autre et admettre que la mort fait partie du cycle de la vie. Se nourrir de ce qui pousse sur le sol est une excellente chose, mais le corps réclame aussi son lot de viande fraîche à l'occasion. Il est vrai que la viande animale est aujourd'hui produite dans des conditions lamentables, mais parfois, et pas seulement quand on se retrouve sans pique-nique au milieu de la nature, on ressent un besoin impérieux de casser la croûte sur le dos de la bête.

Voilà quelque chose qu'Inman, le fantastique protagoniste de *Retour à Cold Mountain*, sait mieux que personne. Son odyssée américaine le mène de l'hôpital militaire de Petersburg, en Virginie, jusqu'en Caroline du Nord, où il espère retrouver la femme à laquelle il a livré son cœur. Il fait tout le chemin à pied, évitant les routes où il pourrait se faire prendre et réengager dans l'armée confédérée. Bien sûr, il doit se nourrir. Ses aventures tiennent pour beaucoup à ses tentatives diverses pour y parvenir, comme voler un panier de pain et de fromage à des femmes au bord de la rivière, arracher un cochon des mains de soldats et lui manger la cervelle, ou tirer sur un ourson dont la maman vient de mourir, ce qui lui laisse un arrière-goût de regret.

À mi-chemin dans son périple, il rencontre la femme-chèvre qui vit depuis vingt-cinq ans dans une caravane rouillée, entourée de son troupeau caprin. En totale symbiose avec ses animaux, elle berce une chèvre dans ses bras avant de lui couper la gorge délicatement, dans une scène qui fait partie du cycle de la vie, non pas cruelle et vaine, mais presque attentionnée et respectueuse. Inman quitte la caravane, le ventre plein de viande de chèvre, et reprend sa route pour retrouver sa bien-aimée Ada, emportant avec lui un dessin que lui a donné la femme-chèvre d'une de ces fameuses plantes à fleurs de charogne, qui dégagent une odeur de viande pourrie pour attirer les insectes pollinisateurs, scarabées ou mouches. Manière de rappeler les ruses de la nature pour se tromper elle-même et assurer sa survie. Ce faisant, Frazier remet avec fermeté les carnivores dans l'ordre naturel des choses.

PATHOLOGIE LITTÉRAIRE

Les maladies de la lecture

VÉNÉRATION POUR LES LIVRES, TROP GRANDE

PERSONNALISEZ VOS LIVRES

Certains ne corneront jamais une page, d'autres ne poseront jamais un livre pages ouvertes, d'autres encore n'oseront pas faire la moindre marque dans la marge.

Soyez au-dessus de ça. Les livres existent pour nous révéler leurs mondes, pas pour être considérés comme de beaux objets précieux. Nous vous demandons de les plier, de les tordre et de les gribouiller autant qu'il vous plaira. Soulignez les bons passages, exclamez-vous avec des « Oui ! » et des « Non ! » dans les marges. Demandez à vos amis de dédicacer et dater la page de garde. Faites des dessins, recopiez des numéros de téléphone et des adresses mail, indiquez des entrées pour votre journal, des projets de lettres à vos amis ou aux maîtres du monde. Griffonnez des notes pour un livre que vous voulez écrire, des croquis du pont que vous voulez construire, ou des dessins des robes que vous voulez créer. Et glissez des cartes postales et des fleurs séchées entre les pages.

Quand vous reprendrez le livre, vous retrouverez ainsi des petits bouts qui vous ont fait penser, rire ou pleurer à la première lecture. Et vous vous rappellerez que vous avez fait cette tache de café, au café, en faisant du gringue au beau serveur – ou à la belle serveuse. Les livres qu'on aime devraient être dénudés, défraîchis, tordus, avec des pages déchirées qui ressortent. Aimez-les comme on aime un ami, ou un jouet favori. Et laissez-les se rider et vieillir avec vous. ■

Le Docteur Faustus,
Thomas Mann

Vendre son âme

Ceux qui vendent leur âme d'écrivain le font dans l'espoir d'une éternelle jeunesse, de reconnaissance, de richesse et de pouvoir. Dans la vraie vie, cela se traduit plutôt par une perte d'intégrité créative, la préférence donnée à l'argent qui permet de respirer, et le lâchage des vieux amis. Mais le résultat est le même : vous vous perdez. Et à quoi sert de vivre si vous n'êtes qu'à moitié là ? Consommateur de tout, John Self, dans *Money, Money* de Martin Amis, s'imagine être un ponte de la production de films. Mais il a vendu son âme, non pas au diable, mais à des débiteurs. Kurtz, dans *Le Cœur des ténèbres* de Conrad, est moins intéressé par les pièges de la civilisation occidentale que par le pouvoir et son contrôle. Lui a vendu son âme pour la souveraineté sur ses prochains contre le fait d'être réduit à un animal. Mais le meilleur modèle de gloire et de catastrophe que représente le fait de vendre son âme reste le chef-d'œuvre de Thomas Mann, *Le Docteur Faustus*. Dans cette réinterprétation du mythe de Faust, c'est un compositeur que le diable prend au piège. En échange de vingt-quatre ans de réussite artistique incontestée, il livre pour toujours son âme à Méphistophélès.

Ce n'est pas la première fois qu'Adrian Leverkühn recourt à des mesures aussi radicales. Avant de rencontrer l'incarnation de la diablerie, il attrape volontairement la syphilis, convaincu que la folie qui viendra avec accroîtra sa sensibilité artistique. Et c'est durant un trouble dû à la maladie que la vision de Méphistophélès lui apparaît. Le diable lui indique qu'il ne doit pas penser qu'il est en train d'halluciner.

Sûr de rien et plutôt terrifié, Leverkühn retourne malgré tout à son travail et commence immédiatement à créer des œuvres magistrales. Il invente le nouveau système radical du dodécaphonisme, se trouve acclamé comme un génie et devient le musicien le plus célèbre de sa génération. Mais quelque chose de froid en lui déconcerte ses amis et le public, quelque chose que tous décrivent comme une absence, comme si les émotions qu'il suscitait tombaient sans un bruit et sans laisser de trace. Ce n'est pas par hasard que le roman se passe en Allemagne au moment où le pays entre dans l'enfer.

Accrochez-vous à votre âme. Vous ne connaîtrez peut-être pas vos vingt-quatre ans de gloire, ou quelque autre richesse terrestre dont vous rêviez. Mais qui a envie d'être, ou de connaître, une personne sans âme ?

Les Hauts de Hurle-Vent, **Emily Brontë**

Vengeance, chercher

Vouloir se venger n'est jamais une bonne idée. Cela met en place une chaîne de réactions, avec représailles et contre-attaques, qui gagne en gravité et devient impossible à arrêter.

Cet effet domino est joué à plein et de manière tragique dans les landes tourmentées et battues par les bourrasques des *Hauts de Hurle-Vent*. Quand Mr Earnshaw, seigneur du domaine, ramène un orphelin, Heathcliff, à la maison, ses propres enfants, Hindley et Catherine, Cathy pour ses proches, s'insurgent immédiatement (**voir :** fraternelle, rivalité). Mr Earnshaw manifeste ouvertement sa préférence pour Heathcliff face à Hindley, et Cathy démarre une histoire d'amour enfantine avec Heathcliff, ce qui met Hindley hors de lui. Il se venge d'Heathcliff. Voyant cela, Mr Earnshaw se venge à son tour d'Hindley en l'envoyant en pension, et, très vite après, se venge de tous en décidant de mourir. Plus tard, Hindley héritera de la propriété. Il s'y installe avec sa femme Frances et se venge d'Heathcliff en l'envoyant travailler dans les champs. Frances meurt en accouchant d'un garçon nommé Hareton. Hindley se met à jouer et à picoler, et quand il est saoul en profite pour redevenir agressif à l'égard d'Heathcliff. À peu près au même moment, Cathy, oublieuse de ses sentiments pour Heathcliff, épouse Edgar Linton, qui vit avec sa sœur Isabella à l'autre bout de la lande, à Thrushcross Grange. Heathcliff venge l'affront en s'enfuyant. Mais il revient et se venge d'Hindley en manigançant pour bloquer l'éducation de son fils Hareton, de sorte que le garçon reste analphabète. Il prête aussi de l'argent à Hindley, le pousse à jouer et boire toujours plus, jusqu'à en mourir. Enfin, Heathcliff pourra s'approprier le domaine des Hauts de Hurle-Vent et se venger de Cathy en épousant Isabella, la propre sœur de son mari Edgar, ce qui le met aussi en position d'hériter d'une seconde propriété à la mort de celui-ci. Il se montre méchant avec Isabella, façon de se venger d'Edgar qui a épousé Cathy. Cathy donne naissance à une fille prénommée Catherine comme elle, puis elle meurt. Heathcliff parcourt la lande en se maudissant de ne pas s'être vengé d'elle plus tôt. Isabella, quant à elle, s'enfuit à Londres et donne naissance au petit Linton. En se projetant treize ans plus tard, on voit Catherine, la fille de Cathy, traverser la lande pour se rendre aux Hauts de Hurle-Vent, et rencontrer Hareton, le fils illettré d'Hindley et de Frances. Après quoi, Isabella meurt à son tour, et le jeune Linton part vivre chez Heathcliff qui se montre vite odieux avec lui, pour se venger de tout et de tous. Catherine rencontre alors Linton et ils tombent amoureux, ce qui était un plan imaginé par Heathcliff pour pouvoir hériter de cette seconde propriété de Thrushcross Grange, en plus des Hauts de Hurle-Vent. Pour que sa revanche sur Edgar Linton soit enfin complète, il retiendra la petite Catherine littéralement prisonnière jusqu'à ce qu'elle épouse Linton. Bientôt, Edgar Linton meurt, puis Linton à son tour, sans doute pour se venger d'Heathcliff de l'avoir forcé à épouser Catherine. Heathcliff est maintenant à la tête des deux propriétés et il force Catherine à venir vivre avec lui et Hareton aux Hauts de Hurle-Vent. Tandis que ces deux-là tombent amoureux, le fantôme de Cathy, la mère, vient hanter Heathcliff pour se venger jusqu'à le rendre fou. Lors d'une nuit de folie, il meurt, sans doute pour se venger d'elle, mais aussi de lui-même. Hareton et Catherine héritent à leur tour des deux domaines et se marient. Et c'est maintenant au tour du lecteur de chercher vengeance contre Emily Brontë et son roman consacré à la folie de la vengeance, en tirant à tout-va pour honorer la mémoire d'Heathcliff et son amour fou pour Cathy, même s'il s'est souvent montré odieux et qu'il a passé son temps à vouloir se venger de tous, depuis le jour où Hindley à voulu lui faire payer une faute dont il n'était pas coupable.

Vous avez compris ? Ne vous laissez pas aller à ce mauvais sentiment. La riposte sera pire que la vengeance à laquelle vous vous serez laissé aller. Et cela peut être le début d'un cycle infernal qui vous empoisonnera toute la vie.

VOIR AUSSI : **colère** • **meurtrières, pensées** • **rage** • **tristesse**

Vents, avoir des

VOIR : **flatulences**

La Route, **Cormac McCarthy**

Verbeux, être

Un modèle exemplaire de difficulté respiratoire, et d'efficacité du remède. On n'en dira pas plus.

Mon Ántonia, **Willa Cather**

Vertige, avoir le

Que vous souffriez d'un vertige physique – vous voyez des étoiles avant de tomber par terre tel un pantin désarticulé – ou, sous le coup d'une émotion, d'un étourdissement qui vous fait tituber, vous aurez besoin de retrouver vos points d'appui en vous cramponnant à quelque chose de solide et ferme. Peut-être êtes-vous enceinte (**voir :** grossesse) ou en souffrance (**voir :** douleur, être dans la), à moins que vous ne pâtissiez du décalage horaire ou d'un manque de sommeil (**voir :** épuisement), ou que vous n'ayez attrapé un microbe (**voir :** rhume ; grippe, avoir la * quand on est un homme), ou encore, que vous ne soyez pris d'un tournis sentimental qui vous rend étourdi et indécis (**voir :** indécision). Après avoir traité ces maladies spécifiques individuellement, nous vous suggérons une dose d'esprit pratique en lisant *Mon Ántonia.*

Âgé de dix ans, Jimmy Burden entend parler pour la première fois d'Ántonia quand, après avoir perdu ses deux parents en l'espace d'un an – épreuve qui suffirait à faire perdre pied à l'enfant le plus solide –, il est envoyé chez ses grands-parents dans le Nebraska. Ce qui est frappant avec le Nebraska, c'est qu'après une journée entière de train, « c'était toujours le Nebraska ». Quand il arrive au terminus de la ligne, il poursuit son voyage à bord d'un chariot bâché en compagnie d'une famille d'immigrants originaires de Bohême qui deviendront ses plus proches voisins. À un moment, Jimmy soulève la peau de buffle qui recouvre le chariot, mais ne voit rien – « ni clôtures, ni ruisseaux ou arbres, ni collines ou champs hormis des étendues à perte de vue ». Il a l'impression d'avoir laissé le monde derrière lui et, dans le chariot brinquebalant, il s'abandonne au rythme des secousses et va au-devant de sa destinée. Dans le Nebraska, il enseignera l'anglais à Ántonia (la fille de la famille d'immigrants) et en retour, il découvrira l'importance de l'endurance et du travail acharné pour survivre. Leur amitié se révélera l'une des plus instructives de sa vie.

C'est la soumission de Jimmy au destin et sa relation avec Ántonia, qui, elle, a les pieds sur terre, que vous devez imiter. Si votre corps est relâché et si vous vous soumettez à ce qui sera, vous ne vous blesserez pas en tombant. Et si, dans votre vertige affectif, vous visualisez l'image d'une terre ferme, sur laquelle vos pieds sont solidement calés, votre cœur aura un point d'appui auquel se raccrocher. Lisez *Mon Ántonia*, et inhalez ses senteurs salines. Comme Jim plus tard, retournez vers ces paysages chaque fois que vous en éprouverez le besoin, vers la pâle et froide lumière de l'hiver, dont la beauté n'est pas spectaculaire, mais qui est « comme la lumière de la vérité elle-même », et nous dit : « C'est la réalité, que cela vous plaise ou non. »

Journal de la veuve, **Mick Jackson**

Seule la mer, **Amos Oz**

La Dernière Conquête du major Pettigrew, **Helen Simonson**

Veuf, devenir

Ce que vous traversez n'est pas rien. Perdre le ou la partenaire d'une vie amène une série de bouleversements d'ordre sismique dans chaque domaine de votre vie. Avant, vous aviez un compagnon, une compagne. Maintenant, vous vivez seul(e). Avant, vous étiez sans doute un parent dans un couple, maintenant vous pratiquez la parentalité tout seul. La relation avec l'enfant (ou les enfants) en sera modifiée. Comme celle avec les amis. Et il vous faudra sans doute construire une nouvelle relation pour vous-même. Parce que sans une autre personne pour vous soutenir, vous compléter, ajouter tout ce qu'il faut à votre connaissance de vous-même, vous risquez de vous demander au final qui vous êtes.

Pour vous aider à naviguer dans ces moments difficiles, nous vous offrons d'abord le magnifique et transcendantal poème en prose d'Amos Oz, *Seule la mer*. Écrit sous forme de vignettes courtes et douces, il raconte l'histoire d'Albert Danon, comptable un peu fragile dont l'épouse Nadia vient de mourir d'un cancer. Leur fils unique, Rico, s'est évadé au Tibet, d'où il réfléchit à des solutions possibles pour la planète, laissant à sa petite amie Dita le soin de veiller sur son père. Albert, à sa plus grande honte, n'est pas insensible au charme de cette mignonne effrontée en minijupe orange, et quand elle se retrouve subitement à la rue, il lui propose de s'installer dans la chambre d'amis. Pendant ce temps, Bettine, la meilleure amie d'Albert, elle-même veuve depuis vingt ans, garde un œil attentif sur ces deux-là, non sans un intérêt personnel bien compris.

Dans les moments de chagrin et de solitude, il faut prendre la vie par petits bouts. C'est ce que fait Oz, qui rend compte avec une clarté extraordinaire de ces moments suspendus d'Albert fermant son ordinateur pour aller se coucher, de Nadia réveillée par le cri d'un merle dans la nuit et se demandant ce qu'elle va devenir une fois morte, ou de Bettine abattant ses cartes sur la table. Oz prête autant attention au futile qu'au beau, et à l'émouvant qu'au lubrique un peu déplacé. Pour une compagnie sensible et compréhensive qui vous aide à accéder aux territoires immenses et compliqués des émotions au fond de votre cœur, *Seule la mer* n'a pas d'égal.

Journal de la veuve, de Mick Jackson, ouvre une autre perspective : l'occasion de réfléchir à la reconstruction personnelle en revisitant le passé, mais cette fois du point de vue de la veuve. Elle ne possède pas de nom, mais au travers de ses journaux intimes et de son monologue intérieur, on sait tout de ses pensées. Ironique et drôle, vaguement acerbe, la façon dont son mari est mort la rend furieuse et elle reporte toute sa colère rentrée, et de façon totalement vaine, contre lui. Sa manière à elle de faire avec les événements est de s'enfuir sur la côte, d'y louer une petite maison et, sous prétexte de pratiquer l'ornithologie, d'espionner de façon obsessionnelle la demeure d'un ancien amoureux, tout en fantasmant sur la vie qu'elle aurait pu avoir avec cet autre homme.

Son comportement apparaît assurément bizarre, mais le temps qu'elle passe à espionner se révèle réparateur. Ses efforts pour tenter de réveiller une histoire pour une large part imaginaire l'amènent à prendre conscience de toutes les belles choses qu'elle a vécues, en vrai, durant son mariage ; elle se purge ainsi des émotions négatives qui menaçaient d'engloutir ses jolis souvenirs. Que ce roman vous permette de pondérer ce qu'il y a eu de bien et de moins bien au cours de ces années vécues à deux, d'accepter le passé et de pardonner d'un cœur léger et ouvert.

De nouveaux débuts sont toujours possibles, même pour les plus blasés. Dans *La Dernière Conquête du major Pettigrew*, le héros est un ancien militaire, impassible comme il se doit – un monument de rigidité. Il perd sa femme, puis son frère, et sa peine est si intense que ce major de soixante-huit ans commence à voir le quotidien sous une lumière différente, à commencer par Mrs Ali, la dame qui tient la boutique du village. Les deux ne pourraient pas être plus différents, mais ils sont attirés l'un vers l'autre par leurs veuvages respectifs, des conflits similaires avec des familles étroites d'esprit et un amour partagé des livres, à commencer par Kipling. On lira ce livre pour y trouver une base de lancement dans une nouvelle relation. Et l'envie de laisser la porte ouverte, ou entrebâillée.

VOIR AUSSI : **célibataire, être** • **mort d'un être cher** • **nostalgie** • **solitude** • **tristesse**

Vie sexuelle, questions liées à la

VOIR : **éjaculation précoce** • **libido, perte de** • **orgasmes, pas assez d'** • **séduction, manquer de talents de** • **sexe, trop de** • **sexe, trop peu de**

Vieillir, horreur de

Un parfum de Jitterbug, **Tom Robbins**

À une époque où presque toutes les stars et personnalités ont gommé leurs rides, botoxé leurs sourcils et banni pour toujours leurs cheveux gris, nous pouvons comprendre que le roi Alobar cherche à fuir les premiers signes du vieillissement comme le lièvre fuit le renard. En fait, Alobar a plus d'une raison de vouloir échapper à la sénescence qui pointe son nez, sa tribu ayant pour coutume de commettre un régicide avec un œuf empoisonné au premier signe de vieillesse. Nous distillerons ci-après l'essence du parfum de Jitterbug – la recette d'Alobar pour une jeunesse éternelle. Pour une exposition plus complète, lisez le roman dans son entier.

Ingrédients

1 roi du XVIIIe siècle en passe d'atteindre un âge respectable.

1 dieu immortel ayant l'apparence d'une chèvre et sentant très mauvais.

1 fiole de parfum ayant le pouvoir de tenir sous son charme des villes entières lorsqu'il est pulvérisé.

1 mesure de jasmin de la Jamaïque, qui doit être fourni par l'apiculteur Bingo Pajama.

1 cœur de betterave.

Préparation

Incorporez méticuleusement les ingrédients à l'intérieur d'une parfumerie française jusqu'à ce qu'ils soient mélangés, en ajoutant au dernier moment le cœur de betterave. Inspirez pendant que vous mélangez en un mouvement sans fin. Assurez-vous alors que les médecins de Bandaloop surveillent votre potion pendant que vous prenez un bain chaud. Puis ayez un orgasme avec votre partenaire sexuelle, en transmettant toute l'énergie tirée de cet acte à votre tronc cérébral. Répétez chaque jour pendant un millier d'années.

Si à ce moment-là vous n'avez toujours pas atteint votre but, suivez le meilleur avis qu'Alobar ait jamais donné : détendez-vous.

VOIR AUSSI : **anniversaire, blues de l' • calvitie • vieillir, horreur de**

The City & the City, **China Miéville**

Ville, lassitude de vivre en

La vie citadine peut être usante. Les transports matin et soir, les foules, la course perpétuelle, l'anonymat. La morne monotonie du béton sans fin, les panneaux publicitaires criards, les ordures, la délinquance. Si votre ville vous rend malade, nous vous implorons, avant que vous ne mettiez de nouveau un pied dehors, de vous soigner séance tenante en vous administrant *The City and the City* de China Miéville. Pouvant être considéré comme le meilleur roman sur la vie dans une métropole d'aujourd'hui, l'histoire profondément dérangeante, mais qui parlera à tous, que conte l'auteur vous fera voir en 3D ce que vous n'aviez vu jusque-là qu'en deux dimensions.

Car lorsque vous marcherez dans les rues de la ville fictionnelle de Beszel, vous ne « verrez » pas ces gens qui marchent à côté de vous dans la rue, mais se trouvent dans une ville différente - une deuxième ville appelée Ul Quoma, qui occupe le même espace géographique. Pour réussir à vivre dans ces deux villes qui se superposent, vous devez étudier les bizarreries architecturales, l'habillement et même la démarche et les manières des autres habitants de votre ville, et la façon dont ils diffèrent de ceux qui vivent dans la ville parallèle. Si vous passez d'une ville à l'autre, vous êtes « en infraction » ; et si vous commettez une infraction, vous disparaissez.

L'inspecteur Tyador Borlú a été appelé pour enquêter sur le meurtre d'une étudiante nommée Mahalia, qui a eu lieu dans la ville de Beszel. Homme réfléchi et intelligent, il constate vite que le meurtre enfreint toutes les règles de vie de l'une ou l'autre des deux villes. Un professeur nommé Bowden - qui a autrefois prétendu qu'il existait même une troisième ville invisible entre Beszel et Ul Quoma, Orciny - est appelé à la rescousse. Mahalia semble être tombée par hasard sur cette troisième ville ; elle menait ses propres investigations sur son existence, pareil à un chercheur qui aurait été aspiré dans un périlleux inframonde.

La virtuosité de ce roman captivant – mi-roman policier, mi-thriller conceptuel – repose sur la familiarité glaçante que nous entretenons avec nos habitudes inconscientes de « ne pas remarquer » ceux qui nous entourent. Combien de fois, nous aussi, avons-nous ignoré des gens dans notre propre ville de peur que leur adresser la parole soit dangereux ? China Miéville vous chamboule tellement l'esprit que vous ne serez plus jamais capable de regarder votre agglomération de la même façon. La métropole que vous pensiez connaître prendra un sens complètement neuf ; vous verrez l'espace et la réalité différemment et de nouvelles perspectives s'offriront à vous. Peut-être remarquerez-vous enfin toutes sortes de gens à côté desquels vous passiez jusqu'ici sans leur prêter la moindre attention.

Vingt ans, avoir dans les

LES DIX MEILLEURS ROMANS QUAND ON A VINGT ANS

Le Père Goriot, Honoré de Balzac
L'Étranger, Albert Camus
Les Mystères de Pittsburgh, Michael Chabon
Siloé, Paul Gadenne
Le Bouddha de banlieue, Hanif Kureishi
Bel-Ami, Guy de Maupassant
Le Groupe, Mary McCarthy
La Conspiration, Paul Nizan
Goodbye, Columbus, Philip Roth
Le Maître des illusions, Donna Tartt

L'Étrange Cas du Dr Jekyll et de Mr Hide, **Robert Louis Stevenson**

La Pierre et le Sabre, **Eiji Yoshikawa**

Violence, peur de la

Il y a la violence extérieure. Et la violence intérieure. Commençons par cette dernière. On a tous été traversé un jour par une bouffée de colère et l'envie de passer à l'acte. Dans la plupart des cas, on sait étouffer cette bouffée à la seconde. Mais si le besoin d'y aller est trop fort et difficile à maîtriser, le roman de Stevenson peut vous aider à explorer par procuration votre propre violence intérieure.

Ce roman célèbre est comme une fouille profonde des capacités latentes de violence à l'intérieur de chacun de nous. Le Dr Jekyll, médecin respectable et chercheur reconnu, qui vit à Londres, a toujours été fasciné par les natures qui s'opposent en chaque individu et se lance dans une étude sur lui-même en absorbant une drogue qu'il a concoctée. Le dédoublement temporaire qui s'opère va révéler son côté noir en marge de sa personnalité morale et respectable. Parce qu'il apparaît complètement différent quand il se transforme en Hyde, plus petit, chevelu et jeune, Jekyll n'a pas à répondre des conséquences des actes de Hyde.

Tout ce qu'entreprend Hyde, on n'en est pas les témoins directs, à commencer par ses disparitions inquiétantes, qui peuvent durer des mois et restent enveloppées de mystère. Mais on comprend assez vite que c'est un vrai monstre, capable des pires dépravations. Et tandis qu'Hyde prend l'ascendant sur Jekyll, ce qui interdit de plus en plus à celui-ci de maintenir une façade honorable, la potion qui permettait la transformation vient à son terme. Et on ne sait bientôt plus si on a affaire à Jekyll ou à Hyde.

Le message est clair : autorisez-vous seulement un brin de violence et vous y laisserez l'âme. Ce roman vous dégoûtera à jamais de l'envie impérieuse de faire du mal à qui que ce soit. Lisez et éliminez l'agressivité potentielle qu'il y a en vous une fois pour toutes.

Mais si c'est la violence des autres qui vous fait peur,

offrez-vous par osmose la force des samouraïs. *La Pierre et le Sabre*, le roman épique de Eiji Yoshikawa, raconte la noble quête de l'art du sabre, plusieurs centaines de pages qui vous emmèneront dans un voyage, entre rites de pénitence au sommet d'une montagne avec des maîtres du bouddhisme zen et champs de bataille du Japon au XVIe siècle, avec, au passage, une initiation à l'amour, à l'humilité et à la sagesse.

Notre héros très étonnant refuse de se laisser aller à un acte de violence. Il sait aussi que sa connaissance de lui-même l'en empêchera pour toujours. Avalez la légende de Musashi. Que son intrépidité, autant que ses prouesses dans les arts martiaux, déteigne sur vous. Et si vous arrivez à reproduire sa force intérieure et sa posture invincible, même un tout petit peu, vos agresseurs potentiels vous laisseront tranquilles.

VOIR AUSSI : **confrontation, peur de la** • **meurtrières, pensées** • **rage**

Viré, être

VOIR : **boulot, perdre son** • **chômage** • **fauché, être** • **meurtrières, pensées** • **rage** • **tristesse**

PATHOLOGIE LITTÉRAIRE

Les maladies de la lecture

VIVRE PLUTÔT QUE LIRE, TENDANCE À

LISEZ POUR VIVRE PLUS INTENSÉMENT

Dire que vous êtes tellement occupé à essayer de vivre au mieux que vous n'avez plus de temps pour lire n'est pas une bonne excuse. Car, comme l'a souligné Socrate le premier, une vie qui ne passe pas au tamis de l'analyse ne vaut pas la peine d'être vécue. Or les livres offrent l'occasion de rentrer en soi, de penser et de comprendre cette vie qui reprend dès qu'on sort de la lecture. Et puis, vivre plutôt que lire, ça pèse combien dans la balance ?

Les livres nous ouvrent aux vies de milliers d'individus en plus de la nôtre, qu'on peut vivre par procuration, en voyant ce que les autres voient, ressentant ce qu'ils ressentent, respirant ce qu'ils respirent. Vous pourrez toujours répondre qu'en vivant sans livre, on vit au moins une vie, la sienne, même limitée. Mais avec les livres on accède à la vie éternelle. Sans eux, on est plus enclin à s'égarer. À rétrécir en une petite chose étriquée et ordinaire. Les livres développent notre empathie, notre capacité à ne pas être dans le dénigrement, à accepter et respecter les différences. Notre capacité à être courageux aussi, à nous ouvrir et à donner le meilleur de nous-mêmes. Et ils nous rappellent qu'au-delà des menus détails de la vie, il y a une autre dimension dans l'existence que nous partageons tous : le mystère d'être vivant, et ce que cela signifie. On ne peut pas vivre pleinement sans explorer cette dimension. Les livres en sont le ticket d'accès. ■

Fenêtres sur rue,
Jon McGregor

Cloudstreet,
Tim Winton

Voisins, avoir des

Si vos parents vous ont rendu chèvre, vos voisins se sont appliqués, eux, à vous taper sur les nerfs.

Le vrai problème avec les voisins, c'est qu'ils peuvent l'être pendant très longtemps. Fâchez-vous avec eux et c'est le début de la fin. Apprenez à vivre en leur compagnie, et même à les apprécier, et vous gagnerez à l'instant un supplément de vie sociale. Plus des œufs, du lait et du sucre quand vous êtes à court. Parfois, ce n'est pas tant que vous soyez fâché avec eux, plutôt que vous ne les avez jamais rencontrés. Les gens vivent côte à côte pendant des décennies sans échanger davantage qu'un signe de tête. Le premier remède, ainsi, serait de passer une tête par-dessus la clôture pour dire bonjour. Le second serait de supprimer la clôture.

Dans *Fenêtres sur rue*, premier roman très lyrique de Jon McGregor, on découvre les habitants de toute une rue dans une ville du nord de l'Angleterre, non pas par leur nom, mais par le numéro de leur maison, la jeune femme du 24 ou le monsieur à la moustache soigneusement taillée du 20. Le récit de McGregor accole des instants de conscience captés auprès de cette myriade de voisins et les réarrange en une symphonie de sons, une masse confuse d'actions, un désordre d'événements distincts les uns des autres, et pourtant liés. Comme le frémissement léger d'un papillon de nuit ébrouant ses ailes mouillées, le moindre événement dans cette petite aire géographique contribue à rappeler le caractère remarquable de la vie, comme de la mort, à notre conscience. McGregor parvient à capturer les possibilités infinies des interactions entre voisins, depuis l'indifférence absolue jusqu'à l'amour sans condition et même le sacrifice, toutes étant à notre disposition et à celle des gens au milieu desquels nous vivons. En conséquence, lancez immédiatement une fête de rue et offrez-vous une vie plus riche.

Mais que se passe-t-il si, en rencontrant nos voisins,

on se rend compte qu'on ne les supporte pas ? Les voisins ne peuvent pas avoir moins en commun que les Pickles et les Lamb de *Cloudstreet*, le séduisant roman de l'Australien Tim Winton. La vraie malchance pour eux, c'est du moins ce qui apparaît au début, est de partager une maison grande comme un continent, à Perth. Sam Pickles, joueur invétéré, est obligé d'installer sa famille dans une maison mitoyenne. Il construit donc une clôture de bouts de ferraille au milieu du jardin pour que Lester et Oriel Lamb puissent emménager avec leur portée de six. Assez vite, Sam Pickles observe avec étonnement les Lamb à genoux sur leur côté du jardin en train de planter des légumes, installant un élevage de poulets et remplaçant la baie vitrée de leur salon par le volet d'une épicerie. D'un seul coup, la maison ressemble au survivant d'une hémiplégie d'un côté, chez les inertes et lymphatiques Pickles, et à un tourbillon débordant d'activités de l'autre, chez ces Lamb travailleurs et croyants.

Tandis que l'inventif Winton évolue au milieu des personnages principaux, la ligne entre les deux camps commence à se brouiller. La rue du Nuage devient une rue nuageuse, une seule abstraction symbolisant la vie qui foisonne. Et alors qu'il y a quantité de sujets pour les deux familles de s'affronter, le bruit, la religion ou le jeu, et qu'elles pourraient se renvoyer des reproches, chacune opte pour une attitude tolérante de vivre et laisser vivre. À la fin, les voisins se rapprochent.

La prochaine fois que vous serez réveillé la nuit par l'adolescent de la maison d'à côté qui joue de la batterie, imaginez comme le coin manquerait d'âme s'il n'était pas là. Abattez la clôture, de façon métaphorique sinon littérale, et profitez de la brise chaude qui passe.

VOIR AUSSI : **bruit, trop de • misanthropie • ville, lassitude de vivre en**

Voisins, ne pas avoir de

VOIR : **solitude**

Les Étoiles dans le ciel radieux, **Alan Warner**

Vol, rater son

Aïe, aïe, aïe ! Désastre total. Vous avez raté ce foutu vol. Vous avez sans doute dépensé tout votre cash pour le billet, de l'argent qui n'était même pas à vous et que vous avez dû emprunter à votre père sur sa carte de crédit. Vous devriez appeler votre petit(e) ami(e) et votre père, mais vous allez faire un gros pipi à la place. Attrapez une Guinness fraîche pour vous remettre les idées en place, calez-vous dans un bon fauteuil dans la zone des boutiques de l'aéroport et enfoncez-vous-y pour lire *Les Étoiles dans le ciel radieux*. Là, vous ne raterez rien. Assez vite, vous vous trouverez embarqué(e) en compagnie de six personnages infernaux vagabondant dans un aéroport, tout en vous demandant, vaguement alcoolisé(e), ce que vous allez faire. Après avoir lu une vingtaine de pages, vous aurez établi votre camp dans l'aéroport pour y passer quelques jours, et oublierez de monter dans l'avion une bonne fois pour toutes.

Le roman décolle, contrairement à vous, avec cinq filles du précédent roman d'Alan Warner, *Les Sopranos*, un groupe d'adolescentes écossaises de Notre-Dame du Perpétuel Secours, parties participer à un concours de chant loin de leur village des Highlands, mais bien décidées à sécher l'événement pour aller picoler et découvrir leur sexualité. Elles ont vingt ans et quelques, et comptent une fille en moins dans le groupe, morte du cancer dans la période entre les deux romans. Elle est remplacée par Ava, une belle, riche et compliquée, qui apporte une touche grand genre à la physionomie du gang avec ses achats réguliers de champagne et ses largesses sur les autres substances. Mais le groupe reste dominé par Manda, mère célibataire costaude et encline à abuser de Guinness et de vodka, fragile et attachante malgré les nombreuses catastrophes dans lesquelles elle pousse les autres, comme vomir dans la machine à glace, nettoyer sa merde avec une petite cuillère utilisée après pour mélanger le thé, et descendre une colline en glissant sur les fesses. Qu'il s'agisse de jus de fruits au rhum Bacardi, de Red Bull dopant ou de vodka, Warner tient, comme dans un rapport de police, le détail de la consommation extraordinaire de la bande durant les cinq jours de son séjour à Gatwick. Au prétexte d'une simple excursion, elles auront réussi à passer toutes leurs vacances à l'aéroport.

C'est exactement ce que nous vous suggérons de faire. Si la semaine de nos héroïnes a été plutôt catastrophique, pour vous ce sera un pur moment de rigolade. Que ce soit à Gatwick ou dans n'importe quel autre aéroport, vous vous amuserez bien plus en lisant ce roman qu'en vous baladant dans un coin du bout du monde où vous ne connaissez personne et n'avez aucune raison d'aller (**voir :** bougeotte). Ce gang de filles ne va pas tarder à vous faire pouffer de rire, cracher de dégoût et peut-être bien vous faire vomir sur les grands fauteuils spongieux du lounge, tandis que vous espionnerez leur badinage sur les nouveaux modèles de bikinis, les parties à trois, les fantômes et les salons VIP. Un grand moment de votre vie.

VOIR AUSSI : **salle d'attente, être dans une** • **transit, être en**

W

Les Derniers Jours du monde, **Dominique Noguez**

Wagon, être bloqué dans un

Le trajet avait bien commencé. Le train roulait à grande vitesse vers votre destination. Vous rêvassiez tranquillement. Soudain, voilà pourtant qu'il s'arrête inopinément, ledit train. Un problème à un passage à niveau va radicalement changer le cours de votre journée. Vous voilà bien marri. Et obligé d'être patient car l'attente peut-être longue. Il est toujours prudent en pareil cas d'avoir anticipé. De s'être muni, dans son sac ou son bagage, d'un roman d'un format pas trop menu pour vous tenir compagnie et vous accompagner. Nous conseillons par exemple d'avoir à portée de main *Les Derniers Jours du monde* de Dominique Noguez. Un livre étonnant et ambitieux, paru une première fois en 1991 et situé en 2010, qui est un vrai voyage à lui seul.

Éric Dangeville a été malade. On le découvre en convalescence à Biarritz. Le narrateur de Noguez se remet mal de sa rupture avec une certaine Laetitia. Il se promène, disserte sur la beauté humaine, remonte de la cave sa vieille mobylette. Éric est également troublé par une inconnue à la peau café au lait dont il se demande si elle est antillaise ou brésilienne. Il ose l'aborder, l'inviter chez lui… Il convient de préciser que de terribles événements se préparent partout dans le monde et vont secouer le pays. Il faut de toute urgence évacuer les villes, partir. Éric suit le mouvement, en ayant pris soin d'embarquer avec lui les *Essais* de Montaigne et quelques bons vins. Tout le monde fuit, se jette sur les routes. Sur sa mobylette, Éric songe à Roland Barthes quand il passe à Urt. Il cherche à prendre le train à Puyoô. Monte dans un wagon déjà plein. À Lourdes, il commence à converser avec une bientôt ex-marquise, Ombeline Ribot, dont le « gros rire » ne lui déplaît pas. N'en disons pas plus. Sinon qu'il y aura d'autres rencontres et d'autres surprises. *Les Derniers Jours du monde* est une véritable odyssée, un roman plein comme un œuf. On s'y promène en France, on s'y instruit, on s'y interroge sur maints sujets d'importance. L'ensemble est brillant, sensuel, intelligent, roboratif. Et donc absolument idéal lorsqu'on est bloqué en pleine voie ou au milieu des champs pendant de longues heures !

VOIR AUSSI : **transit, être en**

X

Xénophobie

Vous avez peur, ou même détestez ces pays autres que le vôtre. Ça se soigne en plongeant dans un de ces livres venus d'ailleurs. Écrits par des autochtones, ils révèlent nos similitudes au-delà des couleurs de peau, et vous rappelleront que l'humanité appartient à tous.

LES DIX MEILLEURS ROMANS POUR SOIGNER LES XÉNOPHOBES

Il était une rivière, Bonnie Jo Campbell

Voir ci-dessous : amour, David Grossman

La Chouette aveugle, Sadegh Hedayat

Waltenberg, Hédi Kaddour

Bain de lune, Yanick Lahens

La Traversée du Mozambique par temps calme, Patrice Pluyette

Les Grands, Sylvain Prudhomme

Les Assoiffées, Bernard Quiriny

Maison de jour, maison de nuit, Olga Tokarczuk

La Mélopée de l'ail paradisiaque, Mo Yan

Y

La Beauté sur la terre,
Charles-Ferdinand Ramuz

Yeux revolver, avoir les

La beauté peut éblouir, fasciner, déranger. Elle n'est pas une chose facile, mais plutôt quelque chose à apprivoiser. Qu'on en soit détenteur ou contemplateur. Ce qui est plus difficile à dire qu'à faire, nous en convenons volontiers. Prenez exemple sur ce que raconte Charles-Ferdinand Ramuz dans *La Beauté sur la terre*. Un roman où l'écrivain vaudois parle de la beauté et du scandale qu'elle cause. Juliette a dix-neuf ans. Elle vient de Santiago de Cuba rejoindre un oncle qu'elle ne connaît pas. Ce dernier, Milliquet, tient avec sa femme un établissement de restauration, au bord du lac Léman, où vient s'attabler la communauté villageoise. Le patron n'avait pas de nouvelles de son frère, contremaître dans les chemins de fer, depuis au moins trente-cinq ans. Il le croyait même mort. Ce qui a fini par être le cas. Le défunt laisse derrière lui une fille mais point d'argent. Juliette fait donc le long voyage jusqu'à la Suisse. La demoiselle y arrive emmitouflée dans un manteau de pluie à capuchon. Avec une vieille valise de cuir crevée aux angles et dont la serrure ne ferme plus. Elle ne sort d'abord pas de sa chambre. Quand elle se présente enfin dans la salle à boire, les voix se taisent. En moins d'une semaine, la clientèle des lieux va tout simplement doubler. Personne ne veut rater l'apparition de pareille créature, véritable Vénus. Avec ses beaux cheveux qui brillent, son cou, ses yeux, sa bouche. Son

« petit corsage de satinette noire et sa petite jupe de même étoffe pas assez longue ». Un moustachu savoyard ne tarde pas à se montrer insistant, à proposer de l'emmener avec lui. Le jeune Maurice Busset, le fils du syndic, n'y est pas insensible non plus. Juliette va devoir quitter le domicile de son oncle. S'installer chez Jules Rouge, l'un des clients de Milliquet, un vieux pêcheur solitaire. Sans que les regards ne cessent. Que les désirs ne s'apaisent. Que le besoin de posséder ne se fasse moins fort. « Car est-ce qu'on sait que faire de la beauté parmi les hommes », s'interroge justement Ramuz dont l'héroïne devra se résoudre à fuir... La beauté devrait être une lumière, elle est trop souvent un coup de tonnerre. Il faut savoir raison garder. Du moins essayer, car elle ne dure pas toujours !

Z

Un voyage au mont Athos, **François Augiéras**

Zen, être

Être zen, tout le monde y aspire mais n'y arrive pas toujours. Il faut essayer de ne pas se laisser troubler par les divers tracas, petits ou grands, du quotidien. Oublier ses problèmes de plomberie, d'impôts et éloigner tous les malotrus qui cherchent à vous nuire. Se plonger dans un bon livre est toujours source de bienfait. Ne comptez pas sur nous pour vous parler de Laurent Gounelle ou d'un guide de développement personnel. Non, vraiment pas. Nous vous conseillons plutôt de vous procurer *Le Zen dans l'art chevaleresque du tir à l'arc*, de E. Herrigel, qui n'est pas certes pas un roman mais peut se révéler instructif. Il y a aussi un merveilleux voyage à faire. Celui que François Augiéras relate dans un volume plus que recommandable, *Un voyage au mont Athos*. Il y est d'abord question d'un certain père Athanase. Celui-ci fait parvenir un colis de noisettes et un manuscrit à M. Yves-Gérard de La Paumelle, directeur adjoint du département de paléographie byzantine à la Bibliothèque nationale. En échange, il demande à être payé et à recevoir trois kilos de poudre à canon susceptibles de l'aider à se débarrasser de méchants sangliers. Le texte qu'on lit ensuite évoque un séjour au « pays des esprits ». Et détaille d'abord l'arrivée du narrateur à Iérissos, un village avec des enfants, de très jeunes femmes et des jeunes filles. Notre homme y entend parler de la barque d'un vieillard qui, chaque nuit, permet d'accéder à une région très sauvage habitée par des moines rendant « un étrange culte à des dieux plus étranges encore ». Autour de lui, il trouve alors des collines vertes, une large baie, une longue plage, de noirs taureaux, des éperviers et des cigales. L'homme en question se trouve au premier matin de sa mort, mais se sent pourtant bien vivant alors que mille parfums de fleurs se mêlent au grondement de la mer. Il lui faut braver la jungle et les vipères pour rejoindre Karies. Découvrir un étrange paradis où il est certain d'être déjà venu. Avant de s'ouvrir alors à la beauté du monde, de naître à « l'existence absolue ». Parions qu'accompagner cette âme en quête d'accomplissement vous aidera à être plus zen. Et vous donnera peut-être envie de suivre à votre tour pareil chemin.

Épilogue

Ami lecteur, vous voilà arrivé à la fin du voyage ! Vous avez soigné votre chagrin d'amour et votre hoquet, guéri votre agoraphobie et votre rhume des foins, vous vous êtes remis de votre jambe cassée sans même avoir vu le temps passer, pendant qu'autour de vous se garnissait, mais toujours avec harmonie, votre bibliothèque. Vous voilà donc à la fin du livre... En êtes-vous si sûr ?

D'abord, soyez honnête. Avez-vous vraiment lu intégralement nos *Remèdes littéraires* ? Faites-vous partie des bons élèves, patients, studieux, obéissants, qui ont commencé à « Abandon » pour ne s'arrêter qu'à la découverte du « Zen » ? Ou bien êtes-vous plutôt de ceux qui ont papillonné au gré du volume, par curiosité et par plaisir, avant de filer picorer l'épilogue ? À moins que vous ne comptiez, façon Oulipo, parmi les méthodiques capables de définir leur propre cheminement (« Je lirai la troisième entrée de chaque lettre uniquement entre minuit et une heure, et dans l'ordre alphabétique inversé ») ? Enfin, nous ne saurions oublier les lecteurs qui, atteints de telle ou telle pathologie, ont simplement cherché à se soigner en attaquant les entrées qui leur étaient dédiées, ainsi que nous l'imaginions au départ. Les choses sont simples : vous avez sélectionné quelques remèdes. Très bien. Il vous reste à prendre connaissance de tous les autres.

Au demeurant, feuilleter notre ouvrage n'est pas

suffisant. L'idée, mais vous l'avez compris maintenant, consiste à ouvrir et savourer les romans conseillés... (Pour ceux qui seraient passés à côté, **voir :** Introduction.) Ce qui peut vous prendre un certain temps ! Mais le jeu en vaut la chandelle, croyez-nous... Après digestion des différentes œuvres présentées, vous pourrez revenir à ces pages finales avec le sentiment du devoir accompli et une fierté légitime.

Vous le voyez, ami lecteur, l'épilogue n'est la fin de rien.

Souvenez-vous du *Livre de sable* de Jorge Luis Borges :

« Il me demanda de chercher la première page.

Je posai ma main gauche sur la couverture et ouvris le volume de mon pouce serré contre l'index. Je m'efforçai en vain : il restait toujours des feuilles entre la couverture et mon pouce. Elles semblaient sourdre du livre.

— Maintenant cherchez la dernière.

Mes tentatives échouèrent de même ; à peine pus-je balbutier d'une voix qui n'était plus ma voix :

— Cela n'est pas possible.

Toujours à voix basse, le vendeur de bibles me dit :

— Cela n'est pas possible et pourtant cela est. Le nombre de pages de ce livre est exactement infini. »

Lire un livre, c'est lire tous ceux qu'il contient déjà et tous ceux qu'il contiendra encore. Lorsque vous aurez dévoré l'intégralité des romans cités dans nos *Remèdes littéraires*, d'autres viendront à vous, et d'autres après eux, si bien qu'à la fin – mais quelle fin, nous direz-vous –, vous pourrez vous-même vous constituer votre livre personnel, que vous partagerez avec vos amis, vos proches, qui, à leur tour, imagineront leur propre livre, qu'ils partageront avec leurs amis, leurs proches, etc.

La littérature n'a pas de fin, et c'est ce qui en fait

le meilleur des médicaments : n'attendez plus pour y sauter à pieds joints. Vous serez ému, agacé, séduit, enragé, étourdi et, mû par l'envie d'en parler autour de vous, vous pourriez rencontrer des gens nouveaux, différents, qui compteront dans votre vie, et vous feront lire d'autres choses encore. Vous avez peur de vous lancer ? Si vous êtes arrivé jusqu'à ces quelques lignes, c'est déjà gagné, alors foncez ! Au pire, filez à l'entrée qui vous correspond le mieux (au hasard : commencer, avoir du mal à) et laissez-vous gagner par les mondes infinis de la lecture. Votre vie s'en trouvera plus riche et plus belle, parole d'honneur.

Remerciements

Merci à notre équipe de lecteurs, qui a vaillamment testé nos remèdes littéraires et nous a signalé leur efficacité ; Becky Adams, Miranda Alcock, Nichole Beauchamp, Chris Berthoud, Colin Berthoud, Lucy Berthoud, Martin Berthoud, Tim Bates, Josh Beattie, Veronique Biddell, Amanda Blugrass, Gael Cassidy, Sarah Cassidy, Sarah Constantinides, Belinda Coote, Stephanie Cross, The Danny House Book Group, William Davidson, Sandra Deeble, Mel Giedroyc, Gael Gorvy-Robertson, Teresa Griffiths, Gill Hancock, Jane Heather, Belinda Holden, Charlie Hopkinson, Grahame Hunter, Clare Isherwood, Lou James, Tim Jones, Sarah Leipciger, Annabel Leventon, Rachel Lindop, Hilary Macey-Dare, Sam Nixon, Emma Noel, Anna Ollier, Patricia Potts, Joanna Quinn, Sarah Quinn, Janaki Ranpura, Lucy Rutter, Carl Thomas, Jennie Thomas, Morgan Thomas, Clare Usiskin, Pippa Wainwright, Heather Westgate, Rachel Wykes.

Pour les Gin Tonic, les petits plats et le coup de main, nous voudrions remercier Damian Barr, Polly et Shaun de Tilton House, Pippa Considine, Tim Jones, Natalie Savona, Laurie Tomlinson et Olivia Waller.

Merci à notre Conseil de Bibliothérapie pour les idées et suggestions au fil des ans ; Terence Blacker, Rose Chapman, Tracy Chevalier, Abi Curtis, Nick Curwin, Ashley Dartnell, Geoff Dyer, Piers Feltham, Patrick Gale, Sophie Howarth, Alison Huntingdon, Nicholas Ib, Lawrence Kershen, Caroline Kraus, Sam Leith, Toby Litt, Anna McNamee, Chiara Menage, Stephen Miller, Tiffany Murray, Jason Oddy, Jacqueline Passmore, Bonnie Powell et ses amis Facebook, Charlotte Raby, Judy Rich, Robin Rubenstein, Alison Sayers, Anna Stein, Chris Thornhill, Ardu Vakil, David Waters, SJ Watson, Rebecca Wilson, Carrie Worrall et Charmaine Yabsley.

Remerciements tout particuliers à notre collègue et amie Simona Lyons de la School of Life, ainsi qu'à Morgwn Rimmell, Caroline Brimmer, Harriet Warden, Clemmie Balfour et toutes les personnes de la School of Life qui nous ont soutenues tout au long de l'écriture du livre.

Merci également à nos anciens et actuels patients de bibliothérapie, qui nous ont donné des idées de livres que nous n'avions pas encore lus et nous ont permis de tester nos remèdes.

Merci à notre agent Clare Alexander, notre éditrice Jenny Lord et toute l'équipe de Canongate, ainsi qu'à Colin Dickerman, Liesl Schillinger et tout Penguin US.

Un merci à titre posthume à notre tuteur de Cambridge, David Holbrook, qui nous a engagées sur cette voie.

Et surtout, merci à nos familles : Martin, Doreen, Saroja, Jennie, Bill, Carl et Ash, pour leur amour et leur soutien tout au long de cette aventure ; ainsi qu'à nos enfants, Morgan Calypso, Harper et Kirin pour avoir composé avec nos absences mentales.

Index des pathologies et bibliographie

A

Acouphènes 25
Jonathan Franzen, *Freedom*, traduit par Anne Wicke, Points, 2014.

Addiction aux jeux 27
Emmanuel Carrère, *Hors d'atteinte ?*, Folio, 1989.

Adolescence 29
J. D. Salinger, *L'Attrape-cœurs*, traduit par Annie Saumont, Robert Laffont, 2003.
Lorrie Moore, *Que vont devenir les grenouilles ?*, traduit par Oristelle Bonis, Points, 2013.
Denton Welch, *Soleils brillants de la jeunesse*, traduit par Michel Bulteau, éditions Viviane Hamy, coll. « Bis », 2008.

Les dix meilleurs romans à lire pendant votre année sabbatique :
Louis Aragon, *Aurélien*, Folio, 1986.
Mikhaïl Boulgakov, *Le Maître et Marguerite*, traduit par Claude Ligny, Robert Laffont, coll. « Pavillon poche », 2012.
Alexandre Dumas, *Les Trois Mousquetaires*, Livre de Poche, 2011.
Gabriel García Márquez, *Cent ans de solitude*, traduit par Claude et Carmen Durand, Points, 2014.
Jack Kerouac, *Sur la route*, traduit par Josée Kamoun, Folio, 2012.
Daniel Keyes, *Des fleurs pour Algernon*, traduit par Georges H. Gallet, J'ai Lu, 2012.
Herman Melville, *Moby Dick*, traduit par Jean Giono, Lucien Jacques et Joan Smith, Folio, 2008.
Georges Perec, *La Vie mode d'emploi*, Livre de Poche, 2007.
Stendhal, *Le Rouge et le Noir*, Livre de Poche, 2008.
Michel Tournier, *Le Roi des aulnes*, Folio, 1975.

par Pierre Leroux et revu par Christian Helmreich, Livre de Poche, 2008.
Thomas Hardy, *Loin de la foule déchaînée*, traduit par Thierry Gillybœuf, éditions Sillages, 2011.
Ivan Tourgueniev, *Premier amour*, traduit par R. Hoffmann et L. Viardot, Livre de Poche, 2008.

Evgueni Zamiatine, *Nous autres*, traduit par B. Cauvet-Duhamel, Gallimard, coll. « L'imaginaire », 1979.
D. H. Lawrence, *L'Amant de lady Chatterley*, traduit par Pierre Nordon, Livre de Poche, 2008.

Laurence Sterne, *La Vie et les opinions de Tristram Shandy*, traduit par Guy Jouvet, Tristam, coll. « Souple », 2012.

Hermann Hesse, *Siddharta*, traduit par Joseph Delage, Livre de Poche, 2007.

Les dix meilleurs romans pour ados :

Alain-Fournier, *Le Grand Meaulnes*, Folio, 2009.
Sherman Alexie, *Le premier qui pleure a perdu*, traduit par Valérie Le Plouhinec, Albin Michel, coll. « Wiz », 2013.
Pierric Bailly, *Polichinelle*, Folio, 2010.
François Bégaudeau, *La Blessure, la vraie*, Folio, 2012.
Truman Capote, *Les Domaines hantés*, traduit par Maurice-Edgar Coindreau, Gallimard, coll. « L'imaginaire », 1985.
John Green, *Qui es-tu Alaska ?*, traduit par Catherine Gibert, Gallimard-Jeunesse, 2015.

James M. Cain, *Mildred Pierce*, traduit par Sabine Berritz, Gallimard, coll. « L'Imaginaire », 2009.

Autre, devenir un 76

Marie NDiaye, *Ladivine*, Folio, 2014.

Avion, peur de l' 77

Antoine de Saint-Exupéry, *Vol de nuit*, Folio, 1982.

Les dix meilleurs romans à lire sur un long-courrier :

Niccolò Ammaniti, *Je n'ai pas peur*, traduit par Myriem Bouzaher, 10/18, 2014.
François-Régis Bastide, *L'Homme au désir d'amour lointain*, Folio, 1996.
Alexandre Dumas, *Le Comte de Monte-Cristo*, Livre de Poche, deux volumes, 2014.
John Fowles, *Le Mage*, traduit par Annie Saumont, Albin Michel, 2006.
Anne-Marie Garat, *Dans la main du diable*, Actes Sud, coll. « Babel », 2007.
Stieg Larsson, *La fille qui rêvait d'un bidon d'essence et d'une allumette*, traduit par Lena Grumbach et Marc de Gouvenain, Actes Sud, coll. « Babel noir », 2012.
Kate Mosse, *Labyrinthe*, traduit par Gérard Marcantonio, Livre de Poche, 2010.
Carlos Ruiz Zafón, *L'Ombre du vent*, traduit par François Maspero, Pocket, 2014.
Alice Sebold, *La Nostalgie de l'ange*, traduit par Édith Soonckindt, J'ai Lu, 2005.
Philippe Sollers, *Femmes*, Folio, 1984.

Avouer, tentation de tout 79

Thomas Hardy, *Tess*, traduit par Josette Chicheportiche, Livre de Poche, 2014.

B

C

Les dix meilleurs romans pour sortir d'un cauchemar :

Jean-Pierre Abraham, *Armen*, Le Tout sur le Tout, 1988.

David James Duncan, *La Vie selon Gus Orviston*, traduit par Michel Lederer, Albin Michel, 1999.

Jerome K. Jerome, *Trois hommes dans un bateau (sans oublier le chien)*, traduit par Théo Varlet, Points, 2011.

Norman Maclean, *La Rivière du sixième jour*, traduit par Marie-Claire Pasquier, Rivages-Poche, 1997.

Michel Mohrt, *Les Moyens du bord*, Folio, 1982.

Graham Swift, *Le Pays des eaux*, traduit par Robert Davreu, Folio, 2001.

Sylvain Tesson, *Dans les forêts de Sibérie*, Folio, 2013.

Michel Tournier, *Vendredi ou les Limbes du Pacifique*, Folio, 1972.

Mark Twain, *Les Aventures d'Huckleberry Finn*, traduit par Bernard Hoepffner, Tristram, coll. « Souple », 2013.

Jules Verne, *Deux ans de vacances*, Livre de Poche, 2002.

Helen Fielding, *Le Journal de Bridget Jones*, traduit par Arlette Stroumza, J'ai Lu, 2013.

Les dix meilleurs romans quand on a cent ans :

Honoré de Balzac, *Le Centenaire ou les Deux Béringheld*, dans *Premiers romans*, Robert Laffont, coll. « Bouquins », 1999.

Daniel Boulanger, *Jules Bouc*, Folio, 1992.
Rana Dasgupta, *Solo*, traduit par Francesca Gee, Gallimard, 2012.
Andrew Sean Greer, *Les Confessions de Max Tivoli*, traduit par Laetitia Devaux, Points, 2009.
Allan Gurganus, *Lucy Marsden raconte tout*, traduit par Élisabeth Peellaert, Plon, 1997.
Hermann Hesse, *Le Jeu des perles de verre*, traduit par Jacques Martin, Livre de Poche, 2013.
Milan Kundera, *L'Immortalité*, traduit par Eva Bloch, Folio, 1993.
René de Obaldia, *Le Centenaire*, Grasset, coll. « Les cahiers rouges », 1983.
Bram Stoker, *Dracula*, traduit par Jacques Finné, Pocket, 2013.
Jonathan Swift, *Les Voyages de Gulliver*, traduit par Guillaume Villeneuve, GF, 2014.

Niall Williams, *Comme au ciel*, traduit par Erika Abrams, Denoël, 1999.
Charlotte Brontë, *Jane Eyre*, traduit par Dominique Jean, Folio, 2012.
George du Maurier, *Peter Ibbetson*, Gallimard, coll. « L'Imaginaire », 1978.

Vladimir Nabokov, *Lolita*, traduit par Maurice Couturier, Folio, 2001.

Haruki Murakami, *Chroniques de l'oiseau à ressort*, traduit par Corinne Atlan et Karine Chesneau, 10/18, 2014.

Delphine de Vigan, *Rien ne s'oppose à la nuit*, Livre de Poche, 2014.

D

Daniel Pennac, *La Fée carabine*, Folio, 2007.
Vincent Ravalec, *Le Retour de l'auteur*, Le Dilettante, 2009.
Helen Simonson, *La Dernière Conquête du major Pettigrew*, traduit par Johan-Frédérik Hel-Guedj, 10/18, 2013.
Dodie Smith, *Le Château de Cassandra*, traduit par Anne Krief, Folio Junior, 2009.

Les dix meilleurs romans en cas de profonde déprime :
Saul Bellow, *Herzog*, traduit par Michel Lederer, Folio, 2014.
Emmanuel Carrère, *D'autres vies que la mienne*, Folio, 2010.
Alphonse Daudet, *Le Petit Chose*, Livre de Poche, 2013.
Philippe Djian, *37°2 le matin*, J'ai Lu, 2000.
Toni Morrison, *L'Œil le plus bleu*, traduit par Jean Guiloineau, 10/18, 2008.
Hubert Selby Jr, *Last exit to Brooklyn*, traduit par Jean-Pierre Carasso et Jacqueline Huet, 10/18, 2015.
Edward St Aubyn, *Un peu d'espoir*, traduit par Marie Ploux et Sophie Brunet, Points, 2008.
Virginia Woolf, *Voyage au phare*, traduit par Magali Merle, Livre de Poche, 2009.
Richard Yates, *La Fenêtre panoramique*, traduit par Robert Latour, Robert Laffont, coll. « Pavillon poche », 2005.
Émile Zola, *L'Assommoir*, Livre de Poche, 2013.

Alain-Fournier, *Le Grand Meaulnes*, Folio, 2009.

Hans Fallada, *Seul dans Berlin*, traduit par Laurence Courtois, Folio, 2015.

E

Andrea Camilleri, *La Forme de l'eau*, traduit par Serge Quadruppani et Maruzza Loria, Pocket, 2003.
William Wilkie Collins, *La Dame en blanc*, traduit par L. Lenoir, Le Masque, coll. « Labyrinthes », 2010.
Percy Kemp, *Le Système Boone*, Livre de Poche, 2004.
Maurice Leblanc, *L'Aiguille creuse*, Livre de Poche, 2015.
John Le Carré, *Un pur espion*, traduit par Nathalie Zimmerman, Points, 2002.
Jean-Patrick Manchette, *Le Petit Bleu de la côte Ouest*, Folio Policier, 2014.
Dorothy L. Sayers, *Lord Peter et l'inconnu*, traduit par Sylvie Barjansky, Masque Poche, 2013.
Jean-François Vilar, *Nous cheminons entourés de fantômes aux fronts troués*, Points, 2014.

Ananda Devi, *Ève de ses décombres*, Gallimard, 2006.

José Saramago, *L'Aveuglement*, traduit par Geneviève Leibrich, Points, 2008.

Jean Cocteau, *Les Enfants terribles*, Grasset, coll. « Les cahiers rouges », 2013.

Emma Donoghue, *Room*, traduit par Virginie Buhl, Livre de Poche, 2013.

Nikos Kazantzákis, *Alexis Zorba*, traduit par René Bouchet, Cambourakis, 2015.

Les dix meilleurs romans pour arrêter de fumer (ou pas) :
Arthur Conan Doyle, *Le Chien des Baskerville*, traduit par Bernard Tourville, Livre de Poche, 2014.
Thierry Dancourt, *Hôtel de Lausanne*, 10/18, 2008.
Marguerite Duras, *L'Amant*, Minuit, 1984.
Horace Engdahl, *La Cigarette et le Néant*, traduit par Elena Balzamo, Serge Safran, 2014.
Ian Fleming, *Opération tonnerre*, traduit par Françoise Thirion, Plon, 1962.
Dan Franck, *Tabac*, Seuil, 1995.
Arthur Loustalot, *La Ruche*, JC Lattès, 2013.
Patrick McGrath, *L'Asile*, traduit par Martine Skopan, Folio, 1999.
Tom Robbins, *Mickey le Rouge*, traduit par Marie-Hélène Dumas, 10/18, 2005.
Italo Svevo, *La Conscience de Zeno*, traduit par Paul-Henri Michel, Folio, 2014.

G

Gâcher son temps dans une relation ratée .. 249
Shirley Hazzard, *Le Passage de Vénus*, traduit par Claude Demanuelli, Folio, 2009.

Gloutonnerie 251
John Lanchester, *Le Prix du plaisir*, traduit par Claude Demanuelli, Sonatine, coll. « + », 2015.

Grand âge, horreur du 252
Jane Gardam, *Le Maître des apparences*, traduit par Françoise Adelstain, JC Lattès, 2015.
Alice Thomas Ellis, *Les Habits neufs de Margaret*, traduit par Agnès Desarthe, Points, 1995.

Grippe 255
Agatha Christie, *Le Meurtre de Roger Ackroyd*, tra-

duit par Françoise Jamoul, éditions du Masque, 2013.
Nathan Larson, *Le Système D*, Asphalte, 2014.

Victor Hugo, *Les Misérables*, Livre de Poche, 2014.

H. G. Wells, *L'Île du docteur Moreau*, traduit par Henry D. Davray, Folio, 1997.

Les dix meilleurs gros volumes :
Louis Aragon, *La Semaine sainte*, Folio, 1987.
Albert Cohen, *Belle du seigneur*, Folio, 1998.
Alexandre Dumas, *Le Vicomte de Bragelonne*, trois volumes, Folio, 1997.
Alasdair Gray, *Lanark*, traduit par Céline Schwaller, Métailié, 2000.
Jonathan Littell, *Les Bienveillantes*, Folio, 2008.
Roger Martin du Gard, *Les Thibault*, Folio, 2003.
Yukio Mishima, *La Mer de la fertilité*, traduit par Tanguy Kenec'hdu, Gallimard, coll. « Quarto », 2004.
Marcel Proust, *À la recherche du temps perdu*, Gallimard, coll. « Quarto », 1999.
Vikram Seth, *Un garçon convenable*, traduit par Françoise Adelstain, deux volumes, Livre de Poche, 2007.
Sigrid Undset, *Kristin Lavransdatter*, traduit par E. Avenard, T. Hammar, M. Metzger, Stock, 2007.

Anthony Powell, *La Ronde de la musique du temps*, traduit par Michel Doury, douze volumes, Christian Bourgois éditeur, 1992-1995.

Mervyn Peake, *Mr Pye*, traduit par Bernard Hoepffner, Joëlle Losfeld, 1993.
Pierre Péju, *L'État du ciel*, Gallimard, 2013.
Terry Pratchett et Neil Gaiman, *De bons présages*, traduit par Patrick Marcel, Au diable vauvert, 2002.
... Aventures :
Joseph Kessel, *Les Cavaliers*, Folio, 1982.
Barbara Kingsolver, *L'Arbre aux haricots*, traduit par Martine Béquié, Rivages-Poche, 2014.
Jack London, *L'Appel de la forêt*, traduit par Jean Muray, Livre de Poche, 2014.
Jean-François Parot, *L'Année du volcan*, 10/18, 2014.
Jacques Perret, *Mutinerie à bord*, Le Dilettante, 2006.

Hoquet 287
Philip Hensher, *Vices privés*, traduit par Jean-Luc Piningre, Le Cherche-Midi, 2013.

Les dix meilleurs romans anti-hoquet :
René Barjavel, *Ravage*, Folio, 1972.
Suzanne Collins, *Hunger Games*, traduit par Guillaume Fournier, Pocket Jeunesse, 2015.
Caryl Férey, *Zulu*, Folio Policier, 2010.
Gillian Flynn, *Les Apparences*, traduit par Héloïse Esquié, Livre de Poche, 2013.
Jean-Christophe Grangé, *Miserere*, Livre de Poche, 2010.
John Irving, *Une prière pour Owen*, traduit par Michel Lebrun, Points, 1995.
Thierry Jonquet, *Mygale*, Folio Policier, 2011.
Jerzy Kosinski, *L'Oiseau bariolé*, traduit par Maurice Pons, J'ai Lu, 2007.
Véronique Olmi, *Bord de mer*, J'ai Lu, 2005.
David Vann, *Sukkwan Island*, traduit par Laura Derajinski, Folio, 2012.

Humour, absence d' 289

Les dix meilleurs romans pour vous faire rire :
Jean-Luc Benoziglio, *Cabinet portrait*, Points, 2001.
J. P. Donleavy, *Les Béatitudes bestiales de Balthazar B*, traduit par Suzanne Mayoux, Folio, 2000.
Jean-Paul Dubois, *Vous plaisantez, monsieur Tanner*, Points, 2007.
Helen Fielding, *Le Journal de Bridget Jones*, J'ai Lu, 2000.
Joe Keenan, *Un mariage à la mode*, traduit par Mimi Perrin, 10/18, 2004.
Georges Perec, *Quel petit vélo à guidon chromé au fond de la cour ?*, Denoël, 2014.
Romain Puértolas, *L'extraordinaire voyage du fakir qui était resté coincé dans une armoire Ikea*, Livre de Poche, 2015.
Sempé/Goscinny, *Le Petit Nicolas*, Folio, 1973.
Jean-Philippe Toussaint, *La Télévision*, Minuit, coll. « Double », 2002.
P. G. Wodehouse, *Au pays du fou rire*, traduit par Anne-Marie Bouloch, 10/18, 2011.

Hypertension 290

Les dix meilleurs romans pour réduire votre hypertension :
Nicholson Baker, *La Mezzanine*, traduit par Arlette Stroumza, Robert Laffont, coll. « Pavillon poche », 2008.
Muriel Barbery, *L'Élégance du hérisson*, Folio, 2015.
Peter Cameron, *Là-bas*, traduit par Suzanne V. Mayoux, Rivages-Poche, 2005.
Michael Cunningham, *Les Heures*, traduit par Anne Damour, 10/18, 2011.
Claudie Gallay, *Les Déferlantes*, Actes Sud, coll. « Babel », 2011.
André Gide, *La Symphonie pastorale*, Folio, 2008.

I

J

L

Quichotte de la Manche, traduit par Aline Schulman, deux volumes, Points, 2001.

Les dix meilleurs romans pour paraître lettré :
... Essentiels :
Pierre Choderlos de Laclos, *Les Liaisons dangereuses*, Livre de Poche, 2001.
Gustave Flaubert, *Madame Bovary*, Livre de Poche, 2012.
Madame de Lafayette, *La Princesse de Clèves*, Livre de Poche, 2008.
Edmond Rostand, *Cyrano de Bergerac*, GF, 2013.
Émile Zola, *Germinal*, Livre de Poche, 2008.
... Cerises sur le gâteau :
Michel Audiard, *Le jour, la nuit et toutes les autres nuits*, Pocket, 2012.
Marcel Aymé, *Uranus*, Folio, 1990.
Pierre Drieu La Rochelle, *Le Feu follet*, Folio, 1972.
Jean-Pierre Martinet, *Jérôme*, Finitude, 2008.
Alexandre Vialatte, *Les Fruits du Congo*, Gallimard, coll. « L'imaginaire », 1991.

Mario Vargas Llosa, *Éloge de la marâtre*, traduit par Albert Bensoussan, Folio, 1992.

Thomas Hardy, *Les Yeux bleus*, traduit par Georges Goldfayn, Rivages, 2002.
Rachel Joyce, *La Lettre qui allait changer le destin d'Harold Fry*, traduit par Marie-France Girod, Pocket, 2013.
Rose Macaulay, *Les Tours de Trébizonde*, traduit par Isabelle Chapman, Phébus, 1992.

M

Maladie d'amour 343
Patricia Highsmith, *Carol*, traduit par Emmanuèle de Lesseps, Livre de Poche, 2009.

Malaise du XXIe siècle 345
Benoît Duteurtre, *La Petite Fille et la cigarette*, Folio, 2007.
Gary Shteyngart, *Super triste histoire d'amour*, traduit par Stéphane Roques, Points, 2013.

Manque, être en 347

Les dix meilleurs romans quand on est en manque :
Louis-Ferdinand Céline, *Voyage au bout de la nuit*, Folio, 2011.
Blaise Cendrars, *La Main coupée*, Folio, 1972.
Michael Ende, *L'Histoire sans fin*, traduit par Dominique Autrand, Livre de Poche, 2010.
John Fante, *Demande à la poussière*, traduit par Philippe Garnier, dans *Romans*, volume 1, Christian Bourgois éditeur, 2013.
Ken Follett, *Les Piliers de la terre*, traduit par Jean Rosenthal, Livre de Poche, 2011.
Neil Gaiman, *Neverwhere*, traduit par Patrick Marcel, J'ai Lu, 2011.
Jean Giono, *Les Âmes fortes*, Folio, 1972.
Ivan Gontcharov, *Oblomov*, traduit par Luba Jurgenson, Livre de Poche, 2014.
Cormac McCarthy, *Méridien de sang*, traduit par François Hirsch, Points, 2001.
Jean-Paul Sartre, *La Nausée*, Folio, 1978.

Marié, être 349
Elizabeth von Arnim, *Avril enchanté*, traduit par François Dupuigrenet Desroussilles, 10/18, 2011.

N

O

Muriel Spark, *Le Pisseur de copie*, traduit par Léo Dilé, Stock, 1992.
Antonio Tabucchi, *Pereira prétend*, traduit par Bernard Comment, Folio, 1992.
Alexander McCall Smith, *Mma Ramotswe détective*, traduit par Élisabeth Kern, 10/18, 2003.

Thomas Mann, *La Mort à Venise*, traduit par Félix Bertaux, Charles Sigwalt et Axel Nesme, Livre de Poche, 2007.
Herman Melville, *Moby Dick*, traduit par Jean Giono, Lucien Jacques, Joan Smith, Folio, 2008.

John Buchan, *Les Trente-Neuf Marches*, traduit par Théo Varlet, Masque Poche, 2012.

Voltaire, *Candide*, Flammarion, coll. « Étonnants classiques », 2014.
Kazuo Ishiguro, *Auprès de moi toujours*, traduit par Anne Rabinovitch, Folio, 2015.

Jack Kerouac, *Sur la route*, traduit par Josée Kamoun, Folio, 2012.

Orgasmes, pas assez d' 401

Virginia C. Andrews, *Fleurs captives*, traduit par Michel Deutsch, J'ai Lu, 1999.

John Cleland, *Fanny Hill, la fille de joie*, traduit par Jean-Louis Fougeret de Montbron, Actes Sud, coll. « Babel », 2008.

D. H. Lawrence, *L'Amant de lady Chatterley*, traduit par Pierre Nordon, Livre de Poche, 2008.

Thomas Pynchon, *L'Arc-en-ciel de la gravité*, traduit par Michel Doury, Points, 2008.

James Joyce, *Ulysse*, édition de Jacques Aubert, Folio, 2013.

Melvin Burgess, *Une idée fixe*, traduit par Laetitia Devaux, Gallimard-Jeunesse, 2004.

Alina Reyes, *Le Boucher*, Points, 1995.

Rebecca Miller, *Les Vies privées de Pippa Lee*, traduit par Cécile Deniard, Points, 2010.

Nikki Gemmell, *La Mariée mise à nu*, traduit par Alfred Boudry, Livre de Poche, 2008.

Pauline Réage, *Histoire d'O*, Livre de Poche, 1999.

Leopold von Sacher-Masoch, *La Vénus à la fourrure*, traduit par Pierre Malherbet, Pocket, 2013.

Alan Hollinghurst, *La Piscine-bibliothèque*, traduit par Alain Defossé, Albin Michel, 2015.

Edmund White, *Un jeune américain*, traduit par Gilles Barbedette, 10/18, 2005.

Jean Genet, *Notre-Dame-des-Fleurs*, Folio, 1976.

Sarah Waters, *Du bout des doigts*, traduit par Erika Abrams, 10/18, 2005.

Orteil écrasé 403

James Joyce, *Portrait de l'artiste en jeune homme*, traduit par Ludmila Savitzky et Jacques Aubert, Folio, 1992.

Oublier quelqu'un, impossible d' 404

Marguerite Duras, *Le Marin de Gibraltar*, Folio, 1977.

P

Les dix meilleurs romans pour amener votre partenaire (homme) à la fiction :

Nelly Alard, *Moments d'un couple*, Folio, 2015.

Tonino Benacquista, *Les Morsures de l'aube*, Rivages-Noir, 2001.

William Boyd, *À livre ouvert*, traduit par Christiane Besse, Points, 2004.

Emmanuel Carrère, *La Moustache*, Folio, 2005.

Michael Chabon, *Les Extraordinaires Aventures de Kavalier & Clay*, traduit par Isabelle D. Philippe, 10/18, 2004.

Umberto Eco, *Le Nom de la rose*, traduit par Jean-Noël Schifano, Livre de Poche, 2010.

Joseph Heller, *Catch-22*, traduit par Brice Matthieussent, Livre de Poche, 2006.

Michel Houellebecq, *Extension du domaine de la lutte*, J'ai Lu, 2010.

Stanislas Lem, *Solaris*, traduit du polonais par Jean-Michel Jasienko, Folio SF, 2003.

Philippe Vilain, *Pas son genre*, J'ai Lu, 2014.

Les dix meilleurs romans pour amener votre partenaire (femme) à la fiction :

Olivier Adam, *À l'abri de rien*, Points, 2008.

Jean-Paul Dubois, *Une vie française*, Points, 2005.

Jennifer Egan, *Qu'avons-nous fait de nos rêves ?*, traduit par Sylvie Schneiter, Points, 2013.

David Grossman, *Une femme fuyant l'annonce*, traduit par Sylvie Cohen, Points, 2012.

Khaled Hosseini, *Mille soleils splendides*, traduit par Valérie Bourgeois, 10/18, 2009.

John Irving, *L'Hôtel New Hampshire*, traduit par Maurice Rambaud, Points, 1995.

Amélie Nothomb, *Hygiène de l'assassin*, Livre de Poche, 2010.

Christian Oster, *Mon grand appartement*, Minuit, coll. « Double », 2007.

Les dix meilleurs romans pour vous faire pleurer :
Honoré de Balzac, *Le Lys dans la vallée*, Livre de Poche, 2008.
John Green, *Nos étoiles contraires*, traduit par Catherine Gibert, Nathan Jeunesse, 2013.
Kazuo Ishiguro, *Auprès de moi toujours*, traduit par Anne Rabinovitch, Folio, 2015.
Hector Malot, *Sans famille*, Livre de Poche, 2014.
David Nicholls, *Un jour*, traduit par Karine Reignier-Guerre, 10/18, 2012.
Boris Pasternak, *Le Docteur Jivago*, traduction non signée, Folio, 1972.
Robert Sabatier, *David et Olivier*, Livre de Poche, 1989.
William Styron, *Le Choix de Sophie*, traduit par Maurice Rambaud, Folio, 1998.
Brina Svit, *Un cœur de trop*, Folio, 2007.
William Trevor, *Lucy*, traduit par Katia Holmes, Points, 2013.

Bruce Chatwin, *Utz*, traduit par Jacques Chabert, Grasset, coll. « Les cahiers rouges », 2012.

Michael Ondaatje, *La Peau d'un lion*, traduit par Marie Odile Fortier-Masek, Points, 2003.

Michael Ondaatje, *Le Patient anglais*, traduit par Marie Odile Fortier-Masek, Points, 1995.

Q

Les dix meilleurs romans quand on a quarante ans :
Olivier Adam, *Les Lisières*, J'ai Lu, 2013.
Sylvie Aymard, *Courir dans les bois sans désemparer*, Maurice Nadeau, 2006.
J. G. Ballard, *La Bonté des femmes*, traduit par Béatrice Vierne, Tristram, coll. « Souple », 2014.
Jean-Paul Dubois, *Kennedy et moi*, Points, 1997.
David Foenkinos, *Je vais mieux*, Folio, 2014.
A. M. Homes, *Ce livre va vous sauver la vie*, traduit par Yoann Gentric, Actes Sud, coll. « Babel », 2010.
Michel Houellebecq, *La Possibilité d'une île*, J'ai Lu, 2013.
Javier Marías, *Un cœur si blanc*, traduit par Anne-Marie Geninet et Alain Keruzoré, Folio, 2008.
Stephen Vizinczey, *Éloge des femmes mûres*, traduit par Marie-Claire Peugeot, Folio, 2006.
Evelyn Waugh, *Une poignée de cendres*, traduit par Marie Canavaggia, Robert Laffont, coll. « Pavillon poche », 2011.

Les dix meilleurs romans quand on a quatre-vingts ans :
Honoré de Balzac, *Le Colonel Chabert*, J'ai Lu, 2013.

François Barcelo, *J'haïs les vieux*, éditions Coups de tête, 2013.
Elizabeth Bowen, *La Maison à Paris*, traduit par Marie Tadié, Gallimard, coll. « L'imaginaire », 1986.
Joseph Conrad, *Lord Jim*, traduit par Odette Lamolle, Livre de Poche, 2012.
Ernest Hemingway, *Au-delà du fleuve et sous les arbres*, traduit par Paule de Beaumont, Folio, 1995.
Catharina Ingelman-Sundberg, *Comment braquer une banque sans perdre son dentier*, traduit par Hélène Hervieu, Pocket, 2015.
Yasunari Kawabata, *Le Maître ou le Tournoi de go*, traduit par Sylvie Regnault-Gatier, Livre de Poche, 2008.
Marcel Proust, *À la recherche du temps perdu*, Gallimard, coll. « Quarto », 1999.
Jocelyne Saucier, *Il pleuvait des oiseaux*, Folio, 2015.
Mary Wesley, *La Pelouse de camomille*, traduit par Samuel Sfez, J'ai Lu, 2009.

Les dix meilleurs romans quand on a quatre-vingt-dix ans :

Bergsveinn Birgisson, *La Lettre à Helga*, traduit par Catherine Eyjólfsson, Zulma, 2013.
Lewis Carroll, *Alice de l'autre côté du miroir*, traduit par Michel Laporte, Livre de Poche, 2010.
Charles Dickens, *La Maison d'Âpre-Vent*, traduit par Sylvère Monod, Bibliothèque de la Pléiade, 1979.
Francis Scott Fitzgerald, *L'Étrange Histoire de Benjamin Button*, traduit par Dominique Lescanne, Pocket, 2009.
Milan Kundera, *Le Livre du rire et de l'oubli*, Folio, 1987.

R

Lydia Davis, *C'est fini*, traduit par François Rosso, Phébus, 2007.
Jean Echenoz, *Je m'en vais*, Minuit, coll. « Double », 2001.
Nicolas Fargues, *J'étais derrière toi*, Folio, 2013.
Graham Greene, *La Fin d'une liaison*, traduit par Marcelle Sibon, 10/18, 2000.
Victor Hugo, *Notre-Dame de Paris*, Pocket, 2013.
Monica Sabolo, *Tout cela n'a rien à voir avec moi*, Pocket, 2015.
Leanne Shapton, *Pièces importantes et effets personnels de la collection Lenore Doolan et Harold Morris, comprenant livres, prêt-à-porter et bijoux*, traduit par Jakuta Alikavazovic, éditions de l'Olivier, 2009.
Anthony Trollope, *Quelle époque !*, traduit par Alain Jumeau, J'ai Lu, 2011.

Melvin Burgess, *Lady : ma vie de chienne*, traduit par Laetitia Devaux, Folio, 2011.

S

Mikhaïl Boulgakov, *Le Maître et Marguerite*, traduit par Claude Ligny, Robert Laffont, coll. « Pavillon poche ».

J. L. Carr, *Un mois à la campagne*, traduit par Pierre Girard, Actes Sud, 1992.
Jonas Jonasson, *Le vieux qui ne voulait pas fêter son anniversaire*, traduit par Caroline Berg, Pocket, 2012.

Léon Tolstoï, *La Guerre et la paix*, traduit par Bernard Kreise, Points, 2010.
Jeanette Winterson, *La Passion*, traduit par Isabelle D. Philippe, Points, 2015.

SF, peur de la (maladie de la lecture) 491
Margaret Atwood, *Le Dernier Homme*, traduit par Michèle Albaret-Maatsch, 10/18, 2007.
John Wyndham, *Le Jour des Triffides*, traduit par Marcel Battin et revu par Sébastien Guillot, Folio SF, 2007.
George Orwell, *1984*, traduit par Amélie Audiberti, Folio, 2007.

Les dix meilleurs romans pour débutants en SF :
Douglas Adams, *Le Guide du voyageur galactique*, traduit par Yves Bonnefoy, Folio SF, 2010.
J. G. Ballard, *Le Monde englouti*, traduit par Michel Pagel, Folio SF, 2011,
René Barjavel, *La Nuit des temps*, Pocket, 2012.
Pierre Boulle, *La Planète des singes*, Pocket, 2001.
Aldous Huxley, *Le Meilleur des mondes*, traduit par Jules Castier, Pocket, 2013.
Blandine Le Callet, *La Ballade de Lila K*, Livre de Poche, 2012.
Robert Merle, *Malevil*, Folio, 1983
George Orwell, *1984*, traduit par Amélie Audiberti, Folio, 2007.
Antoine Volodine, *Des anges mineurs*, Points, 2001.
H. G. Wells, *La Guerre des mondes*, traduit par Henry D. Davray, Folio, 2003.

Soixante ans, avoir dans les 493

Les dix meilleurs romans quand on a soixante ans :
Chinua Achebe, *Tout s'effondre*, traduit par Pierre Girard, Actes Sud, 2013.

Julian Barnes, *Une fille, qui danse*, traduit par Jean-Pierre Aoustin, Folio, 2014.
Tahar Ben Jelloun, *Au pays*, Folio, 2010.
Jean-Paul Dubois, *Une vie française*, Points, 2005.
Pascal Garnier, *Lune captive dans un œil noir*, Points, 2011.
Stéphane Hoffmann, *Les Autos tamponneuses*, Livre de Poche, 2013.
Margaret Laurence, *Les Devins*, traduit par Sophie Bastide-Foltz, Joëlle Losfeld, 2010.
Philip Roth, *Pastorale américaine*, traduit par Josée Kamoun, Folio, 2001.
Richard Russo, *Un homme presque parfait*, traduit par Jean-Luc Piningre, Josette Chicheportiche, Françoise Arnaud-Demir, 10/18, 2002.
Graham Swift, *La Dernière Tournée*, traduit par Robert Davreu, Gallimard, 1997.

Les dix meilleurs romans quand on a soixante-dix ans :
Hervé Bazin, *Le Démon de minuit*, Grasset, 1988.
Viviane Chocas, *Je vais beaucoup mieux que mes copains morts*, Héloïse d'Ormesson, 2012.
Arnaud Dudek, *Une plage au pôle Nord*, Alma éditeur, 2015.
Gabriel García Márquez, *L'Amour aux temps du choléra*, traduit par Annie Morvan, Livre de Poche, 2010.
Tove Jansson, *Le Livre d'un été*, traduit par Jeanne Gauffin, Livre de Poche, 2014.
Nicole Krauss, *L'Histoire de l'amour*, traduit par Bernard Hoepffner avec Catherine Goffaux, Folio, 2008.
Ghislaine Meunier-Tardif, *L'Écarlate*, Stanké, 2009.
Iris Murdoch, *La Mer, la mer*, traduit par Suzanne Mayoux, Folio, 1992.

Ray Bradbury, *La Foire des ténèbres*, traduit par Richard Walters et Brigitte Mariot, Folio SF, 2006.

Douglas Adams, *Le Guide du voyageur galactique*, traduit par Yves Bonnefoy, Folio SF, 2010.

Serge Bramly, *Orchidée fixe*, Le Livre de Poche, 2014.

Eowyn Ivey, *La Fille de l'hiver*, traduit par Isabelle Chapman, 10/18, 2013.

Les dix meilleurs romans quand on a trente ans :
Martin Amis, *London Fields*, traduit par Géraldine d'Amico, Folio, 2009.
Jeffrey Eugenides, *Middlesex*, traduit par Marc Cholodenko, Points, 2004.
Bernard Frank, *Les Rats*, Flammarion, 2009.
Ernest Hemingway, *Le soleil se lève aussi*, traduit par Maurice-Edgar Coindreau, Folio, 1972.
Régis Jauffret, *Clémence Picot*, Folio, 2000.
William Somerset Maugham, *Servitude humaine*, traduit par E. R. Blanchet, 10/18, 1997.
Roger Nimier, *Les Enfants tristes*, Folio, 1983.
Robert Penn Warren, *Les Fous du roi*, traduit par Pierre Singer, Les Belles Lettres, 2015.
Nicolas Rey, *Courir à trente ans*, J'ai Lu, 2006.
Françoise Sagan, *La Chamade*, Pocket, 2009.

V

Pettigrew, traduit par Johan-Frédérik Hel-Guedj, 10/18, 2013.

Tom Robbins, *Un parfum de Jitterbug*, traduit par François Happe, éditions Gallmeister, coll. « Totem », 2015.

China Miéville, *The City & the city*, traduit par Nathalie Mège, Pocket, 2013.

Les dix meilleurs romans quand on a vingt ans :

Honoré de Balzac, *Le Père Goriot*, Folio, 2011.
Albert Camus, *L'Étranger*, Folio, 2013.
Michael Chabon, *Les Mystères de Pittsburgh*, traduit par Marc Cholodenko, Robert Laffont, coll. « Pavillons poche », 2009.
Paul Gadenne, *Siloé*, Points, 2014.
Hanif Kureishi, *Le Bouddha de banlieue*, traduit par Michel Courtois-Fourcy, 10/18, 2010.
Guy de Maupassant, *Bel-Ami*, Folio, 2011.
Mary McCarthy, *Le Groupe*, traduit par Antoine Gentien et Jean-Noël Fenwick, Folio, 1983.
Paul Nizan, *La Conspiration*, Folio, 1973.
Philip Roth, *Goodbye, Columbus*, traduit par Céline Zins, Folio, 1980.
Donna Tartt, *Le Maître des illusions*, traduit par Pierre Alien, Pocket, 2014.

Robert Louis Stevenson, *L'Étrange Cas du Dr Jekyll et de Mr Hyde*, traduit par Jean Muray, Livre de Poche, 2015.
Eiji Yoshikawa, *La Pierre et le Sabre*, traduit par Léo Dilé, J'ai Lu, 2014.

W

X

Y

Z

Index des auteurs

A

B

C

D

E

G

F

H

I

J

K

L

M

N

O

P

Q

R

S

T

U

V

W

Y

Z

CET OUVRAGE A ÉTÉ COMPOSÉ
PAR NORD COMPO
ET ACHEVÉ D'IMPRIMER
PAR GRAFICA VENETA
POUR LE COMPTE DES ÉDITIONS J.-C. LATTÈS
17, RUE JACOB – 75006 PARIS

PAPIER À BASE DE FIBRES CERTIFIÉES

JC Lattès s'engage pour l'environnement en réduisant l'empreinte carbone de ses livres. Celle de cet exemplaire est de :
1,600 k g éq. CO_2
Rendez-vous sur www.jclattes-durable.fr

N° d'édition : 01
Dépôt légal : octobre 2015
Imprimé en Italie

MEDICINES